奄美
日本を求め、ヤマトに抗う島

――復帰後奄美の住民運動――

斎藤　憲 Saito Ken
樫本　喜一 Kashimoto Yoshikazu

南方新社

奄美　日本を求め、ヤマトに抗う島――復帰後奄美の住民運動史――目次

第二章　枝手久島石油基地計画 59

第七章　奄美群島の現代史をどう捉えるか　243

はじめに

本書は南海日日新聞に二〇一四（平成二十六）年から二〇一六（平成二十八）年まで六十九回にわたって連載された「揺れるシマジマ：復帰後奄美の社会運動」をもとに、加筆訂正を加えたものである。

奄美群島についての説明は、本書を手に取るほとんどの読者には不要であろうが、筆者の立場と本書の視点を明らかにするためにも、ここで簡単な記述を試みよう。奄美群島は鹿児島県に属する。鹿児島と沖縄本島の間にある八つの有人島と幾つかの無人島や岩礁から成る。最も大きい奄美大島は鹿児島と沖縄本島の中央よりもやや沖縄寄りにあり、中心都市の奄美市名瀬からの直線距離は、鹿児島市まで約三七〇キロ、那覇市までは約三〇〇キロである。奄美大島から南西方向に（つまり沖縄本島側に）、順に徳之島、沖永良部《おきのえらぶ》島、与論島がある。与論島は沖縄本島に近く、直線で二五キロ足らずの距離しかないが、鹿児島市からは約五五〇キロ、九州最南端の佐多岬からでも五〇〇キロ近い距離がある。つまり、奄美群島は確かに鹿児島と沖縄の間にあり、鹿児島県に属するが、その正確な位置は、沖縄・鹿児島の中間点より沖縄寄りなのである。県境を描いていない地図で奄美と沖縄を見れば、奄美群島と沖縄本島がひとつの群島を成していて、沖縄県に属する宮古、八重山が別の群島を成すように見える。奄美群島の伝統的な文化や言語も沖縄と共通である（特に沖永良部島、与論島の南二島はそうである）。奄美群島が鹿児島県に属するのは後に述べる歴史的な事情による。

奄美大島から与論島まで、北東から南西に並ぶ四島から少し外れて、奄美大島の東二〇キロ少々のところに喜界島がある。以上が奄美群島の主要五島である。行政的には奄美大島は奄美市（二〇〇六年に名瀬市、笠利《かさり》町、住用村が合併して成立）、龍郷《たつごう》町、瀬戸内町、大和《やまと》村、宇検《うけん》村の五つの自治体から成る。徳之島は徳之島町、天城町、伊仙町の三町、沖永良部島は和泊《わどまり》町、知名《ちな》町の二町から成り、与論島と喜界島はそれぞれ一島一町で、行政的には与論町、喜界町となる。

これら主要五島の他に、奄美大島と徳之島の間に有人島三島がある。奄美大島の南西岸に向かい合った細長い加計《かけ》呂麻《ろま》島（面積では与論島や喜界島より大きい）、加計呂麻島と徳之島の間の請《うけ》島と与路《よろ》島である。これら三島は奄美大島南部の瀬戸内町に属する。

群島の人口は、一九五五（昭和三十）年の国勢調査では二〇万人を超えていたが、現在の人口は一一万人を割って、減少傾向が続いている。

奄美群島は十五世紀から十六世紀に琉球王国の支配下に入ったが、一六〇九（慶長十四）年三月（旧暦）の薩摩藩の琉球侵攻によって薩摩藩に支配される。圧倒的な軍事力を持つ薩摩軍は奄美群島の制圧に十数日しか要せず（戦闘らしい戦闘があったのは徳之島だけであった）、翌四月（旧暦）には琉球を征服している。琉球王国は明（後に清）との貿易のために薩摩の実質的な支配下で存続し、一八七九（明治十二）年の琉球処分で日本に併合されたが、奄美群島は当初から薩摩藩の直轄地となった。一六〇九（慶長十四）年の征服時点では予期されていなかったことであるが、まもなくサトウキビの栽培が伝わり、砂糖を産出する奄美群島は薩摩藩にとって大きな財源となった。薩摩による収奪は今でも奄美群島では繰り返し語られる。高校の歴史教科書でも「その（＝黒糖の）七〇％以上を生産した奄美三島は、実質的な藩の植民地として、黒糖生産のモノカルチャー社会とされ、貨幣の流通も禁止されるなど、きびしい搾取のもとにおかれた」と記述される。[1] この教科書は奄美では採択されていないのだが、たとえ学校で習わなくとも、奄美では自分たちの先祖がかつて薩摩の支配下で苦しい日々を送ったことは常識であり、いわば「集団的記憶」として共有されている。[2]

ここでは薩摩藩の支配や、明治維新後の近代の奄美の状況についての説明は割愛し、本書のテーマとなる現代史について説明を加えたい。第二次世界大戦の終結から半年を経た一九四六（昭和二十一）年二月に、奄美群島の運命は激変する。沖縄は六〇万の住民の島で一五万人が命を落とすという激しい地上戦の末、一九四五（昭和二十）年六月に米軍が占領する（沖縄戦終結の六月二十三日は沖縄県では慰霊の日として休日となっている）。奄美群島は空襲にはさらされたが、地上戦を免れた。ところが翌年二月二日に突然、奄美群島を沖縄と同様に米軍の施政下に置くことが発表された。[3] 米軍軍政（後に民政）、奄美の言葉では「アメリカ世《ゆ》」のもとで、日本との往来、物流が遮断され、政策の杜撰さもあって、群島の経済はほとんど破綻するに至った。そして一九五〇（昭和二十五）年頃から日本への復帰を求める運動が起こった。これが奄美の人々が今でも誇りにする復帰運動である。復帰を求める署名は当時二二万人ほどの住民の九九・八％（署名を拒否したのは数十人であった）という全群島的運動の結果、奄美群島は戦略上の重要性に乏しかったこともあり、一九五三（昭和二十八）年八月八日に日本への復帰が発表され、事務レベルの折衝を経て、この年の十二月二十五日に日本に復帰した。[4]米国施政下にあったこの時期は「分離期」と呼ばれることが多く、本書でもこの表現を用いる。

復帰運動という言葉は復帰から六十五年を経た今も、奄美の人には特別な意味を持つ。琉球王国に始まって、薩摩藩、近代日本、米国と常に他者の支配を受けてきた小さな島々の人々が、自分たちの力で勝ち取った大きな成果なのである。

本書のテーマは「復帰後」の奄美群島の住民運動である。そこでは運動を広げるためのスローガンとして「第二の復帰運動」という言葉がしばしば語られた。しかし、九九％以上の住民が復帰を求めて署名したような状況は起こらなかった。最も多くの人の賛同を集めたのは第三章で扱う徳之島の核燃料再処理工場計画反対運動であるが、この運動に対しても、すぐ隣の奄美大島瀬戸内町の議会は冷淡であり、逆にこの工場を瀬戸内町に誘致できないかと考えていた議員もいたという（『えだてく』第十七号一五ページ。［すいれん舎二〇一五］第五巻四四一ページ所収）。復帰運動のように奄美が一つにまとまることは二度となかったのである。

復帰運動は、奄美の人の自己認識に現在に至るまで大きな影響を与えている。米国施政下の状況はとにかく我慢できるものでなかった。この状況から何としても抜け出したい、これが復帰運動の大きな動機であったと思われる。しかし（と言うべきだと筆者は思うのだが）、復帰運動は運動の間も、復帰後の語りでも、常に「祖国日本」への「復帰」を求める運動と位置づけられてきた。確かに、米国施政下の状況を変える現実的な方法は、戦前と同じ日本への帰属、つまり「復帰」であった。そして「復帰」は耐えがたい状況を変える手段としてではなく、常に目的として語られた。我々は日本人なのだから、異民族支配から脱して祖国日本に帰ることを求めるのである、という言説である。

しかし、一六〇九年に奄美を征服し支配した薩摩は「異民族」ではなかったのだろうか。上で引用したように、奄美は実質的に日本が最初に持った植民地であった。そして明治維新とは薩長土肥を中心とする勢力が、内戦によって支配権を獲得した事件であり、薩摩出身者は（西南戦争があったにもかかわらず）日本の政権中枢で大きな存在であり続けたのだから、奄美にとって近代日本が祖国であることは自明ではない。

つまり奄美は、かつての薩摩の圧政を記憶したまま、薩摩がその成立に大きく関与した近代日本を祖国と規定して、「祖国日本」への復帰を求めたのである。これは実に複雑な事態である。そして、この事態の本当の複雑さは、復帰関係の資料や語りに、この事態を問題や矛盾として指摘するものがほとんど見当たらないことにある。復帰運動で闘った人々、その記憶を語り、記録を伝える奄美の人々を批判しているのではない。島外の人間には矛盾にも見える二つの態度が、奄美に生きる一人一人の中に共存していることにこそ、この島々がくぐり抜けてきた歴史の試練が見えると言うべきであろう。

この二つの態度は、日本を指す二つの言葉に現れている。奄美の人が「我々は日本人である」さらに一歩踏み込んで「我々も同じ日本人なのだから差別や格差は容認できない」と述べるときの日本は、奄美を（そして恐らく沖縄も）含んだ、日本国の施政権が及んでいる地域全体を指している。このような言説には、日本への帰属意識、いわば日本を求める気持ちが表れている。復帰運動はその目的を達すると同時に、このような意識を強化することにもなった。

一方、奄美や沖縄には、日本を指すもう一つの言葉として「ヤマト」（あるいはヤマトゥ）がある。これは奄美や沖縄を含まない日本本土を指す。この言葉は奄美（あるいは沖縄）に日本を対置するときに使われる言葉であり、日本に対する何らかの批判をこめて使われることも多い。この文脈では日本は奄美の人にとって他者であり、警戒すべき相手であったり、羨望の対象であったりする。[5]

本書は、復帰後の奄美にヤマトから持ち込まれた幾つかの計画、事業の成り行きを描くものである。復帰運動で奄美の人が強く求めた「日本」は、奄美の復興、振興を目的とした特別法を制定し、これに基づく通称「奄振」事業は現在も継続している。奄振がなかったら、戦争と、それに続く分離期の放置に近い政策で荒廃した奄美の復興はとうてい不可能であった。しかし、それらの事業は必ずしも奄美の現状に合致したものでなかった。さらに高度経済成長期以降は、産業と人口の流出に苦しむ奄美に、本土に置き場のない迷惑施設を持ち込む計画が次々に出現する。これに対して奄美の人々は復帰運動のように一致団結することはできず、計画そのものが人々を分裂させ、対人関係などの生活環境を悪化させることにもなった。しかし少なくとも一部の人々は、産業振興などの名目で持ち込まれる事業に「ヤマト」の匂いを敏感にかぎとって、それに抗したのである。

このような事態は奄美に限らず、高度成長期以降の日本の周辺的な地方のどこにでも見られた。しかし、もし奄美の事例が特別であり、奄美が他の地域より強い抵抗の力を持ったとしたら、それは奄美が江戸時代の薩摩支配や分離期の記憶を保持し、自分たちを含む「日本」と自分たちを含まない「ヤマト」の二つの言葉を持っていたからではないかと思われる。

各章の内容について簡単に述べておこう。第一章では復帰直後の学校統合問題を扱う。復帰の成果である多額の援助で新校舎が建つ一方で、その条件としての学校統合、つまり学校を失うシマ（集落）があるという問題に直面した人々の苦悩があった。統合反対の同盟休校は、あまり知られることのない運動であるが、中央で立案される政策が、地域の実情に合致しないという今も変わらぬ問題がそこにある。

第二章では、一九七三（昭和四十八）年から十一年間にわたった、石油基地計画をとりあげる。奄美大島南西部の宇検村に、日本の石油需要の一割を供給できる巨大な製油所を立地する計画は、地元の村当局も県当局も乗り気だったのに、ついに実現することがなかった。計画に対する反対運動を中心に、当時の複雑な事態の展開を描写する。

第三章は、石油基地計画の反対運動の最中の一九七六（昭和五十一）年に、地元紙南海日日新聞のスクープで暴露された、徳之島への核燃料再処理工場計画に対する反対運動を扱う。現在、青森県の六ヶ所村に建設中の再処理工場は、徳之島の反対運動の結果、日本の反対側の端の、現在の場所に立地したのであった。戦後の奄美の歴史においてはもちろん、日本の原子力事業の歴史にとってきわめて重要な事件について、当時の資料と関係者の聞き取りに基づき、さらに当時の米国の核拡散防止政策の影響の考察も含めて、記述・評価する。この一章だけでも本書は原子力政策史の歴史資料として大きな価値を持つと自負している。なおこの章は樫本喜一の執筆である。

第四章、第五章は、宇検村の石油基地計画に戻り、この計画に公害反対などの立場から強く反対していた隣接する瀬戸内町の議会が、数年のうちに絶対反対から態度を転じて、企業誘致を求める決議を上げるに至った背景を検討する。第四章ではいったん復帰直後まで時代を遡って、瀬戸内町に立地して失敗したパイナップル、ハム（豚肉加工）、製糖の三つの工場について検討する。ここでは県庁所在地から離れた離島という同じ条件を持ち、困難な条件下で製糖工場を守った沖縄県竹富町との比較も行う。

第五章では、石油基地などの施設誘致に積極的な立場に転じた瀬戸内町議会の変化と、それに最後まで同意しなかった当時の町長を扱う。

第六章では一九七八（昭和五十三）年以降の石油基地をめぐる動きを扱い、一九八四（昭和五十九）年の立地断念、その後日譚を扱う。

第七章では、新聞連載では扱えなかった幾つかの運動について、今後の研究に資することを期待しつつ、簡単に叙述する。第七章三節の「二十一世紀の運動」は樫本の執筆である。

本書が扱うのは、奄美群島という、人口わずか二〇万人（本書の扱う最後の時期にあたる昭和の終わりには一五万人）の地域の住民運動である。しかしそこからは、奄美の島々とそこに生きる人々の姿だけでなく、高度成長期およびそれ以降の日本の姿が浮かび上がる。一部の地域に産業を集中させ、奄美のような周辺地域は労働力の供給と製品の販売、そして迷惑施設の立地に利用する。政治経済の基本的構造をそのように捉えるならば、地方創生のようなスローガンはまことに空しく響く。中央から周辺は見えないが、周辺からは中央がよく見えるのである。

奄美諸島概略図

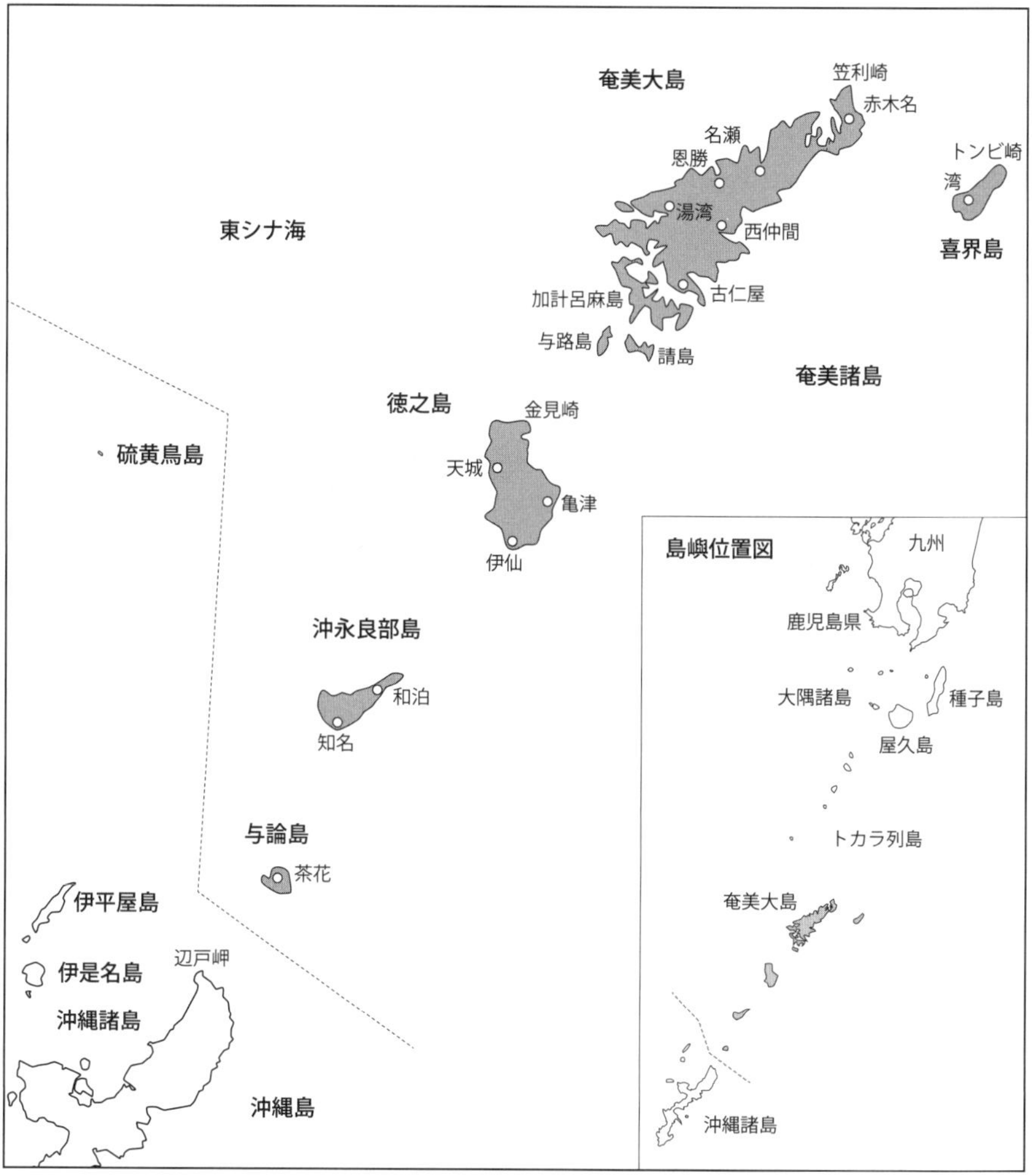

奄美大島
笠利崎
赤木名
名瀬
恩勝
トンビ崎
湾
湯湾
西仲間
東シナ海
喜界島
加計呂麻島
古仁屋
与路島
請島
奄美諸島
徳之島
金見崎
硫黄鳥島
天城
亀津
伊仙
島嶼位置図
九州
鹿児島県
大隅諸島
種子島
屋久島
トカラ列島
奄美大島
沖縄諸島
沖永良部島
和泊
知名
与論島
茶花
伊平屋島
伊是名島
辺戸岬
沖縄諸島
沖縄島

第一章　同盟休校

一、統廃合迫る、ブロック建て校舎

同盟休校とは

一九五三（昭和二十八）年十二月の復帰の翌年度の一九五四（昭和二十九）年度から、奄美群島復興特別措置法が施行された。現在まで六十年以上続く「奄振」の始まりである。[6]最初の十年間の「復興法」の時期には、港や道路とともに学校の整備が行われ、群島内のすべての学校が当時の言葉で「ブロック建て」の校舎に建て替えられた。復帰前にもブロック建て校舎の新築がなかったわけではないが、わずか十年の間にほとんどの学校が新築されたことは、復帰の成果を実感させるものだっただろう。

しかし、その成果を素直に受け取れないシマ（集落）もあった。小規模校が近接している地域では、学校の統合が建て替えの条件になったからである。統合によって学校を失うシマがあったのである。奄美の学校は単に子供が通うところではない。学校行事は地域全体の行事でもあり、学校は校区の人々のよりどころである。

当時の南海日日の社説には「学校そのものが一つの文化センターをなしている」とある。[7]新しい校舎が建つといっても、それが地元から消えてしまうのでは受け入れがたい。六十年以上前の少なからぬシマの人々はそう考えて、学校を失わないためにあらゆる運動を行った。抗議のために子供を学校に行かせない「同盟休校」も珍しくなかった。群島の少なくとも三カ所では、それが一カ月以上にわたった。

復帰運動が誇りをもって語り継がれるのに対して、その直後の同盟休校は語られることもなく、忘れ去られようとしている。子供が学校を長期欠席した（ときには卒業が一年遅れた）だけの結果に終わったためもあろう。筆者が同盟休校を知ったのは、古い新聞を調べていてたまたま関連する記事を見つけたからである。

しかし、奄美の人々がこれほどにもシマの学校を大事にしたことは、語り伝える価値がある。島の出身でない筆者は、子供の登校を拒否してまで学校の統合に反対するという激しい運動に正直驚いた。その気持ちを少しでも理解しようと当時の記録を調べ、また当時を知る人々から話を伺った。

昭和の大合併と学校統合

個別の学校・校区の話に入る前に、奄美の学校統合と校舎建設の経過を見ておこう。復帰翌年の一九五四（昭和二十九）年九月、奄美の教育視察を終えた永野鹿児島県教育長は、小規模学校の統合の必要性を発表した。その目的は、教育効果の向上と経費節減ということであったが、後の経過を見ると、経費節減が最大の目的であって、教育効果は付け足しのようである。

学校統合は全国的な政策であり、同時期に実施された「昭和の大合併」と呼ばれる市町村合併による行政合理化の一環であった。一九五三（昭和二十八）年の町村合併促進法では「町村の人口は八千人以上の住民を有するのを標準」（第三条）とされた。「約八千人という数字は、新制中学校一校を効率的に設置管理していくために必要と考えられた人口」[8]であった。

奄美群島での昭和の大合併は計画どおりにはいかず、名瀬市とその周辺部の三方《みかた》村、喜界島の喜界町と早町《そうまち》村（喜界町として全島一町となる）、南部大島の四町村（瀬戸内町が成立）、徳之島の亀津《かめつ》町と東天城村（徳之島町が成立）が合併したのみであった。[9]

学校統合から議論が離れるが、奄美群島の市町村合併について、平成の大合併まで簡単に触れておこう。昭和の大合併で合併された地域がその後目にみえて衰退したため、[10]平成の大合併では強い抵抗があった。鹿児島県は群島全体で一自治体という極端な案を含む、大規模な合併案を複数提示した。もっとも有力視された案は群島全体を「奄美大島北部＋喜界島」、「奄美大島南部」、「徳之島」、「沖永良部島＋与論島」の四自治体にするものであった。[11]しかし昭和の大合併が負の教訓として意識されたこともあって、結局のところ、名瀬市・笠利町・住用《すみよう》村が合併して奄美市が成立したのみで、[12]鹿児島県が計画した大規模な合併計画はまったく実現しなかった。

海越えの島どうしの合併など行政効率を考えれば非現実的に思えるが、鹿児島県では平成の大合併で甑島列島の四村がすべて薩摩川内市の一部になったのだから、むしろ奄美群島が合併を求める県の圧力に抵抗できた理由こそが求められるべきであろう。半世紀以上前の学校統合の経過は、この抵抗力の源泉を示唆するように思われる。

学校統合の経過

復帰直後の学校統合に話を戻そう。具体的にどの学校が統合の対象になるのかの発表はなされなかったが、一九五五（昭和三十）年三月十一日の南海日日新聞に、統合対象は小中あわせて四十三校という記事が載った。そこにはスクールバスやスクールボートを利用して相当な距離のある中学校を統合し（例えば宇検村で名柄《ながら》は須古《すこ》とともに田検《たけん》に、西方《にしかた》村の西古見《にしこみ》は管鈍《くだどん》に）、また、別々になっている小学校と中学校（たとえば住用）を小中学校に統合するなど、教育効果が向上するとは到底思えない計画も含まれていた。実際に統合の対象となったのは、分校の吸収も含め十一組二十二校であった。四十三校統合というショッキングな記事で激しい反対が起こり、計画は縮小されたのである。[13]

その二十二校をあげよう（かっこ内は統合年度と統合校の名称）。まず、中学校は徳之島で亀津一中と亀津二中（一九五七（昭和三十二）年、亀津中）、母間《ぼま》中と花徳《けどく》中（一九五八（昭和三十三）年、東天城中）、天城中と南中（一九六〇（昭和三十五）年、天城中）、沖永良部島で和泊中と和泊三中（一九五七（昭和三十二）年、和泊中）、知名中と下平川中（一九五八（昭和三十三）年、知名中）、合わせて五組十校。

小学校は大島で喜瀬《きせ》小と用安《ようあん》小（一九六三（昭和三十八）年、緑が丘小）、知名瀬《ちなせ》小と根瀬部《ねせぶ》小（一九五八（昭和三十三）年、知根小）、西仲勝《にしなかがち》小と小湊小（両校とも存続、西仲勝小は現在の大川小中）の三組。徳之島で神之嶺小と井之川小（一九五七（昭和三十二）年、神之嶺小）、兼久《かねく》小と三和小（一九六〇（昭和三十五）年、兼久小）の二組であり、さらに瀬戸内町で油井《ゆい》小が阿鉄《あてつ》分校を吸収したこと（一九六一（昭和三十六）年十月）を含めると六組十二校となる。

学校がなくなることへの抵抗

しかし、その経過は平穏ではなかった。戦後の学制改革で設立されたばかりの中学校の統合でさえ反対が強かった。亀津二中統合に反対する神之嶺、諸田《しょだ》、徳和瀬《とくわせ》の校区民二〇〇人が永野教育長来島時に反対を申し入れているし[14]、統合校の東天城中から最も遠い池間では一九五七（昭和三十二）年九月に中学生四八人が短期間だが同盟休校を行っている。[15]

天城村は小学校と中学校各一組の統合問題が絡み合い、用地問題もあって、同盟休校にこそ至らなかったが、教育委員会は非常に難しい立場に置かれ、一九六〇（昭和三十五）年にようやく統合が実施されたことが、後に天城町が編集した『天城町自治行政史』に克明に記録されている。[16]

明治以来の歴史や経緯を持つ小学校となれば、地域の愛着もひとしおで、統合は激しい対立や反対運動を引き起こした。三方村（一九五五（昭和三十）年二月に名瀬市に合併）の古見方《こみほう》の西仲勝と小湊、下方の知名瀬と根瀬部の二組の合併は長期の同盟休校を引き起こした。[17]

最も激しく長い運動を行ったのが用安との合併を拒否した喜瀬（笠利村、一九六一（昭和三十六）年から笠利町）

であった。喜瀬では実に一〇〇人を超える児童生徒が「落第」となって、卒業が一年遅れることになったのである。

なお、公式の文献にはあまり出てこないが、学校が遠くなると家に昼食に戻れないため、子供に弁当を持たせなくてはならないが、それが出来ない、あるいは粥や芋しか持たせられないという家庭も当時は少なくなく、このことも統合反対の背景にあった。[18]

天城町の兼久小学校。校舎は兼久でなく瀬滝にある。三和小との合併で移転したが、名前を残したためである

二、古見方の統合問題：西仲勝と小湊

西仲勝の「集団欠席」

三方村の古見方では、小湊小学校と西仲勝小学校の統合が打ち出されたが、両地区とも大反対であった。小湊には中学校もあったが（三方村立第二中学校、合併後は名瀬市立古見中学校）、小学校は合併せずに小学校に中学校を併設して小中学校としてもよいというのが県の方針であった。しかし、非常に小規模な学校でない限り、併設で教育効果が上がるとは考えられない。それでも学校数が減ればよいという県の方針は、合併の目的が教育効果の向上よりはむしろ経費節減であったことを伺わせる。

ともかく、二つの小学校と二つの中学校を何らかの形で二つの学校にすることが必要となった。一九五五（昭和三十）年には市教委から小湊小を西仲勝小に合併する案（第一案）が出されたが、小湊校区民の反対でこれを引っ込める。一九五六（昭和三十一）年度に古見中の建設予算五一〇万円を得た名瀬市は、小湊小学校に中学校を併設する方針を打ち出した。（たった五一〇万円、ではない。物価水準が今とは違う。この年、市議に初当選した西仲勝の奥山恒満は、市議の最初の給料が六〇〇〇円だったと記憶している。なお奥山は地元からの市議として一九六二（昭和三十七）年の最終的解決まで統合問題にかかわった。）これに対して西仲勝校区民が猛反発し、七〇〇人が市教育委員会に押しかけ、この案は実現しなかった（当時、市役所までは朝戸峠を越えて二時間以上歩くのである）。このとき西仲勝の中学生八四人のうち八一人が欠席した（一九五六（昭和三十一）年九月三十日付南海日日新聞）。これが同盟休校の最初の例と思われる。この背景には、以前は青年学校が西仲勝にあったのに、六三制導入時に小湊の村議会議員の運動が奏功して、中学校が小湊に置かれたことへの反発もあったという。

崎原《さきばる》分校の設置

この後、古見方の学校統合は膠着状態となる。その中で、思わぬことから古見中学校の分校が崎原に設置される。崎原は大島では珍しく高台に立地する。現在では道路が整備されて、名瀬市街地から二十分少々で行けるが、初めて自動車が通れる林道が作られたのは一九五九（昭和三十四）年のことであり、それまでは名瀬市の陸の孤島とまで言われていた。[19]

崎原の中学生は小湊にある古見中まで六キロの道程を通学していたが、一九五九（昭和三十四）年六月十八日の集中豪雨で通学路が七カ所にわたって崩れて通学が不可能になり、二四人の中学生は公民館で自習を余儀なくされた。[20]保護者から「生徒の生命が保証される処置が講じられるまでは通学させぬ」と言われて、市教委が通学を強制できるはずもなかった。

これが長期化するにつれ、名瀬市街地の親類等に下宿して名瀬中に通学する生徒が増え、十月一日時点で半分の一二人に達している。十月からは「好天の日は通学させる」ことになったが、「通学道路のうち海岸よりの道路が波にさらわれ、加えてガケ崩れの危険」という状況は変わらず、十月中旬には台風で再び通学道路が決壊している。[21]往復四時間の通学で疲れ切る子供を見てきた崎原の保護者は、中学校の分校を崎原小に併設することを要求した。

しかし、学校統合が進められている中で、それに逆行する分校設置の方針を市教委はすぐには打ち出せなかったようである。ともかく、県教委も崎原への中学校分校の設置を認め、一九六〇（昭和三十五）年四月から崎原の中学生は分校に通うことになった。[22]安全な通学路がないという状況が決定的だったと思われる。

崎原の通学路問題の解決に一年近くを要した背景には名瀬市の財政難もある。道路の復旧費は七〇〇から八〇〇〇万円が見込まれた。一九六〇（昭和三十五）年の大卒初任給は一万二〇〇〇円だったからこれはかなりの金額である。名瀬市の予算規模は一九五九（昭和三十四）年度当初予算で四億四〇〇〇万円であったが、この年度末には七〇〇〇万円の累積赤字を抱え、支出は困難であった。

名瀬市の財政再建問題

ここで寄り道になるが、当時の市財政について説明しておこう。この後、大津鐵治市長は国や県の支援を受ける「自主再建」に乗り出し、職員数の削減などで職員組合と対立した。その結果、社会党公認で一九五八（昭和三十三）年二月に市長に初当選した大津は、一九六〇（昭和三十五）年十二月に社会党を離党する。[23]

赤字の主因は皮肉なことに復興事業であった。これは大津自身も明確に語っている。復興事業の補助率は事業内容にもよるが最高で九割であった。一割は市町村が支出せねばならない。分離期にほとんど手つかずだった学校・道路・港湾といった最低限の社会資本を整備するだけで、当時の市町村の財政規模とは不釣り合いな規模の事業であり、たった「一割」が確実に財政を圧迫していったのである。それだけ分離期の爪痕は深かった。さらに、事業の全部が補助対象になるわけではない。たとえば造った施設までの道路（取り付け道路）である。これは一般会計から出さねばならない。こうして名瀬市の赤字は累積していった。

補助率は九割でも低すぎたといえる。大津は「われわれが叫んでいた復興事業の全額国庫負担がなされなかったためにその苦しさがいま現れてきた。全郡的な大きな政治問題であり全郡的な解決が望まれる」と述べている。[24]しかし、国が九割しか出さない現実があった。ここで労組などが主張する「自力再建」（あるいは独自の自主財政再建）と、保守系市議らが主張し、大津が採用した「自主再建」の二つの立場が対立した。

「自力」と「自主」はここではまったく意味が違う。現実に行われた自主再建とは、国や県と相談しつつ、助言を受けて財政再建を行うことである。当然、職員数の削減や給与の抑制、市民の払う水道料や各種手数料の値上げなどを勧告され、それに従うことになる。それをしないのが自力再建である。

「自主」再建への方針変更

越年資金の手当にさえ困窮した名瀬市は一九五九（昭和三十四）年十一月に自力での再建計画を作成した。[25]しかし県との折衝で同意が得られず、大津市長は県の指導する「自主再建」への方針変更を余儀なくされた。[26]当然、人員削減や事業の民間移譲などが必要になり、市議会の同意は得られたが、職員組合の強い抵抗にあった。[27]また鹿児島県との交渉も困難をきわめた。その間に財政状況は給与の遅配が起こるほどに悪化していた。[28]一九六〇（昭和三十五）年二月下旬には自治庁（当時）との交渉のため大津市長が上京している。組合側も自治庁に陳情を行っている。[29]

四月末に、人員削減、固定資産税率・各種使用料・手数料・水道料金引き上げなどにより、九年間で累積赤字を解消する計画がまとまった。五月六日に始まった組合との団交は十一日夜に決裂した。四二八人の職員のうち九九人を整理するという計画では労組が承諾するわけにはいかなかったのだろう。[30]自主再建案は五月に市議会で審議され、当初反対だった社会党も自主再建もやむを得ないと態度を変えて、計画は議会で承認された。[31]

余談であるが、議会の議決の直後、五月二十四日の朝にチリ地震津波が奄美を襲い（高さ推定四メートル）、名瀬市だけで床上浸水三七二戸の被害を出している。[32]

財政再建問題をまとめれば、自主再建とは、復興事業の結果、水道代が上がることを受け入れることでもある。それを仕方がないと考えるか、あくまで国や県に要求を続けるか。「自主」再建を主張した当時の保守系市議団の声明書はこの対立を浮き彫りにする。

「共産党や名瀬市職員を中心とする共斗会議の人々は、ヒモ付きの自主再建計画には反対すると云う事で運動を続けています」「私達もヒモ付き再建計画には原則的に反対ですし、ましてや市民に対してシワ寄せをするようなことは大声をあげて反対したいところです。仮りに私達が反対してこの計画がつぶれた時市政は完全に財政面で暗礁にのし上げます。そうなれば、反対も賛成もありません。市政は不安と混乱に陥り、破滅があるばかりです」「名瀬市の赤字は、国や県に責任があり、またどんなに赤字が増えても市町村（地方自治体）がつぶれる事はないから、自主再建はしないで、全市民が一大運動を起こして、国や県に要求して補助をもらおうと云う主張もわかります。〔中略〕とどのつまりは市の行政機能はストップする羽目に陥いる事になる運命にあります。政治は理想を求めて現実の上で行われなければなりません」[33]

「理想を求めて現実の上で」は立派な態度である。しかしその後の奄美では、「理想」と「現実」のバランスは常に「現実」に傾斜せざるを得なかったように思われる。

崎原小中学校。学校前の道路は標高 162 メートル。学校の前からは、はるか下に太平洋を見下ろせる

三、復興法期限、統合問題が再燃

迷走する敷地案

古見方の学校統合問題に戻ろう。この問題が再びクローズアップされるのは一九六〇（昭和三十五）年の後半からである。「復興法」の期限切れを一九六三（昭和三十八）年度末に控えて、統合問題を復興法の期限内に解決しようとする動きが起こった。

「復興法」は「振興法」「振興開発法」と名前を変え、「奄振」は五年ごとの延長を繰り返して結局六十年以上にわたって継続し、さらに延長される情勢であるが、当時の報道や議会会議録からは、この機会を逃したらブロック建ての校舎は建てられないという危機感があったことが分かる。県側が復興法の期限切れで脅しをかけているようだという報道さえあった[34]。小湊小、西仲勝小、古見中の校舎の老朽化も極限に達していた。なお、西仲勝小はすでに一九五七（昭和三十二）年度にブロック建てとなっている。

一九六〇（昭和三十五）年十一月に、小学校は二つとも存続、中学校は西仲勝に併設という案がまとまった。背景には、崎原に古見中の分校が設置されたので、中学校の位置は崎原から近い小湊である必要がなくなったという事情があった[35]。里原助役と市議らが対県折衝のため上鹿したが、「一中一小」に統合という県の態度は極めて強硬で、あっけなく拒否された[36]。以前より県の態度が硬化していることになるが、崎原に分校を建てた以上は、これ以上の出費をしたくないということであろうか。

また、この時は、戦後ベビーブームの学年が間もなく中学進学で、古見中学は生徒数、学級数の増加が見込まれていて、将来は併設校からの独立含みで西仲勝より小湊寄りに中学校校舎を建てるというのが地元の案であった。これも県教委の拒否の原因であったかもしれない。十二月には奄美選出の六人の県会議員が県教育長と折衝したが、県の態度を変えることはできなかった。[37]

この後の状況は猫の目のように変わる。一九六一（昭和三十六）年度になって、校舎建築の予算が措置されたので、何とか年度内に建設工事を実施したい名瀬市は、再び地元の説得に乗り出す。市教委はまずかつての第一案（小学校は西仲勝に合併、中学校は従来通り小湊）を提案したが、小湊校区民が拒否。[38] 次の第二案では小学校は小湊と西仲勝の中間の前勝付近、中学校は西仲勝となり、小湊側は第一案より後退したものと受け止めて拒否。[39] 小湊校区は校区民大会を開き、三〇〇人が名瀬市役所に押しかけた。なお、このときの校区の戸数は二七八戸であったから、三〇〇人は各戸一人より多い。[40]

第三案は小学校、中学校ともそれぞれ小湊と西仲勝の中間の前勝付近に建てるもので、小湊校区民は了承したが、今度は西仲勝校区民が反対した。[41]

七月になって、第二案が再び出された。これに反発した小湊校区民は七月十日に市役所に押しかけ、十二日まで丸二日市役所に泊まり込んでの交渉でこの案は白紙撤回となった。[42] 里原助役が再び上鹿して県と交渉するが、「県は最初の統合という線を絶対くずさず、あとは市で勝手にやってくれと突っぱなされた」。空港もなかった時に上鹿を繰り返した里原助役が気の毒になってくる、市は結局第一案に戻り、これ以上話し合う予定はないと宣言した。[43] 小湊校区民は当然これに反発し、小学校を守るために自力での学校建設を宣言した。[44]

小湊の座り込みと同盟休校

九月から小湊は同盟休校に入り、また自力で校舎を建てるため砂利を運び、ミキサーも発注した。小湊小児童二三四人のうち、九月一日に登校したのは教職員、バス会社員子弟一三人のみであった。[45] これだけの児童でも合併対象であったことに驚かされる。当時、学校の適正規模は中学校で六五〇人、小学校で五五〇人とされていた。複式授業の小規模学校だけが統合対象という話ではなかったのだ。

十月になると小湊校区民は新校舎建築の入札阻止のために連日市役所に座り込みを行っている。工事入札は十月四日に、三五〇人の小湊校区民が市役所に押しかけて異様な雰囲気の中で行われた。校区民は翌朝に大津市長を自宅から連れ出して市長室で八時間にわたってつるしあげた。共産党に煽動されているという市長の発言に、共産党市議団が市長室に押しかけて押し問答となり、発言を取り消させるという一幕もあった。大津市長は入札を一週間保留すると回答した。[46]

市は市議や出身者を含む十数人に調停を依頼し、これが奏功して学校統合と切り離して新校舎建設は認めることになり、十月十四日に座り込みを解き、十六日（月曜日）から小学生が登校している。これで西仲勝小学校の新校舎（増築分）、小湊小の敷地に古見中学校の新校舎建設が進められた。[47] ただし、調停の内容はこの時点では公開されなかった。[48]

再度の同盟休校と小湊小学校の復活

調停の内容は翌年（一九六二（昭和三十七）年）三月に明らかになったが、小湊校を廃止しないことを含んでいた。統合を前提とした校舎建築とは矛盾する。市としては何とか県を説得して両方の小学校を残すつもりだったのだろう。実際、三月の市議会開会中に、大津市長は学校問題の折衝で上鹿している。[49] しかし県の壁は厚かった。財政再建中の名瀬市は県の指示に従わざるを得ず、小学校統合の議案を市議会に提出した。覚書を反故にされたことに憤慨した地元議員は強く反発し、最後には地元議員と共産党議員が退席する中で学校統合が議決され、小湊小学校は廃止された。[50]

これに猛反発した小湊地区住民は四月から再び同盟休校に入る。新設の統合校である古見小学校には登校させず、旧小湊小学校の校舎で教員経験者など八名を集めて私設校を開いた。[51] 結局一九六〇（昭和三十五）年秋の案が打開案として示された。すなわち西仲勝を小中学校とし、小湊に建てた中学校校舎で小湊小を存続させるというものである。[52] 大津市長は再び上鹿し、県も打開案を了承した。西仲勝校区もこの案を受け入れて問題は解決した。[53] 県の譲歩の背景にあったのは、同盟休校のプレッシャーよりはむしろ、建築済みの校舎で間に合うことだったのかもしれない。というのは、後で見る笠利町喜瀬の同盟休校は県を動かすことはできなかったからである。

古見中学校は西仲勝小学校に併設されて西仲勝小中学校となり（崎原分校はこのとき崎原小中学校として独立）、その後一九六四（昭和三十九）年に大川小中学校と改名した。一九六二（昭和三十七）年九月の校舎落成・開校祝賀会では余興に市議対地元有志の相撲大会が開かれ、市議の奥山恒満（後に県議）、師玉登（後に住用村長）、大山光二[54]も出場し、市議側が四対一で圧勝した。[55] なお校舎は一九九二（平成四）年に建て替えられている。奄美に併設の小中学校は少なくないが、その多くは近隣に他の学校がなく、小学校と中学校の校区が同じである。その例外の大川小中には、このような複雑な背景があった。

当初は中学校校舎として建てられた小湊小学校（現在は新校舎に建て替えられている）。

四、下方の学校統合：知名瀬と根瀬部

統合校の敷地決定と知名瀬の反発

旧三方村のうち名瀬市の西方にあたる下方地区では、その中心地の小宿に小学校と中学校があったが、さらにその先の知名瀬と根瀬部の二集落の小学校が統合対象となった。戦前の学校は知名瀬にあり、根瀬部には分教場があった。[56] 戦時中の空襲で学校が焼け、両地区とも学校を建てたが、距離が近く人数が少ないことから復帰後に統合対象となってしまったのである。知名瀬は戦前に学校があった知名瀬への統合を主張し、根瀬部は両地区の中間にある無人地帯の有面に校舎を建てることを主張した。

一九五七（昭和三十二）年二月に名瀬市は統合校の敷地を有面と決定した。[57] 現在の知根小学校である。これに反発した知名瀬住民は、デモ、教育委員会への申し入れなどを行った。[58] さらに統合されるなら小宿小学校に通うという申し立ても行ったが却下された。[59] 知名瀬から有面まではアトゼ岬を回る二十分ほどの道程であるが、小宿までは山を一つ越える必要があり、ずっと時間がかかる。それでも有面よりは小宿に通うというのは一見不思議にも思えるが、そこには敷地決定の手順への反発があり、また岬に吹き付ける季節風のすさまじさがあった。なお、当時の道路は現在の県道の法面の上あたり、ずっと高い場所を通っていたという。[60]

実際、敷地決定までの意見聴取や議論が十分でなかったという批判が当時の新聞に見られる。さらに知名瀬側から見ると、根瀬部には教委や三方村（後には名瀬市）当局への影響力のある出身者が多く、知名瀬の知らないうちに統合校の敷地問題を根瀬部に有利に運んだ、ということになる。有面に統合校を持ってくるために根瀬部の鶴信義が貢献したことは『根瀬部誌』に記載がある。他の人々の働きかけもあっただろう。実際、根瀬部は人材豊富である。島外から来て奄美に多少なりとも関心を持った人は、必ず恵原義盛（一九〇五（明治三十八）～一九八八（昭和六十三））の名を聞くことになる。恵原は分離期に刑務所長を務め、また『奄美のケンモン』や『奄美生活誌』の著者としても知られる（ただし恵原家のルーツは知名瀬にある）。知名瀬にしてみれば、隣の集落が人材豊富なのは結構にしても、学校統合の場面でそれを生かされるのでは面白いはずがない。

集落間の協力と対立

隣り合う集落の関係は微妙である。知名瀬に本校があった時代は根瀬部の子供は五年生から本校に通っていたが、知名瀬の子にいじめられたものだと根瀬部の恵原一義（一九二九（昭和四）年生）は回想する。知名瀬の西誠勇（大島高校一九五二年（昭和二十七）年三月卒）も、根瀬部の子が帰りに橋を渡らせてもらえず、河口のあたりを歩いて渡って帰ったのを見たことがあると語るので、いじめられたという話は事実であろう。根瀬部が有面への統合校の建設を主張した背景には、このようなこともあったのだろう。とはいっても、対抗意識がすべて悪いわけではないし、知名瀬・根瀬部がいつも対立していたわけではない。たとえば両集落は戦後すぐに電灯設置のために共同で資材を調達している（ただしこのときは資材の所有権を主張する人物からの告訴という事件があり、電灯設置は実現しなかった）。[61] しかし学校統合のような政策は、集落間の協力と対抗意識とのバランスを崩して不毛な対立を起こすことになる。

知名瀬の抵抗

一九五七（昭和三十二）年の事態に戻ろう。知名瀬住民は、交代で見張りを立てて工事のための測量隊を追い返すなどの抵抗も行っているが、市当局は翌年度の合併に向けて統合校の建設に進む[62]。ついに一九五七（昭和三十二）年七月から、知名瀬は同盟休校に入り、子供たちは夏期で使っていない製糖所を利用した私設学校に通った[63]。この同盟休校は結局知名瀬集落が統合に同意して、九月中旬に終わっている[64]。当時、私設学校で教えた西誠勇（大島高校一九五二年（昭和二十七）年三月卒）の話では、子供の出席率が下がり、来ている子も学校に行きたい様子であるのを見て、これでは子供が可哀相だと、私設学校の教員三名で話し合って、同盟休校を解くよう集落に申し入れたとのことである。同盟休校は、学校を守るために子供を学校に行かせないという、矛盾をはらんだ抵抗手段であり、抵抗する住民の側が最も悩み傷つくことになる。知名瀬住民にとって、統合、すなわち地元の学校を失うことに同意するのは実に苦渋の決断であっただろう。

危険な通学路

こうして一九五八（昭和三十三）年四月に統合校の知根小学校は開校した（校舎の落成は五月三十一日）[65]。しかし知名瀬の人が心配したとおり、道路の波よけが十分でないこともあり、冬の季節風の強い日は休校せざるを得なかった。これでは授業日数が足りなくなるので、一九六一（昭和三十六）年度の冬は、風の強い日には先生が付き添い、児童が肩を組んで集団登校したが、風に吹き飛ばされて全治三週間の怪我をした児童が出た[66]。上から小石が落ちてくることも日常茶飯事であった。根瀬部の子は反対側からの通学だが、こちらの道も一九八九（平成元）年に根瀬部トンネルが出来るまでは安全とは言えなかった。一九八三（昭和五十八）年には児童の登校のわずか三十分後に高さ八〇メートル幅五〇メートルのがけ崩れで道路が埋まり、電柱三本がなぎ倒されている[67]。誰もが肝を冷やした事件であった。鹿児島の県庁で地図を見て通学距離を計算しても、こういうことは分からないのである。

中間地点の学校の是非

後に市役所と報道関係者の親善野球試合が知根小学校で行われたとき、市長の大津鐵治は、両地区の間に学校を作るとどちらの地区も発展しない、これは誤りだった、と述懐したという（原井一郎の証言。ただし大津が市長になったのは一九五八（昭和三十三）年二月であり、統合校の敷地決定はその前である）。しかし、通学距離の問題から、統合するなら中間に学校を建てざるを得ない場合もあり、どちらかの集落に学校を置くとすれば激しい争いになることは目に見えている。本当の問題は統合という方針そのものだったように思われる。

知名瀬・根瀬部の中間にある知根小学校。

五、根瀬部に中学校分校

小宿中分校設置要求

知名瀬・根瀬部の学校問題は小学校の合併で終わりではなかった。根瀬部から小宿中学校までの通学距離は道にもよるが八キロ前後で、文部省や県が定める上限を大きく超えていた。根瀬部ではずっと分校設置を要望していた。一九六二（昭和三十七）年夏、ちょうど古見方の学校統合問題が解決した七月初めに、小宿中学校の校舎改築予算の根拠として根瀬部地区の中学生の人数も数えられていることが分かり、この校舎が建ってしまえば分校設置は将来にわたって絶望的になると考えた根瀬部地区が七月十日から同盟休校に入った。要求は知根小学校への中学校分校併設である。崎原への中学校設置も要求の根拠になっただろう。新聞に載った根瀬部地区民の声明は、長時間通学の弊害を筋道立てて訴えるものであり、真剣な思いが伝わってくる。[68]

ところがこれには知名瀬が大反対した。[69]小中学校の併設は教育効果に問題があるというのである。小宿中学校は、やや近い知名瀬からでも相当な距離があったが、知名瀬地区では分校を求めることはなかった。根瀬部に小学校をとられた（統合校の知根小学校は両地区の中間にあるが）という感情もあったのかもしれない。

市教委が分校設置に同意して同盟休校は九月十七日に収束した。[70]ところがその後も知根小学校の隣接地への分校建設を主張する根瀬部と、併設に反対する知名瀬の調整がつかず、また分校設置条例よりも先に建設予算議案が市議会に提出されたという教委側の不手際もあって事態は紛糾し、明けて一九六三（昭和三十八）年三月十四日から根瀬部の中学生は再び同盟休校に入った。[71]その後の話し合いで六月十八日に同盟休校は解かれ、九月八日に分校が開校した。[72]

分校の設置

分校の場所は根瀬部の入り口、後に出来た根瀬部トンネルを出たすぐ右側で、現在は下水処理場となっている。分校の主任には恵原実成《さねしげ》（一九二〇（大正九）〜一九九五（平成七）、恵原義盛の甥）が就任した。恵原は戸円《とえん》中の教員であり、積極的に分校設置運動を行っていた。こうして生徒数二〇数名の分校がスタートした。戸円中での恵原の教え子で高校を卒業したばかりの中川正勇《せいゆう》（一九四三（昭和十八）年生）が臨時免許で教壇に立っている。当時の高校入試は九科目であった。恵原は小規模校でも十分に教育効果が上がるという文章を発表したこともあり、[73]いざ主任となってそれを実証するために、特に数学や理科の受験指導に万全を期して中川に白羽の矢を立てたらしい。さらに他の教員も配置された。中川は恩師でもある恵原を非常に熱心な教員で人間味があった人だと語る。[74]また根瀬部校区民は行事のときだけでなく、日頃から学校に出入りして熱心に分校を支えてくれたという。中川はその後正規の教員免許を取り、分校閉校後は名瀬中をはじめ各地の中学で教えた。一九八〇年代後半には教員組合の奄美分会長を務めている。この時期の組合はＬＬ牛乳を普通牛乳に切り替える運動を行っている。

分校一期生の話

分校設置時に中学三年生で第一期生となった方々にお話を伺うと、小宿中学校への通学には二時間かかり、朝はたいてい遅刻していたという。過酷な通学環境であったわけだが、時には途中の砂浜で見つけたウミガメの卵をとり、帰りに県道を通るトラックに乗せてもらうなど、のどかな時代であった。そのときは途中で根瀬部の子が歩いているとトラックを止めてもらって乗せたが、知名瀬の子には知らん顔をしていたという。戦前に根瀬部の子が知名瀬小でいじめられた話があったが、根瀬部も負けていなかったわけである。なお、分校には給食室がなかったので、給食は知根小学校から歩いて運んできた。分校の一期生で卒業後に職員として勤務した大平寿美子は、バケツに入った給食を運ぶ途中、岬を回る道で蓋が強風に飛ばされたことを覚えている。

関係者への聞き取りを通じて筆者が感じたのは、自集落の分校への愛着と、分校を獲得したという達成感である。それは統合によって節減できる経費や、県教委の言う大規模校の「教育効果」と同じ物差しでは測れないものであろう。根瀬部分校はその後、財政負担の大きいことと、バス路線が整備されたことを理由に一九六九（昭和四十四）年六月に市が廃止を提案し、地元との交渉の結果、市がバス通学費を負担するなどの条件で一九七一（昭和四十六）年三月末で廃止された。[75]

統合決定の建前と実質

分校設置をめぐる一連の事態の中で、「押しかけていかなければ要求が認められないという行政をやめてほしい。いまのままでは教育委員会が地区同士のケンカをけしかけているようなものだ」という知名瀬住民の声が紹介されている。[76] これは直接には分校設置場所についての態度が定まらず不手際を重ねた市教委への批判であるが、学校統合問題全体への批判にもなっている。

かつての小宿中学校根瀬部分校（大平寿美子さん提供）

統合の基本方針は、奄美で学校が果たしている特別な役割や地元の強い思いを考慮することなく、東京や鹿児島で決められている。実際、県教育庁次長は「反対しているところもあるがこれは単なる地域感情であり、これで教育効果が左右されてはならない」とまで発言している。[77] しかし統合の責任は地元にあることになっている。亀津二中校区民の約二〇〇名が、来島した永野県教育長に対して、亀津一中への合併方針に抗議したのに対し、永野は「我々は国や県の予算面から特に地教委へ指導助言するだけだ」と答えている。[78] 公式には、統合を決めるのは市町村の教育委員会であり、地元議会の議決を経て確定する。用地の確保・決定も地元の仕事である。しかし当時の奄美で校舎建て替えは絶対に必要であった。一九五七（昭和三十二）年の台風10号は全島の四割の学校に被害を及ぼし、屋根を飛ばされた青空天井の校舎やテントでの授業を余儀なくされた。[79] 統合しなければブロック建て校舎の予算は出ないというなら、それは実質的には統合の命令である。県が決めて地元が責任を取る、これが「地方自治」の一面だったのだ。

校舎建築の思わぬ波紋：与論・喜界・徳之島

復帰後の十年間、ブロック建て校舎建設と学校統合は、奄美各地を揺るがす大問題であった。それは学校が統合対象となった地区に限らない。与論島には与論、茶花《ちゃばな》、那間《なま》の三つの小学校があるが、校舎建設の順序をめぐって一九五五（昭和三十）年八月に教育委員会が総辞職している。[80] 復興事業による校舎建設は、各小学校の建設工事をそれぞれ二期に分けて行うことになったが、途中で与論小の工事を先にまとめて行う案が出された。これに対して那間校区民は、与論小に那間小が合併されるのではないかと疑い、校区民大会を開いて猛反対した。校区民大会は茶花校区でも開かれた。事態を沈静化させるために大島教育事務局の丸野次長が来島したと町誌にある。[81] 統合の対象でなかった校区でも、校区民はきわめて神経質になっていたのである。校舎建築では他にも、喜界島で上嘉鉄小と坂嶺小の順番をめぐって上嘉鉄校区が抗議している。[82]

伊仙村では新築校舎面積の割当が問題になった。一九五四（昭和二十九）年度に伊仙小と喜念小の校舎が新築されたが、伊仙小の校舎面積は一七〇坪のはずが一四五坪しかなく、二階が一教室少ない「鼻切れ校舎」になってしまった。実は教育委員長と委員の一人が伊仙小の二五坪を喜念小に回したことが判明し、議会で問題になった。これに勝久村長が、それでは一九五五（昭和三十）年度建設の面縄《おもなわ》小の一教室分を伊仙小に回すと答弁して、こんどは、当然のことだが面縄校区民が怒り出した。[83] 当時の行政の一端が伺える話でもある。

六、最大の反対運動となった喜瀬小学校

校舎の広さや建築順序でも騒ぎになるのだから、統合で地区から学校がなくなるとなれば、激烈な反対が起こったことは言うまでもない。最も激しい反対運動を行ったのが笠利町の喜瀬であった（一九六一年（昭和三十六）年一月に町制施行。それ以前は笠利村。現在は奄美市笠利町）。[84]

自力で作った喜瀬小学校

もともと喜瀬に小学校はなく、喜瀬の子供は手花部《てけぶ》小に通っていた。終戦後、喜瀬集落民は自力で学校を建設し、手花部小学校から机や椅子を運び出し、一九四七（昭和二十二）年に手花部小学校から分教場として分離、翌年に独立した小学校となった。喜瀬の人にとっては喜ばしい成果だが、児童数が減った手花部小は複式学級になってしまった。後に奄美復帰運動で知られる泉芳朗は文教部庶務課長として一九四八（昭和二十三）年五月の喜瀬小学校落成式典に出席したが、その帰りに手花部小を訪れ、複式学級への転落に憤っていた地元青年に殴られている。『笠利町誌』は泉の行動を「軽率のそしりを免れない」「無謀のきわみといわねばならぬ」と手厳しく評している。[85]

笠利地区の統合計画

その喜瀬小が用安小との統合対象となり、紆余曲折を経た後に一九六二（昭和三十七）年に町議会で統合が議決された。これに反発した喜瀬校区民が、中学生も含めた同盟休校に入り、結局一〇〇人を超える児童生徒の卒業が一年遅れるという深刻な事態を引き起こした。その経過を見ていこう。

一九五五（昭和三十）年三月に報道された当初の学校統合案で笠利村に関わるのは、屋仁小と佐仁小の合併、手花部小の赤木名小への統合、用安小の喜瀬小への統合の三つである。このうち屋仁と佐仁は計画から外されて無事に新校舎が建てられた。喜瀬と用安は、用安小の吸収ではなく、両校の合併として議論される。手花部の赤木名への統合計画は長い間校区民を心配させた。一九六三（昭和三十八）年三月には手花部小の五、六年生を赤木名小に通わせることを前提とした赤木名小建築予算が議会に出て、反発した手花部校区民一〇〇人が役場に押しかけている。[86] これは喜瀬校区の同盟休校の最中のことである。結局前年からの喜瀬の強い運動に懲りたのか、手花部小の統合が実施されることはなかった。

敷地問題で教育委員が総辞職

学校の統合となった校区は、当然反対する。用安でも学校の門に統合絶対反対というノボリがたてられていたという。その後、統合しない限り新校舎を建てないという県の強硬な姿勢が知られ、近隣の他校が建て替えられていくにつれて、せめて統合校をできるだけ近くに持ってこようという、いわば綱引きが始まることになる。

膠着していた喜瀬・用安小の統合問題が動き出したのは

一九五八（昭和三十三）年である。前年九月五日の台風10号で喜瀬小は一部校舎が倒壊し、分散授業を余儀なくされた。[87]統合対象校ということで、校舎の建て替えもままならない。この事態が話し合いを後押ししたのか、喜瀬・用安の中間の川内に統合校の校舎建築の見込みと報道されている。[88]三月の村議会は統合を前提とした校舎建築費を含む予算を可決し、台風で倒れた喜瀬小の仮校舎建築予算は予備費に回された。五月から六月にかけて、両校区民代表も参加する統合促進大会が開かれ、大島支庁の技術者も加わった統合校の敷地の検討が行われた。[89]候補地は摺木田《すりきだ》と大字用安上袋であり、教育委員会の結論は上袋になった。新聞からは分からないが背景にはさまざまな動きがあったのだろう。これを不満とする喜瀬校区民二〇〇人が八月十五日に役場に押しかけた。新聞には「教育長は行方がわからず交渉団が方々さがし回った末、外金久某家にひそんでいるところを発見され、五時半から役場庭で緊迫した空気の中で交渉に入った」とある。[90]教育長は議会に提案した議案を取り下げることを約束させられた。その後九月も交渉は続けられたが合意に至らず、[91]九月下旬に教育委員は総辞職した。[92]

ブロック建て大きな予算

こうして一九五八（昭和三十三）年の統合校建設は不可能となり、十二月三十一日の臨時議会で校舎建築と土地買収の予算一三一四万円を削除する補正予算が通過した。このとき予算に追加された項目もあったが、差し引きで予算総額は六九四一万円から五八二九万円に一〇〇〇万円以上減少した。学校建築費が村の一年間の予算の二割近くだっ

喜瀬小学校跡地。分離期に建てられたブロック建て校舎が残っている。戦後、住民が校舎を手作りしたのが始まりだった。

たわけで、復興予算の九割補助がなければ校舎建設はほとんど不可能であった。代わりに予備費から二六万円を支出して喜瀬小の仮校舎が建築される（十二月二十五日の定例会で議決）。一教室一〇坪、地元の松や椎を使った床なしの土間の校舎であり、ブロック建て校舎とは雲泥の差であった。[93]

七、校舎位置をめぐる駆け引き

統合するなら少しでも近くに

喜瀬小と用安小の統合問題では、教育委員会が用安寄りの場所に統合校の敷地を決め、喜瀬集落の強い抗議でその案を引っ込めて総辞職した一九五八（昭和三十三）年の騒動を紹介したが、用安の窪田忠太郎によれば、用安集落が押しかけたこともあるという。両集落とも統合絶対反対を打ち出していた時期に、喜瀬側で統合校の用地を用意して、町に陳情をしているという話を窪田に耳打ちする人がいた。夜、布団に入っているときにまるで夜這いのように忠太郎の耳もとにやってきて話をしていったという。真っ暗な他人の家の中で、誰がどこに寝ているかどうして分かるのか、今では考えられない話である。

窪田は用安小学校を一九四四（昭和十九）年春に卒業しているから、当時は若者である。窪田がこの話を集落の常会に持ち出すと、子供が何を言うかと灰皿を投げつけられるなどさんざんな日にあったが、何とか皆を説得して、その翌々日に三、四〇人で用安から赤木名の役場に押しかけたという。結局この案が日の目を見ることはなかった。

もし統合が避けられないのならば、統

1955（昭和30）年の地図。喜瀬、用安、手花部の三小学校と鯨浜の位置を示し、後に新設された緑が丘小の位置を追加した。国土地理院５万分の１地形図「赤木名」による。

合校を少しでも自集落の近くに持って来たいと考えるのは当然である。この場合、通学区域が重要になる。喜瀬の場合、統合相手の用安小とは反対の方向に四キロ以上離れた鯨浜《くじらはま》から通ってくる児童がいた。鯨浜の子のことを考えれば統合校を用安寄りに作るわけにいかなくなる。ところが鯨浜は実は手花部校の校区で、喜瀬小学校に通う子の学区外通学が黙認されていたにすぎない。一九五七（昭和三十二）年の村議会に、鯨浜の喜瀬校区への編入を求める請願、逆に鯨浜の児童を手花部小学校へ通学させるという請願が出されたがともに保留となった。[94]議会ではかなり長い議論となっている。その背後には統合校の位置をめぐる駆け引きがあった。なお用安小の校区で喜瀬から一番遠いのは神の子であるが、その先は龍郷村（当時）だから学区に入らない。

復興法期限切れ

一九五三（昭和二十八）年末の復帰の次年度に始まった十年間の奄美群島復興特別措置法、いわゆる奄振は一九六三（昭和三十八）年度末に期限切れとなる。実際には「振興特別措置法」「振興開発特別措置法」と名前を変え、現在に至るまで続いているが、当時は復興法の期限が切れれば国の九割補助による校舎建設は不可能と考えられていた。上で紹介した一九五八（昭和三十三）年の大晦日の臨時議会でも、喜瀬の佐藤常正議員がこう発言している。「この復興期間中には是非立派なブロック校舎を建てるようにしたいと考へています。部落民もこの期間中に統合出来なければ永久にブロック建てができないと考へていますし、そうしなければ笠利村民に申し訳がないものと皆考へています」（この時代には現在の集落の意味で部落という言葉が普通に使われていた）。

そこで笠利町は一九六二（昭和三十七）年度の当初予算に統合校の予算を盛り込んだ。この時点では統合校の建設が不可能なら他の学校に予算を回すという説明であった。

一九六二（昭和三十七）年七月十四日に両校区民の代表を含む学校統合推進委員会が開かれ、大島支庁長も出席して挨拶している。この時点でも地元からは、別々に校舎を建ててほしい、新設校に中学校も併設してほしいといった要望が出ているが、教育委員会が提出した摺木田案（現在の緑が丘小学校の場所）を喜瀬・用安がそれぞれ持ち帰って検討することになった。しかし町教育委員会はその回答を待たず、一週間も経たない二十日に喜瀬・用安両小学校を廃止し、統合校を摺木田に建てる議案を町長に提出し、二十三日に臨時町議会が招集された。議会には二〇〇人の傍聴人が詰めかけ、一〇人の警官が派遣された。[95]

臨時議会での議決

喜瀬では一九六一（昭和三十六）年頃から教育委員会、町当局の動きを察知して何とか統合を阻止しようとしていた。会議録を追っていくと、[96]一九六三（昭和三十八）年度末で期限切れとなる復興特別法によっての校舎建築は、学校を統合しない限り不可能であるという認識が共有されていることが分かる。一般法での学校建築はできないのかという喜瀬の和田議員の質問に対して、朝山町長は現状では九九％無理と答弁している。和田は、現状で校舎が老朽化して危険になったら建て替えないわけにいかないこと、また同じ七月に、絶対変更できないと事務局長（大島支庁の丸野教育事務局長を指すと思われる）が断言していた名瀬の西仲勝・小湊小の合併計画は両校存続となったことなどを指摘して食い下がる。

しかしいかに議論しても、町当局は提案を変えるつもりはない。翌二十四日に議案を特別委員会に付託することが決定され、そのわずか五日後の二十九日に再び本会議が開かれる。この間に特別委員会は町民一三九名にアンケートを行い、一一一名は統合に賛成であったと報告する。アンケートの対象は各集落の区長、青年団長やその他有力者、並びに学識経験者等であり、無作為抽出ではない。喜瀬の和田満豊、佐藤常正、山田菊次の三議員は精一杯の反対討論をするが、多数決で押しきられることを悟って、採決前にせめてもの抗議と退席し、その後で学校統合議案は可決された。

なお、用安校区とて統合に賛成というわけではなかった。統合校の用地は統合される両校の中間点よりは喜瀬に近く、しかも用安からは低い丘を一つ越えた向こう側である。正規の学区内でない鯨浜からの通学を考慮して敷地が喜瀬寄りになったことなどを理由に、用安の田中茂一議員も学校統合に反対討論を行い、採決の際にはやはり退席している。摺木田はどちらにとっても不満な場所だったのである。

予期されていた同盟休校

ふり返ってみると、七月十四日の統合推進委員会が開かれたときには、町当局はすでに議員への根回しを済ませ、大島支庁の了承（したがって県教育庁の了承）も取り付けていたのだろう。しかしこの同じ七月に名瀬市古見方では、西仲勝・小湊小の統合問題が、両校とも存続させることで解決している。その代わりに小湊にあった中学校は西仲勝小に併設となったが、ともかく小湊の同盟休校で一度廃止された小学校が復活したのである。この状況で喜瀬校区民がすんなり学校の廃止を受け入れるとはとうてい考えられない。

すると町当局は同盟休校が起こることを承知の上で学校統合を議会に提案し、県教育庁もまた、それを了承していたと考えざるをえない。さらに推測すれば、年度末に児童の進級が問題になれば同盟休校は収束するだろうと県はたかをくくっていたのではなかろうか。一方、喜瀬校区では、名瀬古見方での成果を見て、同盟休校で県を動かせると考えていたはずである。その後の展開は県と地元のどちらにとっても予想外の厳しいものとなった。どちらも譲らぬまま、同盟休校が長期化したのである。

八、喜瀬の住民「浜学校」で対抗

膠着する事態

喜瀬・用安の小学校統合の議決に対して喜瀬集落は中学生も含む同盟休校で対抗した。新学期の九月一日には、急ごしらえの「浜学校」に小学生一三二人、中学生五七人が登校しているが、机も椅子も床もない茅葺きの校舎にソーメン箱を置いてゴザを敷いて座る状態だった。この日喜瀬小学校に登校した児童は三六人であった。[97]

浜学校の「校長」は豊長義《ゆたか》。豊は一九四八年から五一年まで笠利小校長、その後一九五一(昭和二十六)年から五四(昭和二十九)年まで笠利村長を務めた。豊の村長在任中の助役は朝山玄蔵である。朝山は一九五四(昭和二十九)年十二月に村長に初当選し、学校統合・同盟休校の期間を含め、六期二十四年にわたって村長・町長の座にあった。

朝山が当選する直前の一九五四(昭和二十九)年十一月の村議会本会議では、豊村長が村長を目指す朝山助役を批判。議長が議事に関する発言をするよう促す一幕もあった。辺留《べる》出身の豊が喜瀬の浜学校を引き受けた背景には個人的なつながりもあったのだが、朝山玄蔵町長に対する反発もあったのかもしれない。

その後、事態は膠着状態となる。九月末時点で児童数一六四人の喜瀬小学校に登校しているのは三五人、一方の浜学校は保護者が交代で監督しているが、授業はできず自習ばかりと報道されている。[98]竹田名瀬市議会議長など、出身者による調停も試みられたが不調に終わり、十一月十九日から町当局は統合校の敷地の整地を始める。[99]誰もが尻込みしたブルドーザーの乗り手を買って出て、喜瀬の人にはずいぶん恨まれたと用安の窪田忠太郎は回想する。

用安校区も統合には反対であったが、同盟休校には至らなかった。三学級で複式授業の用安小は統合で複式授業が解消されることも理由だったかもしれない。当時の喜瀬小は六学級（各学年一学級）で、その点では合併のメリットはなかった。喜瀬用安小学校という統合校の名称は緑が丘小学校に改められ、一九六三（昭和三十八）年六月に校舎が完成している。このとき喜瀬からは四十五人が登校しているので、同盟休校から「脱落」する住民が出てきたことがうかがわれる。[100]

「原級留め置き」一〇〇人以上

以下、同盟休校が収束するまでの経過をひとまず早足で見ることにしよう。喜瀬では、統合校用地で耕作していた人が、小作権があると裁判を起こしている。いったんは立入禁止の仮処分が認められたが、結局この訴えは認められなかった。[101] 年が変わって一九六三（昭和三十八）年二月には、子供たちが浜学校にほとんど通っていないと報道されている。[102]

三月二十五日に町当局は喜瀬小学校で地元との話し合いを開き、喜瀬小の建物・敷地の無償払い下げ、鯨浜からの道路整備、学校給食の町負担（それまではＰＴＡが三分の一を負担していた）、などの条件を出した。しかし学校の存続が唯一の要求である地元との溝は埋まらなかった。[103]

前年七月の一方的な議会での議決に校区民は感情を害していたのである。抜き打ち的な決定が問題の解決を困難にするのは、一九五七（昭和三十二）年の知名瀬にも例がある。

この三日後の三月二十八日には、赤木名《あかきな》小増築予算が手花部小の吸収を前提としていることが発覚し、手花部校区民が役場に押しかける。[104] こちらは無理な統合はしないことを町が約束し、現在も手花部小は存続している。こうなると喜瀬校区民が妥協するわけはない。同盟休校は新年度も継続された。

ずっと欠席している児童生徒は進級できないことになるが、年度末・新年度を迎えても同盟休校は続いた。[105] ようやく一九六三（昭和三十八）年七月十四日になって、旧喜瀬小学校で授業を行い、夏休み中も補習をすることで合意がなされて同盟休校はいったん収束した。[106] 夏休みの最後に、同盟休校をしていた児童・生徒の進級判定があり、小学生は一〇九人中八二人が、中学生は四八人中二五人が落第（原級留め置き）と判定された。学校側は出席日数さえ足りていれば進級・卒業させようとしたが、喜瀬の側では、実際に学力がついていないのだから「落第させよ」という主張が強く、全員落第の方がよいという意見もあった。結局、保護者の希望と子供の学力をもとに個別に判断することになった。新聞には、落第の方が多いなら一緒にうちの子も落第させてほしかった（進級した子の保護者）、逆に、全員落第と思っていたのに、進級した子もいるならうちの子も進級させてほしい（落第した子の親）、という意見が紹介されている。[107] 一緒に同盟休校した子供が進級・落第に分かれたことは、校区の結束に微妙な影を落としたようである。

同盟休校の終結

この後、年度末の一九六四（昭和三十九）年三月までは旧喜瀬小校舎での授業が行われた。一九六三（昭和三十八）年七月に交わされた覚書には、「部落側父兄は昭和三十九年三月三十一日を目途に新設校への登校促進に努力する」という一項があり、町教委側は、これを盾に一九六四（昭和三十九）年四月から旧喜瀬小へは教員を配置せず、授業を打ち切ろうとした。一方、喜瀬校区民は、三月二十日の南海日日新聞紙上に声明を発表し、覚書に問題解決のための委員会の設置が明記されていながら、それが一度も開かれていないことなどを指摘し（町教委は後で二月に一回話し合いをしたと主張している）、統合校への登校の条件が整わないのは行政当局に誠意がないためであると主張した。

こうして三月二十四日から一二一人の小学生が二回目の同盟休校に入った。[108] 四月上旬に話し合いが行われたが合意に至らなかった。[109] 折衝の結果、町内各校の教頭が五月十八日から旧喜瀬小での補習授業を行い、二回目の同盟休校は収束した。[110] しかし、これはあくまで暫定的な措置に過ぎないとする町教委は、六月十五日に補習授業を打ち切り、旧喜瀬小の机や椅子などの備品を運び出すという強行策に出た。[111] これに抗議して喜瀬集落は三度目の同盟休校に入ったが、さすがの集落の結束も崩れ、五月雨式に新設の緑が丘校に登校する児童が出てきた。追い打ちをかけるように県人権擁護委員会連合会が、同盟休校は児童の人権侵害であるという二度目の勧告書を出した（最初は一九六三（昭和三十八）年六月）。[112]

一九六四（昭和三十九）年六月二十四日、喜瀬の全児童が緑が丘小に登校し、学校存続を求めて足掛け三年にわたった同盟休校は、一〇〇人を超える「落第」者を出すというすさまじい犠牲を払い、学校存続という目的を達することはできずに終結した。事実の経過を記述するだけで心が痛む出来事である。この最後の段階では屋仁出身で東京在住の登山《とやま》俊彦（一九〇三（明治三十六）～一九七〇（昭和四十五））が調停のため尽力したという。[113]

九、運動終息五十年、何を学ぶか

週刊誌が取材、見えなかった真相

喜瀬集落による壮絶な同盟休校から五十年以上を経た今、そこから何を学ぶべきなのだろうか。

同盟休校が収束した翌年、週刊誌『朝日ジャーナル』の山本泰邦記者が、旧喜瀬小、緑が丘小の染《そめ》光義教頭（後に笠利町教育長、当時三十八歳）をはじめ、補習授業を行った町内六校の教頭や、花井義三笠利町教育委員長などに取材している（同誌一九六五・九・十九号に記事掲載）。染教頭は、同盟休校で子供を巻き込むことはやめてほしいと校区に説得に出向いたが、運動の切り崩しに来たと思われて話を聞いてもらえず、それまで十年間の勤務で校区民と築いた信頼関係が一瞬にして崩れたことに大きなショックを受けた。子供に石を投げられたこともあるという。板ばさみになった染の苦悩は理解できるが、そもそも同盟休校は、学校を守るために学校をボイコットするという、矛盾をはらんだ運動で、追い詰められて他に有効な手段がないから行うのである。その段階では子供を巻き込むなという議論は説得力に乏しかったのであろう。

山本記者は各校教頭や教育委員長などに取材したためか、喜瀬の運動に冷淡である。この運動の背後には地方ボスの勢力争いがあり、選挙前の時期に騒動が燃えさかったことがその事情を裏書きしていると述べ、さらには「喜瀬地区の父兄は教育―教師を、たんに子どもに対して勉強の手段を提供するものとしか考えず、自分たちの住む地域社会の生活とは無関係なものと考えていたのではなかろうか」とまで書いている。

この見方はどうであろうか。まず喜瀬の要求は学校を残すこと、現状維持であるから積極的に「騒動」を起こす側ではない。選挙の時期に合わせて何かを仕掛けることができたとすれば、それは笠利村（町）当局の側である。だから「地方ボスの勢力争い」があったとしても、それは喜瀬の側の責任ではないだろう。

次に、教師に対する保護者の態度であるが、学校が「単なる子供の勉強の手段」でなかったからこそ、学校を残すことにここまで執着したのである。地元では当たり前のことが、山本記者には理解できなかったようである。地元を一方的に批判する記事は残念である。

ただこの記事は最後に「奄美の騒動は「行政は力」という行きかたをしたところに誤算があった」と述べ、さらに「教師は子どもがかわいい。その教師が子どもに心を通わせて動こうとするのを、動かせないようにした一部少数の指導者こそ、学校騒動の重大な責任者であろう」と書いて行政を批判してはいる。ただ、一部少数の指導者とは誰なのかは明確でない。

奄美大島龍郷出身の元ＮＨＫ記者実島《さねしま》隆三も、この記事の「行政は力」という言葉を引用しているが、責任の所在についての分析は明確でない[114]。

教員が反対運動

一九六五（昭和四十）年に山本記者が会うべきだった人は、実は染教頭のすぐそばにいた。それは染教頭とともに、喜瀬小から緑が丘小学校に移った教員の和田昭穂《あきほ》（一九三二（昭和七）年生）である。和田の父は喜瀬の人だが、父の病気のため、母の実家の前肥田《まえひだ》で育ち、手花部小に通った。和田は一九五二（昭和二十七）年に喜瀬小の助教諭（代用教員）となっている。当時の学校はまさに集落の中心だったと和田は回想する。ハブの血清が学校にあり、咬傷者に注射をした、消防車が学校にあり、火事があるとエンジンをかけて消防団員を待った、など思い出は尽きない[115]。

一九六二（昭和三十七）年七月の町議会での統合議決の前年に統合の動きが出てくると、和田は喜瀬の議員と協力して統合反対運動を主導するようになった。学校の勤務時間が終わる夕方五時に浜学校に飛んでいって中学生に勉強を教え、翌日小学生に教えてほしいことを中学生に指示し、さらにその後、担任していた六年生を自宅に集めて夜十一時近くまで勉強を教えた。日によっては、その後地元の議員と相談し、さらに深夜に教員仲間との連絡のため名瀬まで往復し、ほとんど睡眠をとらずに翌日の教壇に立つこともあったという。

校長からは、浜学校などで勉強を教えるのは、同盟休校の応援で公務員法違反だと圧力をかけられたが、勤務時間外の私的な行動に干渉されるのは不愉快だと突っぱね、子供らには学ぶ権利がある、と言い切ったという。

そのためであろう、和田に異動の辞令が出た。同盟休校の最中の一九六三（昭和三十八）年三月末には戸口小に異動と新聞に掲載されている。しかしすぐに地元が反対署名を集めて異動を撤回させている。こういうことが三回あったという。現在の和田は前肥田に住み、「打田原のマシュ」など、地元産品によるシマ興しの活動を行っている。

和田は一九六五（昭和四十）年に来島した『朝日ジャーナル』・山本記者の取材は受けていないと言う。染教頭は和田を山本記者に紹介しなかったのであろう。その気持ちは分かるが、ともかく山本記者は喜瀬の生の声を聞く機会を逸したわけである。

筆者は山本記者の四十八年後の二〇一三（平成二十五）年に議会の記録などを閲覧するために、赤木名の笠利総合支所（旧笠利町役場）を訪ねた。具体的な心当たりはなかったが、当時のことを知る人はいないでしょうかと質問してみると、総務課からすぐに和田に連絡をつけてくれて、若い職員が和田の自宅まで道案内をして下さった。時の流れを感じないわけにはいかない。

和田の主張は明快である。学校統合の目的は合理化である。つまり経費節減ということになる。学校統合だけではない。これには裏付けがある。学校統合後に、笠利の組合書記長に選ばれた和田は、地方交付税の交付額に含まれる義務教育経費に対して、実際に町が学校に配分している予算がその半分に満たず、残りの部分は別の支出に流用されていることを明らかにして、教育予算増額を訴えている。

その後の喜瀬

同盟休校に参加した当時の児童・生徒は現在六十代にさしかかり、現役を引退する年齢となっている。同盟休校はこの人たちに、そして喜瀬集落に、どのような影響を残したのだろうか。同盟休校中、和田が毎晩自宅で教えた六年生は今でも旧正月に集まって餅つきをする。その団結の強さは、同盟休校という経験を共有したからであろう。その一人、里《さと》和郎は毎日浜学校を抜け出しては、「あらゆる浜、あらゆる山を遊びつくした」と笑顔で語る。「退屈しませんでしたか」と筆者が尋ねると「全然」と断言する。里にとっては卒業が一年遅れたことなど問題にならない貴重な体験であったのだ。しかし想像してみよう。小学校で一年遅れたことは履歴書について回る。何かあるごとに事情を説明しなければならないし、奄美を離れれば事情を納得してもらうことが難しく、不利な扱いを受けた方もいるかもしれ

統合後の緑が丘小学校

ない。会社に勤めればずっと一年分だけ給料が安く、定年までの勤続年数が一年少ないから、退職金にさえ影響する。お金のことはともかく、落第しなかった仲間は先輩になり、後輩が同学年になる。先輩・後輩の関係を重視する奄美では、それだけでも難しい問題である。具体的に詮索しなくても、一〇〇人の「落第」は大変なことだと容易に想像できる。

和田はこの教え子たちにこう語っているという。「お前たちはいい教訓を学んだ。一年遅れたことは一生背負うことになるが、その分頑張るんだ。お前らの親たちが必死になってお前らの学校を守ろうとした。それでも行政はそれを強行してきた。これを一生忘れずに生きていけ。このことがお前らが生きていく糧になる。親の苦労を思えばどんな苦労でもできるはずだ」

筆者は二〇一四（平成二十六）年の旧正月の教え子たちの集まりに伺ったが、その中の一人から「そんなこと、もう書かなくてもいいよ」と言われた。さらりとした一言に、同盟休校後の五十年間のさまざまな経験や思いが凝縮されているように感じた。

同盟休校の収束後、しばらくの間、保護者がほとんど学校に来なくなったために、教員であった和田は学級運営に苦労したという。それは時間とともに解消したが、同盟休校の敗北によって集落の団結力が弱まったのではないか、喜瀬小校舎の払い下げを受けた公民館も、結局利用されなくなったと和田は嘆く。

集落の活力減退は奄美全体に起こっていることで、喜瀬だけの問題ではないが、同盟休校の影響もあったのかもしれない。落第は全員でなく、進級した児童生徒もいた。一つの学年が二つに分かれてしまったのである。さらに途中で同盟休校から抜けた家もあるし、集落内での摩擦を避けて名瀬の学校に移ったケースもあると聞く。その誰をも責めるわけにはいかないが、以前と同じ結束を維持することは難しかっただろう。学校を失ってから五十年間、喜瀬はそういう状況に置かれてきたのである。

十、統廃合の背景に復興予算

この学校統合と同盟休校を、当時の鹿児島、さらには日本全体の状況の中から見てみよう。一〇〇人以上の「原級留め置き」は戦後教育史に残る大失政と言う他はないと思うのだが、県の側ではそれほど深刻には捉えていなかったようである。同盟休校当時の県教育長の栗川久雄は一九六五（昭和四十）年四月に鹿児島の名門校、鶴丸高校長に転任している。[116]県教育長から鶴丸高校長への転任の例は他になく、大抵は県の課長や他校の校長からの転任、近年はすべて教育次長からの転任である。栗川の異動は栄転ではないが、少なくとも責任を取らされての左遷でもないだろう。

学校統廃合と、文部省方針

栗川が責任を取るべきだったと言っているのではない。学校統合は教育長の思いつきではなく、そもそも鹿児島県の発案でさえなく、文部省（当時）の方針である、それは同時期の市町村合併（昭和の大合併）と並行した地方行政の合理化、つまり安上がりな市町村をつくる政策の一部であり、奄美復帰直前の一九五三（昭和二十八）年十月に施行された「町村合併促進法」にはじまる。

その後、一九六四（昭和三十九）年に喜瀬の同盟休校が収束するまでの十年間、地元でも県でも多くの担当者、議員、首長が学校統合問題に関わったが、国策の中で個々の役職者がとりうる決定の幅はかなり狭かったことも事実である。だから喜瀬の同盟休校が問題化したときに教育長であった栗川の責任だけを問うのは的外れである。しかし一〇〇人の落第の責任が明確にならなかったことは、奄美の声が東京はおろか鹿児島にさえ届かなかったことを意味する。

名瀬市は苦しい財政の中で小宿中の根瀬部分校を作った。市内の旧校舎を移築し、足りない分はプレハブ校舎を増築している。県に地元の希望を尊重する意志があれば、強引な統合以外の選択肢もあったと思われる。喜瀬小には豊村長の時期に琉球政府から得た予算で建てたブロック建て校舎（おそらく二教室）があった。統合しなくても、喜瀬に四教室、複式授業の用安に三教室を建てればよい。一九六二（昭和三十七）年度予算には、統合校と宇宿小の建築予算の合計として一八二一万円、統合校の用地買収費として二四七万円が計上されている。[117]喜瀬・用安それぞれに建てれば職員室などが余計に必要としても、逆に用地買収費は不要なので、統合校新築との費用の差はせいぜい三〇〇万円といったものであろう。

人件費が問題ならば、形式上は統合して校長・教頭を減らし、校舎を二カ所に残すという妥協案も考えられる。それでは復興特別法の国庫支出金が得られないというなら、県が国に対して事情を説明して交渉すべきだろう。仮に県が全額負担しても千数百万円は県にとっては大した金額ではない。しかし県がこのように検討した形跡はない。奄美の一地域の要望を聞き入れていては、今後の行政運営に支障をきたすという考えがあったのだろうか。

全国に目を転じれば、同盟休校の間の一九六三（昭和三十八）年に名神高速道が一部開通し、一九六四（昭和三十九）年十月の東京オリンピックに合わせて開業する東海道新幹線が工事中であった。その時代に、わずか千数百万円の校舎建築をめぐる紛争で一〇〇人以上の児童生徒が落第したのである。高速道路や新幹線の工事費と奄美の学校の建設予算は別のものとはいえ、割り切れないものを感じざるをえない。

乏しい財政と国庫支出金の重み

当時の奄美の町村の財政事情では、復興特別法の予算なしに一〇〇〇万円前後のブロック建て校舎を建築することは不可能だったことを確認しておこう。一九五九（昭和三十四）年度の笠利村と、ほぼ同人口の県下の自治体の財政を比較する[118]。

一九五九（昭和三十四）年度末の笠利村の人口は一万一六二三人であった。鹿児島県内に人口一万人から一万二〇〇〇人の自治体は他に十二町あったが、その十二町から、住民税収が最大の東串良町《ひがしくしら》、最小の屋久町（二〇〇七（平成十九）年に上屋久町と合併して現在は屋久島町）、県本土で最小の佐多町（二〇〇五（平成十七）年に根占町《ねじめ》と合併して現在は南大隅町）をとって歳入総額と、その中に占める住民税、地方交付税、国庫支出金を比較した表を示す（人口以外は単位千円）。

まず、住民税収の違いに驚かされる。人口はほぼ同じなのに、笠利村の住民税は東串良町の五分の一、大隅半島の先端の佐多町や屋久島の屋久町と比べても半分以下である。分離期の爪痕は明白である。地方交付税は、税収の多い東串良町が少ない以外は大差ない。決定的な違いは国庫支出金であり、復興特別法のおかげで笠利村が二六〇〇万円と突出している。奄美の他の町村も同様である。同じ離島でも屋久町にはこれがない。結局歳入総額は税収が五倍ある東串良町よりも笠利村の方が多くなっている。なお、佐多町の歳入総額が笠利村とあまり変わら

	人口（1960. 3末）	歳入総額	住民税	地方交付税	国庫支出金
笠利村	11,623	6,640	453	2,148	2,603
東串良町	11,889	5,681	2,210	1,356	454
佐多町	11,629	6,239	1,038	2,469	983
屋久町	10,771	5,054	1,023	2,290	187

1959（昭和 34）年度の笠利村と東串良町《ひがしくしら》、屋久町、佐多町の歳入総額、住民税、地方交付税、国庫支出金を比較した（人口以外は単位千円）

ないのは、財産売払代金（立木の売却など）四九六万円のおかげである（表にはない）。

復興特別法に基づく国庫支出金は、ただで受け取れるわけではない。復興事業に対してその九割を支出するものだから、学校建築など、復興特別法に該当する具体的な事業が必要である。だから年度によって金額が極端に変わる。この翌年の一九六〇（昭和三十五）年度の笠利の国庫支出金は一一〇〇万円で、前年度の四割ほどに激減している。そしてこの大半は土木・建設工事の経費である。

ここから二つのことが分かる。まず、復帰後の奄美の自治体は、独自財源が非常に乏しい一方で、復興特別法によって大量の予算が投入されたので、予算に占める土木・建設工事の比率が非常に高かった。次に、特別法で可能な事業の内容は決まっていたので、それに見合う事業を計画し、予算を獲得することが重要であった。大きい事業がない年は予算が極端に減ってしまう。すると一校で一〇〇〇万円前後の学校建築は重要である。なんとか予算を獲得して、一度獲得した予算を流すことはなんとしても避けたいということになる。これが強引ともいえる学校統合の背景にあったのだろう。

奄美の政治・選挙の特殊性も恐らくこの帰結である。これだけ土木・建築予算が多ければ、行政も選挙もそれを中心に回ることにならざるを得ない。奄美の選挙が特殊だったとすれば、それは奄美の人が特殊だったからではなく、その経済構造が特殊だったからなのだ。何事にも原因があって結果がある。その上でどうすべきかを考えるべきである。

十一、喜瀬の教訓が学校を守る

現在の統廃合は地元の要望

喜瀬では学校を守ることはついに叶わず、喜瀬の人々は深い挫折感を味わうことになった。しかし、その後の奄美では学校統合はほとんど行われない。道路も整備された現在、スクールバスを配置すれば統廃合が可能な学校は少なくないが、県が統廃合を主導することはない。最近の統廃合は、喜界町や大和村のように地元主導で行われるか、瀬戸内町で見られるように、児童生徒がいなくなってやむなく廃校となるものに限られる。同盟休校は、喜瀬小学校は守れなかったが、他の多くの学校を今も守っているのである。

喜瀬小で和田昭穂が担任した同盟休校時の六年生の一人に里中一彦がいる。里中は後に奄美市の教育事務局長を務め、その在職中に小湊小建て替えが問題となる。上で触れたように、小湊小は一九六二（昭和三十七）年に統合を免れて存続したが、このとき建築された校舎の老朽化が進み、しかも児童数は激減していた。今度こそ大川小中学校へ統合されるのではないかという心配から、何とか建て替えて存続させてほしい、と小湊の人が市役所にやってきていた。

学校を大事にする気持ちは、母校の喜瀬小を失った里中には痛いほど分かる。当然市長と相談することになる。市長の朝山毅は、喜瀬・用安小の統合を強行した朝山玄蔵町長の息子であり、学校統合で喜瀬の人に批判されたことを知らないはずはない。

奄美市は小湊小を建て替えて存続させることを決め、二〇一六（平成二十八）年に新校舎が完成した。これは周辺部を切り捨てないという奄美市のメッセージでもある。これもまた喜瀬の同盟休校の五十年後の成果と言えるのではないだろうか。しかし、一時は児童数が二〇人を切った小湊小の前途は安泰とは言えない。将来にわたって子育て世代が定住する環境が必要である。人口減少にどう対処するかという課題に、こんどは小湊校区が取り組むことになろう。

その他の学校統合

これ以外の学校統合について、調査できた範囲で述べておきたい。

沖永良部島の知名町では、戦後の「六三制」実施に伴って、下平川、知名、田皆《たみな》の三つの中学校がつくられたが下平川と知名が統合の対象になった。下平川中は下平川小の隣、知名中は知名小の隣で、どちらの場所も現在は幼稚園が建っている。旧知名中の茅葺き校舎は、知名小の体育館外壁の壁画に描かれている。

下平川中の教員で、統合によって知名中教員となった平山里島（一九三一（昭和六）年生）は、反対運動といったものは記憶にないという。唯一、統合直後の一九五八（昭和三十三）年四月の入学式で鼎教育委員長が新校名を発表するときに、出席者の間に緊張が走ったことが印象にあるという。両校の規模はそれほど違わず（一九五六（昭和三十一）年五月の生徒数は知名三三九人、下平川二五七人）、両校の名前から一文字ずつとった命名も予想されていたからである。

統合校が現在の知名中学校である。場所は通学区域を考慮して移動した。役場職員の前利潔（一九五九（昭和三十四）年生）は、母親から新しい中学の用地として土地を売ったと聞かされたが、土地を取られたというニュアンスではなかったという。用地取得にも大きな困難はなかったようである。

和泊町でも、和泊中と和泊三中（国頭）が統合され、知名と同様、町の中心部から少し離れた場所に統合校（現在の和泊中）が建設された。当時の記事などを参照すると、こちらも平穏に統合が進んだようである。

須古小中学校の統合

宇検村の須古小中学校は須古と部連《ぶれん》の間にあったが、一九六七（昭和四十二）年三月に田検小、田検中に統合された。児童・生徒数が七八人まで減少し、次年度から複式授業がさらに複々式授業になる見込みであることと、前年に湯湾《ゆわん》干拓地と須古を結ぶ須古橋が完成し、須古と湯湾が船なしで往来できるようになったことから校区民大会で決定した。通学距離は須古から二キロ、部連から六キロであるが、小学生のためにスクールバスが運行された[119]。

一九五六（昭和三十一）年の児童・生徒数は一五〇人であったから、十一年間でほぼ半減していたことになる[120]。

戦前の同盟休校

最後に、戦前にあった同盟休校を是非とも紹介しておきたい。瀬戸内町阿鉄にはかつて、油井《ゆい》小学校の分校があって阿鉄と小名瀬の一、二年生が通っていた。

阿鉄は東方《ひがしかた》村（後の古仁屋《こにや》町）に属していた。一九二八（昭和三）年まではここに小学校があったが、久根津の学校と統合して油井に学校を建てることを村が決めた。これは一九一〇（明治四十三）年以来の懸案であった。戦後の学校統合と同じく、経費節減が目的であったのだろう。地元は一年にわたる同盟休校で抵抗し、分校が残された。戦後の一九五二（昭和二十七）年には古仁屋町議会で分校の本校昇格が議決されたのだが、財政難を理由に実施は見送られてしまい、復帰後は学校統合の対象となって、旧油井トンネルの開通後、一九六一（昭和三十六）年十月に阿鉄分校は本校の油井小に吸収されて廃止された。

以上の事情は大山英信（一九一四（大正三）～二〇一二（平成二十四））による集落誌『阿鉄集落の伝承を訪ねて』のおかげで分かる。大山は同盟休校時に古仁屋の高等小学校の二年生で、一年間の休学を余儀なくされた。同盟休校を「将来にわたり痛恨の手段」と記して、後年までの影響を述べている。分校廃止の際に混乱がなかったのはその教訓であろうか。

昭和の初めの統合時には、学校の備品を持ち出そうとした村当局、油井住民と、それを阻止しようとする阿鉄校区民が衝突し乱闘となったと記録している。この騒動について、一九五五（昭和三十）年生の栄俊明は（阿鉄側が抵抗して）灰を投げつけたという話を聞いている。校区民の抵抗が長い間語り継がれているのである。

区長の栄と、戦前に分校に通った長《おさ》則満（一九三〇（昭和五）年生）の案内で、石碑のある分校跡地を訪れた。校舎の位置などをなつかしく語る長の言葉を聞くと、今はない学校が見えてくるような気持ちになる。筆者が訪ねた時には分校跡の隣に油井小の教員住宅があり、教頭先生がお住まいであった。

阿鉄分校の石碑。分校設置から廃止までの経緯が刻まれている

第二章　枝手久島石油基地計画

一、島を揺さぶる東燃の計画

ひそかに計画の申し入れ

一九七三（昭和四十八）年二月一日、宇検村湯湾の人々は見慣れない黒い車が焼内湾南岸の名柄の方に向かうのを見た。この車は城山観光の重役と課長を乗せて、四年前にようやく全通した道路を阿室《あむろ》集落へ向かった。[121] 前年十月から行われていた、枝手久《えだてく》島の三分の一を占める阿室集落の共有地を観光開発のために買収する交渉が大詰めを迎えていた。翌二日に社長の保《たもつ》直次（一九一六（大正五）～二〇一二（平成二十四））も阿室を訪れ、売買契約が結ばれる。

その二日には、湯湾に別の訪問者があった。東亜燃料工業（以下東燃と呼ぶ）の関係者が村役場を訪れ、宇検村への進出を正式に申し入れたのである。石油精製工場を枝手久島に立地するという計画である。後に村長を務めた元山三郎はこの二日間の出来事を今でもよく覚えている。この計画について松元辰巳村長（一九一五（大正四）～一九八六（昭和六十一）村長在任一九六五（昭和四十）～一九八六（昭和六十一））は、二月十四日に鹿児島で県企画部長、二十二日には金丸知事と懇談している。[122]

遡って一月四日（あるいは五日）、阿室のすぐ隣の平田《へだ》集落の年初の常会で、村議会議員の宮原計介が「海のものとも山のものともわからない」としながらも、石油企業進出の噂を伝えたことを新元《にいもと》博文（一九四一（昭和十六）年生）は今でも記憶している。

東京にはもっと早く情報を得た人々がいた。沖永良部島出身の永島健司（一九五二（昭和二十七）年生）は、前年の一九七二（昭和四十七）年の後半に同郷の村山裕嗣から東燃進出計画を聞いたという。当時は四日市ぜんそくや水俣病が悲惨な被害を生んでいた。都会の大気汚染も今より深刻であったから、出身者の多くは、美しい奄美に石油企業などもってのほかと考えた。永島らは宇検村出身の好美《よしみ》清光《きよみつ》教授（一九二九（昭和四）年生）らの協力を得て、反対の趣意書作成に取りかかった。[123]

枝手久島石油基地計画をはじめて報道したのは大島新聞（当時）の一九七三（昭和四十八）年二月二十日の記事である。東燃の計画、城山観光の枝手久島開発計画を紹介し、「村民の大多数は石油プラントの進出は時の問題と見ているといえる」と結んでいる。ところが現実の経過はまったく違うものとなった。

計画の具体的内容

東燃が正式に計画断念を表明する一九八四（昭和五十九）年十一月まで、十年以上にわたって奄美を揺さぶった枝手久島石油基地計画とはどのようなものだったのだろうか。一九七三（昭和四十八）年二月に東燃が宇検村に提示した資料を見てみよう。中東などから届く原油を精製し、ガソリン、灯油、重油などを生産。それを本土向けに積み出す。処理能力は日本全体の需要の一割に迫る日産五〇万バレル（第一期計画はその半分）[124]。当時の精製工場は最大級のもので日産三〇万バレルであったから前例のない大工場である。建設資金は一五〇〇億円。なお、当時の奄振の一年間の予算総額は一〇〇億円に満たない。工場敷地は枝手久島と奄美大島の間を埋め立てる。工場には六万キロワットの自家発電所が予定されていた。これは当時の奄美大島の全発電能力の三倍を超える。本土でも珍しい、桁外れの大工場の計画である。

東燃の資料は工場が生み出す雇用と税収も強調する。それは松元村長が立地賛成を決断する大きな理由であっただろう。雇用は第一期に四〇〇人、第二期にさらに二〇〇人。翌一九七四（昭和四十九）年の新聞広告には、他に協力会社（鉄工、土木、電気工事、荷役、運送など）の従業員が一〇〇〇人必要とある[125]。税収に関しては、固定資産税が初年度一四億円、二年度目一〇億五〇〇〇万円、三年度目七億九〇〇〇万円という数字が資料に見える。一九七二（昭和四十七）年度の宇検村の予算規模は五億五〇〇〇万円であるから、目もくらむような金額である。ただし、これが全額宇検村に入るわけではないと反対派は指摘している。これについては次の二節で検討する。

これほどの規模の工場が稼働すれば、宇検村だけではなく大島全体の経済、社会を大きく変えることは明らかであった。逆にもし公害や、万一の大事故があれば、その被害も重大であろう。この計画に推進、反対両派の激しい運動が起こったのも当然であった。

1973（昭和 48）年、石油精製基地構想が降って湧いた枝手久島。その後、推進、反対両派の対立が激化する。

推進派と反対派はどのように分かれたのであろうか。簡単に言うと、宇検村の多数は賛成であったが、宇検村以外の奄美と、本土の奄美出身者は反対であった。東燃誘致を決めた宇検村は、反対派に包囲され、内部にも反対派を抱えることになってしまったのである。

反対村民会議と郡民会議

阿室校区では平田の新元博文がこれは一大事と、毎晩一升瓶を下げては集落の主だった人の家を訪ねて石油基地反対を説いて回り、三月の阿室校の卒業式を機会に阿室校区（平田・阿室・屋鈍《やどん》）は反対でまとまった。翌三月二十六日にバスと車で二一〇人が湯湾の村役場におしかけて反対を申し入れた。全員が話を聞きたいと、庁舎内でなく役場前の広場で村長が話をするように求められて役場前に出て来た松元村長は「まだ誘致を決めたわけではない、公害の有無をこれから調査する」と述べたが、校区民は納得しなかった。[126] 名柄校区では学校に勤務していた平岡和治が集落を説得し、やや遅れて名柄集落が反対を決めた。同じ校区の佐念《さねん》は賛成であった。当時の村の収入役が佐念の人であったためと言われている。久志《くし》集落は賛成・反対で二分された。集落で決めたことには多少の異論があっても従うのが当然だったから、これは実に異例のことであった。これら反対派の集落は五月三日に田検小学校で石油企業誘致反対村民会議の結成大会を開いた。[127]

村民会議では、新元博文が宇検村青年部を組織し、活発な活動を展開した。新元は特異な弁論・執筆、時に過激で時にコミカルとも言える行動で、反対運動の中でも異色の人物である。新元は、宇検村青年部の名前で、『えだてく』（不定期で第十七号まで刊行）を編集し、その内容も、ペンネームによるものも含め、新元の原稿がかなりの部分を占める。

また、新元の発案で一九七三（昭和四十八）年から毎年八月に「枝手久祭」が東亜燃料の進出断念まで毎年開催され、全国から訪問者を集め、反対運動を盛り上げた。宇検村が主催する夏祭りはこれより遅く、一九七九（昭和五十四）年に開催された「夏の祭典」にはじまる。これが現在の「やけうちどんと祭り」の前身である。[128]

奄美全体では四月十三日に名瀬で公害反対郡民会議が結成された。[129] 議長は松原若安《じょあん》（一九〇八（明治四十一）～一九九〇（平成二））、事務局長は名瀬市議の平坊一（一九二三（大正十二）～二〇一四（平成二十六））。なお事務局長は後に大津幸夫《さちお》（一九三三（昭和八）年生）に交代した。松原はハンセン病療養所の和光園の事務局長（一九五二（昭和二十七）～一九六八（昭和四十三））を務めたクリスチャンで、あごひげを蓄えた独特の風貌と、説得力ある演説は多くの人の記憶に残っている。[130] 大津は教員で、ちょうど鹿教組奄美支部長に就任したところであった。この二人の組み合わせは反対運動の大きな力となった。

東京では「奄美の石油基地に反対する会」が結成された。委員長は前東京奄美会会長で瀬戸内町出身の元田弥三郎弁護士（一八九九（明治三十二）～一九八九（平成元））。副委員長には龍郷町出身の社会党参議院議員の宮之原貞光（一九一七（大正六）～一九八三（昭和五十八））、議員在任一九七一（昭和四十六）～一九八三（昭和五十八））や、瀬戸内町出身で神奈川県で病院を経営する瀬田良市らが名を連ねている。一九七三（昭和四十八）年七月には一三ページから成る反対運動の趣意書を発行し、さらに翌年二月の第二次趣意書では、元大島中学校長の龍野《たつの》定一（一八八九（明治二十二）～一九八六（昭和六十一））が名誉会長として加わっている。このような「大物」が名を連ねる「反対する会」の実際の活動を担ったのが「関東青年部」であった。そこで中心になったのは永島健司など、二十代の若者であった。秋には近畿大の学生であった前平《まえひら》彰信（瀬戸内町西古見出身）が中心となって、関西青年部が組織された。なお島外での反対運動については第三章十二節でも触れる。

反対運動の幅広さ

この反対運動は大きな広がりを持っていた。まず、地域ごとに反対運動組織が存在し、そのリーダーたちはお互いに知り合いで、ゆるやかな連携は保っていたが、それぞれが独自に活動していた。村民会議は郡民会議と密接な連絡を保っていたが、郡民会議の下部組織ではなかったし、関東、関西の反対運動もそれぞれ別の組織であった。

このことは反対運動を進める点で有利に作用したように思われる。当時、公害反対運動で全国的に知られた宮本憲一（一九三〇（昭和五）年生）と宇井純（一九三二（昭和七）～二〇〇六（平成十八））は、ともに反対運動の招きで来島して講演などを行っている。必ずしも良い関係でなかったこの二人をともに動員できたのは、運動の幅広さ、各組織の独立性のおかげとも言えよう。

大阪市立大学教授だった宮本は、京都大学助手の塚谷恒雄とともに一九七三（昭和四十八）年五月に来島し、工場の立地に良い場所といえないことを指摘した。具体的には用地が狭いので、枝手久島をかなり崩して平地を作る必要があり、また埋め立てによる潮流の変化がおこること、河川が小さく、用水の独占で農業などにも影響を与える可能性のあること、狭い湾が峻険な山に囲まれ、公害の起きやすい地形であることなどである。[131] 宮本によれば、共産党の名瀬市議会議員であった吉田慶喜《けいき》（一九三〇（昭和五）〜二〇〇九（平成二十一））の仲介で来島したという。

当時東大助手であった宇井純とは、関東青年部が、公開自主講座「公害原論」を通してつながりを得て、一九七四（昭和四十九）年八月の「枝手久祭」の折に来島が実現した。宇井は名瀬市でも講演を行った。[132] 宇井は持論である「住民自身が足で勉強する公害反対運動」を力説した。

複数の組織が存在していたこととあわせて、参加・活動していた人々が多様であったことも指摘せねばならない。反対運動はいわゆる革新勢力に限られたものではなかった。上で述べた龍野定一は戦前の大島中学校長を務めたカリスマ的な教育者である。大島中学勤務の後、東京で、治安維持法で逮捕された教え子の共産党員中村安太郎（一九〇九（明治四十二）〜一九九五（平成七）、分離期に琉球立法院議員、復帰後に鹿児島県議会議員）の身元引受人となったことはよく知られている（中村による龍野の評価は一九八六（昭和六十一）年二月十四、十五、二十一日に南海日日新聞に掲載された講演「若き日の竜野定一先生」から伺える）。しかし明治天皇の御製の和歌を解説した本を上梓していることからも分かるように、思想的にはとうてい革新側とは言えない。龍野は石油基地計画について「眼前の小利に迷うてはならない。自分たちだけの幸せに惑うてはなるまい。長く後の世に悔いを残さないよう、広く世の識者からもの笑いにならないよう、静かに考えてほしいものである」と書いている。[133] これは島で多数を占める保守派も、いわば保守的であるが故に石油基地計画に反対であったことを象徴する事例である。

周辺市町村の反対

周辺市町村の多くは計画に反対であった。名瀬市は二月、大和村は三月、瀬戸内町は四月に公害企業進出反対の決議をあげ、笠利町、龍郷村も六月までに反対決議をあげている。[134] この後、名瀬市は六月に、瀬戸内町は七月に東亜燃料を名指しした反対決議を追加する。[135]

五月十五日の大島郡議員大会は激しい議論の応酬で「一時はつかみ合わんばかりの険悪さ」となり、宇検村の推進派の議員が退席する中で石油企業反対決議が採択された。[136]

名瀬在住の宇検村人会でも反対派が多数を占め、有志が反対組織を作り新聞に意見広告を掲載した。[137]

こうして宇検村は周囲からも反対意見に取り囲まれることになった。

推進派の動き

湯湾を中心とする推進派も黙っていたわけではない。五月六日に田検中学校で開かれた宇検村石油企業進出促進村民会議には松元村長、藤野幸正村議会議長、益枝《ますえ》福茂宇検村開発調査特別委員長をはじめ推進派村民約一〇〇〇人が参加した。[138]なお、宇検村が正式に石油基地受け入れを表明するのは、八月十五日の村議会の開発特別委員会の議決によってであるが、四月にこの委員会が学識経験者の招聘を否決した時点で結論は決まっていたと言える。[139]

賛成派の活動も激しいものであった。五月二十日の日曜日に名瀬在住宇検村人会有志が宇検村で誘致反対のパレードを行った際は、宇検や湯湾で推進派が車を取り囲み、小競り合いとなった。[140]原井一郎(一九四九(昭和二十四)年生)は南海日日新聞の記者として取材に来ていたが、やはり車を取り囲まれた。石油企業に批判的な記事が南海日日新聞に多いことに推進派は感情を害していたのだ。

九月十五日の賛成派の総決起大会では、反対派の村議会議員をリコールしようという提案さえあった。さすがにこの動きには黒田支庁長がその前日に松元村長を呼んで慎重に配慮するよう伝えている。[141]

賛成派の激しい行動の背景には、上で述べた周辺自治体

宇検村の14集落と枝手久島。集落名がグレーの囲みになっているのが反対派集落（久志は賛成・反対で二分)。役場のある湯湾からは枝手久島が見えないこと、反対派集落は枝手久島の近くに集中していることが分かる。（国土地理院発行５万分の１地形図湯湾(1975)、西古見（1969）による）

の反対に対して、村外者が誘致を邪魔しているという苛立ちもあったのだろう。ただし、実力行使的な激しい行動は推進派だけでなく、反対派にも見られる。東燃進出が持ち上がってわずか三カ月で、議論が不可能になるほどの感情的な対立が進行していたのである。[142]それは、島んちゅは議論が苦手で行動が荒っぽいという単純な話で片付けられることではない。推進派にも反対派にも、強い危機感があり、何とかせねばならないという強烈な思いがあった。それが時には過激な実力行使の形で現れたと見ることができる。それではその危機感とは何だったのだろうか。

二、分裂した宇検村

反対派の直感：石油企業＝公害のイメージ

上で述べたように、東亜燃料工業（東燃）の枝手久島石油精製工場の計画が明らかになったわずか三カ月後の五月には推進・反対の両派の対立が激化し、冷静な議論が困難になっていた。宇検村内では推進派が多数であったが、村外や本土に住む出身者の多くは反対で、さらに宇検村以外の奄美大島の市町村が続々と反対の態度を明らかにしつつあった。

反対の最大の理由は公害である。ちょうど四大公害裁判の判決で企業の責任が認定されていた時期であり、公害の深刻さは奄美でも知られていた。しかも石油といえば、四日市ぜんそくや、一九七〇（昭和四十五）年頃から奄美の海岸に漂着するようになったスラッジ（タンカー排水に起因する廃油ボール）を連想する。公害を実感していたのは出身者だけではない。当時は原油を運んだタンカーが帰り道の洋上でタンクを洗浄した廃液をたれ流していて、奄美群島の海岸にはコールタール状のスラッジが頻繁に漂着した。海岸でうっかり腰を下ろせないほどあったと当時を知る人は語る。

スラッジについては一九七一（昭和四十六）年の新聞記事に「昨年夏ごろから奄美群島各地の海辺で目立つようになったコールタール状の固まりは、タンカーの排水から発生する原油スラッジ（泥）とわかった。（中略）とくに奄美の各沿岸では直径二、三〇センチのタール状油塊が打ち寄せ、真白い砂浜を汚染、衣服やからだにつくとなかなか落ちないやっかいもので海水浴客から苦情が出ていた」とあるので、[143]奄美に漂着するスラッジは昭和四十五年頃から急増したことが分かる。さらに一九七五（昭和五十）年には大きなスラッジが増え、状況が悪化していると報道されている。[144]

こういう事情もあって、石油企業と聞けば公害を連想し、反対運動が起こるのは、いわば当然であった。また在住者以上に本土にいる出身者の反対は強かった。当時の都会の大気汚染、水質汚染は現在よりずっと深刻だったから、故郷が石油工場で汚染されるという危機感も強かったのだろう。

このため、推進派、反対派ともに和歌山県の東燃の有田工場などに続々と視察に出かけているが、視察から戻ると、奇妙なことに推進派は公害はないと言い、反対派は公害はあると言う。実は、公害が全くないわけではないが、推進派はその程度なら我慢できる、多少の公害はやむをえない、と考えたのであろう。

賛成派の危機感：高度経済成長、人と産業を奪う

この背景には、宇検村の急激な人口流出がある。地方の人口減少は今でも深刻な問題であるが、一九六〇年代の人口減は急激であった。復帰直後の一九五五（昭和三十）年国勢調査で六三〇一人だった宇検村の人口は、一九七〇（昭和四十五）年国勢調査ではほとんど半減の三三七七人（四六％減）まで減っている。このままでは村がなくなるという危機感があった。

なお、同時期の奄美群島全体の人口は二〇万五三六四人から一六万四一一四人へ二〇％の減少にとどまっていて、名瀬市の人口は逆に四万一四八六人から四万四四九一人に増加している。[145] この時期には、大都市だけでなく、各地域の中心地で人口が増加していた。奄美でも名瀬市街地、瀬戸内町の古仁屋、徳之島の亀津では住宅不足で埋め立て事業が行われた。その人口増のかなりの部分は、宇検村のような地域からの人の移動によるものであった。

また、復帰以降、生活水準は劇的に向上したとはいえ、県本土や全国の平均から見れば立ち遅れは明らかだった。自給自足が崩れて日常的に現金が必要になり、子供の高校進学などで支出が増えていた。テレビの普及による情報の増大は、逆に「貧しいという感覚」を強めただろう。しかし村の産業は逆に衰退していた。それは当然であった。高度経済成長とは、簡単にいえば地方から人を集めて都会でモノを作り、それを地方にも売ることであったから地方では人と産業が消えていく。推進派が東燃進出に期待した背景にはこのような状況があった。

一九七三（昭和四十八）年四月に、益江福茂宇検村議会開発促進委員長は、ギイギイときしむ木製イスをゆすらせながらこう語った。「今に名瀬市の人口を上回り宇検市が誕生する。そんな時はオンボロ庁舎など棄て鉄筋五階建てのデラックスビルに建て替えるサ。おれのイスもその時は

羽根ぶとんにすげかえるヨ」。[146]冗談半分ではあろうが、村の苦しい財政と、東燃への大きな期待が読み取れる。推進派の目には、東燃進出は豊かになれるまたとない機会に映った。反対に対する激しい反発の原因がここにある。

村長選挙：反対派橋口の善戦

この年六月三日に宇検村長選が行われた。当初、三期目を目指す現職の松元辰巳村長の無投票当選かと思われたが、関西から急遽帰郷した石油基地反対派の橋口富秀が告示日前日に立候補を表明した。選挙結果は現職の松元が一二九〇票、橋口が五〇八票と松元の圧勝だったが、突然立候補した橋口が五〇〇票を超える得票をしたことは意外な善戦であり、石油基地反対の意見が根強いことを印象づけた。[147]選挙結果について、反対郡民会議、反対村民会議がそれぞれ声明を出している。[148]

生活や行事への影響

賛成・反対両派の対立は、村内の生活や人間関係に大きな影響を与えた。消防団が技量を競う操法大会に、反対派集落が参加拒否を決めた。[149]集落全体として反対であった屋鈍集落の簡易水道を管理していた土建業者が賛成派で、水道を止めたため、住民が新たな水道を作った。[150]開催予定であった地区教育研究集会に対して村教育長が「父母参加は混乱も予想される」として教員だけの集会を希望し、結局集会は取りやめとなった。教員組合は石油基地計画に反対していたのである。[151]反対派は村の体育祭の参加も拒否し、同じ日に独自の体育大会を開催した。[152]このように石油基地をめぐる意見の分裂は生活のあらゆる側面に影を落とすことになった。

集落が賛成・反対で二分された久志では、集落で選んだ区長を村が承認しないという事態も起こった。村長選挙に立候補した後、久志に定住した橋口富秀は一九七五（昭和五十）年に区長を務めたが、翌年に再選された際に村当局から拒否された。その代わりに選ばれた人も認められないといった問題が生じた。[153]

村内対立の影響が及んだのは日常生活や行事だけではなかった。東燃の計画が持ち上がった一九七三（昭和四十八）年は、焼内湾で真珠養殖を行っていた三重県の業者の漁業権更新期で、仮に東燃が進出すれば漁業補償金の大半はこの業者が受け取る見込みであった。漁業権更新には村と漁協の同意書が必要であったが、同意の条件として「企業誘致に介入せず、漁業補償を含む一切を宇検村または宇検村漁協の決議事項に従い、異議申し立てをしてはならない」という内容を含む契約書がこの業者に示された。

納得出来ない業者は漁業調整委員長であった瀬戸内漁協長の的場《まとば》宮秀《みやひで》に相談し、石油基地計画に強く反対していた的場は直接県に出向いて事情を説明し、結局、宇検村と宇検村漁協の同意書なしで漁業権更新は認可された。このことは、村長らが養殖業者に「石油」に介入するなという「圧力」をかけようとしていたと新聞で報道された。[154]

なお、一貫して石油基地に批判的な立場にあった南海日日新聞は、両派の対話・議論を促進しようとしていた。一九七四（昭和四十九）年末には宇検村田検の海原実の「工業立村の必然性と諸問題」という文書を四回にわたって連載し、[155] 年明けになって、これに対する江崎貞信の反論をやはり四回掲載している。[156] この他にも石油基地問題に関する評論は頻繁に紙面に登場する。

「反対する会」の趣意書

東京で組織された「奄美の石油基地に反対する会」は一九七三（昭和四十八）年七月に趣意書を出している。[157] 本文一三ページ、一万八〇〇〇字近くの趣意書は、最初に公害による石油精製工場の立地難により、石油産出国や東南アジアに精製工場の拡張を求めていると指摘し、奄美への計画を「本土では住民の反対機運が盛り上がって立地不可能になったので、いわば東南アジアに準ずるものとして、その一歩手前の奄美に目をつけたにすぎない」と断じている。

次に、「公害企業の進出の実態とわれわれの心がまえ」と題する一節で、「企業は利潤追求を至上目的とする」と述べ、「企業と地元の共存共栄をはかる」などという言葉は、本土では十余年前から言い古された「殺し文句」であると断じている。企業一般に対する厳しい態度がうかがわれる。ここで鹿児島県当局の態度について、当時、志布志湾にコンビナートを誘致する県の計画が反対運動で難航していることを指摘し、

> このような県当局にしてみれば、かつての薩摩藩のわが先祖に対するサトウキビ政策と同じく、みずからは少しも汚れずに、遠く離れた奄美の犠牲のうえに安易に税収入の増大をはかることができ、しかもそれによって、中央政府に対しても点数をかせぐことのできる今回の石油企業の進出は、まことに工合のよいことでありましょう。[158]

と述べる。翌一九七四（昭和四十九）年の第二次趣意書では、反対の態度を表明しない奄美選出の県議会議員について

県会議員諸氏は、島津藩の鼻息をうかがって島民を苦しめた、かつての悪代官にでも成り下がるつもりなのでしょうか。[159]

とまで述べている。鹿児島県当局、あるいは県本土との関係を論じる際に、このようにかつての薩摩藩の圧政が引き合いに出されることは奄美では珍しくない。

趣意書はついで公害について、工場建設工事から、石油精製過程、入出港するタンカーによる汚染まで、その可能性について五ページを費やして論じている。米国ガルフ社が進出していた沖縄の平安座島《へんざ》で、地元の村議会が操業停止を決議したことにも触れている。

一方、誘致に伴う利益について、まず雇用の創出については、関連事業を含めて二〇〇〇人以上という東燃の説明は過大であるとし、せいぜい五〇〇人、その大部分は本土から派遣される管理者、技術者であるとして、農作物被害、漁業不能による影響を考えれば、工場進出は宇検村の過疎の村民一人一人の貧困を促進し拡大する結果になると述べる。また、初年度一四億円と東燃が試算した固定資産税について、その大半は県のものとなり、宇検村に入るのは年に五〇〇〇万円を少し上回る程度で、それは地方交付税の減額で相殺されると指摘している（これについては第六章十一節でで詳しく紹介する）。

趣意書は全体として、当時の反公害運動の高まりを反映してか、企業にたいしてきわめて厳しい態度をとっているが、大気・水質汚染や税収など、個々の問題について正確な情報に基づく議論を展開していると言ってよいだろう。

推進派議員の反論

この趣意書に推進派は黙っていなかった。宇検村の推進派議員有志一一人はこの趣意書に対して一九七三（昭和四十八）年九月に反論広告を出している。[160]その見出しだけを紹介すると①日常生活に石油は不要か？②私たちが見たものはマボロシだというのか？③公害は防止できないのか？④第三次産業は無公害か？⑤なぜ村を去ったのか？⑥公害から逃げないーとある。その内容はやや感情的な部分もあり、「反対する会」の趣意書の方が理路整然としているが、そもそも弁護士や大学教授が練り上げた趣意書と、地元の村議会議員が急遽作った文書の優劣を単純に比較すべきでない。この反論からまず読み取れるのは、急激な人口流出に対する強い危機感である。

「反対する会」の趣意書とてこの問題を素通りしているわけではない。趣意書は、「全国の農漁村の過疎と貧困の原因は高度成長政策と重化学工業優先主義であり、それを支えてきたのが『石油』に他ならない」と断定している。そしてその石油企業がこの経済路線を拡張するために「農漁村の過疎と貧困のあたかも救済者であるかのようによそおって進出を企て、それによって、はやくも、あの美《うるわ》しい団結と人情味をもっていたはずの宇検村民の心の公害と荒廃を惹きおこしつつあるのであります。あまりにも皮肉にして苛酷な選択の強制であり、胸の痛むのを禁じえません」と述べている[161]。

つまり石油企業は、高度成長をささえ、その結果として宇検村の危機をもたらしたのに、その石油企業が宇検村のためと言って進出してくるのは矛盾していると指摘するのである。ここでは公害の有無だけではなく、宇検村の人口減少の根本的原因や、長期的に見た村の自立・存続という問題も視野に入っている。

しかし、いかにこの趣意書の分析が正当で、出身者が胸を痛めていても、宇検村の問題に直ちに解決をもたらすわけではなかった。推進派議員有志は「きれいごとの説教だけを述べている趣意書の人たちには、島から出た自分たちは、島に残っている人間より偉いのだ、という尊大な態度すら感じられ、不快な気持ちでいっぱいです」と反発する。問題の根本的な原因は、趣意書が言うとおり、日本の経済全体の仕組みにあるのだが（その仕組みは現在も変わっていないと言えるだろう）、それが村在住者と出身者、あるいは在住者間の争いを引きおこし、悪化させるという構図につながっている。

三、県議会での陳情合戦

知事・支庁長・奄美出身議員の態度

推進派・反対派の運動は、県議会に両派の陳情という形で持ち込まれた。一九七三（昭和四十八）年の六、九、十二月の定例県議会には陳情団が大挙して上鹿した。金丸三郎知事（一九一四（大正三）～二〇〇七（平成十九））、在任一九六七（昭和四十二）～一九七七（昭和五十二））は六月十四日に郡民会議代表と会見し、石油精製の公害は防止できると述べ、計画に好意的な態度をにじませた[162]。

大島支庁長の黒田清博は三月末に、反対運動に対して「奄美の将来を考えて慎重に対処するように」と要望し、これについて共産党の質問状を受けて「軽率な発言だった」と回答する羽目に陥っている[163]。黒田は石油基地に関して新聞記者に「上はやる気」と漏らして物議をかもしたという[164]。ここから見て、県当局も事前に東燃から説明を受けて、計画推進の立場であったと考えられる。

当時の衆議院は中選挙区制であったが、奄美群島区だけは復帰以来、定数一の選挙区であり、前年一九七二（昭和四十七）年十二月の総選挙で、保岡興治《やすおかおきはる》（一九三九（昭和十四）年生）が初の当選を果たした直後であった。保岡の父は宇検村出身で何度か奄美群島区で当選した保岡武久（一九〇二（明治三十五）～一九八三（昭和五十八））である。保岡は東燃の進出について態度を明確にしなかった。東燃側が計画発表に先立って地元進出の国会議員に接触しなかったとは考えにくいので、恐らく保岡は計画を知っていて同意していたが、地元のあまりに強い反対に、態度表明を控えたものと思われる。なお、筆者が反対運動関係者から聞いた話では、陳情に行った反対派の人が保岡から「このカーテンだって石油で出来ている。馬鹿なことを言ってないで賛成しなさい」と言われたということである。この後一九八〇年代に、徳洲会の創始者である徳田虎雄が奄美群島区で保岡と激しい選挙戦（いわゆる保徳戦争）を繰り広げたとき、石油基地反対運動にかかわった人の多くが徳田支持に回ったが、その一因はここにあった。

奄美選出の六名の県議のうち、反対を表明した公明党の河野喬次県議を除く五名の自民党県議は計画への賛否を明らかにしなかった。反対運動の急先鋒だった瀬戸内町議会は十月に自民党県議五名に抗議書を送り、自民党を脱党するよう要請している。[165] 脱党要請とは穏やかでないが、九月に鹿児島で自民党系の開発促進派が開いた集会の決議に、「暴力と独裁による革命政権を企図する革新組織の、公害反対に名をかりた開発反対運動」という表現があり、これに対する反発でもあった。奄美の反対運動は保守・革新を問わないものであったが、鹿児島では反対運動＝革新系と見られていたのだ。

なお、瀬戸内町は当初、町をあげての反対運動を行ったが、町議会の保守系議員の多くは一九七五（昭和五十）年頃から態度を変え、一九七七（昭和五十二）年十月には「国策に沿った企業誘致」を議決する。具体的には原子力船「むつ」母港と、ＣＴＳ（石油備蓄基地）の誘致である。しかし当時の房弘久町長（一九二〇（大正九）～二〇一一（平成二十三））は、町内には反対意見も根強く、町が二分される危険があるとして、誘致活動を行わなかった。この経過については本書第四章でとりあげる。

賛成派集会に日当

県議会に話を戻そう。結局両者の陳情は継続審議、つまり棚上げにされた。なお一九七三（昭和四十八）年九月に上鹿した賛成派陳情団が利用した船席は東燃の名前で予約されていて、また賛成派の集会には日当が出たと報じられている[166]。東燃はこの後、和歌山県の有田製油所の工場見学旅行を企画し、旅行費用を負担して、各種団体の役員や反対運動家を招待した[167]。この旅行に参加して態度を変えた人も少なくない。公害反対郡民会議は招待に応じないようにという声明を出している[168]。

このように東燃は賛成派に便宜を図っていたが、反対運動には援助も日当もない。このことを考えれば、反対運動がこの後も長期間持続したことは驚くべきだと言えるだろう。

東燃との交渉

公害反対郡民会議と東燃との最初の交渉は、九月県議会より前の九月三日に名瀬で行われた。東燃の賀集調査室長は「現地住民とは奄美群島全体であり、多数の郡民の反対があれば進出しない」という念書をとられた。宇検村では賛成派が多数だが、群島全体では反対派が多数なので、これは東燃の失策である。経過はこうである。交渉には郡民会議から一七名が出席する予定であったが、一日に名瀬で二五〇〇人を集めた反対派集会を見た東燃が、前日になって出席者を五名に減らしてほしいと通告し、これに憤った郡民会議側が三日朝に一〇〇名以上で東燃が宿泊するホテルに押しかけ、そのまま六時間にわたる団交となったのである[169]。

十一月には郡民会議および反対議決をした七市町村議会の代表者、合わせて六〇名が上京して、関東・関西の出身者とともに東燃本社で交渉を行った。ここでもまず交渉出席者の数が問題となり、交渉開始後、会社側の代表が総務部長であって重役ではないことを知った場外の反対派が会議室に乱入して机をひっくり返す騒ぎになり、九月の名瀬と同様、交渉は反対派ペースで進み、「大和村、瀬戸内町等の隣接地域の意志を尊重する」という田井取締役の確約書を得た。反対派は文面に「等」の一語を入れて隣接地域の定義を広げることに成功したのである。このように反対運動は、多数の動員で交渉を有利に運んだ[170]。

しかし反対派の乱暴な行動を理由に、東燃はこの後、反対派との交渉を一切拒否する。六年後の一九七九（昭和五十四）年十一月に、東燃本社で交渉を求めて座り込んだ四〇名が逮捕され、うち三名が起訴された事件の裁判では、東燃の交渉拒否は正当とされた。この事件は第三章九節、第六章二節で扱う。

四、湯湾干拓地での集会

周辺市町村議員を追い返す

賛成派と反対派の対立は激しさを増す一方であった。宇検村議会は一九七三（昭和四十八）年十月四日に東亜燃料の本格的な実地調査（第二次調査）を一〇対五で了承した。

これに対して、十一月二十三日、名瀬市・瀬戸内町・大和村の議会議員が東燃の現地調査開始に抗議するためバスで宇検村の中心集落で役場もある湯湾にやって来たが、湯湾の賛成派はバスを取り囲んで東燃の駐在員に会わせず、また焼内湾南岸の反対派集落にも行かせずに追い返した。新聞の報道によれば賛成派住民約五〇〇人が集まり、長さ五メートルの竹ザオ七〇本が用意された。抗議の議員団が芦検集落を通過したことが湯湾の地区放送で知らされ、ヘルメットをかぶった賛成派が、バスを待ち構えて県道上で取り巻いた。「ひとの村に何しにきた」「ひきづりおろせ」と罵声、怒号。七時間あまりバスの中に閉じ込められた議員団は、議会議長三名の連名で「石油問題で宇検村に来るときは前もって連絡する」という念書を書くことを余儀なくされた。[171] 皆でバスの前輪を持ち上げて方向転換させたという話（元山三郎からの聞き取りによる）は新聞記事の記述と一致する。しかしこれは前哨戦に過ぎなかった。

憎しみの海

それから十日も経たない一九七三（昭和四十八）年十二月二日、郡民会議を中心とする反対派は宇検村の湯湾干拓地に三五〇〇人を集めて総決起大会を開いた。一方の賛成派は一四〇〇人を動員して干拓地と橋一つ隔てた広場で集会を開き、両者がにらみ合った。両派の衝突を警戒した瀬戸内署はあらかじめ県警機動隊七〇名、名瀬署四六名の応援を得ていた。機動隊が間に入って何とか流血の事態は避けられた。南海日日新聞は翌三日の写真入り報道に続いて、翌々日四日にも「焼内湾〝憎しみの海〟に」と題して写真三枚を含む記事を掲載している。

賛成派は村の消防車を持ち出し、瀬戸内から反対派の応援に来た漁船に放水し、漁船に怪我人が出た。大島新聞（十二月五日付）は消防車が三分の二の国庫補助を得て購入されていることを指摘し、「デタラメ消防団」の見出しで報道している。しかし反対派も負けていない。瀬戸内漁協の叶良久によれば、放水に怒った若い漁師が船から飛び込み、潜水で岸に泳ぎついて持って来たモリを構えたところ、放水していた連中が逃げてしまったので、ホースを切り取って船に積み、帰りに曽津高崎沖で海中に捨てたという。さまざまな話を聞いたが、数十年を経て生き生きと思い出を語る人々は賛成・反対を問わず、楽しそうでさえある。もちろんその時点での対立は深刻だったのだが、島の人のたくましさには敬服する他はない。

五、その後の展開（一九七四〜七五年）

県による「環境容量調査」の難航

次に焦点になったのは、工場建設のための実地調査である。上で述べたように村議会は一九七三（昭和四十八）年十月に東燃の調査を了承し、東燃は一九七五（昭和五十）年春に工場着工と発表した[172]。この議決を受けて議会の賛成派・反対派ともに石油先例地の視察報告を新聞紙上に発表している[173]。東燃は十一月の東京での反対派との交渉の直後に立地調査を表明した[174]。東燃は当初反対派集落を避け、気象観測や川内川上流のダム予定地の調査などを行っていた。

東燃の調査は続き、一九七四（昭和四十九）年七月に枝手久島で土地境界線の測量に入った。これに気付いた反対派が七月九日に現場に踏み込んだ。そこにさらに賛成派が駆け付けてにらみ合いとなり、あわや衝突の事態となった[175]。この事件を受けて七月十三日の県議会で金丸知事は、県独自の事前調査も考えていると答弁した[176]。

これより前、一九七四（昭和四十九）年五月に、奄美の市町村長・議長合同会は、東燃の調査ではなく、公的機関が石油精製工場の公害の有無について調査することを県に陳情していた[177]。七月十九日に県議会文教衛生委員会は全会一致で五月の陳情を採択し、県が調査に乗り出すことになった[178]。この調査は「環境容量調査」と呼ばれる。

実はこの陳情は知事の要請を受けて行われたものである。これについては第五章二節で述べる。金丸知事としては、東燃の調査を県が肩代わりして工場建設の道筋をつけたかったのであろう。ところが調査は簡単には進まなかった。県議会の議決には付帯決議で次の三つの条件がつけられていた。一、東燃の調査中止、二、石油基地立地の前提の調査でないこと、三、すべての住民が納得できる調査方法であること。

郡民会議は、県による調査実施は東燃寄りになりかねないと反対し、町村会に対して陳情の取り下げ、知事に対して調査中止を申し入れていたが、付帯決議を高く評価した[179]。実際、付帯決議は調査の実施を非常に困難にするものであり、反対運動に有利にはたらいた。

振り返って見れば、これが石油基地計画の転換点となった。県の調査が終わるまで東燃は工場建設ができず、その調査は「すべての住民が納得できる」ものでなくてはならないが、当然のことながら反対派は納得しないので、調査に入れないのである。県は一九七四（昭和四十九）年九月補正予算に調査費を計上したが、[180]郡民会議が反対するのみでなく、名瀬市、瀬戸内町、大和村の議会が調査中止の意見書を提出し、[181]調査が実施できないまま一九七五、七六年度へと二回にわたって予算を繰り越し、規定により三回の繰り越しはできずに調査を断念した。[182]その後一九八〇（昭和五十五）年二月にようやく水質調査だけが行われた。この調査実施については第六章一、二節で述べる。

二つの石油流出事故と金丸知事来島

一九七四（昭和四十九）年十二月十八日夜に岡山県の三菱石油（当時）水島製油所から石油が流出し、一時は瀬戸内海の三分の一が汚染される大事故になった（海上への流出量は七五〇〇～九五〇〇キロリットル）。奄美ではその直後の一九七五（昭和五十）年二月八日に加計呂麻島の薩《さつ》川《かわ》湾で貨物船リオ・トレーダー号が沈没、重油約一三キロリットルが流出して薩川湾の海岸を真っ黒にし、真珠養殖に被害を出した。遠くの大事故と間近の事故は東燃への逆風となった。なお、薩川湾の沈没船の重油が完全に抜き取られたのは八年後であり、船体は今でも魚群探知機に反応する。[183]

偶然にも薩川湾の事故は金丸知事来島の前日であった。知事は名瀬の奄美共済会館で郡民会議の松原議長と会談した。ここで知事が会館に入るのを待ち構えていた反対派からスラッジ（海岸に漂着した廃油ボール）が投げつけられるという事件があった。[184]前平彰信の説明では、スラッジを投げつけるつもりはなく、知事に見せて被害を知ってもらおうと持参したのだが、警官隊に阻まれて知事に近づけず、もみ合ううちにスラッジが散乱したという。[185]共済会館からは二〇万円の絨毯の弁償を求められ、松原議長は自分が弁償すると言ったが、宇検村の反対派集落が分担して支払った。[186]松原の人柄がしのばれる逸話である。

宇検村青年部への強制捜査

しかし、この事件が反対運動を揺さぶることになる。

一九七五（昭和五十）年二月二十五日夕刻、捜査員五〇名が宇検村平田・阿室に現れ、阿室郵便局と公害反対宇検村青年部長宅を家宅捜索し、また名瀬市内で青年部員の新元美文（新元博文の弟）を逮捕した（三月一日に釈放）。家宅捜索の容疑は、前年十二月の御用納めの折に、枝手久島問題を「積極的に推進したい」と述べた米丸操支庁長（一九七四（昭和四十九）年五月一日着任）に、「いずれあいさつに行く。命がおしければ気をつけろ」などの電報を送ったこと、逮捕の容疑は前年八月に鹿児島で宇検村の松元村長、藤野議長と談判し、足を蹴って全治二日間の打撲傷を負わせたというものである[187]。

米丸支庁長は電報を受け取った後の一月十日には、宇検村平田集落などの青年たちと話し合った際も「友達になれてよかった」と青年たちの肩を叩いていて、捜査開始後も「電報は脅迫に当たるほどではないし、警察に調書をとられたこともない」と述べていたが、三月一日には県警記者クラブで「私は身の危険を感じるような大きなショックを受け、脅迫されたと感じさっそく名瀬署に連絡した。警察には支庁内外の巡回をしていただき、署から数回事情聴取されていた。一月五日に官舎で調書を取られた」と述べた。新聞は「米丸支庁長ヒョウ変」「県警記者クラブで前言翻す」「支庁長〝ネコの目〟発言」との見出しで報道している[188]。

反対派はたしかに乱暴であったが、普通なら立件されるほどの事件ではない。知事来島時のスラッジ事件をきっかけに宇検村青年部の激しい活動が警察の注目を引き、立件できそうな過去の事件を洗い出したのであろうか。

さらに前平彰信が鹿児島中央署から指名手配され、本人が名瀬署に出頭したが取り調べもされずに帰宅させられ、後日鹿児島中央署にも出頭したがやはり逮捕されないという不思議な事態も起こった[189]。新元博文も任意聴取を受けている[190]。さらに六月十日には指名手配されていた佳本茂吉が出頭して逮捕されたが、裁判所の拘留許可が下りず、十三日には釈放された[191]。こうして大がかりな家宅捜索で始まったこの事件では誰も起訴されることはなかった。一連の捜査について、着任したばかりの県警本部長が手柄をたてようと焦ったのだという見方をする人もいる。

なおこの少し前、一九七五（昭和五十）年二月二十日に南海日日新聞社の創業社長であった村山家國が六十一歳で死去している[192]。村山は復帰運動に関する浩瀚《こうかん》な資料と記述で現在も第一級の資料である『奄美復帰史』［村山一九七一］の著者でもあり、沖縄復帰前に沖縄を訪問しようとしてパスポートを申請したが二回にわたって申請を却下され、「奄美大島の復帰運動の第一線に立って活動したのがいけなかったのか」と首をかしげたという逸話も伝えられている[193]。南海日日新聞は石油基地計画に批判的な論調を展開し、宇検村で賛成派だった集落では今でも購読者が少ないともいう。当時の記者たちは「社長に言われて書いているんだろう」と賛成派に言われたが、実際には記者たちが自発的に記事を書いていて、村山社長からの指示ではなかった。[194]

当時のスローガンから

事実関係を追うばかりでなく、当時のスローガンから状況を見てみよう。特に賛成派のスローガンは秀逸である。「石油基地に反対するなら石油を使うな」、これは繰り返し聞かれた。一九七三（昭和四十八）年十一月に湯湾でバスに閉じ込められた名瀬・大和・瀬戸内の議員団に対しても「石油に反対するなら車で来るな」というヤジが浴びせられた。[195] しかし、よく考えるとこの意見は説得力に乏しい。東京二十三区には九〇〇万の人口があるが水田は事実上存在しない。しかし誰も「東京の人は米を食べるな」とは言わない。逆に各産地が米を買ってもらおうと競って宣伝している。要するに現代の経済は地域分業で成り立っているのだ。その分業の中で、奄美が何をするかという問題である。奄美が農林漁業や大島紬だけではやっていけず、本土で公害を出して「追い出された」石油産業が割り当てられるというのでは納得するのは難しい。

もう一つ、秀逸なスローガンに「死膳（自然）は食えぬ」がある。当時の奄美は復帰前と違って文字通り「食えない」わけではなかったが、高度経済成長による産業と人口の流出で、宇検村で生活を続け、次の世代に村を引き継ぐことが困難になっていたことは事実である。すると進出企業に頼るのか、自力で頑張るのかということが問題であり、さらに掘り下げると、食えないから工場を受け入れるのか（多少の公害は目をつぶる）、食えなくされた（村から産業が消えた）あげくに公害企業を受け入れるのはおかしいと考えるか、ということになる。こうなると公害の有無だけの問題でない。多少理不尽でも長いものには巻かれるのか、巻かれまいとするのか、という考えの違いにもなってくる。目の前の生活を考えれば、巻かれてはいけないと簡単に言うわけにもいかない。島の歴史の大半は、外から来た「長いもの」に巻かれる以外の選択がなかった歴史でもある。復帰運動の記憶が大事にされるのは、数少ない例外であったからだろう。

「食える」「食えない」話に戻れば、反対派からは東燃が来てもいつまで「食える」のか、という反論があった。当時の反対派の文書には、もうすぐ石油が枯渇するから石油基地は無意味だという議論が頻繁に現れる。四十年を経た現在、石油の枯渇はもっと先のことだと分かってきた。しかし石油基地では長いことは食えないという議論は結果的に正しかった。現在、日本の石油需要は増加せず、全国の製油所は次々と廃止統合されているからである。

六、工場建設のための三つの条件

一九七五（昭和五十）年頃になると、工場建設に三つの条件が立ちはだかっていることが明らかになってきた。一つは上で述べた環境容量調査の実施であり、残る二つは用地の買収と漁協の同意である。いずれも反対派の運動が奏功して、東燃と推進派は歯がゆい思いをすることとなった。

環境容量調査

もともと金丸知事の依頼で奄美側からの陳情という形をとった鹿児島県による環境容量調査であるが、県議会での審議過程で、三つの条件がつけられ、調査の実施がきわめて困難になった。当初は名瀬市などの周辺市町村が反対の態度を示したので、「すべての住民が納得できる調査方法であること」が満たされなかった。後に見るように、金丸知事の後を継いだ鎌田知事が地元自治体、漁協などの同意を取り付けて調査を実施するが、これに年月を要しているうちに第二次石油ショックが起こり、石油需要そのものが縮小して、石油基地の必要性が薄れたのだった。

枝手久島の用地買収

枝手久島の大半は久志と宇検の個人所有地であった。村民会議は久志の反対派地主を説得して、これらの土地を村民会議幹部に売却する契約を結んで仮登記を行った。もちろん、仮登記などという言葉は恐らく聞いたこともなかった地主から同意を取り付けることは容易ではなかった。賛成派は、そんなことをしたら土地をとられてしまうぞと言う[196]。村民会議は粘り強い説得で久志の地主の信頼を得て、枝手久島の個人所有地を仮登記し、東燃の土地買収は困難となった[197]。

工場建設は公共事業ではないから、土地を強制収容することはできない。地主の同意を得て買い取らねばならないのである。反対運動の幹部の同意を取り付けることはほとんど不可能であるから、計画は暗礁に乗り上げてしまった。

東燃は枝手久島の買収が困難であることを認識して、工場予定地を宇検集落寄りに移動させることも検討していた。枝手久島での測量で反対派に取り囲まれた直後の一九七四（昭和四十九）年七月中旬に報道されている[198]。ただし、この計画について続報はなく、どの程度真剣に予定地の移動を検討したのかは分からない。ここであげる他の二つの問題も進展しなかったので、具体的な計画が公式に発表されることはなかった。東燃は予想外の強い反対と用地買収の停滞に戸惑って、さまざまな計画変更について検討していたようである。一九七四（昭和四十九）年四月二十二日に、奄美の市町村議会と郡民会議の代表が東燃本社を訪れて進出計画の撤回を申し入れた際には、備蓄基地への転換もありうると述べている。[199] 一九七八（昭和五十三）年一月の新聞は来年度（一九七九（昭和五十四）年度）から着工か、という見通しを報道しているが、そこで報じられている新たな計画は一期工事で本島寄りの海面を埋め立てて備蓄基地を建設、二期工事で枝手久島を買収して製油工場を建設するものであった。[200]

漁業権の放棄

漁業については、工場の建設・操業によって漁業が打撃を受けることは明らかだから、漁協が補償金を受け取って漁業権を放棄する必要があり、そのためには総会で三分の二の賛成が必要である。当時の宇検村漁協では賛成派は過半数ではあったが三分の二には足りず、賛成派の三分の二確保のために一九七四（昭和四十九）年二月の総会で加入申請が殺到した。漁協組合員になっておけば東燃から補償金がもらえるという噂で申請した人も少なくないようである。一九七五（昭和五十）年初めには反対派がこれを問題視して県に業務検査を請求したが却下されたため、行政監察局に訴えると報道されている。[201]

漁協の正組合員であるためには年間九十日以上漁に出なくてはならない。[202] 出漁日数を確保する簡単な方法は定置網であり、定置網による漁獲が増えて魚の値段が大幅に下がった。新たな加入者の多くは、正組合員の資格を得ることが目的で、漁業で生計を立てることを考えていないのだから、それまで漁をしていた人や、魚屋はたまったものではない。[203]

賛成派による正組合員三分の二確保（あるいは反対派の三分の一確保）は、他にもひずみをもたらした。久志（賛否半々）、生勝《いけがち》（賛成派）、名柄（反対派）の三集落がモズク網を設置したのだが、実は漁協がモズク養殖に必要な漁業権を取得していないという手続き上のミスが発覚した。ところが漁協は一九七八（昭和五十三）年二月の総会で「モズク網撤去決議」を行ってモズク網を撤去させたのである。漁業の振興が目的の漁協の対応としては不思議であるが、モズク網は反対派の組合員増加対策とみられたからである。新聞の取材に答えた浜野組合長代理は「モズク漁もあくまで試験的にやってみたまでだ。しかし、とにかく狂っちゃ（っ）ている。基本的に漁業をする姿勢が必要な時なのだが、基本が間違っているから、何もかも変になってしまう」と嘆いている。

無我利道場とアブリ漁

真面目に漁業に取り組んでいたのは、むしろ反対派の方であった。関西から帰郷して一九七三（昭和四十八）年六月の村長選に出馬した橋口富秀はそのまま久志で反対運動を続けた。まずウナギの養殖を手がけて久志集落の住民から土地の提供を受け、枝手久島の水田跡に養鰻場を作った。関西久志会をはじめとする出身者からの出資をつのり、反対派住民の労力奉仕で一五メートル四方のいけすが四つ作られた。[204]ところが七〇～八〇センチに育ったシラス五〇〇〇匹を一九七五（昭和五十）年の暮れから七六年の正月にかけて全部盗まれてしまい、養鰻は頓挫した。[205]

このシラス盗難事件の前、一九七五（昭和五十）年の八月に、山田塊也《かいや》（一九三七（昭和十二）～二〇一〇（平成二十二））をはじめとするグループが久志に入植して反対運動に加わった。山田は日本のヒッピー運動を代表する人物であり、彼等はトカラ列島の諏訪之瀬島でヤマハのリゾート開発の反対運動を行っていたが、開発がすすみ、つまりこの運動は失敗に終わり、次の活動場所を探していた。彼らは結局宇検村久志に落ち着いた。[206]彼らは無我利道場を名乗った。「ムガリ」とは屁理屈を意味する島口（方言）であり、この名前は新元博文の発案であるという。

無我利道場のメンバーは、他の反対派の青年とともに、アブリ漁を復活させた。これは「二〇人あまりが機関船や伝馬船など六そうの船団で繰り出し、夜中の四時間から八時間という時間をかけて集魚灯で集めた魚を、四そうの伝馬船による四つ張り敷き網まで誘導してすくいとる漁法」である。[207]この漁が可能になったのは、反対運動のために出身者の若者が戻ってきたことと、無我利道場が加わったおかげである。漁協の正組合員資格確保のために定置網組合に属する人よりは、はるかに漁師らしい漁業を行っていたわけである。

ところが無我利のメンバーらが漁協加入の申請をしたところ、一九七八（昭和五十三）年初めの資格審査会で加入を拒否され、これを不服として訴訟を起こす事態となった。[208]被告となった漁協は、加入申請をした無我利のメンバーの生活が原始的で反社会的であるので加入は認められないと反論した。[209]この裁判は一九八〇（昭和五十五）年二月の漁協総会直前に、原告（漁協加入を求める無我利道場などの石油反対派）の主張を認める形で和解が成立し、[210]これによって賛成派が正組合員の三分の二を占めることは困難になった。

こうしてみると、環境調査、土地買収、漁業権という、法律や制度に関係することが重要に思われる。しかし、これらが問題の核心とは限らない。反対派が頑張れた背景には、群島全体の世論の後押しがあった。地主にしても、周囲が皆賛成で、本当に孤立したらそうそう買収を拒否できるものではない。当時若手で反対運動をした人々は、名瀬あたりでかなりの地位の先輩達から、表だって反対運動はできないが応援している、と声をかけられたという。群島全体の世論があってこそ、反対派も活動を続けられたのである。

七、阿室集落共有地問題、訴訟に発展

本章の最初に述べたように、阿室集落は枝手久島の約三分の一を共有地として所有していたが、ちょうど東亜燃料の枝手久島製油所計画が取り沙汰されはじめた一九七三（昭和四十八）年二月に、この共有地を城山観光グループに売却した。このことが出身者の猛烈な反発を呼び、売却契約の有効性が裁判で争われ、一九八九（平成元）年にようやく最高裁で決着した。多くの人が苦しんだ争いを取り上げるのは大変心苦しいのだが、将来への指針を得るためにも事実関係を整理しておきたい。[211]

観光開発で石油基地阻止へ

城山観光から、観光開発のために枝手久島の共有地を購入したいという申し入れがあったのは一九七二（昭和四十七）年十月である。阿室集落では山畑直三《やまはたなおぞう》（一九〇五（明治三十八）～二〇〇二（平成十四））を委員長とする一〇人から成る委員会が検討の結果、売却を決めて「枝手久島開発に関する趣意書」を作成し、明けて一九七三（昭和四十八）年一月十四日の常会に諮り、三三対七で売却を決定した。すでにこの時には強硬な反対意見を唱える出身者がいて、鹿児島在住者からは売却したら法に訴えるという申し入れもあった。また、売却について意見を求められた一九七二（昭和四十七）年十一月の関東阿室会の幹事会では、土地を売却したら原子炉廃棄物の処理場に指定されるのではないかと心配する声があったという。[212] まだ原発の数が少ないこの時期に、遠い将来の問題を見通していた出身者がいたことには感嘆する。

さて、常会の決議を説明するために山畑は趣意書を携え、まず鹿児島で保直次社長に状況を報告して東京に向かい、[213] 一月二十五日に関東阿室会役員と懇談している。その結果は、集落のことは集落に任すとする人が一一名、反対が二

名、保留が一名であった。反対の二名の中に泰田武秀がいた。泰田は売買契約が結ばれた後も強硬に反対し、長年にわたる裁判闘争を行っている。

山畑は泰田の強硬な反対を見通せなかった。一部の反対者はあるが大多数の方々は集落に任すとの意向であると考え、売却契約に向かったのである。

前に述べたように二月一日に城山観光の重役と課長が、二日には保社長本人が阿室を訪れ、共有地の売却契約が結ばれ、その場で売却代金一億三八〇〇万円が小切手で支払われたのである。伝え聞くところでは、保社長はきょう契約しなければこの話はなかったことにすると迫ったという。[214] その交渉力には感心させられる。

山畑をはじめとする阿室の人々が共有地の売却を決意したのは、人口減少によって、区長をはじめ集落維持の種々の役割分担が困難になったためであった。売却した共有地の観光開発をしてもらい、同時に売却代金で集落の振興を図るという計画である。東燃の進出計画が持ち上がると、観光開発で石油基地を阻止するということになった。

出身者と訴訟合戦へ

この契約に出身者から猛反発が起こった。山畑らは二月下旬に関西・東京・鹿児島に出向いて各地の阿室会と会談したが、関西と鹿児島では売買契約への反対が多数を占めた。関東では意見が分裂し、阿室会としては関与しないことになった。そうこうするうちに、泰田武秀ら売却に強硬に反対する出身者約三〇名が阿室を訪れ（山畑は「襲来」と記している）、売却の責任を激しく追及した。あまりの剣幕に集落としても登記を保留し、必要書類を信用組合の貸金庫に預けることになった。これは阿室を含む石油基地への反対集落が村役場に押しかけた同じ三月二十六日の午後になる。

しかし、登記を求める城山観光の強い姿勢に、五月五日に鹿児島で城山観光と集落側、売却反対の出身者が話し合った後、阿室集落は登記を行い、五月十六日に登記が完了した。これに怒った武田らは山畑を川崎市の自宅に呼び出し、五月二十一日に反対派の出身者約四〇名が山畑直三と弟の山畑馨を午後から深夜まで長時間にわたって詰問した。[215] さらに約二〇名が五月二十四日再び阿室に現れ、売却代金を区長と出身者の連名で預金することになった。

この後、売却に反対する出身者は売買契約の無効を主張して訴訟を起こし、一方、預金を凍結されて売却益の税金支払いに困惑した集落側は預金の引き出しを求めて訴訟を起こした。

争点は集落共有地の売却に出身者の同意が必要かという

ことである。民法の規定では、共有物は共有者全員の同意がないと売却できない。阿室の共有地は便宜的に数人の代表者の名前で登記されていたが、実質的に集落全体の共有財産であることに争いはなかった。問題は、集落出身者も共有の権利を持つのかという点に絞られた[216]。一九八〇（昭和五十五）年三月二十八日の一審判決は、出身者には集落共有地に対する権利はないと判断して売買契約は有効とした。集落側の勝訴である。この判決は一九八六（昭和六十一）年四月三十日の福岡高裁宮崎支部の判決を経て、一九八九（平成元）年五月二十六日の最高裁判決で最終的に確定した[217]。

同床異夢

日本の民法は共有という形態に冷淡である。共有者はいつでも共有財産の分割を申し立てることができる。これは民法が、共有財産の保全よりも迅速な取引を重視している現れであろう。となれば、集落出身者にも共有地の権利を認めて、権利者が何人になるか容易には分からなくなるような判断を裁判所が積極的に行うはずがない。在住者と出身者がともに集落の構成員であるという伝統的な考え方は、「近代的」なヤマトの裁判所に受け入れられなかったのである。ただし、共有地について集落の決定があればそれが優先する。実際この裁判を契機に、隣の平田集落などは出身者にも権利があることを確認した[218]。

観光開発で東燃の進出を阻止するという阿室集落の判断に戻ろう。これは逆に石油進出に手を貸すものだとして、共有地売却に反対する出身者から非難された。また一般に石油反対運動は、自分たちの力で島の未来を切り開こうという方向性を持つことが多かったので、石油反対派の中でも、土地を売って観光開発に期待することには批判があった。批判の正否はともかく、当時阿室の人々が、観光開発で石油基地を阻止しようと真剣に考えていたことは間違いない。反対派集落が組織した村民会議は一九七三（昭和四十八）年十一月に枝手久島の対岸のタエン崎に監視所を作り、一年半ほどの間、毎朝七時から夕方五時半まで交代で東燃の動きを監視したが、阿室の人々も当番をつとめている。この頃七十歳だった山畑も例外ではない[219]。

しかし、共有地を買収した城山観光はどういう意図を持っていたのだろうか。あくまで推測であるが、東燃の製油所が出来ることを前提にして、その従業員を対象とするレジャー施設を造る計画があった可能性も否定できない。交通が不便な枝手久島の観光事業は容易でない。むしろ東燃の従業員とその家族とを対象としたレジャー施設のほうが確実ではないだろうか。少なくとも、製油所が出来たとしても城山観光が困ることはなかっただろう。阿室の人々と城山観光とは同床異夢であったのかもしれない。

結局、製油所もレジャー施設も日の目を見ることはなかった。最終的に勝訴したとはいえ、出身者との争いは阿室の人々が望んだことではなかった。

ここでいったん、宇検村の石油基地問題から離れて、次の第三章（執筆は樫本喜一）では一九七六（昭和五十一）年九月に核燃料再処理工場の計画が報道された徳之島に目を転じよう。徳之島の反対運動は、石油基地反対運動と密接に結びついている。

第三章　核と奄美群島

一、MA-T計画が浮上

もう一つの未来

青森県東北部、下北半島の太平洋側にある六ヶ所村。ここは農業を営むには厳しい条件の寒冷地である。温暖な奄美群島とは植生からして全く異なっている。だが筆者（樫本）は、使用済核燃料再処理工場（以下、再処理工場）の立地問題調査のため双方を何度も訪問するうち、確かに地形などで似通ったところがあると感じるようになった。

本書執筆中の二〇一八（平成三十）年五月現在、その六ヶ所村には、世界有数の規模をもつ建設中の再処理工場が存在する。しかし、六ヶ所村の再処理工場は設備に深刻なトラブルを抱えており、これまで完工を何度も延期している。たとえ完工した場合でも、計画通りの操業ができるかどうかは疑わしい。このような状況にもかかわらず、すでに日本各地から使用済核燃料が運び込まれている。その量は金属ウランに換算して約三五〇〇トン、全て日本の原子力発電所から出た「核のゴミ」である。標準的な一〇〇万キロワット級原子力発電所からは、年間約三〇トンの使用済核燃料が発生する。福島原子力発電所の大事故が発生する前、日本国内では年間約一〇〇〇トンの使用済核燃料が生じていた。本来の計画だと、それらは発電所敷地内でいったん保管した後、再処理のために六ヶ所村に運び込まれる手はずだったのである。もちろん六ヶ所村は、その厄介極まる「核のゴミ」全てを未来永劫にわたって受け入れるつもりはない。再処理の過程でできる「核のゴミ」をさらに濃縮したゴミ、高レベル放射性廃棄物は、最終的に青森県外に運び出すことになっている。

しかし、現時点で日本のどの自治体も、高レベル放射性廃棄物の最終処分場受け入れを了承していない。そのため青森県や六ヶ所村は、原子力政策が見直しされるたびに、政府に対し高レベル放射性廃棄物の県外運び出しを確認しなければならない。いつ約束を反故にされるか分からないからである。だが本当のところは、この高レベル放射性廃棄物だけが問題なのではない。たとえ大きな事故がなく操業期間を終了したとしても、再処理工場の設備そのものが、長期間にわたって人を寄せ付けない巨大な放射性廃棄物になってしまうのだ。どちらにしても六ヶ所村は、これから放射性廃棄物の悪夢に悩まされ続けることになる。

今から約四十年前、奄美の島々が拒否し、選択しなかった未来が、この六ヶ所村の現在の姿である。

本節からは、一九七〇年代半ばに発生した徳之島の再処理工場立地問題について述べていく。分担筆者の樫本は日本の原子力問題の歴史を調べているのだが、徳之島の事例は、調べれば調べるほど、国家の原子力政策の深部に関わった奥が深い問題だと分かってきた。当時、このような巨大な問題と対峙し、苦闘された奄美関係者に思いをはせながら、筆を進めていこう。ただし、原子力問題の常として公開されていない情報も多く、間接的な情報で補った部分もあるので、その点は留意されたい。

徳之島に白羽の矢

一九七六（昭和五十一）年九月二十八日付の『南海日日新聞』一面で、再処理工場徳之島立地計画の存在がスクープされた。[220] 六ヶ所村に再処理工場建設が正式に申し込まれるよりも、十年近く前の出来事である。これこそ、徳之島及び奄美群島に大騒動をもたらしたMA－T計画の第一報だった。MA－T計画とは徳之島再処理工場建設計画のコードネームである。そもそもは、通商産業省（当時）の認可団体、財団法人日本工業立地センターによって一九七五（昭和五十）年三月に作成された、徳之島の大型再処理工場立地調査報告書の表題だった。報告書は七四頁あり、徳之島の島内に商業規模の大型再処理プラントを建設することができるかどうかを社会的、地理的、技術的な面で調査した内容で構成されている。報告書によると、徳之島島内に再処理工場を建設することは可能であり、むしろ自然条件的には申し分のない適地であると結論付けられていた。ちなみに、MA－T計画のアルファベット部分の意味するところは、マスタープラン・アトミック・徳之島の略という説と、ミツビシ・アトミック・徳之島という説の二つがあるが、今のところ、どちらにも確実な証拠は存在しない。

MA－T計画において再処理工場の候補地とされたのは、報告書に掲載された図面によると、秋利神川流域に完成した徳之島ダム（二〇一七年完工）の南西方向に広がる土地二五〇ヘクタールである。再処理工場建設上、都合の良いことに、秋利神川の水利権は九州電力が確保していた。再処理工場には大量の工業用水が必要となる。安定的な工業用水確保のため、現在の徳之島ダムと同様のダム建設が、MA－T計画の中でも予定されていた。

また報告書の再処理工場配置予定図を確認すると、六ヶ所村に完成した実際の再処理工場敷地とほぼ同等の規模があり、ある程度技術的な裏付けのある調査だったことが推測される。この点は重要で、六ヶ所村立地決定以前に、徳之島の他にも再処理工場の候補地として噂された場所は日本各地にあったが、実際に立地するのは物理的に不可能と

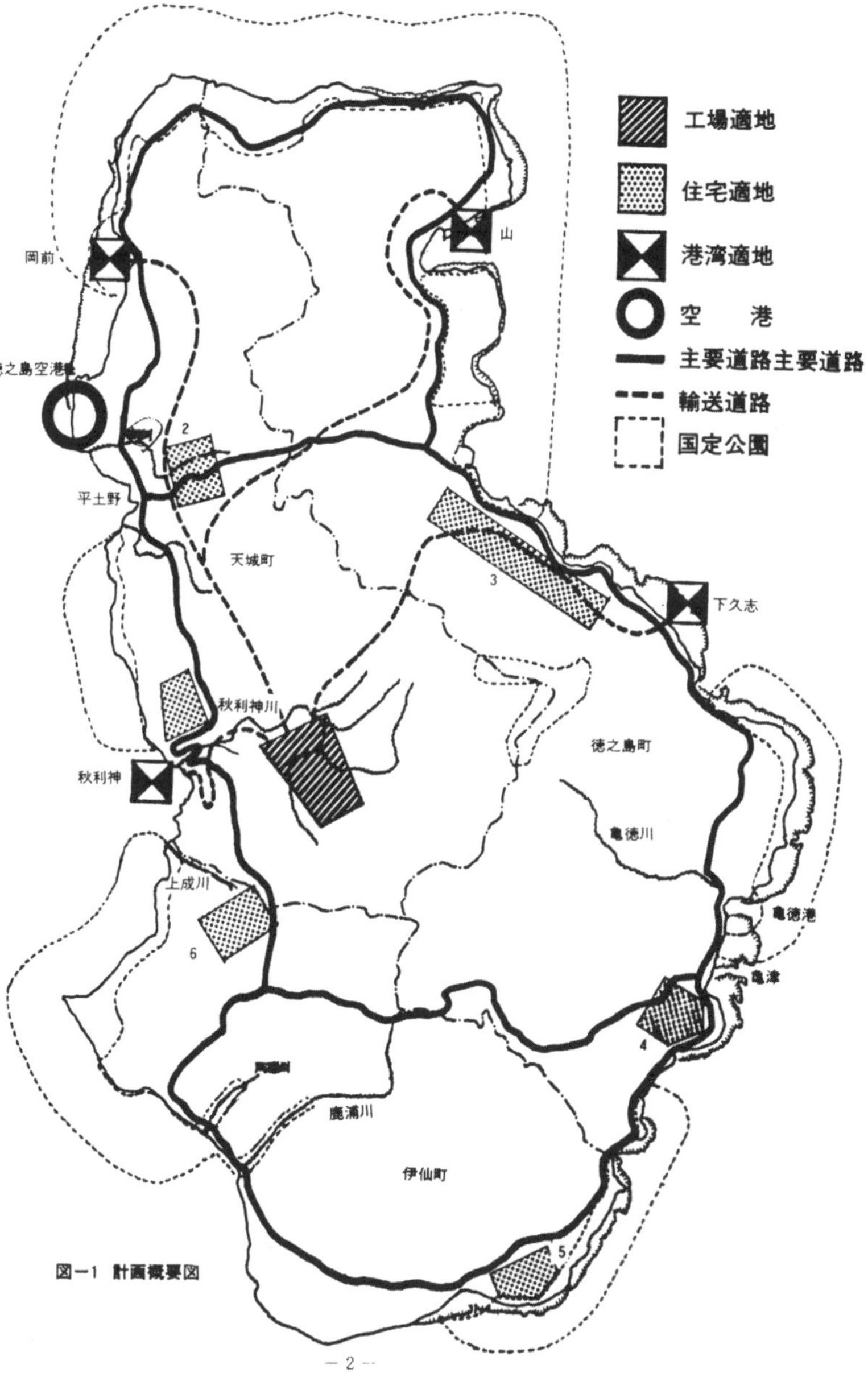

1975（昭和 50）年 3 月に関係者限定で配布されたとされる MA-T 計画調査（報告書）。2 頁目に掲載された計画概要図中央部の濃い写真部分が再処理工場候補地点。

考えられる場所も多く、それらは本命の場所から目を逸らすためのダミー計画だった可能性が高い。他のダミー計画と徳之島のMA－T計画は明らかに質が違っていた。そもそも、具体的な再処理工場立地調査報告書の存在が判明しているのは、MA－T計画だけなのである。

ではなぜ徳之島のこの場所に白羽の矢が立ったのか。その大きな理由の一つは、地盤の良さである。報告書の冒頭「徳之島の工業立地条件」と題された部分で、次のような描写がある。

> 徳之島の地質は基盤が比較的古い中生層～古生層の輝緑台（ママ）、花崗岩、粘板台（ママ）、凝灰岩を主体とし、海岸部及び河川流域の平坦部はその基盤の上に琉球石灰岩（サンゴ礁）が広く分布しているが、基礎地盤の地耐力はきわめて大きいと判断される。[21]

その他、報告書内の複数の箇所で地盤の良さに言及がある。徳之島を含む南西諸島一帯は必ずしも地震安全地帯ではないが、候補地は津波の心配がない海抜一〇〇メートル以上ある台地上の安定した土地だった。再処理工場は多数の処理工程を配管で接続する化学プラントであり、原子力発電所以上に耐震性に配慮する必要がある。なお再処理工場を受け入れた六ヶ所村は、その点に関して立地決定以前から地質の専門家によって問題点を指摘されており、東日本大震災以降、改めて議論が行われているほどである。

だが、この程度の好条件の土地であれば、日本各地に多数あるはずなのに、その中からどうして離島の徳之島が狙われたのか。ここに日本の原子力政策全般に関わる問題の本質が存在する。

二、怒りに火がつく徳之島

狙われた島

再処理工場立地計画、コードネームMA－T計画の存在が発覚した直後は、地元の徳之島に目立った動きはなかった。計画地点直近の天城町三京《みきょう》・西阿木名《にしあぎな》地区の住民による反対署名は発覚直後に開始されていたが、徳之島全体としては混乱していた気配がある。原子力関連施設どころか大規模工場等とも全く無縁の土地に、突如として得体のしれない使用済核燃料の再処理工場立地計画という話が出現したのであるから、いったいそれはどういうものか、と混乱したのは無理もない。むしろ、その後すぐに混乱から立ち直り、短期間に全島的な反対運動が組織できたことこそ特筆すべきかもしれない。

徳之島の島内における最初の組織的な活動は、「公害企業」進出計画が先行していた奄美大島の枝手久闘争関係者が出向いて行った。奄美大島の宇検村で活動していた新元博文を中心としたメンバーである。新元によれば、現地の初動対応が遅れている状況に危機感をもち、再処理工場の問題点を指摘したパンフレット（『逆流・緊急特集号』＝白黒八頁の印刷物）を五〇〇〇部用意して、一九七六（昭和五十一）年十一月上旬の段階で徳之島に渡り、数日をかけて各戸に配布したとのことである。この中には、再処理工場の抱える技術的・社会的な問題点がほぼ全て正確に指摘されており、良くまとめられた内容だった。枝手久闘争に関係する在京奄美出身者の中に公害反対の住民運動を支援する東大自主講座系の人脈があり、その伝手を生かして作成されたものとされる。このパンフレットの中に、徳之島が狙われた理由を指摘した部分があり、次のように書かれている。（引用文中の（　）部分は、注記のない場合は筆者の補足である。以下の引用文も同様）

> （再処理工場のトラブルなどは隠蔽しないと、政府が進める核燃料サイクル政策に対する）反対運動が活発になるので、離れ島で、国民の目から比較的知られにくい所をえらんだということです。次に、事故が起きたら周辺は完全に放射能に汚染されます。人間はもとより、海も草も木も、全てです。そういうもの（再処理工場）を例えば、東京のド真中に建設したら被害が余りに大きいことが一目でわかります。ところが、徳之島のような離島につくれば、人口が少なく、周囲を海で囲まれているので、被害の程度がわかりづらくなります。たとえ、徳之島の住民が全員放射能汚染されてもかまわないと考えている節さえあります。[22]

日本で原子力平和利用が開始された当初より、再処理工場は、原子炉等の他の原子力施設とは比較にならないほど、放射性物質による環境負荷が高いと専門家は知っていた。引用文中で説明されているような、大きな事故やトラブルがなかったとしても、である。ましてや、現時点でも純粋な商業ベースの再処理は未完成の技術である。この時代、日本がやろうとしていた大型の再処理工場建設は、完全な見切り発車の状態だった。専門家と呼ばれる人々は、そうした施設を徳之島へ立地しようと考えていた。

前提は地域間格差

いち早く日本政府の推進する原子力政策が抱える問題に

気付き、原子力に依存しない社会の実現に取り組んだ科学者、大阪大学の久米三四郎が、十一月十日から十二日にかけて名瀬と徳之島三町の各会場で講演し、再処理工場の抱える問題点を訴えた。久米に講演を依頼したのは、枝手久島石油基地の反対運動を展開していた郡民会議事務局長大津幸夫である。ここでも枝手久闘争の関係者が重要な役割を果たしている。一九七六（昭和五十一）年十二月二十九日付の『南海日日新聞』の記事より、その講演内容を紹介しよう。（引用文中の（…）部は省略部分。以下同様）

原子力発電所の誘致を決めている市町村の代表でも、『再処理工場だけは持ってこない、発電所だけにとどめるから協力して欲しい』と、こういうふうに住民を説得しています。（…）原子力発電所も非常に多くの危険を持っていますが、それ以上に再処理工場はやっかいで、各地の住民の嫌われものになっているわけです。（…）現在、日本で最有力候補にあがっている一つがこの徳之島あるいは奄美群島で、もう一つは北海道の奥尻、ここもやはり島です。この南北二つの島を最も有力な再処理工場の設置予定地というふうに、原子力を推進する人々は考えているわけです。おそらく今日お集まりの皆さま方にとっては、いわゆる本土と呼ばれる所には置くことのできない再処理工場を、この奄美に持ってくるということだけでも、その動きに対してどのように対応しなければならないか、ということは明らかだと思うわけです[223]。

原子力関連施設は、その立地・操業に際し、非対称な地域間格差の存在を前提とする。電力の安定供給などで利益を受ける地域（大都市）と、万一の事故や操業中のトラブルで放射能汚染被害を受ける危険性などを負担する地域（地方）が別々ということである。どのような美辞麗句で粉飾したとしても、端的にいえば、地方に対する差別がないと絶対に成り立たないのが原子力技術といえる。もちろん、火力発電所や石油基地などの公害発生施設にも似たような構造がある。しかし、例えば東京湾には火力発電所があり石油基地もある。一方、大事故を起こした福島第一原発、加えて福島第二原発や柏崎刈羽原発も、東京都心部の電力供給源だったが、立地場所は東京電力管内ではなく東北電力管内に立地する。東京湾には唯一つとして原子力発電所は存在しない。そして、再処理工場の厄介さは、原子力発電所のそれをはるかに上回る。新元のパンフレットと久米の講演内容は、まさにその問題点を抉り出した。

この二つがきっかけとなって、徳之島の動きが本格化した。直後に開催された一九七六（昭和五十一）年十二月の定例議会時に、各町議会は再処理工場立地絶対反対の決議を行っている。徳之島町議会の十二月二十一日の議事録中には、新元と久米の訴えのおかげで「事態が容易でないということ、そしてこれが対策を緊急にしなければ取りかえしがつかないことになるということを感じました」という井原純義議員の発言が存在する。

こうして、ＭＡ－Ｔ計画に対する徳之島の人々の怒りに火がついた。そして地元の反対運動が爆発的に生じたのであった。

三、よみがえる復帰運動の記憶

闘う徳之島、町民会議が発足

ＭＡ－Ｔ計画とは、本土で出た「核のゴミ」を、原子力とは縁もゆかりもない徳之島に持ち込むための計画だ。徳之島の人々が再処理工場問題の本質を知って、いったん動き出すと、後の行動は素早かった。以下、順を追って現地の動きを説明しよう。

新元博文のパンフレット配布や久米三四郎の講演に触発されて、一九七六（昭和五十一）年の年末には島内各集落の自治会・婦人会・青年団及び組合がそれぞれ反対運動を開始し、それと同時に前述のごとく徳之島三町の町議会が再処理工場立地絶対反対の決議を行った。翌年早々、町議会及び理事者と住民が一体となった再処理工場立地反対運動を行う組織体「死の灰から生命を守る町民会議」（以下、町民会議）が、伊仙町と徳之島町に結成された。伊仙町は一九七七（昭和五十二）年一月二十二日、徳之島町は二月二十日が結成大会開催日である。しかし、同時期、計画地点がある天城町では町民会議が正式に発足せず、準備委員会が結成されて実質的な活動を担った（正式発足は一九七九（昭和五十四）年十二月頃）。以後、この町民会議が中心組織となってＭＡ－Ｔ計画反対運動を闘っていくことになる。

町民会議の結成がもっとも早く、反対運動が盛り上がった伊仙町の場合、結成総会には二〇〇〇人が伊仙中学校体育館に結集したという。徳之島町や天城町でも同様の反応があった。同時期に発生した日本各地の再処理工場立地問題を調査している筆者であるが、これほど見事に運動が形成された例は他にないと考えている。ではなぜ、徳之島だけが強力な運動を形成できたのか。奄美群島・徳之島の歩んできた独特な長い歴史が、それを可能にさせたことは間違いない。

奄美群島は、四百年前の薩摩藩による奄美・琉球侵攻以降、藩直轄支配地となり植民地的な収奪を受けた。砂糖生産に特化したモノカルチャー的農業経済を強いられ、特に天保の改革期以後は「(砂糖の)抜け荷死罪」などの規定で収奪を強化された。そのような圧政に対しても、徳之島には強力な抵抗の歴史がある。一六〇九年、薩摩の侵攻に対し徳之島が最大の激戦地となった。一八一六年には母間騒動(一揆)、一八六四年には犬田布《いぬたぶ》騒動(一揆)があった。当時の薩摩藩もおそらく手を焼いたであろう。MA－T計画に対して、その島の記憶がよみがえった。

伊仙町の中学校教諭で、伊仙町民会議の二代目議長を務めた吉岡良憲(初代は伊仙町議会議長の福元砂徳)は、運動を顧みてこのように評価する。

> 徳之島をねらう代物はトイレなきマンション＝原発のトイレであった。(…)日本最初の植民地の道之島(＝奄美)の歴史、本土戦争、米軍支配とくり返された差別、本土支配層のためのみの存在価値しか与えられなかった道之島、今また本土政財界のために命を捧げてトイレになれとは、徳之島島民の血が運動の盛り上がりとなり、火の玉となったと思う[224]。

島の抵抗の記憶が呼びさまされたとしても、さすがに幕末の一揆は具体的な運動のモデルにはなり得ない。MA－T計画に対抗する強力な運動を形成できた理由はもう一つある。まだ記憶も生々しい島民一体となった運動の体験が奄美群島にはあった。吉岡の言葉にも米軍支配とあるが、米軍軍政下で行われた復帰運動である。

島民一丸の体験、運動に生かす

太平洋戦争の敗戦後、サンフランシスコ

泉芳朗頌徳記念像(伊仙町義名山)。2010(平成22)年の普天間基地移設反対運動の際には、徳之島島内を一周する「命のタスキリレー」の発着点にもなった

平和条約を締結して日本が独立を回復して以降も、奄美群島と沖縄県は、米国の施政下に置かれたままとなった。基地整備のために資本が投下され、戦災復興、インフラ整備が進んだ沖縄と比較すると、奄美の島々は、ほとんど捨て置かれたも同然の状態だった。群島の一部は困窮を極め、その結果、実質的な米軍支配が続く中にもかかわらず、全郡島を挙げての日本（祖国）復帰運動が発生したのであった。なお、運動開始は対日講和の内容が徐々に明らかとなり、奄美と沖縄が米国の信託統治になると噂された一九五一（昭和二十六）年初頭である。日本復帰協議会の議長には、伊仙町出身の教育者であり詩人の泉芳朗が就任した。十四歳以上の住民の九九・八％にのぼる復帰賛成署名と、復帰祈願の集団断食を決行し、非暴力の意思表示を行った。この運動に手を焼いた米国は、一九五三（昭和二十八）年のクリスマスイブに奄美返還協定を日本政府と調印し、奄美群島は本土に復帰したのである。

復帰運動から二十年あまり、まだ住民にも運動の記憶が残っていた。MA－T計画反対運動を担った人の中にも復帰運動の経験者がいて、当時の体験を新しい運動に活かすことができた。例えば伊仙町民会議の事務局長福田高吉《たかよし》もその一人である。

一九七七（昭和五十二）年二月二十日の町民会議結成大会開催日に出された徳之島町の宣言文には、はっきり復帰運動への言及がある。非常に感銘深い文章なので、主な部分を以下に引用する。過去の歴史を踏まえて、闘う気概に溢れた内容である。

私たちの中には世界の石油資源その他の問題を考えるとき､原子力発電はやむを得ないとする者もあろう。しかしながら、原子力発電の恩恵など全然受けることのない徳之島に、原発の汚物処理、貯蔵施設の建設を許す者は断じていない。（…）なぜこの美しい奄美を、こともあろうに世界にもない巨大な「怪物」によって汚そうとするのか。（…）こういう「怪物」をなぜ私たちの奄美に、徳之島に持ち込もうとするのか。私たち、徳之島の住民を無知蒙昧な未開の民と考えているのか。はたまた、父祖伝来のかけがえのない土地を、海を、空を、金と引き換えるような拝金亡者の集まりと考えているのか。あるいはまた、権力によるおどしやすかしに難なくまいってしまう臆病者の集まりと考えているのか。（…）私たち徳之島町民の中にはこのような者は一人もいないことを、憤りをこめて表明するとともに、政府や企業にかかる計画を断念させる日まで、この町民会議のもとに、いやが上にも結束をかため、復帰運動をしのぐたたかいをねばり強く展開することを、ここに高らかに宣言する。[225]

日本最強の薩摩藩や世界最強の米軍が手を焼いた奄美群島・徳之島を相手に、原子力ムラの官僚程度がかなうはずもなかった。反対運動が盛り上がった直後に、彼らは慌てて火消しにまわらざるを得ない羽目に陥ったのである。

四、くすぶる疑惑

県行政、議会も反対の意思示す

これまで述べたように、MA-T計画・再処理工場立地に反対する徳之島の住民運動は、一九七七（昭和五十二）年初頭から、島ぐるみで大きく盛り上がった。地元の熱気に押されて、鹿児島県も反対の意思表示を正式に行った。同年三月十二日開催の鹿児島県議会警察総務委員会で、原水禁県協議会と奄美地区労より提出された陳情一〇九九号「徳之島における使用済核燃料再処理工場建設計画の反対について」が全会一致で採択されたのである。この点は他の運動、例えば奄美大島の枝手久闘争などとは違っている。開発に対する考え方の違いや政治的な信条といったものを超越した再処理工場の立地拒否だった。実際、委員会の席上、徳之島・伊仙・天城各町の町長と町議会議長から委員会と県行政執行部に宛てて、本件陳情に賛成してもらいたい旨の電報が届けられたと、わざわざ報告されているので、地元からの突き上げが相当凄まじかったことがうかがわれる。[226] これに先立つ三月七日の県議会の場で、知事に就任したばかりの鎌田要人が「（再処理工場の県内立地を）認める気持ちは全くございません」と答えている。また、同十六日には陳情一〇九九号が本会議でも採択された。結果、徳之島の島内三町の行政と議会、そして鹿児島県の行政と議会、全てにおいて再処理工場立地反対の意思が示された結果となった。

鹿児島県議会警察総務委員会で再処理工場建設計画反対の陳情が採択されたのと同じ三月十二日、衆議院予算委員会第四分科会で、地元選出代議士の保岡興治が質問に立ち、MA-T計画問題について政府の真意を質した。再処理工場の候補地に挙げられた結果、徳之島現地では反対運動が過熱し日常生活にも悪影響が発生している、そう保岡は述べて政府の回答を求めた。この質問に対し、通産大臣など政府関係者の答弁概要は次の通りだった。[227]

「MA-T計画調査を作成したのは日本工業立地センターという通産省が認可した財団法人であるが、業務内容の詳細に立ち入って指導監督しているわけではない。MA−T計画は通産省とは関係ない。核燃料再処理の専門家が関わっていない一般的な工場立地調査である（斎藤顕通商産業省立地公害局長）」。「地元の合意がないまま再処理工場立地を無理押しすることはない（橋本利一資源エネルギー庁長官・田中龍夫通商産業大臣）」

MA−T計画に対する政府の公式な見解は、そのような調査報告書に我々は一切関知しない、である。政府は、計画そのものを、公式にはなかったことにしたといえよう。また後段の回答を受けて、保岡代議士は、町と県が反対している限り無理押ししないという言質を取ったので安心するように、と地元に申し送った。

この言質を得て以降、事態は一応収束に向かった。但し、地元での反対運動は警戒状態を維持したままであった。実際、保岡が地元に対して安心するように伝えた後、騒動が沈静化しつつあった段階で、全島の町議会に設置された再処理工場立地問題に対処する特別委員会の三町連絡協議会が立ち上がっている。長期間の反対闘争に備えたものであるとされている。

なぜ現地で警戒態勢が維持されたのか。その理由は、政府の答弁が、あまりにも上辺だけを取り繕っていることが見え透いていたからである。

事態は水面下へ

この時点で、再処理工場の立地調査は日本工業立地センターのみが請け負っているという情報が入っていた。一方、再処理工場を中核施設とする核燃料サイクルの整備は、国策として日本が以前から強力に推進してきた政策である。最重要課題の一つである再処理工場の立地調査を唯一任された財団法人が、政策的な裏付けもとらず、全く技術的根拠もないような結論を出すとは考えにくい。MA−T計画は一般的な工場立地調査に過ぎないとして国の関与を全く退けた、斎藤顕局長の答弁は不自然である。なお、核燃料再処理の専門家が関わっていないという理由についても、日本に大型再処理工場を建設した経験は存在しないので、専門家といえども限界はあり、MA−T計画の調査報告書中にもその点は注記されている。そもそも、当時、民間企業による再処理事業は法律上許可されていなかったため、核燃料の再処理は専ら国が行う事業だったのである。さらにいうと、日本工業立地センターの伊藤俊夫理事長は元通産省鉱山保安局長であり、その理事長自らが徳之島を現地視察して、調査に関わる資金拠出の取りまとめを主導していたことも、『徳州新聞』の一九七七（昭和五十二）年三月二十一日付記事で報道されている。[228] 天下りした局長級

OBが自ら関与して実施し、かつ国策と密接に関係しているMA－T計画の内容を、通産省側が全く把握していないと強弁するのは無理がある。地元にも判明しているこうした点を勘案すると、政府答弁は到底納得できるものではなかった。したがって国会の予算委員会での質疑応答全体が、とりあえず事態の沈静化を図るためだけの、一種の茶番であった可能性は否定できない。地元の人々がそう判断するだけの理由があった。

その他、現在判明している経緯を追加で記すと、以下のようなMA－T計画と通産省とのつながりがみえてくる。

大規模な新型再処理工場の具体的な立地調査は、一九七四（昭和四十九）年六月頃より開始されている。同じ頃、通産省が核燃料事業対策調査費一億円を計上しているが、それらは日本工業立地センターのような外部シンクタンクへの調査委託費とされる。こうした動きが出始めた時期は、実際にMA－T計画の調査関係者が徳之島へ入ってきた時期とぴったり合致する。以上の点からも、MA－T計画と通産省との関連を強く示唆している。また、全国の地域電力会社と日本原電によって濃縮・再処理準備会が同じく一九七四（昭和四十九）年六月二十日に発足した。この準備会は後の日本原燃サービスに連なる組織である。この濃縮・再処理準備会が立ち上がった背景にも、通産省の意向が強く働いているといわれる（当初、電力会社は巨額投資を要する再処理民営化には乗り気ではなかった）。つまり、大規模商業再処理工場の立地調査や民間再処理事業主体設立準備など、通産省が関与する具体的な動きが表沙汰になりそうになって、なおかつそうした動きに思いがけない強い反発が生じた結果、自ら慌てて火消しに回った疑いが濃厚なのである。

真相はともかくとして、通産省側の弁明により、いったん徳之島へ再処理工場を立地するという話題は政治の表舞台から消えた。しかし事態は水面下に潜っただけである。この時期、日本で新たな商業再処理工場建設が進まなかった別の（真の）理由もあって、そこには米国の強い意向が働いていた。同じ頃に行われていた日米再処理交渉の結果、日本は米国に対し、二年間、再処理工場を建設するための動きを凍結するよう約束させられていた。そもそも現地徳之島でMA－T計画反対運動が発生した時期、日本政府は商業再処理計画を進めたくともできなかったのだった。どうしてそうなったのかについては後ほど説明するが、ともかくその後二年が経過し、法律が改正され民間企業でも再処理事業が可能となり、いよいよ大規模商業再処理工場の建設が具体化するようになった一九七九（昭和五十四）年十二月上旬、電力会社などが中心となって、再処理工場の建設・運営を行う母体企業の設立が決まった。前述の濃縮・再処理準備会の系譜を引く日本原燃サービス株式会社である（実際の設立は翌年三月）。初代社長には九州電力副社長の後藤清が内定し、加えて再処理工場の立地予定地に関し、やはり徳之島が最有力であると新聞報道された。奄美関係者の多くが危惧したとおり、MA－T計画が再び水面下から浮上してきたのであった。しかし、警戒態勢を維持していた現地では、この時は前回より素早く対応できた。ここからが徳之島の再処理工場立地反対運動の後半戦部分となる。

　後半戦の経緯を詳しくみる前に、この時期、石油基地から再処理工場まで、次から次へと巨大な工業施設の立地場所として奄美群島が狙われた理由を、時間を遡りもっと大きな視点で俯瞰してみたい。

五、分断される公害反対世論

政策初の大転換、公害関連十四法成立

　一九七〇年前後を境にして、それまで馴染みのなかった種類の大型工業開発の波が、奄美群島に次々と押し寄せてきた。奄美大島の石油基地問題やむつ母港問題、徳之島の再処理工場問題など、石油関連や原子力関連の施設立地である。これらに共通するのは、操業時や万一の事故などで、周辺環境に深刻な汚染をもたらす可能性があり立地が嫌がられることが多い、いわゆる迷惑施設だということである[229]。

　奄美大島の宇検村で枝手久の石油基地を巡る動きが表沙汰になったのは、一九七三（昭和四十八）年初頭であった。翌一九七四（昭和四十九）年には、MA－T計画の調査が極秘裏に開始されていた。これらは、ほぼ同じ時期の動きになる。石油と原子力は同時進行していた。そもそもMA－T計画の報告文の中で、徳之島へ立地可能な工業施設の候補に上げられた中には、大規模再処理工場とならんで大型石油基地があった。こうしたエネルギー関連施設立地場所として奄美群島が集中的に狙われたのは、密接に絡み合った政策の帰結ではないのか。当時もこの点に関しては、問題に関心のある人々からしばしば指摘されていた。

　資料に残された手掛かりや、当時を知る人の話を辿っていくと、枝手久の問題が表沙汰になる以前、あるいはMA－T計画の具体的な調査が始まるより前、一九七〇～七一年あたりから、奄美関係者に対する開発側からの接触が図られていたことが分かった。例えばMA－T計画の場合、『南海日日新聞』の一九七六（昭和五十一）年十月七日付

記事において、五年前の一九七一（昭和四十六）年ごろには、天城町の議員等が工業立地センター関係者の案内によって東海村へ原子力施設の見学に出かけていたと報道されている。[230]

この一九七〇～七一年という時期に注目する必要がある。奄美群島に一斉に押し寄せた大型開発問題の背景を考える上で、非常に重要な点だと考えられるからである。じつはこの時、明治時代から始まった近代化以降、日本の政策に初めての大転換が訪れたのであった。

一九七〇（昭和四十五）年十一月の第六十四回臨時国会で公害関連十四法案が可決成立した。世にいう公害国会である。この国会以降、日本は法律上、経済発展より国民の健康や生活環境を重視する方針に転じた。裏返すと、公害国会以前はそれらを重視していなかったということになるのだが、実際のところ明治維新後の富国強兵政策から戦後の高度経済成長政策まで、日本という国家は、法律上も政策実施上も、人々の健康的な生活よりも経済発展を重視してきた。それを象徴的に示すのが、公害国会以前の一九六七（昭和四十二）年に成立した公害対策基本法の第一条第二項、いわゆる経済調和条項である。これは、公害対策を行う際も経済発展を阻害しないよう考慮せよ、とする規定であり、実質的に公害対策基本法を骨抜きにしてい

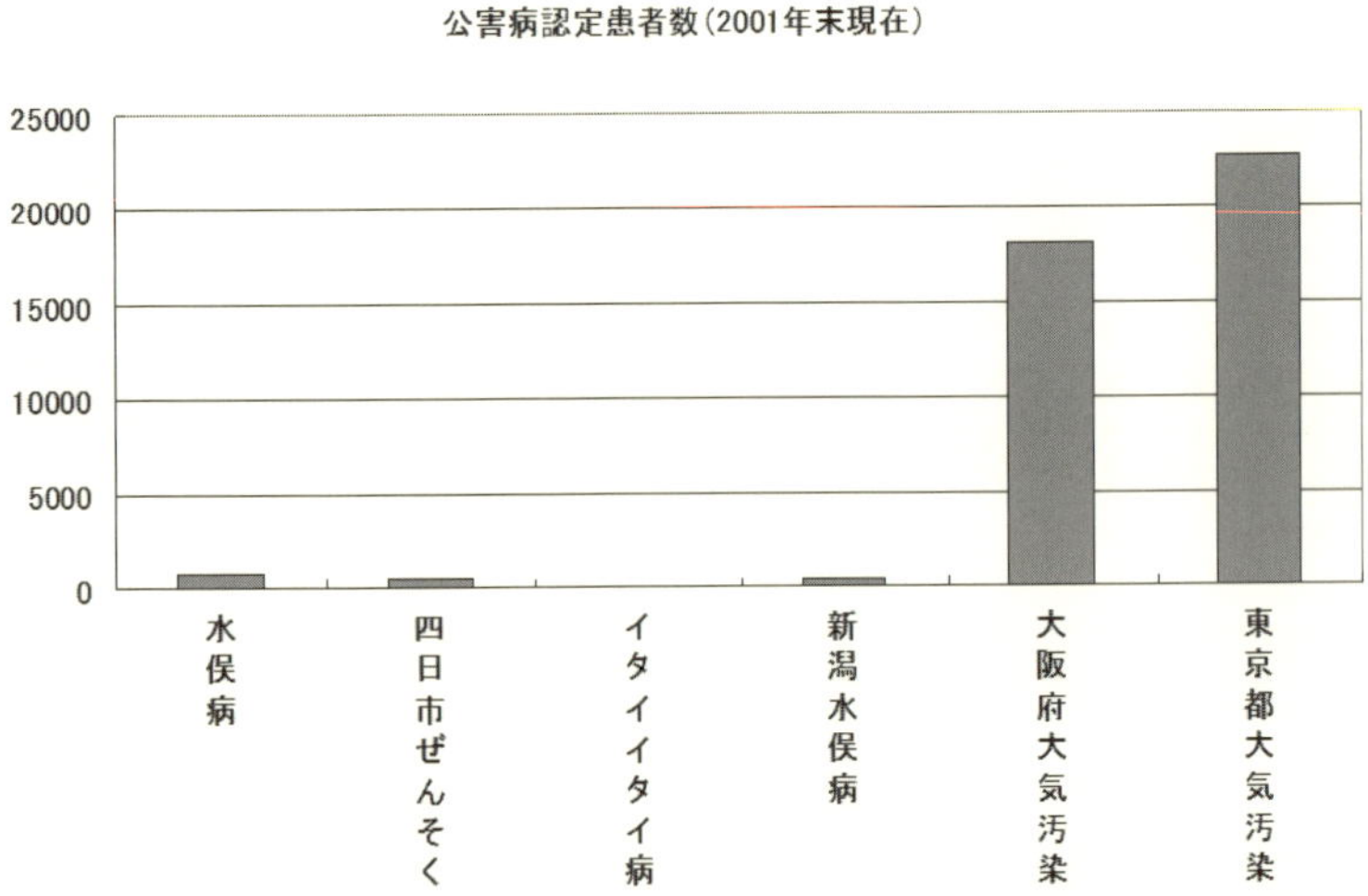

各々の公害病認定患者数は 2002（平成 14）年版環境白書より抽出した。ただし、全ての公害病について未認定患者数はこの数字に含まれない。また、高齢化のため各公害病とも患者数が減少傾向にある。グラフ上では見にくくなってしまっているが、特にイタイイタイ病の患者数はこの時点で既に実数 6 名まで減っている

た条項である。第六十四回臨時国会で、経済調和条項が、全国的な公害反対の世論に押されて基本法から削除された。これこそ政策的な大転換を示す出来事である。

歴史的な政策転換が行われたのであれば、国民を苦しめていた公害問題が解決の方向に大きく動き始めたということであり、以降、奄美群島への工業開発の波が押し寄せるようになった経緯とは一見矛盾する。この矛盾点を理解するには、政策転換を促した公害反対世論と、それに対して政府および企業がとった対応、両者の本質部分を見極める必要がある。

大義名分は工業再配置

さて、公害問題といわれて真っ先に何が思い浮かぶであろうか。四大公害、中でも水俣病が、多くの人々の心中に公害問題の象徴的イメージとして浮かぶのではないだろうか。確かに、未認定を含めた水俣病患者の方々は、世界的にも他に類をみない苦難を経験されている。だが、彼らの切実な被害の訴えは、長期間放置されていたという歴史的な事実がある（水俣病の公式発見は一九五六年）。彼らの声だけでは日本の政策は変化しなかった。他方、前述の転換点をもたらした公害反対の世論は、都市部有権者多数の世論である。都市近郊の大気汚染公害などが深刻化したことにより、都市部で世論が大きく盛り上がったのだった。一例を上げると、一九七〇年段階で、阪神工業地帯と接する大阪府西淀川区の公害病認定患者数は、一〇〇〇人を突破していた。

この時期、都市部有権者は、大気汚染公害の被害者を身近にみて、公害問題は他人事ではないと認識し、公害反対世論を盛り上げた。その過程の中で、数の上では少数派の水俣病患者を、いわば再発見していくのである。ちなみに二〇〇〇年代に入った段階でも、公害病認定患者数は都市部が圧倒的に多い（主な症状は気管支ぜんそく）。

公害国会が開催された時期、都市部世論と公害病被害者は連帯していた。さすがにこの公害反対の大きな流れに逆らうことはできず、政府の経済関係省庁や企業は対処を迫られた。これ以上、都市部近郊や既存の公害被害地に、公害発生可能性をもつ施設を立地することは困難となった。しかし当時、増え続ける消費を賄うためのエネルギー関連施設もまた、ますます必要になると思われていた。そこで、以前から唱えられていた日本各地への工業再配置を促進すべしという大義名分の下、未だ公害のなかった土地への新規立地工作が開始されたのである。これは同時に、公害反対世論を分断化する意図も隠されていた。一九七一年前後に奄美群島に忍び寄ってきた工業開発の影には、以上のような背景が垣間見える。

残念ながら公害国会以降、公害反対の都市部世論と公害企業進出予定地域との力強い連帯は存在し得なかった。政府や企業によって、両者が連帯できないよう注意深い対策が仕掛けられ、各々が個別に対処されていったからである。特に、国策的に強力に推し進めようとしていた核燃料サイクル政策については、それに反対する運動と都市部世論が合流することは政府にとって何としても避けねばならず、その目的に沿うよう政府がとった対策こそが、ほかならぬ徳之島のＭＡ－Ｔ計画などの再処理工場離島建設案だと考えられる。先に引用したパンフレット(『逆流・緊急特集号』)に書かれているように、国民の目に知られにくい離島を選んだ、という指摘そのものである。それではいったい政府内の政策立案者たちは、当時、どのような考えの下、どのようなイメージで奄美群島を捉えていたのか、実際の資料から探っていこう。

六、新全総と奄美群島

再処理工場、婉曲に表現か

徳之島の再処理工場や枝手久の石油基地といった大型開発が奄美群島に押し寄せていた時期、日本の国土開発計画を大枠で規定していたのは、一九六九(昭和四十四)年に経済企画庁が策定した新全国総合開発計画、いわゆる新全総だった。これは旧国土総合開発法による法制上の開発枠組みとなる。新全総は、現在の日本のありようにも大きな影響を与えた国土開発のグランドデザインであり、例えば今の高速道路交通網は、基本ラインはこの新全総で計画されたものである。

新全総では、計画の策定にあたって工業開発を最大限優先しながらも、環境負荷の大きなエネルギー関連施設は、すでに盛り上がりつつあった公害反対の世論動向を警戒して、人口密集地から隔離する方向で検討されていた。工業の再配置促進などという題目は、なお工業開発を推進しようとする新全総において考慮された口実である。

奄美群島などの離島が、当時、どういう視点で政策立案者たちに捉えられていたのか。その手掛かりを得るため、筆者は、実際に『資料・新全国総合開発計画』をひもといてみた。大部な資料の中、離島開発について述べた箇所には、このように書かれていた(傍点は筆者追加)。

離島振興法に基づく指定離島および奄美群島、小笠原諸島は、有人島数三五〇、その人口は一三九万人に及んでいる。このような離島の持つ地理的条件の不利は、離島の産業開発面および生活環境の整備面において、著しい阻害要因となっている。しかしながら、離島は、沿岸漁業を主体とした水産資源、園芸、畜産を主体とした農業、林産資源、原子力発電、原油輸入基地、さらに恵まれた自然環境を利用する観光など、新たな開発の可能性に富む島嶼を多くかかえている[231]。

水産資源、園芸などの農業、観光という至極真っ当な開発分野に混じって、原子力や石油という、いささか唐突な感が否めない工業開発が挿入されているのがわかる。実際のところ、新全総閣議決定前年の段階で、離島開発に関する原案的な報告書が発表されていたのだが[232]、その文中には原子力発電と石油基地についての言及は存在しない。文章から感じる唐突感は、新全総を最終的に取りまとめる際、原子力発電と石油基地の二つを無理矢理ねじ込んだからではないかと推察される。なお、原子力発電とここでは書かれているが、離島に設備容量の大きな原子力発電所を建設した場合、電力需要地に近いごく一部を除き、送電網接続に莫大なコストがかかるという大問題が生じるので、離島全体に一般化するのは非現実的な開発である。おそらく、この原子力発電という言葉は、再処理工場などの核燃料サイクル施設を婉曲に表現したものではないかと考えられる。それを裏付けるように、MA－T計画と同時期に再処理工場立地計画の存在が明らかとなった北海道の奥尻島では、一九七五（昭和五十）年十二月の第一報で「原発の建設計画が存在する」と新聞報道された。このような情報の混乱は、新全総の文言にみられる婉曲的な表現によって引き起こされたとみるのが妥当であろう。

それはともかく、再処理工場や石油基地など、この時期に奄美群島に押し寄せたエネルギー関連の大型開発は、国土開発計画の大方針に組み込まれたものだと判明してきた。エネルギーを大量消費する大都市圏から離れた島々、それも今まで公害施設が存在しなかった自然豊かな場所に、環境汚染の可能性があるエネルギー関連施設を新たに建設しようとした政策立案者の意図は明白である。先に説明したように、都市部の公害反対世論から隔離する目的があったとしか考えられない。彼らにとって警戒すべきは、政治を動かし得る都市部世論であり、離島に住む人々の意向はほとんど配慮していなかった。

しかし、人口が少ない離島であれば、多少の反対があっても立地強行は可能だと甘くみていた政策立案者たちは、奄美の人々から強烈なしっぺ返しを食らう。

本書の該当箇所で詳細が説明されているように、賛成、反対で意見が分かれた奄美大島の石油基地立地問題、枝手久闘争の場合でも、粘り強い反対意見を最後まで崩せなかった。一方、徳之島の再処理工場立地の場合は、立案者たちが全く想定していなかった激烈な拒否反応が、奄美群島で発生した。あわててMA－T計画騒動の火消しに回った関係者たちは、こんなはずではなかったと内心臍を噛んだにちがいない。

全体像把握、国際視野が必要

政策立案者たちは、結局、島に生きる人たちの島への思いを理解できていなかったのだ。前述の新全総の資料には、離島の項目の中の別箇所で、次のように書かれた文言がある。「無人島であるか、今後完全放棄する島であっても、立地条件によって、原子力発電所、原油輸入基地、観光などに適している島は、この面での再開発を考えるべき」だと。この文言から読み取れるのは、中央官庁の政策立案担当者にとって、たとえ代々住み続ける住民がいるとしても、離島は、最悪の場合、放棄可能な土地だということである。奄美群島は、中央から、このような視線で見られていたのである。

さて、先ほど、MA－T計画と同時期に北海道の奥尻島にも再処理工場の立地計画が存在していたと述べた。奥尻島は徳之島の場合と違い、現地の誘致派の活動がそれなりに活発だった半面、それに呼応する中央の動きが見受けられなかった。立地可能性調査は行われたようだが、MA－T計画ほど大掛かりな報告書は作成されていない。筆者は現地に出かけて当時を知る人から直接聞き取りをしたのだが、奥尻島の誘致活動は、あまり相手にされていなかったという内容の証言を得た。

日本の大規模再処理工場の立地計画は、ここまで説明してきた工業開発問題や環境・公害問題に関わる国内的な視点だけでみると、一面的な捉え方になる。国際的な核拡散防止など、軍事・外交問題に密接に関わる視点を加えて複眼的に捉えないと、全体像を見誤る可能性がある。再処理工場で用いられる技術は、核兵器製造に直結するため、厳しい制限を受ける技術である。日本以外で核燃料の再処理を大規模に行っている国は全て核兵器保有国であり、再処理工場は通常、トップクラスのセキュリティーで守られた軍事施設の側面をもつ。日本の再処理工場も核防護上の制限を受ける施設である。日米原子力協定で日本の核燃料サイクル政策に介入できる米国の意向も無視できない。当時は米ソ冷戦の最中でもあり、「最前線」になるかもしれない奥尻島に再処理工場を立地することは、防衛上の大問題が生じるのは明らかであった。奥尻島に対して中央の動きが不活発だった理由も、この点から十分推し量れる。

では徳之島の場合はどうだったのか。米国は、核拡散防止など自国の政策のために、極めて短い期間だが、ＭＡ－Ｔ計画に便乗しようとする気配があったのである。

七、核不拡散政策とＭＡ－Ｔ計画

インドの核実験、再処理政策転換へ

一九七四（昭和四十九）年五月十八日、インドが核爆発実験を実施し、世界に大きな衝撃を与えた。コードネーム「微笑むブッダ」と呼ばれたこの計画は、あくまで平和利用のための核爆発で軍事目的ではないとインド政府は主張したのだが、核爆発を起こす装置は核爆弾と本質的な違いはない。国際秩序にとって最も衝撃的だったのは、カナダと米国から提供された平和利用目的の原子力関連技術や物質を用いて、インドが独自に核爆発装置の製造にまでこぎつけたことである。それまで危惧されていた平和利用を隠れ蓑にした核兵器の拡散が現実となり、カナダや米国など原子力供給国グループは危機感を募らせ、以降、機微核技術の移転には極めて慎重になった。[233] この機微核技術の最たるものが、使用済核燃料の再処理技術である。インドの核爆発物質（プルトニウム）も、国内に建設された再処理施設によって抽出された。

インドの核実験が米国の核と原子力に関わる政策見直しに影響を及ぼした結果、新たに日本に建設される大型再処理工場、すなわち徳之島のＭＡ－Ｔ計画も改めて注目された。以下、当時、ＭＡ－Ｔ計画が巻き込まれていた核拡散防止政策上の位置付けを説明していこう。なお一言付け加えておくと、本書では発電など商業目的に用いられている原子力という言葉と、核兵器など軍事関連に用いられる核という言葉を、分かりやすいように慣習に沿って使い分けているが、本来、両者は同じ技術体系に立脚していて、たとえ言葉が異なっていても本質的に不可分であることには注意が必要である。

米国が核・原子力政策の大幅見直しに着手したのは、インドの核実験から少し経った一九七七（昭和五十二）年一月、カーター政権成立以後である。大規模な核拡散につながりかねない核燃料サイクル関連技術、すなわち使用済核燃料の商業再処理技術と高速増殖炉技術を組み合わせた技術（両方とも機微核技術）のことだが、それらの開発を自国でも放棄または凍結し、日本その他の同盟国にも同調するよう強く求めた。この後、あくまで核燃料サイクルの推進にこだわる日本と、それを放棄するよう迫る米国との間

で、厳しい日米再処理交渉が開始される。これはちょうどMA－T計画に対する反対運動が盛り上がり、政府が火消しに躍起となって、事態が水面下に潜ってしまった時期と一致する。MA－T計画がゴリ押しされなかった理由の一つには、時期的・国際的な問題があった。そもそも当時、米国は、日米原子力協定を盾に、日本で完成していた東海再処理施設（小規模で実質的なパイロットプラント）の運転すら、なかなか認めようとしなかったのである。日本の原子力発電所で使われていた核燃料用低濃縮ウランは、ほぼ全数が米国産であり、原子力協定の取り決めにより、その核燃料を使い終わった段階でも米国に許可を得ない限り、日本独自で再処理をしたり、移動したりすることができないことになっていた。結局、一九七七（昭和五十二）年秋の段階で、米国側は、東海再処理施設の限定的な試験運転は認めるが、新たな再処理工場建設に関する動きは二年間凍結する、という交換条件を日本側に約束させたのであった。日本は、MA－T計画を先に進めたくても、できなかったのである。

カーター政権成立以前のフォード政権時は、基本的に原子力平和利用を拡大していく方針だった。だが、前ニクソン政権末期に発生したインド核実験の影響は無視できず、方針は徐々に見直されていく。カーター大統領候補との選挙戦終盤には、核拡散問題が注目を浴びた結果、最終的にカーター政権に引き継がれる方向、再処理事業を見直す政策に転換した。MA－T計画の存在が徳之島現地で発覚し、騒動が持ち上がりかけた頃、すなわち一九七六（昭和五十一）年の十月後半である。

しかし問題はその少し前、MA－T計画の存在がまだ『南海日日新聞』の特報により発覚しておらず、密かに進められていた時期の話である。一九七五（昭和五十）年頃より、多国間共同で核燃料再処理センターを設置するという構想が米国に存在し、日米間でも話し合われていた。構想が存在した正確な期間は不明なものの、徳之島のMA－T計画現地調査が実施され、密かに報告書がまとめられた時期と合致する。米国が構想していた基本的な内容は、日本を含む東アジア一帯の原子力発電所から出る使用済核燃料を太平洋上の一島に集めて（当初は米国信託統治領内のミクロネシアが対象だった）、その隔離した一カ所で再処理を行うというものである。この頃までに、日本は東海村の再処理工場が本格稼働を控えるようになっており、韓国や台湾も自国内での再処理を希望していた。東アジアに潜在的な核兵器開発技術が拡散しつつあったところに、インド核実験の衝撃が発生した。この多国間再処理センター構想が存在した背景には、後のカーター政権ほど徹底していないが、核開発と密接に関連する再処理技術のこれ以上の拡散を、特に政治的に不安定な東アジア一帯に拡散することを米国が望まなかった、という理由が存在している。日本と同じ時期、公害・環境問題とは別の理由から、米国も再処理工場の離島設置案を考慮していたのである。そして驚いたことに、その際、米国政府が多国間再処理センターを奄美群島に設置することを要請した、という情報が存在する。

　当時、ミクロネシアに関する報道を行っていた英文誌、『Micronesia Support Committee Bulletin』一九七七（昭和五十二）年十月号の中の、太平洋島嶼地域を志向する日米の核・エネルギー政策について書かれた記事「Energy Islands in the Pacific」の中に、米国が日本に対し同センターを「九州と沖縄のあいだの島に設置するよう要請した」と記されている。日米原子力協定を盾に米国側の意向が日本に多大な影響を与えていた当時の一般的状況に鑑みて、記事の指摘する内容に不自然な点はない。この情報については、関東奄美青年部（奄美の石油・原子力基地に反対する会青年部）名義で書かれた同時期の雑誌記事にも言及がある。[234] 奄美の反対運動側は、MA－T計画問題の背後に、国際的な核・原子力政策の影響があることを認識していた。前記の英文記事以外にも、米国側の要請があったことを示唆する情報はある。例えば一九七五（昭和五十）年五月、核拡散防止条約再検討会議の場で[235]、場所については不明だが、米国が多国間再処理センターの日本国内設置を打診してきたと新聞報道されている（共同通信の現地特派員の配信記事）。多国間再処理センターのアイデアが真剣に検討されていた期間は、一九七五年から翌年秋頃までの短期間なので、この新聞報道と先の英文記事で窺い知れる米国の意図は、おそらく共通するものであろう。

米国は徳之島に違和感なし

　では、なぜ米国政府が、奄美群島への多国間再処理センター立地を要請してきたのだろうか。残念ながらそれについて詳しく述べた資料はまだ発見できていない。だが、要請があった内幕については、おおよそではあるが推測可能である。

　当時、米国は、政治的に不安定な韓国の再処理工場建設計画に憂慮を深めていた。フランスから導入する予定の再処理技術は平和利用名目ではあるが、原子力発電事業に着手したばかりの韓国に再処理事業の必然性はなく、一方で核開発の意図があることを米国は諜報活動で把握していた。[236] 韓国に再処理を放棄させる口実として、平和利用を目的とするのであれば、少なくとも複数の原子力発電所が既に稼働している日本と共同で、かつ日本国内で実施すればよいではないか、と説得したのである。一方、この時点の日本では、技術的に立地が可能という調査段階でしかなかったが、大規模再処理工場の立地候補地として奄美群島の徳之島や北海道の奥尻島などの離島が選ばれていた（東海再処理施設には他国分を賄う容量はない）。日米原子力協定により、日本の核燃料サイクル政策に対して細部まで干渉していた米国であるから、当然この内容は把握していたと考えられる。前述したように、冷戦下、米ソがお互い睨み合っていた当時、その最前線となる奥尻島に大規模再処理工場を立地することは、米国にとっても問題外である。結果として、日本の離島設置案に相乗りする形で、かつ消去法によって奄美群島徳之島への立地が、米国からも要請されたとみるのが妥当であろう。

　加えて、南西諸島の一角へ再処理工場という安全保障上問題となる核関連施設を設置することに、この時代、米国がさほど抵抗感をもたなかった理由には、別の観点からも思い当たる部分がある。冷戦下といえども米国と中国が互いに歩み寄っていた時期であり、そもそも中国はまだ脅威ではなかった。もし軍事的に緊張する事態があるしても、それは台湾海峡付近に限定されていた。

　奄美群島に近い沖縄には、一九七二（昭和四十七）年に返還されるまで、米軍の核兵器が多数存在していた。単なる持ち込みではなく、恒久的な核兵器貯蔵施設としての存在だった。当然、それに対応する防衛上の措置なり配慮が、南西諸島一帯の米軍守備範囲にわたってとられていたとみて間違いない。だとするならば、ＭＡ－Ｔ計画の場合、それまでなんの対策もとられていなかった奥尻島のような飛び離れた場所に、一から核関連施設を設置するのとは訳が違ったといえる。もう一つ、当時はまだ明らかにされていなかったが、一九六五（昭和四十）年、米海軍の空母タイコンデロガから搭載機もろとも水素爆弾が海中に没した事故もあった。[237] 場所は沖縄ではなく、奄美群島内の喜界島沖合の海上である。以上のことからみて、米国は南西諸島一帯を、いわば核が当たり前のように存在する地域・海域だと認識していた。そう考えられる。米国にとって、奄美群島の徳之島は、核関連施設があっても違和感のない場所に位置する島だったのである。

八、安保を巡る日米の駆け引き

多国間再処理センターを要請

米国側から徳之島に多国間再処理センターを設置する要請があった時期が、推測したように一九七五（昭和五十）

年五月開催の第一回核拡散防止条約再検討会議前後の頃だとするならば、同年三月にＭＡ－Ｔ計画調査報告書が秘密裏にとりまとめられた直後のことになる。そうすると、一年半以上経って地元紙『南海日日新聞』に特報されるまで地元の徳之島住民を含めた日本国民にはひた隠しにされた極秘情報も、米国には筒抜けだったということである。国民の知る権利も何もあったものではない。地元住民の主体性はあまりにも蔑ろにされているといえよう。

さて、いわば米国側のお墨付きを得た形のＭＡ－Ｔ計画だったが、日本側には米国の要請を歓迎した様子はない。むしろ、日本は米国の要請に抵抗していた。この問題を調査した研究者によると、米国の要請に対し日本政府は、自国分の再処理でも環境汚染を心配する反対意見が根強いのに、他国の使用済核燃料を再処理することなど、立地地域の協力を全く得られなくなるので論外である、という趣旨で反論したとのことである[238]。これだけを聞くと反論の理由として一見筋が通っているようにみえるが、実際のところ日本の主張は一貫していない。舌の根も乾かないうちの一九七〇年代終盤、日米交渉の場において、日本側が商業再処理事業に乗り出すことを正当化する理由として、次のような論陣を張っている。米欧ソの三極で核燃料供給センターを独占している状況では安定供給の先行きに不安が残るので、需要が高まっている地域にも国際的なセンターを作るべきであるとの主張である[239]。需要が高まっている地域とは東アジアのことであり、四つ目のセンターをつくる資格をもつのは日本をおいて他にない、という意味の主張なので、この時の日本は東アジア諸国の需要分も引き受けることを示唆していた。近年では、福島第一原子力発電所の大事故の後も、六ヶ所再処理工場を維持するために韓国などから使用済核燃料を受け入れる考えを示した事例もある。こうしたことから、多国間再処理センターを日本国内（の奄美群島徳之島）に設置したいという米国の意向を拒否した本当の理由は、別のところに存在すると考えなければならない。

上辺のエネルギー政策や環境政策の観点のみからは、この時に現れた日米双方の論理展開は少々理解しにくいものがある。一方で、当時のアジア・太平洋方面全体を取り巻く冷戦下の安全保障情勢まで視野を広げて眺めてみると、大きな全体の構図が浮かび上がり、その中にＭＡ－Ｔ計画を巡る日米の確執、あるいは駆け引きが、うまく当てはまる。以下、順を追って説明しよう。

まず、米国から申し出があった奄美群島への多国間再処理センター設置の要請に日本が抵抗した理由は、当然のことだが、日本独自の核燃料サイクル政策の推進が不可能になるからである。たとえ徳之島にＭＡ－Ｔ計画と同規模の再処理工場が完成しても、多国間管理となれば、米国の意向を強く反映して運用されるのは必定であり、日本にとって再処理工場がもつエネルギー安全保障上の意義の大半が失われる。また、日本政府の本音の部分（潜在的核抑止理論）にある、「核兵器開発は行わないが、核兵器を保有できるだけの技術は自国で開発・維持する」という原子力政策の大方針とも相いれない。さりとて、多国間再処理センター設立は機微核技術を拡散させないために必要だという米国の建前論に、面と向かって反駁するのも困難である。日本政府が表面的な反論を繰り広げ、首尾一貫しない意見しか述べられなかった理由は、この点から推し量れる。

次に、米国にとって多国間再処理センターを奄美群島に設置する意味だが、前節で説明を加えたように戦略上の地理的条件は申し分ないので、もし本当に立地できれば、核拡散防止にかかる経費の多くを日本に肩代わりさせ、なおかつ日本の機微核技術保有にも干渉が可能になるという大きなメリットを上乗せできる。当時、同盟国でありながらも、日本と西ドイツは潜在的核保有国として最も警戒されていた国である。米国にとって、多国間再処理センターの徳之島設置は、まさに願ったり叶ったりのことなのである。半面、だからこそ、日本はそう簡単に米国の要請を受け入れないと予想された。にもかかわらず、米国がわざと頃合いを見計らったように、この多国間再処理センター構想を打診してきた理由の背後には、時期的にみて、ＭＡ－Ｔ計画に代表される日本の急速な大規模再処理能力獲得の進行を妨害するという裏の意図が見え隠れしている。実際、この要請があった後、ＭＡ－Ｔ計画は数年間にわたって時間を浪費した挙句、現地徳之島の反対運動に直面して展望を失った。日本側の立地工作の不手際も加わって、青森県六ヶ所村に再処理工場建設計画がまとまるまで、約十年間の遅延に成功したことになる。米国側の深謀遠慮、思惑通りといったところであろう。米国としても、潜在的な日本の核武装能力の進展を黙認するわけにはいかない理由があった。日本の商業再処理推進政策は、米国が考えるアジア・太平洋方面の安全保障の方向性と衝突するからである。

むきだしの国益、徳之島で衝突

ベトナム戦争終結を踏まえたこの時期、米国が考えていたアジア・太平洋方面の安全保障戦略をごく単純化してまとめると、次のようになる。経費軽減などの理由もあって、段階的にグアム、ミクロネシアの線まで米軍の陸上部隊主力は後退する。駐在する米軍が抜けた分、同盟国には自国防衛の自助努力を払ってもらう。ただし核の傘だけは米国が提供する、である。いわゆるニクソン・ドクトリンの内容だが、現在でも紆余曲折を経てこの方針の影響は残存している（ニクソン大統領自身は、前提となる条件などの詳細については不明なのだが、一部について日本の核武装を容認していたとされる）。

以上の方針に沿って米国が日本に付与した戦略的な位置づけを説明すると、具体的にはこのようになる。すなわち、日本はよりいっそう予算を割いて自国の防衛力を増強し、同盟国の一員として、今まで米国が肩代わりしていたアジア・太平洋方面の安全保障の一翼を担うべきである。だが、米国がコントロールできない日本独自の核武装は不要、というよりも有害である。したがって、核開発に結びつくおそれのあるMA－T計画の推進は黙認できない、である。

一方、こういった米国の安全保障上の意図に対して、日本が抱いた本音の考えを示すとすれば、それは以下のような言葉で説明できるだろう。万一の場合、後方の安全地帯に退いた自分の身を危険にさらしてまで、米国が日本に核の傘を提供できるのかは非常に疑問である。であれば米国の関与を確実にし、いわば一蓮托生となるよう在日米軍をできるだけ多数かつ長期間、日本国内に引き留めておく。そしてその間に、米国の思惑とは全く逆になるが、将来的な自衛のための自前の核開発能力を手に入れたい。その第一歩がMA－T計画という大規模再処理工場建設であり、そのための日本独自の核燃料サイクル政策なのだ、である。

原子力関連産業および防衛装備産業に関わる個別の案件では、経済面も無視できず、お互いの損得勘定に照らして是々非々の対応をしている。また、両国とも大枠では日米安保の枠組みを維持する意思は強固だった。だが同盟国といえども違う国家同士、同床異夢の部分は確実に存在する。そのような緊張をはらんだ関係の中で、内包する矛盾の先鋭化した箇所が日本の核燃料サイクル政策であり、この時期の具体的な事例としてMA－T計画が存在した。日米両国のむき出しの国益がぶつかりあった場所が、ここ奄美群島の徳之島だった訳である。

日本の核燃料サイクル政策には、ある時期、米国から逆風が吹き続けていた。自らのあずかり知らぬところから吹いてくる風だったが、徳之島のMA－T計画反対運動にとって、これは思わぬ追い風になっていた。だが、風向きは常に一方向ではない。国際的な核と原子力を巡る情勢が変化すれば、風向きも変わる。一九七〇年代が終わりを迎える頃、核燃料サイクルを取り巻く国際環境は一変し、風向きは完全に変わった。そして、MA－T計画反対運動も新たな局面に突入することになったのである。

九、再浮上したMA－T計画

カーター元大統領の慧眼

国際核燃料サイクル評価（INFCE）と呼ばれる長期間かつ大規模な国際会合が、核拡散問題を重視する米国カーター大統領（当時、以下略）の提唱で開始された。先に説明したように、日本を含む西側同盟国が行っている原子力政策に対し、米国からの風当たりが最も強かった時期が、このカーター政権時代だった。一九七七（昭和五十二）年から約二年間、六十回以上にわたりINFCEの会合が行われたのだが、時期的に、MA－T計画が水面下に潜っていた期間と合致する。カーター大統領の当初の思惑では、この会合により、日本や欧州が進める使用済核燃料再処理を伴う核燃料サイクル（再処理により取り出したプルトニウムを核燃料として再利用することであり、本文中に記した核燃料サイクルはこの再処理路線を示す）は、経済的に引き合わず核拡散の危険性が拡大するばかりである、と立証されるはずだった。しかし、核燃料サイクルを推進する各国、とくに英仏独や日本の強硬な主張により、曖昧ながらも各国のこれまで行っていた政策を追認する結果に終わってしまった。

ちなみに、カーター大統領の見通しが誤っていたのは、日本や西ドイツの機微核技術獲得に対するこだわりの強さなど政治面だけであり、核燃料サイクル技術そのものの将来性に関しては非常に正確だった。当時、楽観的に考えられていた核燃料サイクルの経済性は、その後、開発が進む中で達成困難となり、現時点で、ほとんどの国は商業ベースで行う核燃料サイクルを放棄している。この現実を四十年前に見抜いていたカーター大統領の慧眼は、さすがといわざるをえない。しかし実をいうと、カーター大統領は、海軍に在籍していた若い頃、士官として原子力潜水艦開発に深く携わっており、原子力技術に直に触れた経験をもつ大統領だったのである。

ともあれ、INFCEの成果としてできた国際的な合意によって、この頃、核燃料サイクルを巡る日米交渉でも日本側に追い風が吹き始めた。そのような中、水面下に潜んでいたMA－T計画が再び浮上してきたのだった。

INFCEで日本の主張が認められる目途が立ち始めた時期、一九七九（昭和五十四）年の半ばのこと、それまで認められていなかった民間会社が行う再処理事業に道を拓く原子炉等規制法の一部改正が行われた。三年前にMA－T計画が表沙汰となり、それに対して国側が懸命に火消し宣言を行って以降、大きな変化がなかった再処理工場設置関係だったが、日米再処理交渉で行動を凍結された期間も終わって、ここから事態が急速に動き始めた。新たに建設される再処理工場は、大規模に事業を行うため、民間企業による商業ベースで実施することが元々国の既定路線である。この原子炉等規制法改正によって法律上の障害物が取り払われ、表立った活動が可能になった。そして先述のとおり同年十二月一日、法律改正をうけて新たにつくられる商業再処理工場運営のための民間母体、日本原燃サービス株式会社のあらましが明らかとなり、社長に九州電力の後藤清副社長が内定したという情報とともに、再処理工場の候補地も（九州電力管内の）徳之島が最有力、という新聞報道がなされたのだった。

　この時期、奄美群島に風雲急を告げる情報が次々と舞い込んできた。やはり徳之島が再処理工場の有力候補地だった、という前述の新聞報道だけでも十分衝撃的なのだが、その直前にもう一つ、奄美の人々を驚かせた出来事があった。関東在住の奄美出身者が、突然、逮捕拘束される事態が発生したのである。

奄美青年、東燃本社で逮捕

奄美大島の石油基地反対運動や、徳之島のMA－T計画反対運動などに関わって東京で活動していた、奄美出身青年ら多数が、同じ年の十一月二十九日、千代田区にある東亜燃料工業の本社で石油基地反対の抗議行動中、出動してきた機動隊に逮捕された。この一件を報道した翌日の『南海日日新聞』の記事には次のように書かれている。

> （十一月二十九日の）午前八時過ぎ同区一ツ橋一の一の一、パレスサイドビル八階の同社総務課に『奄美青年同盟』のゼッケンをつけた約四十五人が押しかけ、いすや床に座って『奄美石油基地反対』、『エネルギー基地化反対』とシュプレヒコールで気勢をあげた。また出勤してきた社員に社長との面会を求めて押し問答を繰り返したため、同十時半同社の要請で出動した機動隊に逮捕された[240]。

　一方で、同じ記事中には、こうした行動自体は初めての試みではなく、「昨年ごろから東京の同社にも奄美出身の人が抗議行動に来ていた」という説明も付け加えられている。つまり、今まで同様の抗議行動を行っていたにもかかわらず、何故かこの日だけ機動隊が出動する逮捕騒ぎになったということである（これまでも抗議行動に対し機動隊が投入される事態は発生したが、社屋外への排除行動のみであった）。そもそも石油基地反対運動側による団体抗議行動は、一九七三（昭和四十八）年に枝手久闘争が始まったころから随時行われており、東燃側との厳しい本社交渉も行われていた。以上の点からみても、今回の逮捕騒ぎは異例の事態が発生したのだということがわかる。当事者の回想によると、抗議行動時には毎回締まっている会社の扉がこの日はたまたま開いていたので、ついうっかり中に入って、いつも通りにやってしまった、逮捕された時は嵌められたという感じがした、とのことである。なお、奄美出身在京の法曹関係者がすぐさま弁護団を編成し、彼らのために裁判闘争を開始した。

かつてなかった奄美出身者の反対運動に対する機動隊の投入による逮捕拘束、その直後、一度は否定されていたはずの徳之島が再処理工場最有力候補地だったという新聞発表、二つの事象が組み合わされた衝撃は大きかった。誰の目にも、国家権力が反対運動を力ずくで抑え込み、奄美群島への石油基地や再処理工場設置を強行しようとしている、と見えたからである。そして危機感も新たに、ＭＡ－Ｔ計画反対運動は、現地徳之島でも関東・東京方面でも再び燃え上がることになったのである。

十、再び燃え上がる反対運動

押し寄せる困難

関東在住奄美出身青年らが行っていた東燃本社への抗議行動に対する機動隊の投入による逮捕拘束、その直後の徳之島が再処理工場最有力候補地だったという新聞発表、一九七九（昭和五十四）年の年末この二つの出来事が相次いで発生した結果、奄美群島関係者の間で危機感が急速に高まった。さらに加えて、ちょうど同じ頃、徳之島近海の硫黄鳥島に沖縄県伊江島の米軍射爆場を移転する案が、当時の西銘沖縄県知事から表明された（硫黄鳥島は徳之島近海に位置するが行政上は沖縄県に属する無人島[241]）。石油基地や再処理工場の建設ばかりではなく米軍施設の移設まで、この時期の奄美群島を取り巻く状況は、今から振り返ってもあきれるくらいに多事多難であった。

しかし、硫黄鳥島米軍射爆場移転案の表明は、石油基地や再処理工場の問題とおそらく直接は関係ない。また、威嚇的に強行されたとしか思えない奄美出身者の逮捕拘束騒ぎにしても、徳之島の再処理工場問題と連動していた証拠は、今のところ存在しない。各問題がたまたま重なっただけの可能性もある。ただし逮捕騒ぎについては、これまで筆者が調べてきた他の原子力関連施設立地問題の歴史でも、似たような状況下で警察の介入が発生した事例が散見されるので、たんなる偶然と断言もできない。判断が難しいところである。ちなみに、筆者が知る例を一つだけ簡単に述べると、次の通りである。原子力平和利用黎明期にあたる一九五〇年代終盤、大阪府茨木市が官民挙げて研究用原子炉（現在の京都大学原子炉実験所）の設置に反対した結果、建設候補地が茨木市に隣接する高槻市から大阪府交野市（当時は交野町）に変更されたのだが、その後タイミングを見計らったように、微罪ともいえないような法令違反によって、反対運動の先頭に立った茨木市長や茨木市議会議員が検挙されたのである。彼らを一種の見せしめにして、次の候補地自治体付近の反対運動に対する抑止効果を狙ったと思われる。なお、当時、検挙の音頭をとったと噂されたのは、本人は関与を否定しているが、公安警察畑出身の副知事で、問題となった原子力施設の立地斡旋に関わる公的組織の長を務めていた人物だった。

六ヶ所村は運動が疲弊

奄美出身者の大量逮捕とＭＡ－Ｔ計画再浮上の関連性はひとまずおくとしても、このように次々と押し寄せる問題への対応を迫られた場合、一般的な傾向として、反対運動側が疲弊しきってしまう可能性はある。そして運動が行き詰った頃合いを見計らい、運動に疲れた個々人に対する分断工作や切り崩し工作が行われ、一体となっていた反対運動が分裂し、個別に懐柔されるなどして、最終的には条件闘争に陥ってしまった事例は数多い。また、反対していた開発計画など、何か一つでも地域に受け入れてしまった結果、それを突破口にして次々と他で断られた迷惑施設が集まってくる場合もある。奄美群島ではこうなってしまうのを未然に防ぐことができたのだが、逆に防ぎきれず、他の地域で拒否された施設が次々に集積立地してしまったのが、現在、再処理工場が建つ青森県六ヶ所村である。

詳しく述べる余裕はないが、奄美群島の運動と比較するため、六ヶ所村の場合を簡単にみてみよう。六ヶ所村でも最初の段階は、押し付けられた開発計画に強く反発する反対運動が発生した。六ヶ所村を含む、むつ小川原地区は、一九六九（昭和四十四）年の新全国総合開発計画（前述の新全総）で大規模工業基地の候補地に指定された。ちなみに、この前年、青森県知事から、むつ小川原地区の開発可能性に関する調査を委託されたのが、ＭＡ－Ｔ計画調査を請け負った日本工業立地センターである。六ヶ所村の場合、開発計画が具体化した一九七一（昭和四十六）年以降、開発反対同盟が組織されて反対運動が行われた。だが長期間にわたる運動は苦闘の連続で、次第に疲弊していった模様である。

最終的に一九七七（昭和五十二）年頃の段階で組織的な反対運動は失速した。第一次オイルショックを挟んで開発計画そのものも二転三転し、当初は地域の雇用が見込める大規模石油コンビナート立地計画だったのだが、計画見直し後は単なる国家石油備蓄基地の建設になってしまい、買収を終えたものの使い道のない広大な土地が残された。そしてそれが呼び水となってしまって、一九八〇年代に入り、満を持したかのように、この空いた土地へ、全国各地で拒否された再処理工場をはじめとした核燃料サイクル施設立地計画が表沙汰となる。立地計画が発覚した後も粘り強く抵抗した個々の住民はいた。しかし、地域が協働してそれに抗うすべは、既に失われていたのであった。

生命を守る町民会議、活動再開

一方、奄美の場合はどうだったか。枝手久闘争やMA－T計画反対運動などが開始されてから、かなりの時間が経過した一九七九（昭和五十四）年の年末以降、新たに次々と押し寄せたこれらの問題に対し、反対運動は意気消沈するどころか、むしろ逆に、それまで停滞していたところに活が入ったような状態となったのである。

一九七七（昭和五十二）年前半の段階で政府の弁明によっていったん収束し、沈滞していた現地徳之島のMA－T計画反対運動も、先に説明した通り、警戒態勢自体は維持されていた。そのため、MA－T計画が発覚した三年前とは違って、今回の状況に反対運動は素早く再起動できた。事態が明らかとなった直後、年内の段階（一カ月以内）ですでに、徳之島三町の議会において核燃反対決議がされた。また、各町の再処理工場立地反対運動を行うための組織、死の灰から生命を守る町民会議が、すぐさま活動を再開した（天城町の場合は準備会から正式な町民会議に組織化）。そして十二月九日の伊仙町を皮切りに、順次、各町の町民会議は総決起大会を催行したのである。伊仙小学校体育館に九〇〇人（主催者発表）が集まって行われた伊仙町総決起大会の決議文を締めくくる文章は、以下の如くである。

> 祖先伝来、苦難の歴史をのりこえてきて、今日この美しい徳之島を見るとき、いまだかつて経験したことのないこのおそるべきたくらみを断じて許すことはできない。我々は天城町、徳之島町はもとより奄美全郡民、そして徳之島を愛し、真の発展を願うすべての人々とともに核燃工場建設計画を葬り去るまで断固闘うこ

とを天下に表明する[242]。

徳之島の場合、実際に決議文の如く断固として行動し、原子力発電所建設時などに暗躍する電力会社などの立地部隊によって行われる分断や切り崩し工作がつけ入る隙を与えなかった。同様の石油基地開発や大型再処理工場の問題に直面した六ヶ所村とは、その後の経過が全く違った奄美群島、その反対運動を支えた地域の歴史性を検証してみよう。

十一、よみがえる抵抗の記憶

権力に立ち向かった歴史

地元の人々にとって、中央から押し付けられたとしか思えない強引な開発計画が、突然降りかかってくる状況は、一九七〇年以降、大規模工業開発とは無縁だった場所へエネルギー関連施設が立地する際、よくみられた現象である。そして、ほぼ例外なく、強引な開発計画をつきつけられた地元では、それに抵抗する運動が発生した。しかし同じような時期、同じような問題群に直面して、時間の経過とともに運動が疲弊し、失速、空中分解してしまった地域と、反対に、苦闘を続けながらも運動が維持された地域がある。経済的苦境など、他の社会的条件については同様の困難を抱えていたにもかかわらず、両者の命運を分けた理由は、いったいなんだったのだろうか。具体的にこれだ、と単純に言い切れるものではないが、幾世代にもわたり地域が培ってきた歴史の存在が、そこに大きな影響を与えていることだけは間違いない。

徳之島では、先に説明したように、ＭＡ－Ｔ計画反対運動が立ち上がる時、薩摩支配や米軍支配に抵抗した島の記憶が大きな力となった。また以下で述べるように、その記憶は運動を維持する上で精神的な支えにもなった。一方、現在、再処理工場などの原子力施設や石油備蓄基地のタンクが建ち並ぶ六ヶ所村には、強大な権力に立ち向かった地域の歴史は存在しなかった。そもそも、開発計画が狙い撃ちにした六ヶ所村の土地は、近代以降に他地域から入植した人々が多く住む一帯であり、古くから人々が暮らし続けた歴史そのものが存在しない場所だったのである。

ここで誤解のないように説明しておく必要があるかもしれない。その土地、その自然に対する愛着は、それぞれの地域の特性によって、あり方が違うということである。近代以降に入植した土地に住む人々には地域に対する愛着が生まれない、という訳では決してない。周辺環境を跡形もなく変えてしまう大規模開発に対する抵抗運動が発生したように、六ヶ所村にも地元の自然を守りたいという心情は確実に存在した。

奄美群島は温暖な気候に恵まれていて、植生も豊かであり、台風などの自然災害はあるものの、取り巻く環境そのものが人間の生存に好適である。一方、自然環境の面で奄美群島に比べるまでもなく、むしろ日本国内でも有数の厳しい条件であることは間違いない六ヶ所村にも、そうした気候に耐え、開拓に並々ならぬ苦労をしてきた、個別の記憶に裏打ちされた土地への愛着が存在する。しかし、それらはあくまで個々の体験が主体である。そして地域の成立過程を考えれば当然だが、外からの圧制に抵抗した地元の祖先たちも存在しない（そもそも生産性の低い地域は収奪の対象にされないので、奄美群島とは対照的な歴史である）。地域に住む人々全体に共有される歴史観が形成されるまでには至らなかった。そこに付け入られる隙が生じてしまった。これこそが、運動が疲弊し、失速、空中分解した六ヶ所村など、反対運動が成就しなかった多くの地域によくみられる特徴なのである。

徳之島の場合、ＭＡ－Ｔ計画が発覚した後、まず島の抵抗の記憶がよみがえった。例えば、薩摩の侵攻に対抗して徳之島が最大の激戦地となったこと。あるいは、薩摩の圧制に対抗する母間騒動（一揆）や犬田布騒動（一揆）である。先に述べた箇所では、これらはあまりにも歴史になっていて、反対運動の具体的なモデルにはならないと説明した。だが、運動の切り崩しや分解を防ぐ精神的支柱になるという部分では、非常に大きな意味をもった。

分断工作、つけ入る隙与えず

一九七九（昭和五十四）年の年末、これまで説明したように、関東在住奄美出身青年らの逮捕拘束と、その直後の徳之島がやはり再処理工場最有力候補地だったという新聞発表で、工場設置強行の危機感が高まり、徳之島でＭＡ－

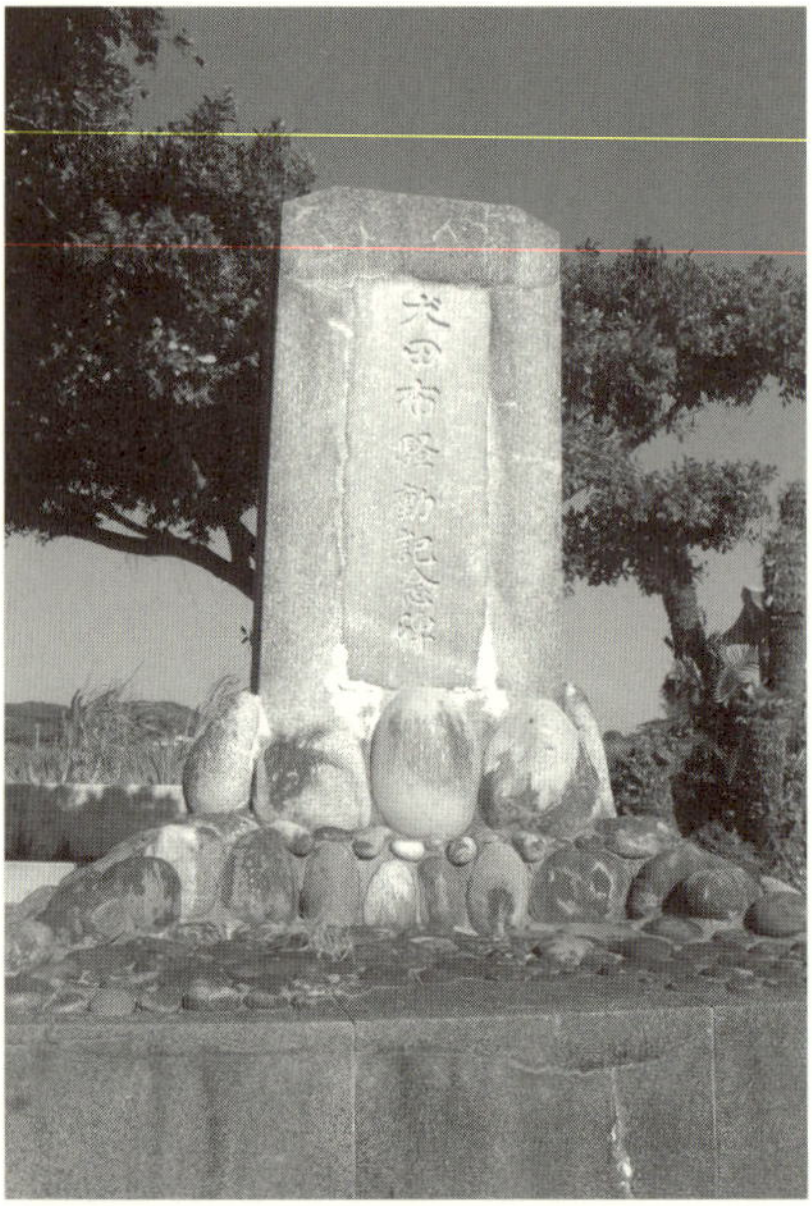

徳之島伊仙町の犬田布騒動記念碑

T計画反対運動が再燃した。その時のことである。同年十二月二十日に開催された天城町議会定例会において、熊山栄吉議員がこのように述べている。

今後、これ（再処理工場設置計画）を粉砕するのには、私たちが、全町民が一体となって、この粉砕に当たる運動を展開する以外には、私はないものと思う訳であります。そして犬田布騒動にあるが如く、この運動がやがては奄美の歴史の一ページに残ることでしょう。その時賛成した人は誰々、命をはって反対した人は誰々と、私たちの子孫に残す運動に必ず後は展開することと思います。又、そこまで腹を据えて戦わない限りは、絶対にこの問題は解決できないと、このように思う次第であります。

思いがけず再び問題の渦中に巻き込まれた徳之島の多くの人々にとって、この言葉で語られる歴史観が呼びさます力は非常に大きかったと考えられる。実際、この後、素早く全島がまとまって運動が再活性化した結果、徳之島は、分断や切り崩し工作を担う電力会社などの担当者、いわゆる立地部隊が活動する余地を与えなかったのである。

今の段階では確証がないのだが、一九七九年後半にあった徳之島が再処理工場最有力候補地であるという新聞発表、あるいは情報リークは、現地の様子を窺う観測気球だった気配がある。なぜなら、この直後、思いのほか徳之島現地の拒否反応が根強いことが判明したため、設置側がそれまでの方針を見直したようで、翌一九八〇（昭和五十五）年二月頃を境に再処理工場の離島設置計画が揺らぎ始めたからである。同年二月十三日付の『朝日新聞（東京版）』に、「常識的」と考えられていた離島設置の方針を転換して本州沿岸部にも候補地を広げる、という後藤清日本原燃サービス社長（内定時）の談話が掲載された。

それからしばらくは、まだ南西諸島周辺の島々の名が再処理工場候補地として出てくるのだが、具体性がないものばかりで、どうやらカモフラージュ用のダミー計画だった模様である。そうこうするうち一九八二（昭和五十七）年九月になって、本州沿岸部といえる長崎県平戸島が、次の再処理工場候補地になったと新聞に報道されたのであった。

歴史にイフ（if）は禁物だが、再処理工場設置強行の危機感が高まった一九七九（昭和五十四）年の年末の段階で、もし徳之島の反応が鈍かったとすれば、その後、この問題がどう展開していったか分からない。強権的に再処理工場建設が推し進められた可能性も否定できない。あるいは、奄美大島の枝手久闘争のように反対運動が長期間の抵抗を続けて、結果的に、日本の核燃料サイクル政策の方が先に破たんしていた可能性もある。

石油基地開発問題で疲弊した後、再処理工場問題に再び翻弄された六ヶ所村の陥った状況が、徳之島が経験した事例の対極である。大規模工業開発に抵抗した運動が失速した後、しばらくして再処理工場立地問題が六ヶ所村を襲った時、徳之島の場合と違い、もう一度地域の人々の心を一つにまとめ、再び立ち上がらせるための勇気を与える言葉が、不幸にもこの土地には存在しなかったのである。

十二、遥かなる奄美

実動部隊は関東青年部

前節において、奄美群島および徳之島で培われた歴史観が、現地で闘われていた再処理工場反対運動などの精神的支柱になったと説明した。一方、最終的に再処理工場が建設された六ヶ所村の場合、地域の歩んできた歴史を語り、住民同士を束ねる紐帯となる言葉がなかったことにも触れた。そこに付け入られる隙が存在し、反対運動が長期化する中で、求心力が失われていったのである。

しかし、奄美群島のもつ長い歴史が与えた影響は、現地だけにとどまるものではなかった。遠く離れた都市部に住む人々にも少なからぬ影響を及ぼした。同じ歴史を背負った出身者たちが、都市部にも数多く存在したからである。奄美群島の自然環境を守る運動が成功した要因の一つには、間違いなく都市部に在住する奄美群島出身者たちの協力がある。以下、現地の運動とはまた違う意味で重要だった都市部在住出身者の活動を、振り返ってみよう。なお、歴史的経緯からしても関西在住の奄美群島出身者の数は多く、組織も運動も関西を無視することはできない。だが、こと再処理工場問題と石油基地問題に関しては、情報収集に有利だったという点と、「敵」にあたる組織の本拠地が存在したという点から、本書では関東の活動に注目する。

詳細については本書の別項に譲るが、関東方面に在住する奄美群島出身者の運動は、東亜燃料工業の石油基地建設に対抗した枝手久闘争に協力するところからはじまった。後に再処理工場問題発生時にも強力な助っ人となる。これらの運動を担った組織が、奄美の石油基地に反対する会（後に奄美の石油・原子力基地に反対する会、さらに奄美の自然を守る会と改称）である。その実動部隊が関東奄美青年部だった。

会には裁判闘争などを支えた法曹関係者がいた。そもそも瀬戸内町出身の元田弥三郎弁護士が、奄美の石油・原子力基地に反対する会（以下、反対する会）の代表を務めていた。本来の仕事の合間を縫って、長期間にわたり活動に携わった（元田弁護士は一九八〇（昭和五十五）年に八十一歳で退くまで七年間代表を務めた）。また、中央省庁の官僚という難しい立場にありながらも、運動に関与した出身者も存在する。この人物を通じ、石油問題について貴重な専門的情報がもたらされた。くわえて、事情が事情だけに真偽は不明だが、密かにこのルートからMA－T計画の存在が伝わったのではないか、という噂もある。本書共著者の斎藤による新元博文に対する聞き取りでは、社会党の米倉文吉（一九七二年総選挙で奄美群島区から立候補）が、「神保町の古本屋で見つけた」と言って計画書を持ち込んだとのことである。これは入手ルートを秘匿するための作り話と思われるが、インサイダーの関与がなければ、部外秘かつ三十部限定とされる『MA－T計画調査』の入手は相当困難だったはずである。そもそも、計画の存在すら察知できなかったと思われる。出身者による助力がまことしやかに語られる理由も納得できる。そして、この報告書をもとにした『南海日日新聞』による決定的スクープがなく、水面下で事態がもっと先まで進行していたならば、反対運動開始が手遅れになった可能性も存在するのである。

さらに反対する会の活動は、重鎮・ベテラン勢だけではなく、若手の活発な働きにも支えられていた。実動部隊の関東奄美青年部（以下、青年部）の人々は、フットワークも軽く様々な場所で活動し、色々な組織と連携したことが、当時の資料からもうかがえる。その一端を示すと、次のとおりである。

東京で反弾圧まつり挙行

何度も触れたように、一九七九（昭和五十四）年の年末、奄美出身者の大量逮捕（逮捕者には出身者以外も含まれる）と再処理工場問題再発の二つの出来事が、ほぼ同時に発生した。その直後、奄美に危機が迫っているとみた青年部の人々は、あらゆる手立てを用いてこの問題を訴えた。同年十二月十五日の段階で東京豊島公会堂において、「反弾圧まつり」（主催者側発表で参加者一〇〇〇名）を挙行。同二十三日には旧通産省前にて、反再処理を掲げる抗議デモ（同参加者三〇〇名）を実施。そして、一九八〇（昭和五十五）年に入り、「エネルギー国策を撃つ、反再処理・反CTS、二―三月行動」を色々な組織と共同開催する形式で広く呼びかけた。財界、官界の関係者にとって、何か事を始めるたびに自分たちの目前で抗議行動を起こされるというプレッシャーは、おそらく無視できないものがあったはずである。

このようにして、都市部在住奄美出身者の多くの人々は多忙な本業の合間を縫って、また一部の人は立場上少なからぬ危険を敢えて冒しながら、故郷の自然を守る活動を続けた。彼らの行動を支えたものは、遥かなる郷土、奄美への思い以外になにがあっただろうか。

島人というアイデンティティは、都会に出ることでより強まる場合もある。関東の活動に参加したある出身者の女性の方に伺うと、島に住んでいるときは息苦しく感じ、それ故に島を離れたのだが、遠くから振り返って見た奄美は、ただ懐かしく愛おしいと思えた、とのことである。また、群島全体を見渡せる視点を得て、奄美は一つのものだという感覚をもった、とも語る。この感覚は多くの出身者に共有されていた。それゆえ関東では、石油基地と再処理工場は奄美群島全体の問題として捉えられた。結果的に、反対する会などの都市部の活動が、個別の問題に対処せざるを得ない島々の運動を助けて、現地の各運動を一体化することに一役買っていたのである。

徳之島現地で再処理工場反対運動が再び燃え上がったのは、東燃本社抗議行動時に関東在住奄美出身者たちが大量逮捕された弾圧事件の衝撃が、間違いなく大きな原因の一つである。この弾圧事件へと至る長い過程には、自然環境を取り返しがつかないほど破壊しかねない開発に抵抗した、出身者たちの遠く離れた故郷への思いが積み重なっていた。現地の運動再燃に火をつけるというかたちではあったが、遥かなる奄美へと、その思いは届いたはずである。

十三、迷走する候補地選び

離島設置方針を転換へ

一九七九（昭和五十四）年の年末から翌年にかけて、再処理工場設置強行の危機感が高まり、徳之島現地と都市部在住奄美出身者グループの両方で、反対運動は再び急速に燃え上がった。この運動は、いわば奄美群島と徳之島の歴史を背負った闘いだった。それゆえ、長期化した住民運動に生じがちな、外部から付け入る隙を与えなかった。

危機感が生じた原因の、本命候補地になったという新聞報道は、徳之島に再処理工場建設が可能かどうかを見極めるため、日本原燃サービス株式会社（以下、日本原燃）が意図的に上げた観測気球と考えられると前述した。ここからは推測になるが、探りを入れた段階で現地に食い込む余地がありそうならば、次に進むなんらかの手を打つつもりだったのかもしれない。そもそも、日本は、米国により再処理工場新設について二年間動きを凍結させられていた。世界的に再処理に対する厳しい風向きが変わり始め、やっと得た好機だと判断すれば、調査などが最も進んでいた場所に、まず当たりをつけるのが妥当だからである。だが、予想以上に大きな反対の声が生じたため、ここでまた時間を空費するのは得策ではないと判断した日本原燃側は、徳之島設置案の放棄も止むなしと方針転換したと考えられる。このように推測するのは、先に触れたように、一九八〇（昭和五十五）年二月十三日付の『朝日新聞（東京版）』に、これまでの離島設置の方針を転換して本土沿岸部にも再処理工場の候補地を探す、という日本原燃社長の談話が掲載されたからである。詳細は後述するが、これ以降、実際に、日本原燃側は候補地選びを本州や九州の沿岸部に切り替え始めた。だが、反対運動側にその内情が知らされることはなく、逆に様々な欺瞞情報が流され、運動に関わる人々を混乱させた。

　この後も、徳之島を候補地から除外するという言質は得られず、反対運動は継続せざるを得なかった。また徳之島とは別に、南西諸島琉球弧を狙い撃ちにした再処理工場候補地の名も次々と上がってきた。沖縄県の西表島、鹿児島県の加計呂麻島や馬毛島《まげ》などである。しかし、これらの新たな候補地には、徳之島のMA－T計画調査ほどしっかりした物的証拠は存在しない。そもそも、名前の上がった島々に大規模再処理工場を建設した場合、安全保障上の難点（西表島は台湾海峡と近すぎる）や工業用水や敷地面積の確保が困難（馬毛島）という問題が生じるので、現実性が薄い案である。実は徳之島にしても、MA－T計画以後の新たな動きを示す証拠は出てこなかった。以上を勘案すると、ある時点から後のMA－T計画、および一九八〇（昭和五十五）年以降に表沙汰となった再処理工場離島設置案は、日本原燃の真の意図を欺瞞するための、カモフラージュとして利用された可能性がある。

　政府や日本原燃は、地元の人々や出身者の大反対の声が根強く存在し、なおかつ米国の介入を招く可能性がある再処理工場の離島設置方針（MA－T計画）を放棄したにもかかわらず、その素振りを表に出さず、時間稼ぎに利用し、新たな本命候補地として本土沿岸部を物色し始めていた。原子力業界誌『原通』の元編集長が記した文章によると、この時点では、東北日本と南西日本の各々に再処理工場建設候補地を選定する目論見があったという[243]。日本原燃の主要構成メンバーである各電力会社により、南北で責任分担が分かれていた。東京電力に任された東北方面では、早い段階から青森県の下北半島が注目されていた（ただし、当初は六ヶ所村とは別の場所）。九州電力と関西電力の合同チームが管轄する南西（九州）方面では、反対運動の強力な徳之島などの南西諸島はあきらめ、遅くとも一九八一（昭和五十六）年頃には長崎県沿岸部、鹿児島県の大隅半島の二カ所に白羽の矢がたっていた。しかし様々な条件が下北半島と似た大隅半島は、MA－T計画反対運動の影響で鹿児島県が再処理工場誘致を認めない決議をしていたので、表面化する前に沙汰やみとなった。

そうこうするうち、地元紙『長崎新聞』の一九八二（昭和五十七）年九月十二日付記事で、長崎県平戸島（現在、架橋され本土と地続き）に再処理工場誘致の動きあり、と報道された。そして、前年に佐世保市内で設立された不動産会社が、再処理工場予定地付近の大規模な土地買収に動いていること、何者かの意を受けた業者が、平戸市を頻繁に訪れて市議会議員に誘致決議を働きかけていること、地元漁協の組合長がトップを務める再処理工場誘致推進母体「平戸総合開発研究会」が立ち上がったこと、すでに関係者が数百名規模で東海村へ視察旅行に出かけていたことなどが、次々と明らかになった。

平戸、徳之島の反対運動に学ぶ

平戸島の場合、誘致のための組織が地元に存在することで、徳之島と比べても不利な状況に追い込まれていた。だが、問題発覚後に急遽立ち上げられた再処理工場誘致反対運動は巻き返しに成功した。平戸島といえば、近世初期にはオランダ商館やイギリス商館が存在し、外国との交易で栄えた歴史をもつ古くからの港町である。そこで、反対運動時に掲げられた標語は「美しい歴史とロマンの島、平戸を守ろう」であった。奄美群島と同様、地域の歴史に誇りをもつ住民の大多数は、この主張に共感、再処理工場誘致には拒否反応を示した。そして早くも問題発覚と同じ年、一九八二（昭和五十七）年の年末に至って、民意に押されて市長が誘致拒否を正式表明し（市長選挙を控えていた）、市議会も十二月の定例会で誘致反対を決議した。それまでには、地元で結成された誘致推進組織も解散に追い込まれていたのである。

平戸島の反対成功のカギは、事態が拡大する前に一気に運動を盛り上げたところにある。不利な状況の中でも、短期間に的確な対処ができた理由は、身近に先行した反対運動があったからこそである。実は、平戸島の再処理工場誘致反対運動は、徳之島のMA－T計画反対運動の例に学んだものだった。平戸島の反対運動関係者が当時を回想した文章中に、徳之島の運動展開について言及した箇所がある[244]。また、死の灰から生命を守る伊仙町民会議の吉岡良憲議長宅に遺された資料の中に、平戸島の反対運動で配布された『第二再処理工場建設に反対しよう!!』という表題の小冊子が含まれていた[245]。二つの運動は相互に情報交換を行いつつ、活動していたことは確実である。

最終的に、九州沿岸部を候補地とした再処理工場建設計画も、先行した徳之島のMA−T計画と同様に、地元住民から全面的に拒否された。平戸島の騒ぎがあった翌年の一九八三（昭和五十八）年、日本原燃首脳部から関電出身の取締役が更迭された。理由は、度重なる再処理工場立地工作失敗のためだとされる[246]。南西日本では離島も沿岸部も全て手詰まりとなってしまった。更迭された関電出身取締役の後任には東電出身の人物が就いた。その結果、再処理工場の立地工作は下北半島へ一本化されたのである。間もなく、青森県六ヶ所村が第二再処理工場の本命候補地に決まる、という報道が出るようになった。一連の経緯を振り返れば、徳之島の反対運動がこの頃の日本の核燃料サイクル政策全体に与えた影響は、広く知られることはなかったが、実は非常に大きいものだったのだと考えられる。

しかし、今まで推測を交えて説明してきた事情が仮に全て真実だとするならば、再処理工場の候補地選びは、技術的な判断は二の次、三の次で、まず政治的理由ありきだったことがわかる。原子力発電所をはるかに上回る危険性を内包した大規模再処理工場が、主として政治的理由により建設候補地が二転三転した挙句、最終的に政治的決着で選定されたとすれば、その安全性には大いに疑問符が付く。迷走の果てに辿り着いた六ヶ所村は、本当に再処理工場を建設しても大丈夫な場所だったのだろうか。

十四、終わりなき闘い

むなしさの残る勝利

一九八四（昭和五十九）年の中頃、再処理工場の建設候補地が青森県下北半島の六ヶ所村に絞られたことが明らかになって、徳之島の反対運動は一段落を迎えた。とはいえ徳之島現地の運動組織、死の灰から生命を守る町民会議は、以降も正式には解散しなかった模様である。当時、商業規模の再処理工場を建設する計画は国内でまだ三カ所あったといわれており、すぐには警戒態勢を解除できなかったのである。しかしひとまず危機は去った。この頃、伊仙町民会議の吉岡良憲議長は、運動を振り返って、概略次のように総括している。

（再処理工場問題の本質的な部分は）権力的発想、（すなわち）安全性より必要性、一部犠牲による多数繁栄、民には知らしむべからずの発想から来ている。（…）徳之島の反再処理工場の闘いは勝利した。しかしむなしさが残る。なぜなら闘いが下北に移っただけだからである。終わりなき闘いを終わって今思うことは、（こういう権力行使に立ち向かう主体は誰なのかという問題であり、国民多数の抵抗と批判がなければ、）いつか来た道を再び歩むことになろう[247]。

エネルギー・原子力関連や安全保障の分野で典型的にみられるケースだが、国家の政策方針が転換されない限り、同じような問題が、似通った場所で、時間を超えて繰り返されてしまう。それゆえ、地域の運動にとって、闘いは終わらないのである。「終わりなき闘い」。奄美群島、徳之島でも、この警句は杞憂ではすまなかった。

宇検村で高レベル放射性廃棄物最終処分場、誘致騒ぎ発生

徳之島の反対運動が一段落してから二十年以上を経た二〇〇六（平成十八）年八月、突如として奄美大島の宇検村で高レベル放射性廃棄物の最終処分場誘致騒ぎが発生した[248]。この騒ぎは住民の大反対にあって事態が拡大する前に終息したが、言うまでもなく宇検村は、ＭＡ－Ｔ計画反対運動当時、枝手久闘争が行われていた場所である。しかし高レベル処分場問題は、これで終わったわけではなく、今もって継続中である。深地層に埋設処分する大方針は変わっていない。むしろ現時点では、地域が誘致するのを待つ方法ではなく、トップダウンで候補地を指定する方法に切り替わったので、権力行使的には改悪されてしまったとすらいえる。

二〇一四（平成二十六）年六月、与党の資源・エネルギー戦略調査会の放射性廃棄物処分に関する小委員会が、最終的にとりまとめた報告書中には、次のように書かれている。

> 地層処分予定地の選定は早急に進めていかなければならない。その際、離島の島内を含め、候補となり得る地域の特性に対応した、安全な処分を確保するための地層処分技術の研究開発についても、新たに取り組む必要がある[249]。

全体の文脈からみても、唐突に「離島の島内」の文言が挿入されているのがわかる。奄美群島が名指しされたわけではないが、気になる表現である。そして先般、二〇一七（平成二十九）年七月にＮＵＭＯ（原子力発電環境整備機構）

から発表された、高レベル放射性廃棄物の最終処分場候補適地地図、いわゆる科学的特性マップの中に、喜界島を除く奄美群島がすっぽりと入った。この問題を巡っては、今後も予断を許さない状況が続くといえよう。

地域にとって理不尽極まりない計画策定がまかり通るのは、なにも原子力政策に限ったものではない。安全保障政策も同様である。まだ記憶に新しい徳之島への在日米軍普天間基地移設問題も、根っこは同じところにある。第七章三節で詳細を述べるとおり、反対運動が功を奏し問題は立ち消えとなったのだが、この時も島を挙げての強力な意思表示がなければ、状況がどう展開していたか分からない。再処理工場反対運動時の抵抗の記憶がきちんと引き継がれていたからこそ、三十年前と同様に、在日米軍基地を寄せ付けなかったといえよう。

抵抗の記憶継承

この記憶の継承を最も象徴する出来事が、二〇一〇（平成二十二）年十二月十九日に行われた、死の灰から生命を守る伊仙町民会議の吉岡良憲議長から、徳之島の自然と平和を考える会の椛山幸栄会長への活動資金譲渡である。再処理工場設置反対のために集められた資金が残されており、約三十年の時を超えて、基地移設反対のために利用するよう直接手渡されたのであった。

これを報じる『南海日日新聞』記事中には、次のような椛山会長の言葉がある。

> 若いころに吉岡さんらが頑張っていた姿を思い出す。先輩たちがいたおかげで今がある。吉岡さんらの志を受け継ぎたい。島民一人一人が徳之島を守っていこう。[250]

手を変え、品を変え、時を超えて、様々な種類の政策上の問題で、どうして奄美群島や徳之島は何度も狙われるのか。個々の政策を立案した担当者を捜し出して責任を問うだけでは、この疑問の本質に

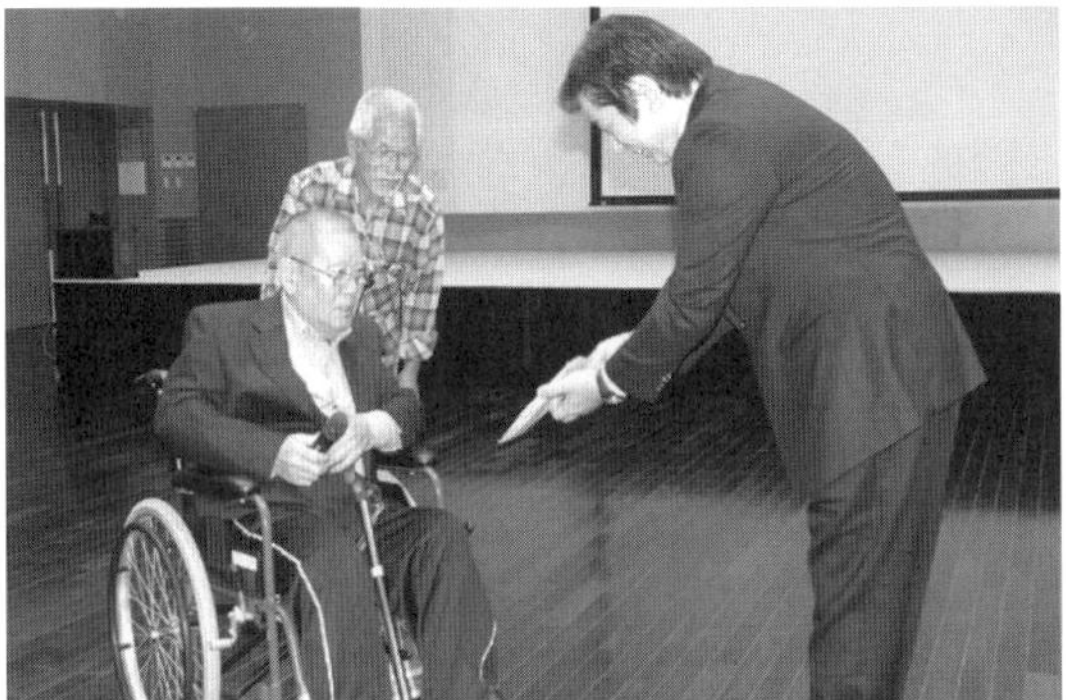

椛山会長（右）に活動資金を譲渡する故吉岡議長。南海日日新聞 2010（平成 22）年 12 月 21 日付記事より

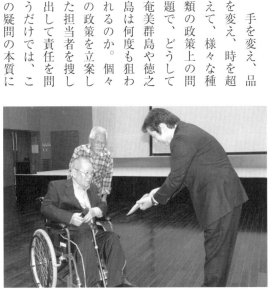

あたる部分を捉えることはできない。安全性より必要性、一部犠牲による多数繁栄という、政策立案者たちの安易な権力的発想を促し、再生産している原因が何であるのかが問われなければならない。おそらく本当の「敵」は、このような問題に対する、国民大多数の無関心である。

福島原発事故後の原子力・核燃料サイクル政策を再考し、高レベル放射性廃棄物を処分する問題にしても、現在の日米安全保障体制に伴って現れる米軍基地問題にしても、本来であれば、今まで原発から送られた電気の大部分を消費し、日米同盟下の平和を享受してきた本土都市部に住む国民大多数が、自分の問題として引き受け、解決しなければならない筋合いのものである。

そうした問題から目を背け、あまつさえ、問題を一部の地域・人々に押し付けて、まるでそんなものは存在していないかのように振る舞う国民の大多数は、問題と真正面から向き合い、解決するための努力を放棄してしまっている。いやむしろ、このように、知らないふりをする人、あるいは政府の強引なやり方に反対する住人を安全な場所から誹謗中傷する人も、薄々は自覚しているのかもしれない。他人の犠牲を前提にする今のシステムの中では、自分も犠牲にされる可能性があることを。奄美群島、沖縄、そして下北半島に住む人々の姿は、明日の自分の姿かもしれないと。

それゆえ、頑なに真実から目を背けているのだろう。だが、本来変えるべきは、犠牲にされる人や場所ではなく、犠牲を必要とする社会そのものなのに、そこに目を向けようとしない。現在の米軍基地問題、原子力問題の混迷ぶりは、間違いなくその帰結である。このままでは、また同じ道を歩んで、再び同じ失敗を繰り返すことになるだろう。

今の混迷した状態から抜け出すためには、前述の吉岡議長の言葉を引用した部分にもあるように、国民大多数が目を覚まして、問題を一部に押し付けるという権力的発想に立ち向かっていかなければならない。そのためにも奄美群島、徳之島が経験した抵抗の記録をなるべく多くの人々に向かって発信し、その意味を問い続ける必要がある。

第四章　企業誘致をめぐる瀬戸内町の軌跡（上）

一、開発に向かない美しい自然

四町村合併で成立した瀬戸内町

一九七三（昭和四十八）年に枝手久島石油基地計画をめぐる賛成・反対の両派の動きを一九七五（昭和五十）年まで追った後、一九七六（昭和五十一）年九月に南海日日新聞のスクープで明るみに出た徳之島核燃料再処理工場計画に対する反対運動に眼を転じ、その背景を分析してきた。ここからは石油基地計画をめぐる動きを再びとりあげるが、この計画に対して、近隣市町村、とりわけ瀬戸内町がどのように対処したかに注目したい。

瀬戸内町は宇検村と同様、海と山に囲まれた美しい場所であるが、それはそのまま、平地が少なく、陸上交通が不便で、開発や産業化には不利な条件下にあることを意味する。かつて奄美大島の第二の中心地であった古仁屋も、トンネルが一つ一つ開通して名瀬への所要時間が短縮されるごとにさびれて来たと古老は嘆く。交通が便利になるごとに衰退したのは典型的なストロー効果であったと思われる。

実際、復帰の三年後に合併で成立した瀬戸内町は、三つの工場を誘致したがどの工場も現存せず、その後目立った企業誘致は実現していない。離島や辺地の困難を凝縮したような自治体であるとも言える。

一九七三（昭和四十八）年に発表された枝手久島石油基地計画に対して、瀬戸内町は当初町をあげて激しい反対運動を展開していたが、一九七五（昭和五十）年頃から町議会の態度が微妙に変化し、一九七七（昭和五十二）年には「国策に沿った企業誘致」を議会が決議して、方針を一八〇度転換した。しかし房弘久町長（房克臣《かつおみ》前町長の父）は町内に反対意見が根強いことを理由に慎重姿勢を変えなかった。房は一九八〇（昭和五十五）年秋の町長選で開発派が支持した里肇に敗れたが、開発派が目当てとした石油備蓄基地はすでに他の地域に設置が決まっていた。そして他の企業誘致も実現には至らなかった。

自然保護から企業誘致へと議会の態度が変化した背景には、瀬戸内町の産業の疲弊、人口の減少があった。ここで時計の針を戻して、復帰以降瀬戸内町が誘致し、失敗に終わった三つの工場について、まず見ていくことにしたい。[251]

町をあげての激しい反対運動

「皆さん全員鹿児島ご出張で、ご苦労様でした。本来の目的がまだ充分達し得なかったけれども、今後強力に進め

上空から見た加計呂麻島（写真左側）。飛行機の翼の下に一部隠れている右側の島が奄美大島。両島を隔てる大島海峡は狭いところでは１キロ余りの幅しかない。

る必要があるんだというご認識にたたれたことと思います」。こう発言したのは、瀬戸内町議会の昇清一議長である。一九七三（昭和四十八）年秋の瀬戸内町議会が、鹿児島での県議会への陳情のために休会した後の十月一日、再開された議会の冒頭である。議員全員が上鹿した「本来の目的」とは石油基地計画への反対である。

　これを受けて、鎌田正己議員（鎌田愛人《なるひと》現町長の父）はこう発言している。「今回の鹿児島での石油企業進出反対の陳情の運動をやってみて痛感したことは、企業の進出を県の行政策として決定づけようとする県の考え方、自民党の考え方、なおまた郡選出の県議の方々の考え方、私たちは地域の住民の願いといいますか、希望するものが、そのような人々とは程遠いものと痛感いたしました」（趣旨を変えない範囲で発言を一部修正した）

　鎌田議員を含め、瀬戸内町議会の議員は、共産党と公明党の議員を別にすれば全員が保守系無所属である。にもかかわらずこの時点では町議会は全員が石油企業絶対反対で、県当局や自民党と対立することになっても、それは譲れないと考えていたのである。実際、前に述べたように瀬戸内町議会は奄美選出の県議に自民党から離党することを求めている（第二章三節）。

　その四年後の秋、一九七七（昭和五十二）年十月、瀬戸内町議会は圧倒的多数で「国策に沿った企業誘致」決議をあげる。具体的には石油備蓄基地と、原子力船「むつ」の誘致を指す。瀬戸内町議会の態度は一八〇度転換したのである。その間に町議会選挙があったが、議員がそれほど入れ替わったわけではない。

　石油企業絶対反対から態度を転換した多くの議員が語ったのは、瀬戸内町の産業の衰退、人口の減少である。いかに美しい自然でも見ているだけでは食えない、産業の誘致が必要である、という議論である。産業がなかなか育たずに人口が減少しているのは、現在まで続く奄美の問題であるから、この時期の瀬戸内町に起こったことを振り返ることは、将来への指針を得るためにも無駄ではないだろう。

1958（昭和 33）年の古仁屋大火。三つの工場誘致は復興を担うはずだった。

三つの工場の軌跡

一九七〇（昭和四十五）年代の半ばに瀬戸内町に起こったことを理解するには、少し時代をさかのぼる必要がある。瀬戸内町は復帰から三年近くを経た一九五六（昭和三十一）年九月一日に四カ町村の合併によって成立した。合併したのは大島本島南部の古仁屋町と西方村、加計呂麻島の南東側半分と請島、与路島から成る鎮西《ちんぜい》村、そして加計呂麻島の北西側半分を占める実久《さねく》村である。国勢調査による人口は合併前の一九五五（昭和三十）年で約二万六〇〇〇人。十五年後の一九七〇（昭和四十五）年には約一万七〇〇〇人、直近の二〇一五（平成二十七）年は約九〇〇〇人である。この数字だけからも、人口流出に悩まされた地域であることが想像できる。

合併の二年後の一九五八年（昭和三十三）十二月末に古仁屋大火で中心市街地である古仁屋の大半を焼失する大災害に見舞われた。このとき町役場も焼失し、それ以前の議会会議録等の記録が消失したことが惜しまれる。しかし瀬戸内町はその後わずか五年間の間に、三つの大きな工場（パイン、ハム、製糖）を誘致した。大火に遭った町民には、これらの工場が大きな希望を与え、町の発展を約束するものと思われただろう。ところが三つの工場のどれも現在は存在しない。

一九五六（昭和三十一）年に復興事業（現在の奄振）でパイン栽培がとりあげられ、瀬戸内町のパイン畑の面積は一時一〇〇〇ヘクタールを超えた。一九六〇（昭和三十五）

年の七月には、大島パインの缶詰工場も完成した。しかしわずか二回の夏の後、六一年の十月を最後に、工場は操業を停止した。

地元で飼われている豚を加工するハム工場は、名瀬との誘致争いの末、瀬戸内町が誘致に成功したものである。一九六四（昭和三十九）年に完成した工場はしかし、材料の豚が確保できる見込みが立たず、一年間も設備を遊ばせたあげく、翌六五年に操業を開始したが、あまりに豚の集まりが悪く、一カ月もしないうちに操業を停止、設立された会社は清算され、母体の竹岸畜産（現在のプリマハム）から町が訴訟を起こされる事態となった。

三つの工場のうち、それでも長続きしたのは、大型製糖工場である。古仁屋大火後に建てられた仮設住宅の居住者の立ち退きなどの問題を何とか解決して、一九六三／六四（昭和三十八／九）年の製糖期に操業を開始した工場は、当初からキビ不足に苦しみ、一九七〇（昭和四十五）年八月の台風9号の被害で七〇／七一（昭和四十五／六）年製糖期のキビ収量が激減し、一九七一（昭和四十六）年八月に工場閉鎖を発表した。

こうしてわずか十数年のうちに、町民の期待と希望を背負い、瀬戸内町を繁栄に導くはずだった三つの工場が完成し、しかし閉鎖されていった。工場が消えた後の瀬戸内町が困難な状況にあることは否定できない事実だった。町議会が一九七三（昭和四十八）年春の石油絶対反対から、一九七七（昭和五十二）年秋の石油備蓄基地や原子力船の誘致へと態度を変えた背景にはこのような状況があった。しかし三つの工場はなぜ揃いも揃って短期間で破綻したのであろうか。当時から半世紀を経て、詳しくは分からないことも少なくないが、何とか分かったことを紹介していきたい。

その後で、自然保護と企業誘致の間で揺れた一九七〇年代の瀬戸内町の状況を見ていくことにしよう。

二、パイナップル工場の失敗

復興事業とパイナップル

パイナップルは戦前から栽培されていたが、復帰後、一九五六（昭和三十一）年に復興事業（その後の奄振事業）でとりあげられた。従来種のパインにかわってスムースカイエン種を導入し、パイン缶詰の工場を建設するという計画である。実際、復興事業による融資を受けて、一九五七（昭和三十二）年の沖永良部島を皮切りに、徳之島（二工場）と瀬戸内町にも工場が建設された。

瀬戸内町は一九五七（昭和三十二）年一月に産業五カ年計画をたて、五年目の一九六一（昭和三十六）年度のパイン栽培面積を三八〇町にするという目標をたてる。さらに一九五七（昭和三十二）年末には、一九六五（昭和四十）年に一二二二町という目標数字も発表された。これは一九五六（昭和三十一）年の米、さつまいも、さとうきび、バナナの栽培面積を合わせたものより広い。パイナップルは斜面にも植えられるから、新たな畑を開墾すればいいとしても、やや非現実的な数字であった。（なお、一町は一ヘクタールとほぼ同じ広さ。）

米（一期作）	230
さつまいも（春植）	442
さとうきび（春植・夏植・株出の合計）	317
バナナ	130
パイン	15

1956 年の瀬戸内町の主要作物とパインの栽培面積（単位は町）

苗の代金補助や、工場の自家栽培分もあって、瀬戸内町のパイン栽培面積は、一九六〇（昭和三十五）年に一一八ヘクタールに達したが、六二年から急激に減少し、六四年には二二ヘクタールに落ち込んでいる。パイン工場は、瀬久井《せくい》地区の元農事試験場試験地の国有地の払い下げを受けて、本工場が一九六〇（昭和三十五）年七月に落成している（それ以前は仮工場で操業していた）。しかしこの工場は一九六一（昭和三十六）年十月にこの年の夏実の処理を終えた後、操業することはなかった。パインは一過性のブームで終わってしまったのである。

沖縄ではパイン栽培と缶詰工場は、一九九〇（平成二）年のパイン缶詰の輸入自由化まで、沖縄本島北部と八重山地方の重要な産業として存続した。また沖永良部島や徳之島の工場は、数年後まで操業している。瀬戸内町で、パイン栽培が軌道に乗らなかったのはなぜなのだろうか。

作物としてのパイン

まず、パインという作物の特性を確認しておこう。パインは苗から育てる。一ヘクタールあたり二万本（一平米あたり二本）を植えると当時の新聞にあるが、実はもっと密植したほうが単収が大きく、収益も上がる。[252] 奄美では栽培面積を拡張するために、フィリピンなどからも苗を輸入した。

苗を植えて三年目から収穫できる。この最初の年の収穫が最大で、その後は年々収量が減るので、四年か五年で新しい苗に植え替えることになる。植え替えると、その翌年の収穫はない。五年ごとの植え替えなら、四回収穫した後、収穫のない年が入ることになる。瀬戸内町の栽培面積を調べていくと、一九五七（昭和三十二）年から一九六〇（昭和三十五）年にかけてパインが植えられたが、そのほとんどが、五年後の植え替え時期に植え替えられず、大半の栽培者がパインをやめてしまったことがわかる。

作物としてのパインの長所は、台風に強いこと、傾斜地でも栽培できるので、他の畑をつぶさずに、斜面を開墾して栽培できること、そして収穫の大半を占める夏実は奄美では八月から九月に採れるので、キビ刈りと労働時期が重ならないことであった。なお、冬実の収穫量は少ないが高く売れる。こう書くとまさに奄美にとって理想的な作物に思われる。

収量と価格

しかし奄美では収量が少なかった。当時の単収（一〇アール当たりの収量）は、統計によれば、数百キロから一トン程度であるが、同時期の沖縄ではだいたい二トン以上の収穫があった。奄美の気温は沖縄より低く、キビやパインのような熱帯性作物の単収はどうしても少なめになる。

ただし、収穫されたパインがすべて統計数字に反映されたとは限らない。この後で述べるような、直接生果で本土に出荷された分は、すべてが統計に反映されていない可能性がある。一平方メートルに二本の苗を植えて、一本の苗に一キログラムの実がつけば単収は二トンになる。いかに不作でもその半分にも満たない単収数百キロという数字は考えにくい。統計数字は注意して扱う必要がある。一方で、奄美で沖縄のような収量があったとも考えにくい。それだけの収量があれば非常に有利な作物であり、栽培が続いたはずだからである。

パインは幾らで売れたのだろうか。表に掲げたように、奄美の缶詰工場の買い上げ価格は沖縄よりかなり高かった。[253]まずはパイン栽培を奨励するという意味もあったという。しかしこの価格では、出来のいいパインは生果で本土に出荷したほうが有利であった。必

		一等	二等	三等	等外
1959	奄美	48	37	24	13.3
	沖縄	21.6	20.2	10.8	3.6
1960	奄美	40	34.7	20	10.7
	沖縄	27.4	25.6	13.7	4.7

奄美と沖縄のパイン工場買い上げ価格（1キロあたりの円での価格に換算）

然的に、工場は原料不足に悩むことになった。

パイン不足で工場閉鎖

この問題は六一年に劇的な形で表面化する。瀬戸内町のパイン栽培面積は一九六〇（昭和三十五）年に一〇〇ヘクタールを超え、翌六一（昭和三十六）年には収穫面積も五〇ヘクタールを超えて（収穫は植え付けの二年後からなので、栽培面積と収穫面積は同じではない）、収穫高も五二一トンとなった。本工場が落成して二年目を迎えた大島パイン瀬戸内工場は、三〇〇トンを目標に八月上旬から十月上旬まで操業したが、処理量はわずか一〇八トンであった。収穫の全部が工場操業期間に採れる夏実でないにしても、生産者が工場にそっぽを向いたのは明らかだった。当時を知る人は「工場にパインを持っていっても一個五円とか一〇円にしかならなかった」と言う。出来の良い大きい実以外はそんなものだったのかもしれない。

この一九六一（昭和三十六）年が瀬戸内のパイン栽培の分岐点となった。この年の三月に、町は「かぎりなき原野ひらいてパイン畑」という生産増強ポスターを作っていて、パイン畑開墾に対する補助金も予算に計上されている。しかし栽培者はすでにパインを見限りつつあった。一九六一（昭和三十六）年はその二年前に新植したパインのおかげで収穫面積こそ前年より増えたが、全体の栽培面積はわずかに減っている。栽培をやめた畑が、新植より多かったわけである。

その次の一九六二（昭和三十七）年、瀬戸内のパイン工場は操業しなかった。作柄が良かった前年でもパインが集まらず、会社は資金繰りに窮していた。加えてこの年は作柄が悪く（実際、収穫高は前年の五二一トンから三五七トンに減った）、操業しても原料がないことが予想されたためである。[254]

以上が失敗に終わった瀬戸内のパイン工場の概要である。以下、沖縄と比較を交えて、もう少し詳しく検討しよう。

規模・単収に問題：沖縄との比較

沖縄のパイン収穫量は一九五八（昭和三十三）年に九八〇〇トンだったのが、翌年に一気に二万八〇〇〇トンとなった。主な産地は沖縄本島北部と八重山（石垣島と西表島）である。それまで大きな産業の無かった石垣島ではパインは一気に重要産業となった。砂糖パイン景気で幼稚園の入園申し込みが殺到したという報道さえある。[255] 沖縄のパイン収穫高はその後も徐々に増えて一九六九（昭和四十四）年には一〇万トンの大台に乗せている。パイン一個は約一キロだから一億個ということである。

奄美ではパインが生果で出荷されて工場がパイン不足に陥ったが、沖縄ではその問題は起こらなかった。本土までの距離の違い、沖縄は復帰前であったことも理由だろうが、何よりも生産高が奄美とは桁違いの数万トンで、生果でさばける量ではなかったのである。奄美での生産高のピークは瀬戸内町では一九六一（昭和三十六）年の五二〇トン、奄美全体でも一九六二（昭和三十七）年の一八一〇トンでしかなかった。沖縄のパインは、沖縄本島でも九割以上、八重山（石垣島・西表島）では九九％が工場に搬入されて缶詰に（一部はジュースなどに）加工された。

当時の工場が稼働するために必要なパインの量を見積もってみよう。工場の規模は、パインを処理して缶に詰める流れ作業のラインの数で決まる。一ラインで処理できるパインの量であるが、瀬戸内の大島パイン工場で日産三〇〇ケースを想定している。[256] 一トンの原料パインから二〇から二五ケースの缶詰が作れるので、[257] 一ラインで一日に三〇〇ケースを生産するには、一二トンから一五トンの原料が必要になる。これはフル稼働したときの数値だから、平均してこの半分の七トンを毎日処理するとして、工場が二カ月半稼働するためには約五〇〇トンのパインが必要である。しかし一九六一（昭和三十六）年の夏に瀬戸内町の工場に搬入されたパインは一〇八トンに過ぎなかった。これでは工場は成り立たない。

なお、現在では五〇〇トンでは工場は維持できない。石垣島で最後のパイン缶詰工場は、年間八〇〇〇トンのパインが確保できないために、一九九六（平成八）年に閉鎖された。工場の最低規模は三十五年間で十五倍になったわけである。これは、パインに限らず面積が限られた離島での産業振興がいっそう困難になっていることを意味する。

こういうわけで、奄美のパイン缶詰産業が失敗したのは、まず規模の問題であった。これに関連するが、単収の違いも大きな要因であった。沖縄での収量は当初から一〇アールあたり二トンを下回ることは滅多になかったのに、瀬戸内では一トンがほぼ上限で、それを大きく下回る年もあった。ただし、直接出荷された分は統計に反映されていない可能性があり、実際の収量はもう少し高かったと思われることはすでに述べた。それでも沖縄を下回っていたことはおそらく間違いない。単収が低かった原因は、気候の他に、栽培技術、さらにイノシシの食害もあったらしい。瀬久井の工場の上の斜面に植えられたパインは（工場の自家栽培分であろう）、イノシシにすっかりやられてしまったという話を聞いた。[258] パインは斜面でも栽培できるから、山を開拓してパイン畑にすることが大いに期待されていたが、そこはイノシシの縄張りであったというわけだ。

原因は何であれ、単収が少なければ収入も少なく、生産意欲がそがれる、あるいは他の作物に変えることになる。

輸入自由化への対応

なお、奄美のパインが失敗した原因は一九六一（昭和三十六）年のパイン輸入自由化であるという記述を見ることが多い。[259] しかしそれは正確ではない。このとき自由化されたのはパインの生果だけである。たしかに一九六一（昭和三十六）年にパイン缶詰輸入自由化の動きはあったが、結局実施されなかった。

その経過を見ておこう。それまで、パイン缶詰は輸入数量が制限されていて、輸入分には二五％の関税の他に差益金が課せられて、実質的な関税率は五〇％台であった。なお、沖縄から本土へのパイン缶詰の輸入は一九五二（昭和二十七）年以降、関税が免除されていた。

一九六一（昭和三十六）年九月にパイン缶詰の自由化が閣議決定された。しかしこれには沖縄（当時は琉球政府）が猛反発した。パイナップルは重要な産物であり、琉球政府は一九五九（昭和三十四）年に「パインアップル産業振興法」を制定してパイン缶詰産業の育成に乗り出していた。日本が缶詰の輸入を自由化すれば、多少の関税率の引き上げがあったとしても、沖縄産が台湾産に太刀打ちできないことは明らかだった。

生産・流通関係者だけでなく、琉球政府全体が猛烈な自由化反対運動を展開した。八重山地方の新聞には「パイン産業失えば生活は戦前の貧乏経済へ」という見出しが踊った。[260] 八重山の農業収入の四五％がパインによるという当時の統計がある。[261]

このとき、琉球が経済的に困窮すれば困るのは施政権を握っているアメリカだから、日本政府よりもアメリカと折衝すべきだとの分析から、日本政府だけでなく、高等弁務官やライシャワー駐日大使への働きかけがなされた。二〇一五（平成二十七）年に沖縄県の翁長前知事が辺野古への基地建設反対を訴えるために訪米したのも、その直接の成果はともかく、沖縄の政治家にこのような感覚が受け継がれていることを示している。それは日中のはざまで複雑な政治状況を体験した琉球王国にさかのぼるのかもしれない。

結局パイン缶詰の自由化は見送られ、それまでの関税と差益金の合計にほぼ相当する五五％の輸入関税に加えて、輸入数量規制も継続された。こうして沖縄産のパイン缶詰は日本の輸入量の半分以上を占めつづけることができた。

参考までにその後の沖縄パインの推移を紹介しよう。一九七〇（昭和四十五）年代には冷凍パインが輸入自由化され、これを原料とする缶詰（リパック物）や円高のために、沖縄のパイン缶詰の生産は徐々に減少し、一九九〇（平成二）年のパイン缶詰の貿易自由化でとどめを刺される。しかしほぼ三十年の間、パイン缶詰は本島北部と八重山の重要な産業であり続けた。そして二〇一六（平成二十八）年度に沖縄では七七〇〇トンのパインが生産されている。収穫面積でいうと三一六ヘクタール、ここ数年は減少傾向に歯止めがかかったように見える。ピーク時の一〇万トンには及ぶべくもないが、お土産として、あるいは通信販売で売られている。[262]

パイン失敗の原因

復興事業による瀬戸内町でのパイン缶詰工場はこうして失敗に終わった。ここから何を学ぶべきであろうか。もう一度事実経過を振り返ってみよう。

失敗の原因は工場が必要とするパインが確保できなかったことである。そしてパイン不足の原因は三つに分けられる。まず単収が低く、また収穫されたパインのかなりの部分が生果のまま本土に出荷され、最後に畑全体の面積が十分でなかったことである。

単収をもう少し詳しく見てみよう。工場閉鎖後に、作付面積は激減したが、残った畑の単収は逆に増え、一九六五（昭和四十）年には一・七トンとなっている。これは栽培技術の向上と同時に、単収が高い集落だけが栽培を続けた結果なのかもしれない。瀬戸内町の地形は入り江と岬が入り組んでいる。日照や冬の季節風のあたり方は集落ごとに異なる。パインを長く作り続けた阿鉄集落は（一九九五（平成七）年九月十日付南海日日新聞）、東から西に川が流れ、集落の西側が海に面するが、そのすぐ先に別の岬が北から張り出していて、北西の季節風から守られた地形になっている。この地形が冬の寒さを嫌うパインに有利だったのではないだろうか。そうだとすると、町内全域で同じ作物を栽培して工場に持ち込むという政策自体が、瀬戸内ではうまくいかない可能性がある。複雑な海岸線は観光客の目を楽しませると同時に、集落の環境の多様性を作り出す。しかしこの美しい景色のおかげで、単純に開墾可能な畑の面積を合計して町全体の収量を計算することはできなくなる。シマは一つ一つ違っていて、単純に合計できない。

生果での出荷は、工場にとっては頭痛のタネでも禁止することはできない相談である。結局のところ、生果出荷分を差し引いても工場が十分に操業できる生産高が必要なのだ。瀬戸内の狭い耕地ではそこまでの収穫はなかった。これが沖縄との違いであった。

同じ問題は大型製糖工場でも起こった。工場操業に十分なサトウキビがないのに、一部のキビは従来の小型工場（黒糖工場）に行ってしまう。同じことは徳之島でも起こったが、耕地が広い徳之島では問題にならなかった。パインにせよ、キビにせよ、ぎりぎりの畑の面積で工場を動かそうとすること自体に無理があると言えよう。

パイン工場の存続は不可能であったにしても、本土への生果出荷である程度の栽培は維持できたはずである。ところが一九六一（昭和三十六）年に生果の輸入が自由化されて、ハワイ産のパインが入ってくるようになったので、以前ほどの値段で売れなくなったらしい。工場が操業を停止した一九六二（昭和三十七）年に、瀬戸内町が県観光物産斡旋所を通して聞いた大都市の市場での奄美パインへの評価では、売れないことはないが、一個一〇〇円程度で、農家の手取りは三〇円か四〇円になるということであった。[263] 一個のパインの重さが一キロで、一〇アール当りの単収が一トンなら、その手取りが三万円から四万円になる。当時のキビ価格はトンあたり六〇〇〇円台なので、キビの単収が六トンならパインと同じになる。キビのほうが手がかからないので、この値段と単収ではパインは魅力的ではない。価格がもっと高いか、単収が多いなら本土出荷を前提とするパイン栽培も可能であったかもしれない。この後、パイン栽培面積が激減したことから考えて、一個三〇円から四〇円の手取りは農家にとって魅力的でなかったことになる。

こう考えていくと、工場閉鎖後は、単収が高い集落でのパイン栽培を継続して、生果での出荷販売を行政が支援していく手もあっただろう。他の集落では別の特産品を探すことになる。それならパインは作物として悪くない。徳之島町の山《さん》にホテル・ニューオータニが進出していた時期に、ホテルの依頼で宿泊客に生果で売るためのパインを栽培した農家は、かなりの収益をあげた。ホテル閉鎖後も小規模ながら山《さん》や天城町で栽培を続けた農家もあった。[264]

しかし町当局は急速にパインに対する関心を失ったように見える。そして、大きな工場を誘致し、町をあげて操業に必要な原料の確保に奔走することを繰り返す。具体的にはハム工場（畜産加工場）と大型製糖工場である。そしてこの二つの工場も失敗に終わる。しかも失敗の原因はやはり原料不足であった。パイン工場の失敗から教訓を得る間もない出来事であった。それは町だけの責任ではなく、その背後には「大きなものを誘致する政策」を後押しする大島支庁や県、ひいては国の方針があった。

1963（昭和38）年ごろ、古仁屋港岸壁で見られたバナナやパインの露天売り（鹿児島県提供・瀬戸内町町政施行四十周年記念誌より）

三、ハム工場、わずか二十日で閉鎖

一九六〇（昭和三十五）年二月、竹岸畜産工業（現在のプリマハム）の創業者、竹岸政則社長が奄美大島を訪れた。竹岸畜産は串木野に畜産加工場を建設したばかりであった。原料となる豚の確保のため、奄美での養豚の状況を視察することが主な目的であったと思われる。

この一九六〇（昭和三十五）年には豚価格が高騰し、奄美群島から八〇〇〇頭以上の生豚が群島外へ出荷され、翌六一年の出荷頭数は一万一〇〇〇頭に達した（表とグラフ参照）。奄美でそれだけ豚を生産しているなら、ということで竹岸畜産は奄美への分工場設置を検討し始める。大島支庁もこの計画を後押しする。工場の誘致をめぐっては名瀬と瀬戸内が競ったが、結局瀬戸内が誘致を勝ち取った。一九六一（昭和三十六）年十二月末には前田大島支庁長が自治省との復興事業予算折衝で、竹岸畜産の畜産加工場に対する融資を獲得している。[265] 明けて一九六二（昭和三十七）年一月二十五日には串木野の竹岸畜産鹿児島工場で瀬戸内町と竹岸畜産は覚書を交わし、二月五日の臨時町議会で承認された。[266] 七月二十六日には大島支庁で正式な調印が行われた。

その内容は次のようなものであった。竹岸畜産と地元が五〇〇万円ずつ出資して大島竹岸畜産工業（株）を設立して畜産加工場を建設し（以下では簡単にハム工場と呼ぶ）、工場に必要な屠畜場は瀬戸内町が建設する。年間処理頭数は三万頭を基準とする（休日を考えれば一日一〇〇頭ということになる）。取引価格は串木野にある竹岸の鹿児島工場に出荷するより生産者に有利になるようにする。資本金は一〇〇〇万円で竹岸側が五〇〇万円、残り五〇〇万円（一万株）を郡内から公募する。一九六三（昭和三十八）

年十月からの操業を目指していた。[267]

ところが調印がなされた一九六二（昭和三十七）年半ばには、豚の飼養・出荷をめぐる事情が大きく変わっていた。豚の価格が下がっていたのである。東京での黒豚相場は一九六〇（昭和三十五）年にキロあたり四二〇円の高値をつけ、これが奄美から大量の豚が出荷される呼び水になったが、一九六二（昭和三十七）年一月には二三〇円と、半値近くに下がっている。[268]価格の変動はある程度は当然のことである。高く売れるとなれば生産者は生産頭数を増やし、増えた豚が市場に出回れば価格は下がる。奄美群島での豚の飼養頭数は、グラフにはないが一九五三（昭和二十八）年の復帰後、ずっと二万五〇〇〇頭から二万八〇〇〇頭程度であった。豚が高値をつけた一九六〇（昭和三十五）年には飼養頭数は三万頭を超え、さらに翌一九六一（昭和三十六）年には四万一〇〇〇頭と急増、その後は減少して、以前よりも少なくなっている。生産頭数は大体飼養頭数よりやや少ないくらいである。豚価格の暴落は、全国の産地で奄美と

	飼養頭数	生産頭数	群島外への出荷頭数
1958	25,906	21,248	37
1959	28,019	24,055	183
1960	36,358	34,418	8,359
1961	41,635	39,022	11,397
1962	29,903	23,624	2,477
1963	24,396	17,630	1,605
1964	23,660	23,338	0

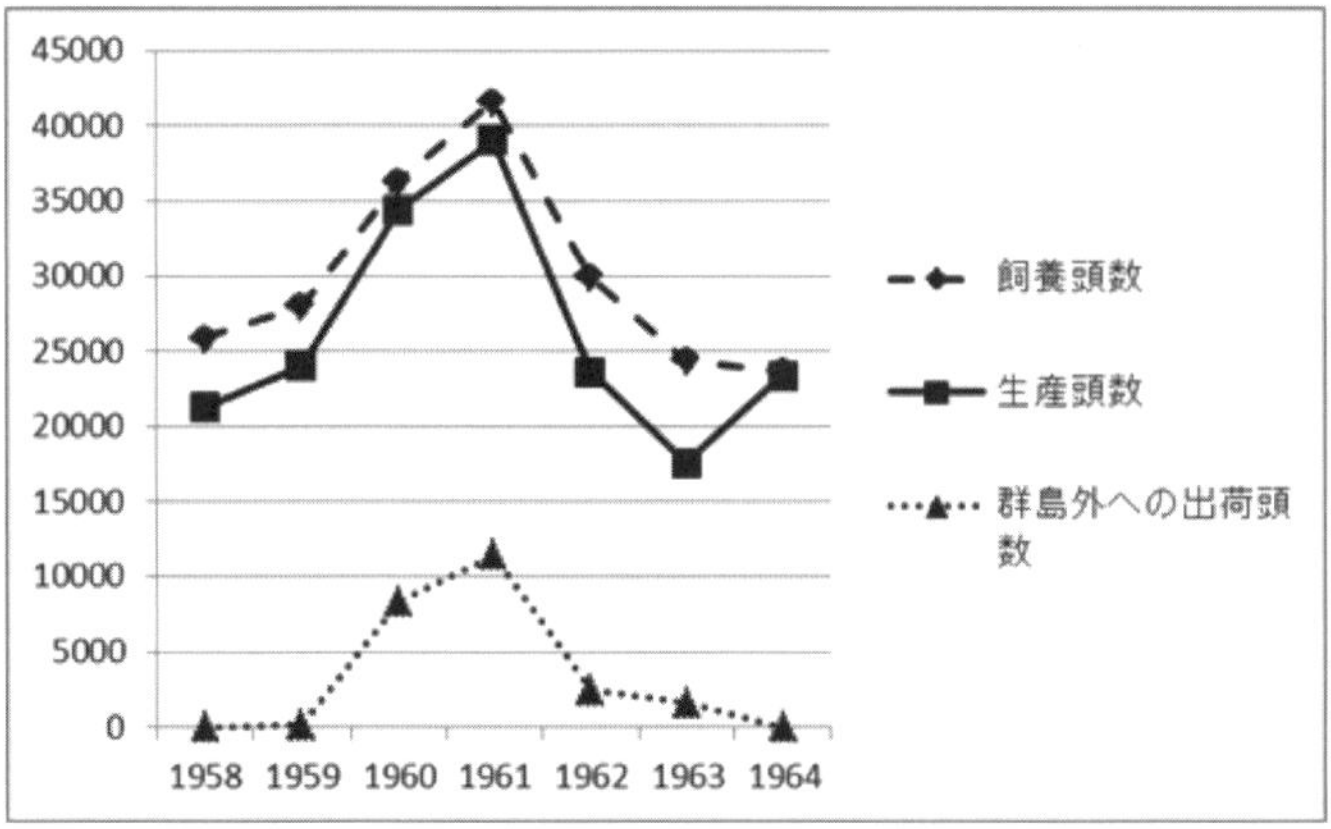

奄美群島の豚の飼養、生産、出荷頭数の推移
（一九五八（昭和三十三）年〜一九六四（昭和三十九）年）
『奄美大島の概況』各年度版による

同様に出荷が増えた結果であり、値段が下がって、こんどは飼養頭数が減少したと思われる。豚は奄美だけでしか生産できないわけでない。値段が上がれば全国どこでも出荷を考えることになる。たまたま筆者が目にした例をあげよう。北海道の帯広の東にある幕別町の町史には、この時期の豚の生産についての記述がある。

昭和三十六年、農業基本法の制度化にともない、幕別・札内《さつない》農協では小家畜、特に豚の飼育指導に力を入れた。多頭飼育者には融資を斡旋、また優良品種の貸付けをおこなった。この結果、札内農協管内だけでも、三十七年に飼養頭数は千頭を越えた。しかし、豚肉の変動ははげしく、ほとんどの飼育者は二、三年で行きづまりをきたし、以後、飼育頭数は減少した。昭和四十年の農業センサスでは町内の飼育頭数は二百四十九頭、現在二十頭以上の飼育農家は〔以下略、五集落七戸の農家があげられている〕。[269]

この文書にある「千頭」は町に二つある農協の一方（札内農協）だけの数字で、その三年後の二四九頭は全町の数字であるから、落ち込みの激しさが分かる。全国で同じような動きがあって、豚肉の大量入荷、価格の暴落が起こったのだろう。本土に何かを出荷するということは、特殊な産品でない限り、激しい価格競争に巻き込まれることを意味する。

グラフからは、群島外へ大量の豚が出荷されたのは価格が高かった一九六〇（昭和三十五）年とその翌年だけであって、基本的に群島内で豚が消費されていたことも分かる。

こういうわけで、一九六二（昭和三十七）年は工場進出にとって最悪のタイミングであった。実際、豚の数が減っているのを見て、竹岸畜産は工場建設を見合わせる。これに対して川井順英《じゅんえい》瀬戸内町長（一九〇四（明治三十八）〜一九八八（昭和六十三））は、一九六三（昭和三十八）年五月に、当時竹岸畜産の本社があって株主総会が開かれていた富山県高岡市まで出向いて竹岸の役員と交渉し、規模を当初の半分の年間一万五〇〇〇頭（一日五〇頭）に縮小して工場を建設する約束を取り付けた。[270] 川井町長の熱意と交渉力には驚く他はない。

なお、このときは溝辺朝美宇検村長（大島郡市町村長会長）、金《かね》友蔵瀬戸内町議会議長（大島郡議長会長）、さらに東京から瀬戸内町（旧西方村）久慈《くじ》大浜出身の元田弥三郎弁護士も同行していた。元田弁護士はこの後一九六八（昭和四十三）年から一九七二（昭和四十七）年まで東京奄美会の会長を務めた郷友会の重鎮で、その後一九七三（昭和四十八）年に宇検村の石油精製所計画が持ち上がったときに、東京で反対運動を組織したことはすでに述べた。この時点では瀬戸内町のいわば顧問弁護士のような役割を果していたことが分かる。このような継続的な故郷とのつながりがあったからこそ、精力的に石油反対運動をおこなったのであろう。

新たな覚書は一九六三（昭和三十八）年六月末の定例議会で承認された。この時の議論についてては後述する。工場は瀬戸内町の須手《すで》に建設され、当初の予定より一年近く遅れて、一九六四（昭和三十九）年六月三日に町営の屠畜場とともに落成した。しかし豚の高値が過ぎ去った後の奄美の養豚は低調で、原料の豚が集まる見込みが立たないため、操業できなかった。町の要請もあって一年後の一九六五（昭和四十）年六月二十一日からようやく操業を開始したが、初日に工場へ出荷された豚はわずか七頭、一日平均一〇数頭に過ぎず、この工場はわずか二十日間で操業を中止した。[271] 竹岸畜産もせっかく建設した工場をすぐにあきらめたわけではなく、飼料を安く提供するなどのテコ入れによって生産意欲をあげようと試みたが、結局操業は再開できなかった。[272] 一九六八（昭和四十三）年十月三十日に大島竹岸畜産株式会社は正式に解散した。[273]

その後プリマハムは（一九六五（昭和四十）年に竹岸畜産から社名変更）、一日五〇頭の出荷という町の約束が守られなかったとして、瀬戸内町に四九〇〇万円の損害賠償を求めてきた。結局瀬戸内町が陳謝し、財政再建団体である現状から、一五〇万円を支払うことで一九七一（昭和四十六）年に和解した。[274] この金額は大島竹岸の設立時に竹岸側が立て替えた出資金にほぼ相当する。

こうして瀬戸内町に建設されたハム工場は、原料の豚が集まらずに、わずか二十日しか操業できず、親会社から町が損害賠償を請求される結果となった。大失敗と言わざるをえない。いったいどうしてこんな失敗が起こったのか。当時の奄美ではどこでも飼っていた豚がどうして集められなかったのであろうか。

自給自足と畜産業のはざま

豚が集まらなかった原因を一言で言えば、自給自足で豚を飼うことと、工場出荷を前提とした畜産業とは別物であった、ということになろう。何もこの二つに優劣があるわけではない。奄美は島豚を自給自足してきた。島料理も豚あってこそのものである。しかし豚を沢山飼っていれば、本土出荷を前提としたハム工場が自動的に成り立つわけではなかったのだ。

竹岸畜産関係者の発言からも、この違いを読み取ることができる。一九六〇（昭和三十五）年に来島した創業社長の竹岸政則は、奄美の畜産は有望であると述べると同時に「大島の豚は脂肪分が多いので今後飼育管理を改善する必要がある」と指摘している。[275] しかしそれは当たり前である。

	飼養頭数	生産頭数	飼養戸数	一戸当たり飼養頭数	一戸当たり生産頭数
1958	25,906	21,248	19,622	1.32	1.08
1959	28,019	24,055	20,563	1.36	1.17
1960	36,358	34,418	22,123	1.64	1.56
1961	41,635	39,022	21,410	1.94	1.82
1962	29,903	23,624	17,137	1.74	1.38
1963	24,396	17,630	15,095	1.62	1.17
1964	23,660	23,338	12,217	1.94	1.91

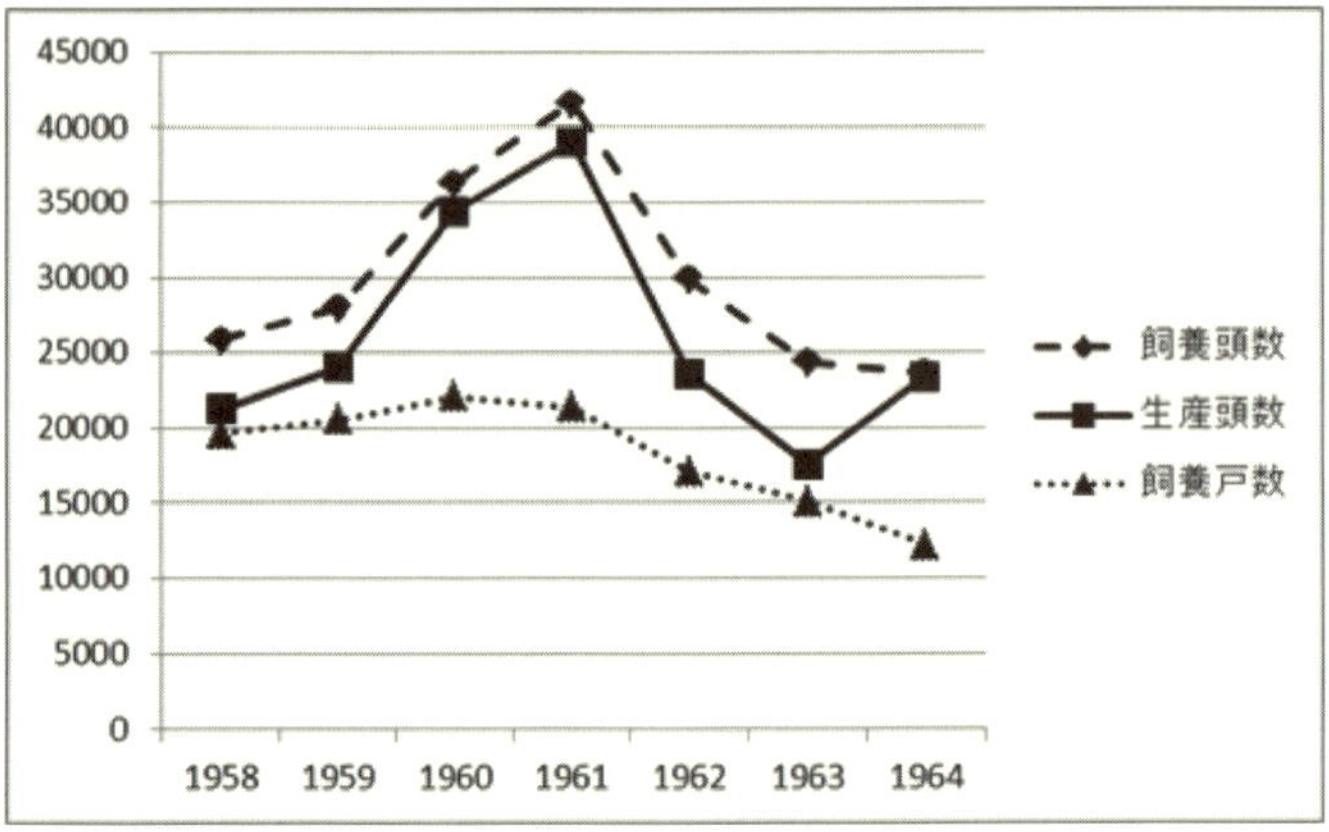

奄美群島の豚の飼養、生産頭数、飼養戸数
（一九五八（昭和三十三）年〜一九六四（昭和三十九）年）
『奄美大島の概況』各年度版による

豚は旧正月の御馳走であり、市街地を別にすれば大抵の家がそのために一頭か二頭豚を飼っていた。三万頭もの飼養頭数の大部分はそういう数字の合計である。そして島では脂身が好まれる。「脂身を食べなければ豚を食べたことにならないと言っていた」と加計呂麻島・芝の伊島秀彦（一九二六（大正十五）年生）は語る。また伊島は、奄美の豚の脂身が多すぎて、ハム工場の買い取り価格が高くならなかったことも記憶している。瀬戸内の工場操業は竹岸社長の指摘の五年後であるが、飼育方法を変えるのは簡単ではなかったわけである。

当時は豚に残飯などを与えていたが、こういう餌だと脂身が多くなる。飼料に余計な出費をせずに豚が飼えて、地元で好まれる脂身が多い豚が出来ていたのだから、自給自足がうまく機能していたわけである。しかしハム工場が必要とするのは赤身肉だから、工場出荷を前提とするなら、赤身肉を増やす必要がある。具体的には、残飯でなく配合飼料を与えねばならない。これは単に餌を変えるということにとどまらない。配合飼料を使えば毎日飼料代が出ていく。それならば経費を把握し、豚の販売価格をにらんで必要な原価を管理しなくてはならない。一言で言えばそれは「畜産業」の経営である。

生産農家に経済観念がなかったわけではない。一九六〇（昭和三十五）年の豚肉の高値で出荷頭数や飼養頭数が伸びている。しかしそれは「高値だから売った」「高値だから子豚を増やした」ということであり、出荷の価格と時期を想定して、計画的に豚を生産しているわけではない。これでは工場が安定して原料を確保することは難しい。

豚の出荷状況の調査に来島した竹岸畜産の営業課長の指摘も興味深い。「奄美の豚は予想しない時期に前ぶれもなく大量に入ってくる。したがって会社側としては処分計画が立たず困っている。せめて上、中、下旬にわけて計画的に出荷してほしい。子豚を飼い始めて五カ月後には出荷できるのでその時から計画は立てられる。[276]」

突然大量の豚が入ってくるというのは少し不思議である。一九五八（昭和三十三）年から一九六四（昭和三十九）年の飼養頭数、生産頭数と飼養戸数をグラフに示した。前回のグラフと似ているが、今回は飼養戸数を示して、一戸あたりの生産頭数がつかめるようにした。グラフから分かるように生産頭数は飼養戸数の二倍に満たない。つまり一戸が一年間に育てて出荷する豚は平均して二頭までいかなかったのだ。その豚がなぜ、しめし合わせたように集中的に出荷されるのだろうか。当時を直接知らない筆者の想像であるが、これは各生産者が自分の都合で出荷を決めた結果であろう。出荷が増えるのは、まず豚の値段が高い時である。次に、出荷に都合がいい時期もあるだろう。たとえば旧正月が近づき、正月に使う豚のめどがついて、出荷に回せる数が分かったときかもしれない。また現金が必要になる時期も一年のうちで大体決まっているから、そういう時期にも出荷は増えそうである。個人の事情といっても、多くの人の事情は似通っているから、個々の生産者がそれぞれ自分の事情で出荷時期を決めた結果、工場にとっては奄美の豚が「突然大量に入ってくる」ことになったのではないだろうか。

もう一つの「子豚を飼い始めて五カ月後には出荷できるのでその時から計画は立てられる（のにそうしていない）」という営業課長の指摘も、当時の奄美の畜産の状況を反映しているのだろう。会社は出荷計画のないことを不思議に思っているが、一軒に豚が一、二頭しかいないなら、子豚を飼い始めたときに、その豚の行き先が決まっているほうが不思議である。旧正月に自分で食べるつもりではいるが、何かの事情で近所の人に譲るかもしれないし、現金が必要になれば名瀬の肉屋に売るかもしれない。その時に鹿児島の工場の買い値がよければ鹿児島に売ることになる。豚を何十頭も飼っていれば、全部を自分の周囲で消費することはありえないから、あらかじめ出荷先と出荷時期を計画せざるをえない。逆に一頭か二頭の大事な豚をどうするか、最初に決めろと言っても無理な話である。竹岸の営業課長の指摘は、奄美の豚の大半が零細な生産者によるものであったという統計を別の面から裏付けるものだろう。

ハム工場が成り立つには、年に数万頭の出荷数が必要だし、それが特定の時季に集中せず、また価格によらず出荷数が安定していることも重要である。市場価格の低下で買い取り価格が下がっても出荷してもらわないと工場が維持できない。これは生産者にとっては厳しい条件である。しかも工場に出荷されるのは基本的に島内消費（さらに自家消費）を差し引いた残りである。こう考えてくると、一頭か二頭の豚を残飯で飼っている家がどんなに沢山あっても、工場は成り立たないことが分かる。[277]

豚の生産：町当局の計画と議会での議論

一戸当たり一頭から二頭という生産者の規模の小ささ、豚肉の価格下落で生産意欲が落ちているなど、工場の操業に逆風が吹いていたことは明らかであった。工場を誘致し、屠畜場は町が建設するという計画を議会がどう審議し、町当局は工場が必要とする豚を生産するためにどのような計画を持っていたのかを見てみよう。

前に述べたように、正式調印前の覚書は一九六二（昭和三十七）年二月の臨時町議会で審議された。驚くことに、後になってみれば明らかな、原料確保に立ちはだかる困難はほとんど意識されていない。多くの議員が質問に立って議論が交わされたが、議論の焦点は、工場用地の無償譲渡や、町が五〇〇〇万円の起債で建設する屠畜場といった条件が会社側に有利すぎるのではないかというところにあった。豚肉価格が低迷している中で、必要な豚が集まるかという問題はそれほど議論されていない。

このときの議論も決して楽観一色だったわけではない。丹念に会議録を読めば、「自給飼料に耐えない（飼料が自給できないという意味か？）大島で生産される豚の価格については、（中略）政府の価格が大島に合うか疑問である」（大江政演議員）、「（竹岸の）重役の反対したのもやはり価格の問題等が原因だったのではないか」（屋崎《おくざき》一議員）、「この価格で農民がはたして売るだろうか」（浜畑秀麿《はまばたひでまろ》議員）といった発言を拾うことが出来る。しかしそれらが最も重要な問題と意識されていたようには思われない。ともかく、覚書は共産党の浜畑秀麿（一九二〇（大正九）〜一九八七

（昭和六十二）が反対したのみで、二三対一で承認されたのである。[278]

川井町長はコストと価格の問題を明確に意識していた。覚書が承認された翌月の三月議会で「僻地にこのような事業を起こすには格差を考へねばならないから、格差は生産について不離一体とならねばならない」という川井の発言が記録されている（会期冒頭の町政報告）。録音でなく速記による記録なので、一部省略されているようだが、離島の運賃等の格差を考慮に入れて生産者と会社側の採算を考えねばならないという趣旨は明らかである。しかしそれで町内の生産者が満足できる買い上げ価格を提示できると考えていたのだろうか。

この三月議会の一般質問（三月二十七日）では、昇《のぼり》清一も懸念を表明している。瀬戸内町だけで一万頭の豚を出荷するという計画について、「芝浦の価格（東京での豚の市場価格）からして現在の生産意欲（で）は一万頭は夢物語りであると考へられます」と述べて「パインの二の舞いをさしてはならないのであります」と続けている。ちょうど前年の夏から秋にかけて、パイン工場が目標をはるかに下回る原料しか集められず、失敗が誰の目にも明らかになったところであった。昇議員の質問には、田中辰男（経済課長補佐）が答弁し、共同豚舎による飼育の普及が必要であることを強調している。また飼料飼育の採算がとれるかが問題であり、簿記の指導もしていると述べている。

こうして見ていくと、最初から困難は明らかであったのに、どうして工場誘致に突っ走ったのか疑問にさえ思えてくる。

多頭飼育とコスト管理で豚は増産できるというのが町の方針であった。実際、瀬戸内町は共同豚舎への補助を予算化し、[279]阿木名に建てられた七〇頭の豚舎を宇検村婦人会が見学して大いに感心したという記事が一九六二（昭和三十七）年の宇検村の広報にある。

この後、一九六二（昭和三十七）年七月に工場設置は正式に調印されたが、翌六三年になっても豚の生産をめぐる事態は好転しなかった。三月の定例会の一般質問（三月二十五日）で鎌田正己議員はこう質問している。「現在本町の（工場）設置について住民の感じ（では）豚の生産者の意欲が低下して住民はこのなりゆきに不安をもつている。（中略）議員同志も不安はあるがお互いは議決したことに責任を感じてこれにふれたくないのが今の状態であると考えるが、果たして工場設置は可能かどうか」。町議の側にも一種の事なかれ主義があったことが伺える。

これに対して町長の川井順英は、「将来の養豚は二、三頭の飼い方では採算はとれない。多頭飼育にもつていくべきである」と述べ、さらに家畜の堆肥によって砂糖を増産し、砂糖と家畜の両方が重要な換金産業であると答弁している。その後、砂糖（サトウキビ）は大型製糖工場の破綻で失敗したが、畜産は多頭飼育に移行している。川井町長の基本的な見通しは正しかったとも言える。一言で言えば、川井町長は徹底した近代主義者であり、近代的な施設や経営を導入することで瀬戸内町の問題を解決するのだという信念に基づいて行動していたのである。

工場建設に固執する町長

しかし、豚の価格が低迷し、会社側が工場建設をためらっていた一九六三（昭和三十八）年五月に、株主総会の場まで押しかけて工場建設の契約履行を迫り、新たに覚書まで交わしたのは余計だった。本来、産業発展の手段であったはずの工場建設そのものが目的にすり替わったような印象を受ける。そもそもこの時点で豚の出荷先に困っていたわけではない。そして、その後生活水準の向上で群島内での豚の消費量が増え、本土に豚を出荷する余地はなくなったのである。

さすがにこの新たな覚書が議会で議論されたときは、慎重論が強くなっていた。まず、この時点で豚の飼養頭数が増えていないことがあった。さらに地元からの出資が、予定の五〇〇〇万円の四分の三程度しかなかった。一株五〇〇円の株式を発行し、瀬戸内町をはじめとする群島各市町村に割り当てて出資をつのったのだが、奄美大島以外の各島では出資がきわめて低調であった。瀬戸内町では目標額に達したが、役場職員に二株（一〇〇〇円）を半ば強制的に割り当てるなど、かなり苦労したようである。六月二十九日の町議会本会議で修正した覚書と必要な土地買収の議案が審議された際も、まだ二〇〇〇株以上の未消化株があることを房弘久、浜畑秀麿が指摘している。浜畑は現状では一日五〇頭の出荷も無理であるとして、議案に反対している。

浜畑だけではない。元井顕治議員は次のような反対討論を行っている。養豚に反対はしないが、成豚を鹿児島に出荷すればよい、三〇〇〇万円もの起債をして町が屠畜場を作っても赤字にしかならず、会社（大島竹岸畜産）は永続しないと断言して議案に反対している。さらに「町長は、かつて日本復帰前に古仁屋水産株式会社なるものの発起人でしたがこの会社は（永続）しなかつた。それから町長は古仁屋海運の社長になつたがこれも永続しなかつた。又商業組合を組織し、組合長になつたがこの組合も失敗し、その後この組合から損害賠償の訴訟を起されたが日本復帰になつたためにこれは問題にならなかつたが、このように町長の過去の行政は永続しなかつた」「現在は勿論将来の町の財政は一般財源の補足のためににつちもさつちもいかない程苦しみ、あなたの次期の町長はあなたのつくつた借債を返還することに苦るしむ。このような見解をするが故にあなたの作つた政策に私は反対致します」と容赦がない。実際、一九七二（昭和四十七）年に川井の後に町長となった房弘久は財政立て直しに苦労したと、房の片腕であった富島甫は回想する。

　議案は結局一三対五で可決されている。[280] 前年二月の議決は二三対一であった。出資金（株式）の不足分の約一二五万円は竹岸畜産の本社がもともとの約束の五〇〇万円に上乗せして出資することになった。

　後になってみれば、これが引き返すチャンスであった。しかし工場誘致が自己目的であるかのように邁進する川井町長を議会が引き留めることはなかったのである。

　こうしてハム工場はあっけなく失敗した。とはいえ、畜産、とくに養豚を重視した政策がまったく失敗だったわけではない。工場自体は一九六五（昭和四十）年にごく短期間操業しただけで終わってしまったが、一九六七（昭和四十二）年の瀬戸内町の豚の生産頭数は八〇〇〇頭を超えて、豚肉が高値をつけた一九六一（昭和三十六）年の六七一九頭を上回っている。二〇〇〇戸を超えていた飼養戸数は三分の一以下に減っていたので、多頭飼育が進んだことがわかる。一九八〇（昭和五十五）年頃から豚の飼育は大きく減少し、奄美の畜産の主力は子牛に移っていくが、一九六〇年代から七〇年代にかけて、本土の大規模畜産の安い製品で島内の畜産業が壊滅するという最悪の事態を回避できたのは瀬戸内町の政策の成果と見ることもできる。なおこの間、町は一九六六（昭和四十一）年に種畜増殖センター計画を打ち出し、一九六七（昭和四十二）年七月に成立した補正予算で種豚センターを開設している。[281] 工場は失敗したが、養豚自体は伸びていったのである。[282]

　しかし町の政策は正しかったと言い切れるかというとそうでもない。他の産業振興策とのバランスは検討されねばならない。一九六七（昭和四十二）年七月の町議会では、現状で子豚は生産されているのだからわざわざ種豚センターを作る必要はないと房弘久は主張している。この時の議会で圧巻だったのは昇清一の一般質問である。町の農業・畜産政策を中心に、多岐にわたる長時間の質問を行い、川井町長がやはり長時間の答弁を行ったため、昇議員の一般質問だけで何と足掛け三日を要したのである。これは全国の地方議会でもほとんど例のないことであり、単に瀬戸内町の政争の激しさといったことでは説明できまい。町が大きな岐路に立っているという認識と、町の将来への強い思いが関係者に共有されていたからこそ、異例の議会運営がなされたのであろう。この質問と答弁を含む、一九六七（昭和四十二）年第二回定例会の記録は当時の瀬戸内町の状況を知るための貴重な資料である。

瀬戸内町役場の旧庁舎。現在の古仁屋郵便局の場所にあった。古仁屋大火で役場庁舎も焼失したため建築され、1960（昭和35）年7月竣工。1989（平成元）年に現庁舎に移転した

一人で足掛け三日の一般質問

一九六七（昭和四十二）年六月三十日から開かれた町議会第二回定例会で、昇清一議員（篠川《しのかわ》）は長時間にわたる一般質問を行った。[283] 昇の質問とそれに対する答弁だけで、七月十三日の午後から七月十五日の午前まで、足掛け三日を要した。この一般質問とそれに対する川井町長の答弁を手掛かりにして、当時の瀬戸内町の状況を見て行きたい。なお、管鈍《くだどん》出身で西方村長も経験した昇喜一も同時期に町議であったが、この年四月の県議選に立候補したので、このときは町議会議員でない。ついに県議となれなかった昇喜一については本書でまた触れる機会がある（第六章五節）。

この時、二つの工場はすでに失敗に終わり、町の命運がかかっているともいえる製糖工場も原料のキビ不足で厳しい状況にあった

昇議員の質問は二十七項目に及ぶ。少なくとも一部の町民の間に町政への不満が渦巻いていたことがうかがわれる。多岐にわたる質問の一部を紹介しよう。

まず、工場誘致などの計画の多くが失敗に終わったことに関する責任を追及する。それは「本町二大産業の糖業と畜産、これが計画と余りにもかけ離れた実績になり、この点についてどのようなお考えでありますか」という発言に要約されている。昇は同時に「パイン工場については我々の見通しが甘かった」と認めている。

次に、川井順英町長が農協長を兼務したことへの異議を

述べている。町長と農協長が同じ人物というのは信じられないことだが、笠利町でも朝山玄蔵町長が農協長を兼務している。このような権力の集中が行われていた時期もあったのである。昇清一は、瀬久井の埋め立てをめぐって漁協との交渉が難航しているから漁協長も兼任してはどうかという、皮肉たっぷりの質問もしている。これに対して川井町長は相当に感情を害したらしく、「貴方はご希望ありませんかと聞きたい位であります。そういうことは軽々しくこの本議場で何すべき問題ではない」と答弁している。議員としてこの議場にいた久保成雄《せいお》もこの質問に町長が怒ったことを記憶している（筆者による聞き取り）。瀬戸内漁協は一九五四（昭和二十九）年に六つの漁協が合併して成立したが、合併時から一九七六（昭和五十一）年まで、的場宮秀がずっと漁協長であった。的場は漁協内で「天皇」とあだ名され、大島漁連の会長も務めた大実力者であったから[284]、町長の漁協長兼務などおよそ考えられない。あえてこのような質問をした昇議員は、町長が農協を思いどおりに動かすために農協長になったのだろう、と批判したわけである。

　さらに工場の誘致にあわせて特定の生産物を集中的に奨励する町の施策への異議、具体的には、町が支援していないのに、和牛の飼育頭数が増えていることを指摘し、逆に豚については「本町のように飼料は外国のもの、竹岸がきて操業するなんていうことは、今の経済情勢が一八〇度転換しない限りは無理であります。本町農民は沢山の借金をもっている、その中で養豚業者はとりわけであります。ソロバンが合わなかったということを如実に物語っている」と述べ、豚だけでなく、牛の飼育も支援すべきではないか、と指摘する。

　農協がキビの集荷に苦しんでいる問題や、またキビの単収の目標の数字が高すぎて、実現不可能と思われることなども取り上げていて、拓南製糖が苦境に陥っていたことが分かる。キビについては次節以降で詳しくとりあげる。

　川井町長のこれまた非常に長い答弁は、過去の計画の失敗は日本全体の大きな変化によるものでやむをえない。情勢に合わせて計画は変更していかなくてはならない、という主張が基本である。次の言葉が答弁全体を要約している。

「僻地の町村が大きな波にゆられつつ、木の葉の如く動いている、その町村が大きな波に動くのは当然かと思います」

　このようなわけで、基本的に質問と答弁はすれ違いに終わるのであるが、そこで双方があげている実態や実例は非常に興味深い。

　豚はソロバンに合わないという昇議員に対して、川井町長は、農地が狭く、キビだけではどうにもならないが、子供は高校にやりたいという農家が養豚一本で利益をあげて子供を学校に入れている例を引き合いに出して、「今養豚をやって損をしている人が多いといいますがどれだけ損をしているのか、その人の経営が合理的になされて損をするのはよくわかりますけれども、いま合理的な経営をしている場合、損ではありません。はっきりいえます」と述べる。要するに、損をしている人は経営に問題があるというのである。頭脳明晰で合理的な川井町長らしい判断であるが、奄美で飼料を島外から購入して養豚をするのが不利なことは事実である。実際に多くの人が赤字を出していたなら、不利な条件をはねかえして経営に成功している人がいるから、皆が同じように出来るはずだというのは無理があるだろう。

昇議員がもっと奨励せよという牛について川井町長は、単価が高い、短期間で出荷できないということから本町農家の経営規模、経済力も考え合わせなければならないと、否定はしないが積極的でもない。最終的に奄美に定着したのは子牛の生産であり、肉牛の飼育ではなかったから、この判断は結果としては正しかったともいえるが、本音は、町は豚とキビに全力をあげているから他のことに割く余裕がないということだったのかもしれない。

豚であれ何であれ、最も有望と思われる産品に集中して生産を奨励することは合理的に見えるし、とくに工場を誘致すれば、工場の原料確保のためにその産品に集中せざるをえない。しかし状況が変わってその産品が有利でなくなったときや、工場が閉鎖になったときには、逆に大きな痛手をこうむることになる。後知恵ではあるが、当時の瀬戸内町はパインとハムの二つの工場の失敗に懲りず、大型製糖工場と豚に集中して、危ない橋を渡ろうとしていたようにも見える。

最後に、答弁の中で川井町長が単純だが重要な事実を指摘していることに触れておこう。復興事業・振興事業、いわゆる奄振の予算が自治体ごとに割り振られてくるが、それは工事費基準であり、南部大島は山が多く、道路を作るにも距離当たりの単価が二倍もかかる。工事費でなく、工事量基準で予算を割り振るべきである、というのである。確かに宇検村や瀬戸内町の道路整備には時間がかかり、それが産業の立ち遅れ、人口流出につながった。

四、大型製糖工場：建設まで

作物としてのキビ

まず、群島外の読者のために、さとうきびという作物の特徴を簡単に説明しておこう。さとうきび（甘蔗）はイネ科の植物である。背丈をはるかに越えて伸びる茎が糖分を含むので、茎の絞り汁から砂糖を得ることができる。世界での総生産量は一〇億トンを超える。国内生産量は一〇〇万トン台であり、そのほとんどは沖縄県と、奄美群島を含む鹿児島県で生産される。

作物としてのさとうきび（以下、キビと呼ぶ）の重要な特徴は二つある。まず、地上に生えている茎そのものが収穫の対象であるので、台風などの被害で生育が阻害されても、収穫がゼロになることはない。猛烈な台風の被害を受けても、半分程度の収穫が期待できる。収穫がほとんどなくなるのは、激しい干ばつで枯死するときだけである。この点で、台風常襲地帯である南西諸島では重要な作物である。

もう一つの特徴は、キビはいったん収穫すると日々糖度が下がるので、すぐに工場で砂糖に加工しなければならないということである。つまり米、麦、豆のように収穫物を保存して時間をかけて換金することは不可能であり、工場がなければ意味がなく、生産者が完全に工場に依存する作物なのである。奄美群島では一九六〇（昭和三十五）年前後に各島に大型製糖工場が出来るまでは、各集落の製糖場で含蜜糖（いわゆる黒砂糖）に加工していたから、生産者の負担は大きかったが、ある程度の独立性もあった。現在、ほとんどのキビは大型製糖工場に搬入される。工場では糖蜜を分離した分蜜糖が作られ、さらに精製して白砂糖となる。

作物としての特徴は以上のとおりであるが、現在の制度における重要な特徴がある。糖価安定法によって、収穫されたキビは一定の価格で買い上げられる。豊作貧乏の懸念がないわけで、大凶作がまずないという特徴とあわせて、生産者にとっては有利である。

栽培と収穫についてもう少し述べよう。キビは冬に向かって糖度が上がるので、十二月から四月にかけて収穫される。そのため、作付面積や収量は「一九六三／四（昭和三十八／九）年度」のように特定する。栽培形態としては、収穫直後の春植え（一年後に収穫）、夏に植えて二回目の冬に刈り取る夏植え、刈り取った後の株を残し、そこから出る芽を再び育てる株出しに分けられる。現在の奄美群島では、株出しが大半であり、春植えと夏植えがそれぞれ一割から二割程度である。株出しは単収は少ないが、労力が節減できる点で有利である。夏植えは、キビ栽培において最も労力が必要な刈り入れと、苗を植える時期がずれる点と、単収が多い点で有利であるが、二年に一度しか収穫できないことになる。春植えは株出しよりも単収が多いが、冬から春に労働が集中する問題がある。なお、最大の労力を要する収穫は、以前は手刈りであった。大人一人が一日働いて、一トンから二トンの収穫である。現在はほとんどがハーベスターで収穫される。本書で扱う一九五〇年代から七〇年代初頭は基本的に手刈りであった。

単収（一〇アールあたりの収量）は、豊作の二〇一六／七（平成二十八／九）年の鹿児島県で株出し六トン、春植え六・五トン、夏植え八トンであった。[285] 農家の手取り価格はトンあたり二万二〇〇〇円程度であり、近年の平均的な単収五トンで手取りを計算すると、一ヘクタールあたり一一〇万円ほどになる。栽培にそれほど手がかからないことを考えても、農家にとって必ずしも満足できる価格ではないが、これでも国際価格の四倍ほどである。

過去を振り返ると、キビの買い上げ価格は大型製糖工場が建設された一九六〇（昭和三十五）年頃はトン当たり五〇〇〇円台前半、少しずつ値上がりしたとはいえ、一九七〇／七一（昭和四十五／六）製糖年度で六〇〇〇円台の半ばであり、価格は物価上昇に追いついていなかった。それが第一次石油ショックによる狂乱物価を受けて一九七三／七四年に奨励金込みで一万円、その翌年に一万五〇〇〇円となった。さらに徐々に価格は引き上げられ、一九八〇（昭和五十五）年代はじめに二万円に乗せ、それ以降はほぼ横ばいである。

キビの買い上げ価格をめぐっての交渉はしばしば紛糾したが、これについては後述する。

大型製糖工場のない南部大島

現在、奄美群島の主要五島にはそれぞれ大型製糖工場がある。喜界島、沖永良部島、与論島にはそれぞれ工場が一つあり、面積が大きくキビの生産量も多い徳之島には二つの工場がある。一九六〇（昭和三十五）年頃から続々と建設された大型製糖工場の中には、徳之島の平土野《へとの》のように、その後集約されて廃止された工場もあるが、搬入先がなくなったわけではない。ところが奄美大島では、北部の奄美市笠利町に富国製糖の工場があるだけで、大島南部に工場はない。そのため、南部大島でのキビの栽培面積は微々たるものである。宇検村と瀬戸内町を合わせて三〇ヘクタールほど、収穫されたキビは奄美で一般的な大型製糖工場でなく、黒糖工場で加工される。徳之島三町が合計で約四〇〇〇ヘクタール、小さな与論島でも五〇〇ヘクタール近くの畑でキビが栽培されていることを考えれば、南部大島の三〇ヘクタールはあまりに小さい。瀬戸内町発足の頃には、瀬戸内町だけで約三〇〇ヘクタールのキビ畑があった。それが九割以上減少してしまっていて、当然ながら人口減少にも大きく影響している。三〇〇ヘクタールのキビ畑で仮に単収を五トンとすれば収量は一万五〇〇〇トン、買い上げ価格をトン当たり二万二千円とすれば三億三〇〇〇万円となる。人口が一万人を切った瀬戸内町にとって小さい数字ではない。問題は一万五〇〇〇トンでは大型製糖工場は成り立たないということにある。

瀬戸内町にもかつて大型製糖工場が作られた。しかしそれはわずか八年の操業の後に閉鎖されたのである。こうして大島南部は奄美群島で唯一、大型製糖工場を持たない地域となっている。ただでさえ産業が少なく人口が減少する中では大きな打撃である。一体どうしてこのようなことが起こったのかを見ていこう。

一九六一（昭和三十六）年元日の南海日日新聞（六面）は、「着々進む産業振興、島々にみなぎる活気」という見出しで各島への工場進出を報じている。大型製糖工場は一九五九／六〇（昭和三十四／五）年製糖期にはじめて建設され、すでに徳之島、沖永良部島、喜界島で操業しており、一九六一／六二（昭和三十六／七）年に笠利の赤木名に富国製糖が進出予定であること、そして瀬戸内町にも工場が誘致されると書かれている。同じ記事でパイン工場も生産量が数倍に増えるバラ色の展開が予想されている（実際には、前に書いたように、この年の夏のパインは大半が生果で出荷され、瀬戸内町のパイン工場は原料不足で翌一九六二（昭和三十七）年から操業を停止した）。

瀬戸内町ではハム工場も誘致したので、融資枠の割り振りによって製糖工場は与論が一年先行することになった。瀬戸内町の拓南製糖は一九六三／六四（昭和三十八／九）年製糖期に落成した。操業開始は復帰十周年記念日の一九六三（昭和三十八）年十二月二十五日であった。

工場建設と仮設住宅居住者

工場誘致にあたっての最大の問題は用地であった。古仁屋市街地から東に向かって岬を一つ回った瀬久井《せくい》が予定地とされ（ここにパイン工場も建てられていた）、計画が進められたが、そこには一九五八（昭和三十三）年暮れの古仁屋大火の被災者が住む仮設住宅があった。仮設住宅（正式には災害公営住宅）の居住期限は当初一九五九（昭和三十四）年二月から一九六〇（昭和三十五）年一月までの一年間であった。その後一九六一（昭和三十六）年三月に仮設住宅は町に払い下げられた。居住者の契約期限は切れていたので、町はこの場所に工場を建設するため、立ち退くよう住民と折衝してきたが、立ち退きは順調にはいかなかった。そのうえ正規の居住者（大火の罹災者）の他に、いつのまにか住み着いた、居住資格のない住民もいた。

議会は町に協力して「瀬久井地区を工業用地とする整理特別委員会」を設置し、田中伊久友議員が委員長となった。他の委員は大江政演、実島勲、永田末男、昇喜一、昇清一、房弘久、磨島豊である。一九六一（昭和三十六）年十一月半ばから一年近くにわたる委員会の会議録が残っている。委員会はまず、立ち退き通知を送付した。資格のない居住者（当初は不法侵入者と呼んでいた）は十二月十日までに、正規の居住者は十二月末までに立ち退くようにという内容証明郵便が、それぞれ十二月二日と十二月七日に町から送られた。なお、年内に立ち退きを表明した住民には七〇〇〇円を支給することになった。[286]

しかし問題は適当な移転先がないことであった。町は瀬久井の上の三角地帯に土地を用意した。しかしここは場所が不便でハブの心配もあるということで移転に応じる住民は少なかった。場所が不便というとわがままを言っているように聞こえるが、後で触れる個別の調査で分かるように、この時点で残っていた住民は、本人や家族が病気や高齢のことが多かった。また、この頃はまだ家の中でハブに咬まれる事故もあったから、ハブの心配ももっともなことである。

立ち退き通告は、法的には正当であっても、大きな反発を招く結果となった。十二月八日には約四〇名が立ち退き反対のデモ行進を行った。共産党の町議、浜畑秀磨は「町当局や議会では地区民の実情を知らず、机上だけの計画で解決しようとしている。町や議会が移転場所をあっせんするなら話は別だが現在のところ現実を無視して立退きをせまっているので、あくまでも闘う」と述べている。[287]十二月十日朝には約六〇人が午前九時半頃に川井町長宅に抗議に押しかけている。[288]町長は役場会議室で住民に町の立場を説明して、十一時五分頃に退席し、委員会が後を引き取って、約一〇〇名の住民から十二時二十分まで質問を受けたと委員会の記録にある（途中で数が増えたのであろう）。質問はもっぱら立ち退き問題について感情的なもので怒声も乱れ飛ぶ始末と新聞報道にある。田中伊久友委員長は「町の発展は産業を興さなければならない。この産業を興すために工業用地は瀬久井が最も適地である。このためには生活に困る人も出てくるので、これをどうするかと云ふ事を重点において調査をすすめてゆくのであります」と述べている。町の発展のために工場誘致が是非とも必要であるというのが、この時期の町当局や議員の共通認識であったことが分かる。

百条委員会で居住者を証人喚問

一方、委員会は立ち退き通知の送付依頼と同時に、仮設住宅の実情調査のために地方自治法百条一項に基づく調査権を与えるように議会に求めた。これは十二月九日の議会で長時間の議論の末に承認された。[289] 地方自治法第百条第一項とは、地方議会が、自治体の事務に関する調査で必要と認めれば、関係者の出頭や証言を要請できるという規定である。拒否や偽証には罰則もある。簡単に言えば国会の証人喚問の地方版である。この調査を行う委員会は、百条委員会と呼ばれることが多い。

近年では仲井眞弘多元沖縄県知事が、二〇一三（平成二十五）年末に辺野古の埋め立て申請を承認したことをめぐって、翌年二月に県議会の百条委員会に証人として呼ばれている。

百条委員会は自治体の業務の不正を議会が究明することが本来の目的で、証人となるのは知事や市町村長、職員、議員や業者がほとんどであり、多数の一般住民が百条委員会の証人喚問を受けた他の例を筆者は知らない。呼び出しを受けた住民にとっては相当のプレッシャーとなっただろう。

十二月二十日付の出頭請求で、三〇人の居住者が証人として呼び出され、二十四日から委員会による個別の面談が始まっている（一月にさらに証人が追加された）。

委員会は十一月十八日から年末までの一カ月半の間に、何と十六回も開かれているから、精力的に活動したことが分かる。かなりの人が説得に応じたが、二月になってもなお五四世帯が残っていた。これ以上折衝しても効果はあがらないと判断した委員会は、一九六二（昭和三十七）年二月八日に現状を議会に報告し、入居者に対して立ち退きを求める訴訟を起こすことを提案した。しかし訴訟に慎重な議員も少なくなく、さらに質疑の中で福祉課長から「生活保護及び身体障害者が五四世帯のうち四五世帯です」と報告があり、たとえ勝訴しても本当に移転を強制できるのかという疑問も出て、結局委員会の議案は継続審議となり、入居者との交渉が継続されることになる。[290]

なお、半世紀以上前の委員会の活動がかなり詳細に分かるのは、この委員会の記録が町の議会事務局に残されていることによる。全体が一人の筆跡で書かれているので、田中伊久友委員長が記録したものと思われる。本会議の会議録などと違って、保存が義務づけられているものではないので、資料室に余裕があって今日まで廃棄されずに保存されてきたことは幸運であった。なお、瀬戸内町役場は一九五八（昭和三十三）年十二月の古仁屋大火で焼失しているので、それ以前の記録は残っていない。断片的な記録を別にすれば、現存する最も古い議会会議録は一九五八（昭和三十三）年十二月末、大火直後の臨時議会のものである。

立ち退きをめぐる折衝

仮設住宅の居住者の移転を目指す特別委員会による聞き取りの内容を見ていこう。上に述べたようにこの聞き取りは地方自治法第百条による「証人喚問」として行われた。しかし個々の聞き取りを記録した委員会の記録を見る限り、強圧的な尋問ではなかったようである。

この聞き取りの結果は、ある程度予想されたことだが、移転せずに残っている人にはそれなりの事情があったということである。生活保護者も多く、また年寄りの家族がいたり、病気だったりして簡単に移転できる状況になかったのだ。「自分の力ではどうすることもできません」「今は子供を養うことで一杯でありますので移転はできませんので町でなんとか取りはからって下さい」などの発言が記録されている。町の方針に反対して立ち退かないのではなく、移転するすべがなかったのだ。改めて古仁屋大火の爪痕の深さを思い知らされる。委員の一人芝田政彦は一九六二(昭和三十七)年二月八日の議会で「証人の実情を聞いたときはほんとに涙の出るほどでした」と発言している。

委員会は、仮設住宅をそのまま持っていって移築してよい、人手がなければ町が人夫を手配する、生活保護の人には、家を借りれば家賃も生活保護費から支給できる、と説得につとめるが、主な移転先が不便でハブの出る三角地帯ということもあって、移転ははかどらなかった。

上に述べたように二月八日の議会で、委員会は入居者に対して訴訟を起こすことを提案したが、この提案は継続審議になり、委員会は話し合いの継続を要請された。もっと話し合えと言われて委員会メンバーはかなり当惑したようである。委員の一人であった房弘久は議会で、訴訟には必ずしも賛成でないと前置きしたうえで、しかし「私たちは今日まで数十回に亘り現地の人と交渉してきているからみんな感情的になっている風が感ぜられます」と述べて、委員会メンバーの交代を提案している。他にも委員をやめたいという申し出があったが委員の交代はなされなかった。[291]

継続して交渉することになった委員会では、個別の立ち退き交渉をやめ、以前から住民側が要求していた、住民の代表者との交渉を行うことになる。住民の代表者四名の中心となったのは出水忠義である。

住民側の要求は、立ち退き費の完全補償、公営住宅への入居、大火被災者以外の無断入居者にも同じ扱いをすること、の三点であった。なお無断入居者の多くは区長さんに頼んで入れてもらいましたと証言している。交渉が重ねられたが、公営住宅は建設をすすめるがすぐには準備できない、無断入居者に対して同じ扱いはできない、という委員会側との溝は埋まらず、一九六二（昭和三十七）年六月に至って住民代表の出水はそれ以上の話し合いを拒否して交渉は暗礁に乗り上げる。

工場反対の浜畑町議が土地を提供

この後、八月に二回委員会が開かれているが、実質的な議論は記録の残らない協議会でなされていて、その内容は不明である。事態が大きく動いたのは、一九六二（昭和三十七）年十月六日の委員会である。ここに出席した川井町長が次のように発言している。「昨日まで三回に亘り接渉（折衝）し、第二回目には現地調査をした。浜畑氏は大型工場の敷地と考へているようであり、出来るだけの事は協力すると云ふ事にしますと云ふ事であり（ママ）、こちらの体面と云ふ事も了解しているようであります。困つている人たちであるので、移転する実費は負担して貰はなければならないと困る、負担すれば出来るだけ早めに移転を開始し、三角地帯並に個人の畑地、パイン工場の所有地に移転してもよいと云ふ事であります。個人の土地と云ふのは主として浜畑氏の所有であります。パイン会社の畑地は町の方で交渉してほしいという云ふ事であります」

浜畑氏というのは、浜畑秀磨町議である。上で見てきたように、浜畑は立ち退き問題に関して、しばしば町の方針を批判していた。住民代表の出水忠義も浜畑の友人であり、浜畑が立ち退き拒否の運動を指揮していないまでも、支援していたことは周知の事実であった。また浜畑は立ち退き後に建設予定の大型製糖工場についても、一貫して反対の立場をとっていた。

その浜畑が、暗礁に乗り上げた仮設住宅問題の解決のために、移転先として自分の畑を提供したのである。それは大型製糖工場の建設を意味する。おそらく、反対は反対として、それでも行き場のない住民を放っておくわけにはいかないと考えたのであろう。浜畑秀磨は非常に人気のある人物であった。その人気は、このような行動や人柄に支えられていたのだろう。実際、筆者は浜畑を直接知る何人かの方からお話を伺ったが、政治上の立場は異なっても、浜畑を悪く言う人はいなかった。

移転反対運動に困っていた委員会の記録を通して見ていっても、この問題に関して共産党を批判する委員の発言もあるが、それが委員会全体の意見ではなかった[292]。移転しないのではなく、移転できない住民の窮状は、浜畑に指摘されるまでもなく、否定できない事実であった。

こうして大型製糖工場の用地問題は解決した。製糖工場誘致の議案は一九六二（昭和三十七）年十月三十日の臨時議会で提案された。浜畑は、徳之島でキビ買い取り価格をめぐって生産者と工場が対立していることを取り上げ、大型工場は農民の利益にならないとして反対した。他には房弘久が、基本的には賛成だが、現在操業している小型黒糖工場（各集落の製糖場）に対する補償が明確でないとして反対している。[293] しかしそれ以外の反対はなく、議案は承認され、それから一年後の一九六三（昭和三十八）年十二月二十五日に拓南製糖の大型製糖工場は操業を開始した。ここに漕ぎ着けるまでも苦難の道のりであったが、本当の苦難はその先にあった。

五、原料不足に苦しむ製糖工場

集まらないキビ：与論と明暗を分ける

拓南製糖の当初の処理能力は一日一五〇トンであったが、一年後の一九六四（昭和三十九）年十一月には一日二〇〇トンに増強されている。[294]

ところが肝心のキビが思うように集まらなかった。二年目の一九六四／六五（昭和三十九／四十）年度の処理量は一万七〇〇〇トンであったが、三年目の製糖期の処理量はキビの不作もあって一万四〇〇〇トンに減少する見込みと報じられている。[295] この記事には工場が存亡の危機に立たされているとある。期待を背負って操業を開始した工場が、わずか二回の製糖期の後に、なぜ「存亡の危機」に直面したのだろうか。

大型工場が出来ても最初の一、二年は従来の小型黒糖工場（多くは集落ごとの製糖場）もあり、十分なキビは集まらない。しかし拓南製糖以外の奄美の工場では、三年目くらいから大型工場に持ち込まれるキビが増え、さらにキビの作付面積そのものが急増してフル操業、工場の拡張という経過をたどっていた。

拓南製糖に一年先行した与論島の例を見よう。与論島では大島運輸グループの南島開発により、一九六二／六三（昭和三十七／八）年から大型製糖工場が操業を開始した。[296] 復帰前の与論島のキビ栽培面積は一〇〇町歩に達しなかったが、復帰直後に急増し、一九五五／五六（昭和三十／三十一）年度に二八二町歩に達した（一町歩は一ヘクタールとほぼ同じ）。その後急減して、一九五八／五九（昭和三十三／四）年度から一九六一／二（昭和三十六／七）年度までは一〇〇ヘクタール少々で横ばいの状況であった（『奄美大島の概況』各年度版による）。単収六トンとして収量は一万トン弱となる。当時でも一日の原料処理量が三〇〇トンの工場が年間一〇〇日操業できる三万トンが最低の原料必要量であった。久留与論村長は、キビを

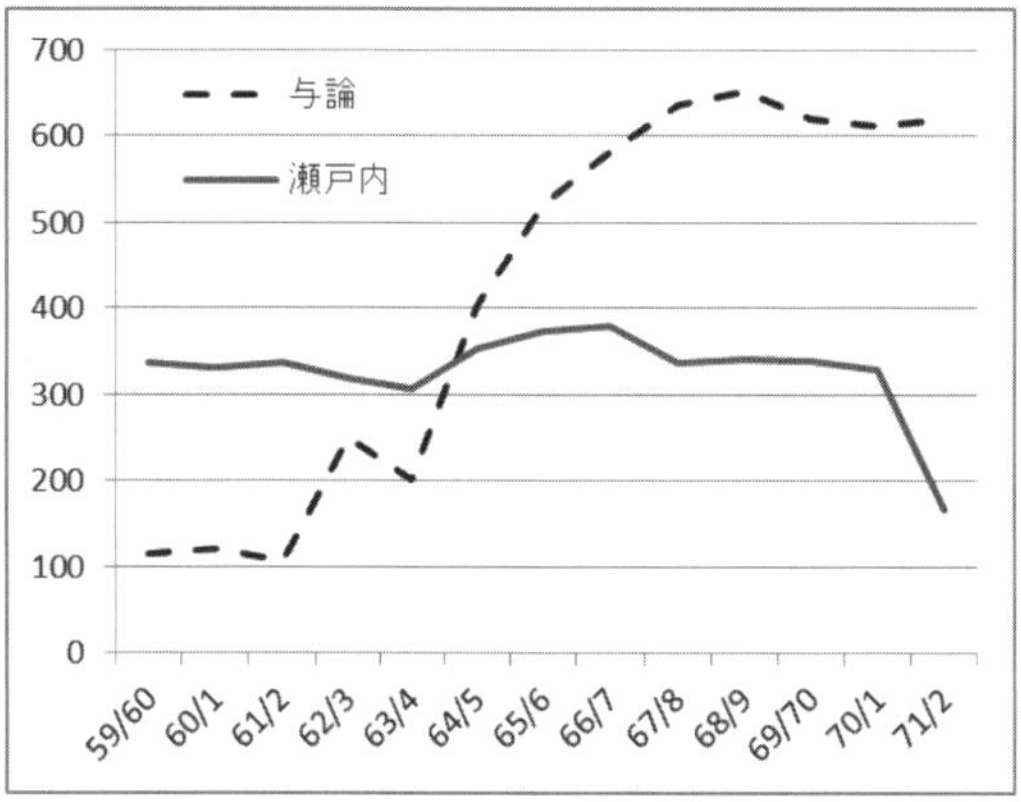

製糖年度	与論	瀬戸内
59/60	115	337
60/1	120	330
61/2	107	337
62/3	250	318
63/4	202	306
64/5	404	353
65/6	521	373
66/7	581	379
67/8	635	337
68/9	652	341
69/70	620	339
70/1	612	328
71/2	620	167

瀬戸内町と与論町のキビ収穫面積（単位ヘクタール）
1959/60 年度～ 1971/72 年度製糖期
（『奄美大島の概況』『奄美群島の概況』各年度版による）

増反して一九六七／六八（昭和四十二／三）年度には面積を三倍増の四八〇ヘクタール、単収を一三・五トンにして六万五〇〇〇トンのキビを生産するという見通しを語った。[297] 工場を誘致する以上、話を盛ってでも楽観的な見通しを語らねばならないのだろう。

実際には単収は大きく増えなかったが、栽培面積は村長の見通しを超えて増加した。グラフに見るように、与論島のキビ収穫面積は、操業初年の一九六二／六三（昭和三十七／八）年に前年度の一〇七ヘクタールから一気に二倍以上の二五〇ヘクタールとなり、操業四年目の六五／六六（昭和四十／四十一）年度には五二一ヘクタールに達した。[298]（これに夏植え一年目の畑の面積を加えたものが作付面積となる）。単収も七トンを超えて三万七一四二トンの生産を記録した。一日処理量一五〇トンの工場では能力不足で、工場が増強されることになった。[299]

その後与論島のキビ畑は六〇〇ヘクタールを超えて、島の全面積が二〇〇〇ヘクタール少々の与論島の三割を占め、キビ収穫量は四万トン前後を維持し、工場の処理能力は四〇〇トンとなった。[300]

与論島で増えたキビ畑はもともと何の土地だったのだろうか。島の土地は限られている。キビ畑が増えたということは、新たに開墾したのでない限り、他の作物の農地が転用されたということである。以前の与論島の主要作物は米、さつまいも、キビ、豆（主に大豆）の四種類で、それぞれの栽培面積は、およそ二〇〇、二〇〇強、一〇〇、一〇〇ヘクタールずつで合計約六〇〇ヘクタール強だった（米の二期目とさつまいもの秋植えは同じ畑を二回利用するものとして、この面積に含めていない）。そのほとんどが五年足らずでキビ畑に変わったのである。与論島は一九七〇（昭和四十五）年頃から観光ブームに沸き、訪れた多くの旅行者が一面のキビ畑に感動したわけだが、それは数年前まで存在しなかった風景だったのだ。薩摩藩支配下でも沖永良部・与論の南二島でのサトウキビ栽培が始まったのは十九世紀に入ってからだった。大型製糖工場は、その与論島の農業を十年足らずでモノカルチャーとまでは言えないにしても、キビ中心に変えたのである。

　奄美群島の他の地域でもさとうきびはブームとなり、五倍以上になった与論ほどではないが、キビの作付面積・収穫量は二倍から三倍になった。与論のように工場の処理能力を超える事態は喜界島でも一九六四／六五（昭和三十九／四十）年度に起こっている[301]。

　一方、大型工場進出前の瀬戸内町でのキビ栽培面積は三〇〇ヘクタールほどであった。与論島の三倍であり、この点でははるかに有利な条件にあった。

それでは、瀬戸内では拓南製糖の工場操業でキビの作付面積はどのように変わったのであろうか。グラフからすぐに分かるとおり、大型工場進出以前とほとんど変わらなかったのである。

　少し詳しい数字をあげよう。拓南製糖の集荷地域は瀬戸内町・住用村・宇検村であったが、住用村と宇検村のキビ生産高はそれぞれ瀬戸内町の一割ほど、両方で二割程度であったので、瀬戸内町の動向に絞って見ていく。グラフで分かるとおり、瀬戸内町のキビ栽培面積は、一九五九／六〇（昭和三十四／五）年度から一九七〇／七一（昭和四十五／六）年度までの間、ずっと三〇〇ヘクタール強で、ほとんど変化しておらず、大型工場の進出（一九六三（昭和三十八）年十二月）でキビ栽培面積は増えなかった。これは群島の他地域ではなかったことである。この間、米とさつまいもは、与論ほど急激ではないが大きく減っている。キビは増えていないので、瀬戸内では耕地の総面積が減って農業が衰退したことになる。そして大型工場の操業中止で一九七一／七二（昭和四十六／七）年度にキビ栽培面積は激減する。

　ここで大型工場を維持するにはどれだけの原料が必要かを確認しておこう。

　一つの目安は工場の操業日数である。拓南製糖は一日二〇〇トンを処理できたから、操業日数を最低一〇〇日とすれば、それに必要なキビは二万トンである。すぐ後で見るように拓南製糖のキビ処理量はおおむね二万トン台であったから、この水準は超えている。しかしこれでは足りなかった。もっとキビを集めて工場を拡張せねばならなかった。その理由はこの時期のキビと砂糖の価格決定のメカニズムにあった。これは生産者の最大の関心事でもあるから、大型製糖工場が奄美群島に進出した時期からの事情を少し詳しく説明しよう。

大型製糖工場とキビ買い上げ価格

大型製糖工場が進出すると、それまで含蜜糖（黒砂糖）を作っていた小型製糖工場のほとんどは廃業するので、その地域のキビのほぼ全量を大型工場が買い上げることになる。すると当然、買い上げ価格の交渉が必要になる。[302] 奄美群島の大型製糖工場は一九五九／六〇（昭和三十四／五）年製糖期に操業を開始した徳之島の三工場が最初である。生産者と会社の価格交渉は大いに難航し、翌年からは「鹿児島県甘蔗糖業協議会大島支部」において、会社側と地元首長・議長・農協長・役場担当者が十一月から十二月にかけて交渉することになった。[303] しかし交渉が容易にまとまらないことは同じで、暫定価格で取り引きを開始することもあった。

一九六四（昭和三十九）年の甘味資源特別措置法、その翌年に糖価安定法が成立して、農林水産省が糖価に関与するようになってからも、価格交渉は容易でなかった。その事情を、交渉が翌年四月までもつれこんで最終的に大島支庁長が自らの責任で価格を決定した一九六五／六（昭和四十／四十一）年製糖期について見ていこう。

この年の状況については一九六六（昭和四十一）年二月二十三日付南海日日新聞の解説記事「キビ価格なぜもめる」が詳しい。農林省は生産コストに基づく最低生産者価格と、糖価安定事業団による粗糖買い上げ価格を十一月に公示する。粗糖の買い上げ価格は、製糖会社が最低生産者価格で買い上げて利益が出るように計算されている。しかし工場の規模によって製糖コストは異なる。この年は一製糖期に五万八〇〇〇トンのキビを処理する工場が前提となっている。これは一日あたり処理量で五〇〇トンを想定している。[304] これより小さな工場はコストが高く赤字になる。

糖価安定法の大きな枠組みは、輸入糖に課された課徴金を国産糖への補助金とすることで、国内の砂糖産業（サトウキビ・ビート農家、製糖会社）を保護するものである。しかしこのように、工場の大型化を促して国産糖のコストを下げる施策もとられた。しかしこの施策は、工場を大型化したくても、それだけのキビを生産する畑が確保できない瀬戸内町のような地域を見捨てることを意味していた。

さらに、事業団の粗糖の買い上げは形式にすぎず、買い上げた砂糖はすぐに買い上げ価格より安い価格で会社側に売り戻される。この年の差額はキロあたり一〇円五〇銭であった。これは瞬間タッチ方式と呼ばれ、つまるところ、買い上げ価格と売り戻し価格の差額だけの補助金を製糖会社に支払い、製糖会社は製品の砂糖を自力で販売せねばならない。したがって砂糖の市況が低迷すると製糖会社はできるだけキビの買い入れ価格を下げようとする。

この年は砂糖市況が低迷していたので、この補助金の金額では販売段階でも赤字が出ることが見込まれた[305]。そのため会社側はできるだけ最低生産者価格に近い価格での買い入れを主張した。

この年の最低生産者価格は前年の一九六四／五（昭和三十九／四十）年のトンあたり五七五〇円から一〇〇円引き上げられて五八五〇円であった。前年の工場買い入れ価格は奄美大島・喜界島で五八〇〇円、他の島（南三島）で六一〇〇円で、最低生産者価格をそれぞれ五〇円、三五〇円上回っていた。

生産者側は、前年の買い入れ価格に最低生産者価格の引き上げ分を上積みするのは当然とし、さらに一〇〇円を加えた六三〇〇円（ただし、奄美大島・喜界島はある程度安くてよい）を要求した。会社側の当初提示価格は奄美大島と喜界島は最低価格の五八五〇円、南三島で五九五〇円であった。最終的に大島支庁長の裁定で価格は五九〇〇円と六一一〇円となり、それぞれ前年より一〇〇円、一〇円のアップとなった[306]。

一製糖期の処理量基準が五万八〇〇〇トンとなったことで、四万トンの南島開発（現在は与論島製糖）、五万トンの富国製糖（笠利）の先行きも危惧された。しかし両社とも現在も存続している。これに対して三万トンに一度も届かなかった瀬戸内の拓南製糖は、一九七〇（昭和四十五）年八月の台風9号の被害でキビ収量が激減し、翌年閉鎖を決めることになる。

無理があった集荷計画

それではなぜ瀬戸内ではキビ畑が増えなかったのだろうか。その最大の理由は集荷地域が広く、しかも道路が未整備で、集荷が困難だったからである。しかも大島海峡を隔てた加計呂麻島からもキビを集めなくてはならなかった。加計呂麻島では、つい最近まで、コンクリートを詰めたドラム缶を支柱にした桟橋があちこちの集落に見られた。瀬戸内町が二〇一一年に刊行した観光案内書『まんでぃ』にも紹介されたこれらの桟橋は、拓南製糖にキビを出荷するために作られたものだという。復興事業の五割補助を受けて二〇トンの運搬船をつくり、一回に一五トンのキビを積んだという。[307]二〇一六（平成二十八）年に進水した「フェリーかけろま」は一九七トン、請島・与路島に行く「せとなみ」が八五トンだから、いかに小さい船だったかが想像できる。道路整備が遅れていたので、大島本島側でも、古仁屋から離れた旧西方村のキビは船で運ばれた。

　船による運搬の最大の問題は、収穫期の冬に海が荒れて予定通りキビを取りに来てくれないことだった。刈ってしまったキビを置いておけば糖度が下がる。[308]さらに刈ったキビの上に雨でも降れば糖度は一気に下がる。運搬船の予定に合わせてキビ刈りをしたのに、シケで船が来てくれないという恨み節を筆者自身も加計呂麻島で聞いた。同じ砂糖の原料でも、北海道のビートは一カ月くらい置いておいても構わないので、収穫後は畑に何日も野積みして集荷を待っている。うらやましい話である。

　通常の集荷でさえ、今では考えられないほどの苦労があった。加計呂麻島の嘉入は大島海峡の反対側、与路島を望む側にある。喜入の前田龍也（一九五〇（昭和二十五）年生）は一九一八（大正七）年生の父が船を持っていて、キビの運搬を請け負っていたことを記憶している。しかし嘉入に桟橋はなく、船を砂浜に乗り上げ、キビをかついだ人が海に入って、胸まで海に浸かって船にキビを積み込んだという。いかに亜熱帯とはいえ、キビの収穫期は冬である。作業の苦労は並大抵ではない。[309]

　宇検村湯湾の元田信有（二〇一一（平成二十三）〜二〇一九（平成三十一）年に村長）は、キビ集荷のトラックが、河内川上流の橋が未整備のため、土手に沿って湯湾集落の対岸に降りてきて、キビをかついで川を徒渉してトラックに積み込んだこと、川の水が冷たかったことを記憶している。拓南製糖が集めていたキビには、このような途方もない労力が伴っていたのである。

　他にも農家にとっては問題があった。拓南閉鎖の十年後に南海日日新聞記者大司《たいし》誠が、諸鈍の黒糖工場の上田製糖で聞いた話を記事にまとめている。[310]これは「南部浮揚への胎動：加計呂麻の振興策を探る」という連載記事の一部であり、当時の加計呂麻島の状況の貴重な記録である。[311]その記事によれば、大型工場に出荷するキビは五、六トンまとめなくてはならないことがもめ事の種だった。当時は小さな畑でキビを手刈りしていたから、一軒で一度に五トンも出せるわけはない。そこで三、四軒の農家のキビを一緒に出荷することになる。そうやって集めたキビの品質は同じでないから、代金を受け取る時になって誰が損した得

製糖年度	拓南製糖	中小型工場	合計
63/64	8,600	(13,158)	22,118
64/65	17,158	(9,110)	26,268
65/66	14,323	(9,366)	23,689
66/67	20,875	4,790	25,665
67/68	20,755	3,627	24,382
68/69	21,822	3,115	24,997
69/70	22,548	3,317	25,865
70/71	9,649	916	10,565

瀬戸内・宇検・住用産のキビ処理量合計と、その内訳（単位トン）

したと論議になったそうである。

このとき諸鈍では上田製糖だけが操業していた。諸鈍に三つあった一五トンクラスの工場は、拓南製糖への出荷のため操業をやめたが、このとき逆に個人で製糖を始めたのが諸鈍で一番のキビ作農家であった上田崟であった。上で述べたような事情で、拓南にキビを出していた農家が、上田製糖にキビを出すようになった。

拓南製糖がキビ不足に悩んでいたので、農協、町役場の農林課、ついには川井順英町長自身までが上田製糖に足を運んで、キビを買うのをやめてくれ（つまり工場の操業をやめてくれ）と頼んだが、上田は首を縦に振らなかったという。「おやじは初めから言っていたんですよ。拓南は建ちはしたがはたして何年間もつかとね」。息子の上田伊津夫が語った言葉である。

拓南製糖の破綻の原因として、黒糖工場へのキビの流出が語られることが多い。町の施策に農家の協力が得られなかったというわけである。しかし、表で見るように[312]、拓南製糖の操業期間に、小型工場で処理されたキビの量は一九六七／六八（昭和四十二／三）年度製糖期以降は三〇〇〇トン台で、全体の一五％かそれ以下であった。このキビがすべて拓南製糖で処理されていたとしても、破綻は免れなかったと思われる。逆に言えば、キビの全体量が十分にあれば、一部のキビが小型工場で黒糖に加工されたとしても何の問題もない。船での出荷という困難と不利を考えれば、瀬戸内の（特に加計呂麻の）キビ農家はよく町の政策に協力し、我慢して拓南にキビを出したと言うべきだろう。まとめると、仮に小型工場で処理されたキビがすべて拓南に出荷されていたとしても、赤字続きの経営の大勢に影響を与えるほどではなく、破綻は免れなかったということである。

本当の問題は「小型工場へのキビの流出」ではなく、前に見たように、瀬戸内のキビ生産の全体量が増えなかったことである。与論では一〇〇ヘクタールだったキビ畑は数年で六〇〇ヘクタールを超えた。一年遅れて大型工場を操業した瀬戸内町ではキビ畑がずっと三〇〇ヘクタール台で変化がなく、南部一町二村のキビ収穫量全体が二万五〇〇〇トン前後で増加していかなかった。その違いは町に協力的かどうかという問題でなく、大型製糖工場への出荷で得られる代金が、栽培から出荷全体の労力に見合うか、端的に言えば、農家がキビで儲かるか、というところにあったのだろう。

与論は山がなく、しかもフルマラソンのコースが島をほとんど二周するほど小さい島である。輸送には何の問題もなく、キビは確実に儲かった（キビ運搬のトラック運転手の給料が安いため、ストが起こり、それが与論史上唯一の労働争議だったという話もあるが、それは別の問題である）。実際、与論のキビ農家で億を超える資産を作った家が何軒かあったそうである。それはキビの他に工事や出稼ぎ、さらに昔は高かった預金の利息などを含めてのことであろうが、やはりキビが儲かる作物であったことを物語っている。

実際、奄美の他島でも沖縄でも一九六〇年代は「さとうきびブーム」だった。瀬戸内だけにはブームが来なかった。輸送が困難で、大型工場にキビを出荷しても儲からなかったためであろう。一部のキビが小型工場に流れたことと、キビの栽培面積が全体で増えなかったことは、この「儲からない」ことの結果でしかない。拓南製糖破綻の本当の原因は、加計呂麻をはじめ、集荷が困難な地域のキビまであてにした計画に無理があったことである。

なお、当時の農協と町が最大限の努力をしていたことは強調しなくてはならない。ドラム缶の簡易桟橋がキビ出荷のためだったことを筆者が教わったのは元町議の赤井忠憲（一九二一（大正十）～二〇一三（平成二十五））からであっ

台風被害を受けた拓南製糖（瀬戸内町政施行四十周年記念誌より）

た。赤井はいかに町が努力したかを熱心に語ってくれた。キビ畑への転作補助金も出した。町議だった久保成雄は、同僚の鎌田正己と補助金を受けた畑を見に行ったところキビが小さく、鎌田が思わず「一寸法師じゃないか」と言ってしまい、畑の持ち主が怒ったことを覚えている。補助金をもらうことが狙いで、あとは収量が落ちてもほったらかし、という生産者もいたのである。肥培管理がうまくいってないと言うべきだったと久保は回想する。瀬戸内町と農協が拓南製糖を軌道に乗せるため、キビ増産とキビ集めに最大限の努力をしたことは間違いない。宇検村、住用村も協力した。しかし、最大限の努力でも不足なときもある。残念だが、船でキビを運ぶのはやはり無理な話だった。

六、ついに工場閉鎖

台風9号の被害

一九七〇（昭和四十五）年八月十三日、台風9号が奄美群島を襲った。このとき名瀬で観測した最大瞬間風速七八・九メートルは、全国歴代五位、奄美群島では最強の風速の記録である（一九七七（昭和五十二）年の沖永良部台風で風速計が壊れていなければこれを上回ったのかもしれない）。今ほど丈夫でなかった奄美の家屋はひとたまりもなかった。住宅の全半壊は二〇〇〇棟を超えた。特に被害がひどかったのは住用村の見里《みざと》で、六七戸中三九戸が全壊した。「家が壊れた人は次々とまだ丈夫そうな家にうつり、そこがつぶれそうになるとまた次に移る。トタンの舞いとぶ中を必死に逃げまどったという」と南海日日新聞は伝える。瀬戸内町の被害も甚大だった。建物の全半壊三三九棟。古仁屋の商店街は高潮で流木だらけになり、久慈沖では避難していた定期船の高千穂丸が座礁した。加計呂麻島の武名《たけな》では二三戸のうち一八戸が全半壊という被害であった。[313]

これほどの台風がキビに影響しないわけはない。一九七〇／七一（昭和四十五／六）年度に拓南製糖が処理したキビはわずか九六四九トン。前年は二万二五四八トンだったから半分以下への落ち込みである。拓南製糖にとって不幸だったのは、台風9号の被害が大島南部に集中したことである。与論島では前年よりキビの収量が増えていた。喜界島は前年の九割、沖永良部島で八割台、大島北部（富国製糖）と徳之島でも七割を超えていた。瀬戸内（そして宇検・住用）の被害が突出していたのである。

さらに、台風の後の復旧が進まなかった。年が変わって一九七一（昭和四十六）年になっても、武名では全壊した家の後片付けもされていないと報じられている。[314]人手がないのである。一九六〇（昭和三十五）年と一九七〇（昭和四十五）年の国勢調査を比べると、加計呂麻・請・与路ではたった十年で人口が半減している。武名の被害を大きくしたのは、男手がなく、台風が来る前に家を補強できなかったためでもあった。

さらに台風の後、半年のうちに武名からは四世帯が阪神方面に移った。これは武名だけのことではなかっただろう。

台風９号で過半数の家屋が全壊した武名集落

台風で家がやられれば修理や建て替えでお金がかかる。一方、その年の農業収入は激減しているから、出稼ぎや移住を決断せざるを得ない場合も少なくない。そうなればキビ畑は放置するしかない。このような事情で、台風被害の翌年もキビ生産量は回復しなかった。

工場閉鎖を発表

このことが一九七一（昭和四十六）年五月から六月の調査で明らかになった。拓南製糖の集荷地域である瀬戸内・宇検・住用のキビ栽培面積三六〇ヘクタールのうち、一〇〇ヘクタールは栽培管理がなされておらず、収穫が期待できないことが判明したのだ。生産予想量は一万四〇〇〇トンと計算された。二年続けて収穫が激減することが判明し、赤字続きだった拓南製糖はついに正式に操業休止を関係町村に申し入れた。[315]

その年の冬に収穫期を迎えるキビについては、工場の設備を無償貸与するので自主操業してはどうか、というのが会社側の条件であった。具体的には借入金の金利、減価償却費など四〇〇〇万円を会社が負担するので工場を無料で使って製糖をしてください、という提案であった。従業員三二人は全員地元の人で、東京から来たのは私だけだから操業できないはずはない、と田村孝義所長は説明している。

ところが農協はこの提案を断ってしまう。設備を無料で提供するというのは、会社側からすれば破格の提案であり、この条件を提示するために拓南製糖は相当努力して、親会社の東洋精糖や関係商社を説得したという。農林省や県の了承も得てあった。ところがこの自主操業案を農協があっさり断ったので、田村所長はがっかりしたという。[316]

自主操業を辞退した理由を実島勲農協長は、原料集荷だけで手一杯で経営の自信がない、来年以降の従業員の身分が不安定、機械故障時の対応ができない、と説明している。[317] 経営の問題というのは、自主操業となれば運転資金（新聞によれば四五〇〇万円）が必要なことであろう。県も自主操業に賛成している以上、借り入れはできるだろうが、操業がうまくいかなければ借金を背負うことになる。

八月三十一日に開かれた対策協議会の二〇〇名の出席者の大半は五十代以上の年配の農家であり、傍聴した記者は行政指導の誤りに対する追及を予想していた。たしかに「黒糖でも十分やれたのに、黒糖をつぶしてまで大型工場にした責任はどうなるのか」「われわれはきびをつくって三百六十年間生活してきた。今期で糖業が終わりになるかと思うと、万感胸に迫るものがある」という声もあったが、協議会の結論は、今年のキビについて「補償をしてもらう」ということであった。記者は、「仕方がない」というあきらめのよさに驚いたと記している。[318]

補償の決定は迅速だった。町も努力したのであろう。早くも九月末には収穫見込み量に応じて、買い上げ価格に見合う補償金（一〇アールあたり平均三万円、当時のキビ価格で四トン分を超える）が内定した。十二月二十七日には補償金の支払いが始まっている。[319] 黒糖に加工する分には補償金が支払われないことになっていたが、実際には瀬戸内町だけで九〇〇〇トンのキビが黒糖に加工されている。急遽復活した黒糖工場がこの年はフル回転したわけである。ありていに言ってしまえば補償金との二重取りであるが、前年の台風の被害を考えれば、生産者に儲かったという実感はなかったであろう。

翌年からのキビ作付けは激減した。多少は黒糖工場が復活したが、台風の四年後の一九七四／七五年製糖期の瀬戸内町のキビ畑は四六ヘクタール、収量は二五〇〇トンである。キビ畑はずっと三〇〇ヘクタール台を維持していたのだから、九割近い減少である。

他の作物への転作が進んだわけでもない。この四年前、台風が来た一九七〇／七一年と比較すると、野菜が六〇ヘクタールから八〇ヘクタールに増えているが、水田（一期）が一四五ヘクタールから一一ヘクタールに減っている。そして三〇〇ヘクタール以上あったキビが九割近く減ったのだから、瀬戸内の農業全体が一気に衰退したことが分かる。キビが作れなくなったから大都市への出稼ぎ、あるいは移住を選んだ人が少なくなかったことが伺える。

三つの工場の失敗を見てきたが、パインは以前の栽培面積はわずかであった。ハム工場は短期間で消えてしまったが、養豚そのものが衰退したわけではなかった。ところが八年間操業した拓南製糖の破綻は、それまであったキビ栽培を道連れにした。その打撃は他の二つの工場の比ではなかった。

工場誘致の熱意どこへ

川井町長は事態をどう見ていたのだろうか。操業中止を報道した紙面には町長の談話が載っている。「日本産業経済の大きな時代の流れの一現象で、沖縄復帰を前に先べんをつけたかっこうではないのか。今後の農業のあり方については家族構成、立地条件などを考えてなにをやるか自由選択させたい」[320]。町の危機ともいえる事態に対するコメントとしては、どこか他人事のようでもある。しかもこれはとっさの発言ではない。同じ紙面には拓南製糖が操業中止を公表する前に県に相談していたとある。町長にも話がなかったはずはない。操業中止を知って、熟慮の上での発言なのである。工場誘致の際の熱意はどこに行ったのだろうか。

ところでなぜ拓南製糖の閉鎖が「沖縄復帰を前に先べんをつけた」ことになると川井町長は考えたのだろうか。拓南製糖の経営が苦しかった原因の一つは、当時の政府の糖価政策が年間五万八〇〇〇トンのキビを処理する大規模な工場を前提にしていたことにあった。キビの量がその半分もない拓南製糖が黒字になるのはほとんど不可能だった。しかし沖縄では伊江島や伊良部島などに拓南とあまり変わらない規模の分蜜糖工場があり、島によってはさらに小さな中型黒糖工場があった。川井町長の発言は、いずれ沖縄の小さめの工場もやっていけずに潰れるだろう、だから拓南も仕方がない、という趣旨と思われる。しかし逆に、沖縄が復帰すれば、沖縄の小さな工場が存続できるように糖価政策が見直され、そうなれば拓南にも活路が開けるだろうから、沖縄復帰までがんばれば拓南も何とかなる、というのが当時の普通の見方だった。実際、沖縄の黒糖は琉球政府時代から補助金を得て復帰後も存続している。川井町長の発言には説得力が感じられない。

この発言の数日後に生産者が集まった対策委員会で川井町長は「拓南製糖の操業中止は、立地条件の悪さもさることながら、日本の経済産業の急速な発展の一過程である」と強調したという[321]。しかし拓南製糖の操業開始はこの発言のわずか八年前である。立地条件が悪いことも最初から分かりきっていた。十年先を予測できなかったことの責任は感じていなかったのだろうか。[322]

七、工場を守った竹富町：八重山との比較

八重山大干ばつと土地買い占め

一連の報道からは、関係者のあきらめの良さ、聞き分けの良さが印象に残る。もっと粘ることはできなかったのだろうか。ここで同じ時期に沖縄で起こったことを紹介したい。沖縄の西表島（竹富町）の西表製糖は一九六〇（昭和三十五）年に設立され、一日処理量八〇トンの黒糖工場を持っていた。一年のキビの量は一万トン内外。黒字を出したことはなかった。

復帰を翌年に控えた一九七一（昭和四十六）年に八重山地方は未曾有の干ばつに見舞われた。農作物の壊滅的な被害は言うに及ばず、小さな離島では飲み水がなく子牛が死ぬといった事態まで相次いだ。干害に強いキビもこの年は九割減という極端な不作であった。八月になると地元の八重山毎日新聞の紙面は干ばつの記事で占められる。今年の収穫に見切りをつけて出稼ぎ者が増えていることも報じられている。

また、翌年の復帰を前にヤマハリゾートなど本土資本が土地を物色し、干ばつで困窮した人が相次いで土地を手放した。竹富町当局は広報の号外を発行して「土地は万代、金は一時」と、土地を手放さないように呼び掛けている。[323]このスローガンは、一九五五（昭和三十）年から米軍による土地の強制接収に抵抗した伊江島の阿波根昌鴻の言葉「土地は万年。金は一時」を念頭に置いているのであろう。しかしこの時期に八重山群島で売られた土地は、一四六〇ヘクタールにのぼる。石垣市、竹富町の農地・採草放牧地に限れば、その半分以上が売られた。[324]

当時のことを西表島祖内《そない》の石垣金星《いしがききんせい》はこう語る。「黒いカバンを持った人たちが、現ナマ持った人たちが、みんな入れ替わり立ち替わり（やってきた）。復帰のどさくさで二束三文で、あのときのタバコ一個の値段で、坪一〇セント（三六円）でしたからね。ほとんど買い叩かれて、それが復帰後にみんな、土地ブローカーみたいのが入ってきて、土地転がしをして、それでリゾート開発という形になってきた」。驚くべき話だが、干ばつに苦しむ当時の島民にとっては、自分の土地がお金になるということ自体が驚きで、一も二もなく売ってしまったという話も別の方から聞いた。二〇一二（平成二十四）年六月に開業した竹富島の

同縮尺の瀬戸内町と沖縄県竹富町。町域は灰色の部分。琉球列島最南端の波照間島も竹富町であるが、この地図には入っていない。竹富町の役場は町外の石垣島にある。

星野リゾートの敷地も、もとをただせばこのときに買われた土地であったという。

干ばつの話に戻ろう。一九七一（昭和四十六）年九月十八日の台風27号の雨で八重山の干害は解消したが、それから一週間もしない二十四日に襲来した台風28号が甚大な被害をもたらした。西表島を含む竹富町で家屋の全半壊は四六二戸を数えた。[325] 当時の竹富町の人口は五〇〇〇人弱であるから、被害の大きさが想像できる。一言で言えば、一九七一（昭和四十六）年の八重山は、干ばつの後に、その前年に南大島を襲った台風9号に匹敵する被害を受けたのだった。

西表製糖の危機と竹富町の対応

この年の西表製糖は当初一万二〇〇〇トンの原料を期待していたが、それが十分の一の一二〇〇トンにしかならないと予想され（最終的に一三八六トン）、西表糖業は一九七一（昭和四十六）年十月二十五日に会社の閉鎖を町に通知する。瀬戸内町の拓南製糖操業中止のわずか二カ月後、沖縄でも、そっくりの事態が起こっていたのである。しかしこの後の展開はまったく違っていた。

竹富町は、西表島の工場を二期にわたって自主操業で維持し、三期目の一九七三／七四（昭和四十八／九）年製糖期に与那国島の製糖会社が西表に進出してきて、工場消滅の危機を乗り越えたのである。拓南製糖の閉鎖が南大島に、特に加計呂麻島や旧西方村に大きな打撃を与えたのは痛恨の事実であるから、同様の状況にあった竹富町がそれを免れたことには関心を持たざるを得ない。竹富町と瀬戸内町の違いはどこにあったのだろうか。

竹富町の対応を見ていこう。十月二十五日に西表製糖から会社閉鎖の通告を受け、会社側と話し合った竹富町当局は、早くも二十七日には瀬戸弘町長、古見石人農協組合長をはじめとする陳情団を那覇の琉球政府に派遣した。なお、同時期に八重山農民組合の代表一五名が、干害と台風災害の本土政府による救済を求めて、那覇にある日本政府沖縄・北方対策庁沖縄事務局前で二十五日間に及ぶ座り込みを行い、七億円の支出を引き出している（いずれもこの時期の八重山毎日新聞の記事による。以下も同様である）。それだけ被害が深刻であったのだろうが、八重山の人々の行動力には驚かされる。

農協による操業継続の方針と、資金・技術・販売などの枠組みは早くも十一月十一日にまとまり、最終的な赤字を琉球政府が負担するならば操業できる態勢となった。琉球政府の方針が決まって操業が確定したのは年明けの一九七二（昭和四十七）年一月七日、実際の操業開始は機械の故障もあって三月四日であった。キビが少なかったので四月十日には操業を終えて、三万四〇〇〇ドル（約一二〇〇万円）の赤字を出した。なお、竹富町には他にも小浜島、波照間島に製糖工場があり、やはり操業が危ぶまれたが何とか操業を継続している。

同じ年に操業を中止した古仁屋の拓南製糖の場合は、農協が自主操業を断念し、畑にあるキビに対して買い上げ価格相当額を一九七一（昭和四十六）年十二月に補償金として受け取った。だからこの年に限れば、この方が好条件であった。しかし工場はなくなってしまったから、翌年からはキビに代わる作物が見つからない限り、出稼ぎ・移住せざるを得なくなってしまう。これに対して竹富町はなんとか工場を守ったのだった。

二年目も自主操業

しかし、竹富町の苦難は一年では終わらなかった。瀬戸内町では、台風で収穫が激減した一九七〇／七一（昭和四十五／六）年製糖期の後、出稼ぎによる畑の放置などで翌年の収穫が回復しなかったことが工場閉鎖の決定的な原因となった。西表島でも事情は同様であった。しかも前に述べたように本土企業などの大量の土地買収も重なった。会社側は目標とする収量八〇〇〇トンは今後期待できないとして工場閉鎖を言明した。[326]一九七二（昭和四十七）年九月時点でのキビ収穫見込みは前年より回復したとはいえ、三七〇〇トンだったから、工場の再開は絶望的となった。ここで竹富町と農協は驚くべき粘り腰を発揮する。再び町長や農協長が上覇して、補助の必要性を繰り返し訴えた。二年目の補助金を得るのは容易でなく、地元の八重山毎日新聞には、操業の見込みという記事と、操業断念という記事が交互に登場した。結局、操業確実という報道があったのは年明けの一九七三（昭和四十八）年一月十六日であった。その間キビ農家はどれほど不安な思いであっただろうか。結局この期の原料処理量は二三〇〇トンほどに過ぎなかったが、何とか製糖工場は守られた。幸い、この後、与那国島の与那国製糖が西表製糖を吸収合併し、西表島の製糖工場を引き継いだ。相変わらずキビの作付けは低調だったので、一九七三／七四（昭和四十八／九）年製糖期は操業を中止して、夏植え増産に全力をあげるという方針を一九七三（昭和四十八）年七月に打ち出して、キビ作・製糖は継続され、現在に至っている。

瀬戸内町と竹富町の比較

製糖工場を諦めた瀬戸内町と、二年にわたる自主操業で工場を守った竹富町の違いはどこにあったのだろうか。製糖工場の赤字が続いていたことはどちらも同じである。さらに竹富町の危機の背景には一九七一（昭和四十六）年の台風28号だけでなく、それに先立つ数カ月の記録的な干ばつがあり、この年の収量は平年の一割そこそこであった。この点では竹富町のほうが状況は厳しかったといえる。一方、瀬戸内町は船によるキビの集荷でかなり無理をしていて、農協に自主操業を引き受ける余力がなかったという点で不利であった。

しかし決定的な違いとして、西表島が竹富町の主島であり、町として絶対に製糖工場を失うわけにいかなかったのに対して、瀬戸内町にとって、キビは重要産業であったが唯一の産業ではなかったことを指摘すべきだろう。竹富町は西表島をはじめとする九つの有人島から成り、町内各島は石垣島の石垣市と航路で結ばれている。そのため、町役場は石垣市の港の近くにある。いわば、加計呂麻・請・与路だけで一つの村を作っていて、役場だけが村外の古仁屋にあると想像すればよい。このような状況で、加計呂麻村（仮称）の製糖工場が瀬相か伊子茂あたりにあったと想像してみよう。他に大きな産業がない村にとって、製糖工場の存廃は死活問題である。台風でどんな被害を受けても全力で工場の操業継続のために努力しただろう。

ところが現実には瀬戸内町の主要部分は大島本島側の旧古仁屋町であり、当時の古仁屋は加計呂麻島や旧西方村からの人口流入で賑わっていて、そのため住宅不足などの問題も抱えていた。製糖工場の維持は重要ではあったが、最重要課題ではなかったと思われる。町村合併でどこが一緒になってどこに境界線が引かれたか、そのことが竹富町と瀬戸内町の製糖工場の運命にかかわっていたように思われる。

なお竹富町では、役場の位置をめぐって二〇一五（平成二十七）年十一月に住民投票が行われ、西表島への役場移転への賛成が多数となった。これが実現すれば町役場が町外にある状況は解消される。

八、南部大島の地理的特殊性

過疎と過密の同居

こうして大型製糖工場はわずか八年で姿を消した。ただ消えただけではなく、各集落にもとからあった多くの黒糖工場は大型製糖工場のために操業をやめていたので、工場閉鎖はキビ栽培が不可能になった地域を多く作り出した。これほど重大な結果をもたらした失敗は珍しい。いったい何がいけなかったのだろうか。

一九八〇（昭和五十五）年の元日に南海日日新聞は「座談会：加計呂麻からの訴え」（二十七面）を掲載した。加計呂麻在住の町議や区長らが加計呂麻の遅れた現状、問題点を指摘するものである。そして三月に同紙は加計呂麻分村の動きを報じる。[327] この記事が掲載された直後の三月八日に、次のような無署名のコラム記事が掲載されている。「こんな事実がある。『加計呂麻島は後回しでいいから、本島側の道路整備を急いでほしい』という念書を当時の町長が知事に差し出している。『いったいどういうつもりなのか』当時の有馬支庁長は首をひねったものだ」

有馬勝夫支庁長の在任期間は一九六七（昭和四十二）年五月から一九七〇（昭和四十五）年九月までだったので、これは川井順英町長の時代の話である。この念書自体は確認できないが、これに近い考えを川井が持っていたことは間違いない。一九七一（昭和四十六）年に川井は加計呂麻フェリーについて、観光客が増え、通勤農業も可能になり、森林も切り出せるとバラ色の夢を語っているが、同時に「奄美空港から瀬戸内町までの舗装を急がないとせっかく加計呂麻縦貫道路ができ、フェリーボートを通わせても意味がない」と述べている。[328] これが「加計呂麻島は後回し」の論理だったようだ。結局フェリーが就航したのは次の房弘久町長の二期目の一九七八（昭和五十三）年であった。[329]

川井町長の議論は、一応筋は通っていて、この記事を書いた聞き手の新納《にいろ》重博記者も納得しているが、加計呂麻の人にしてみれば承服しがたい話である。古仁屋が中心の瀬戸内町という枠組みでは、町全体の発展が目標となり、加計呂麻・請・与路の三島が後回しにされがちになる。しかしこれは危うい考え方でもある。同じ考え方をすれば、古仁屋を後回しにしてまず名瀬を整備する必要があり、奄美は後回しにしても県本土の整備が先であり、最後は鹿児島よりも東京に資本を投下すべきということになる。川井町長の合理的な考えは、奄美全体を衰退させる論理にもなりかねない。

なお、瀬戸内町の問題はしばしば「離島が離島を抱える」（のだから仕方がない）と語られる。しかしこのコラムは、当時の古仁屋に人が集中して土地不足になっていたことを指摘し、「過疎と過密の同居」という言葉を使っている。これは瀬戸内町の問題を見事に言い当てている。過疎と過密の両方の問題が一つの町にあれば、どうしても過密の問題を優先せざるを得ない。古仁屋の埋め立てや水道の整備である。すると限られた財源の中で、過疎対策は手薄にならざるを得ない。結果として加計呂麻などの人口が激減し、一時は過密であった古仁屋も、今は人口流出に悩んでいる。性格の違う二つの地域を一つの町に合併したことが問題を深刻にしたのである。

南部大島のキビその後

拓南製糖閉鎖後のキビ栽培に話を戻そう。拓南製糖操業中の二万トン台には遠く及ばないが、瀬戸内町では二〇〇〇トン台のキビ生産が継続され、復活した小型製糖工場で黒糖がつくられた。一九七八（昭和五十三）年からの一時期は本島側の一部のキビは笠利の富国製糖へ搬入されたが、加計呂麻島を中心に黒糖製造は続けられた。主な販売先は黒糖焼酎会社である。

ところがここに沖縄の黒糖が安値で入ってきた。奄美の黒糖の製造原価は三〇キロあたり七〇〇〇円台なのに、沖縄産は五二〇〇円で出回っているのである[330]。何とかしてくれと陳情に行くと、「南部大島は拓南製糖閉鎖の時にキビ栽培をやめるということで補償金を受け取ったではないか」と言われる。無情な話だが、行政の論理としてはそういうことになる。これでは農家が立ちゆかないので、特に富国製糖への搬入が不可能な加計呂麻産の黒糖には瀬戸内町が補助金を出している。また、沖縄と同様の補助を県が農林省に陳情したが実現しなかった。

ところが一九八〇（昭和五十五）年の冬になると宮古産黒糖が急減し、一転して酒造メーカーが大島南部の黒糖を求めるようになる。ここには、まず現在の糖価安定法の仕組みと、沖縄の黒糖に対する補助制度が関係する。

含蜜糖にも補助のある沖縄

現在のトン二万円超のキビ買い入れ価格は国際価格のほぼ四倍である。輸入糖から調整金をとって、国内糖に回している。この仕組みは一九六五（昭和四十）年の糖価安定法で確立した。沖縄も復帰前からこの制度に組み入れられていた。ところがこの制度は大型工場の分蜜糖だけが対象で、黒糖（含蜜糖）は対象外である。正確に言えば、黒糖にも最低生産者価格は適用されるので、キビ買い入れ価格は高くなるが、販売のときに補助がないのである。

沖縄では、とうてい大型工場が立地できない離島が少なくない。そこでそういう島の黒糖工場に、製造コストと販売価格の差額を補助する制度を作り、補助金を国と県が折半して負担している。これが七〇年代後半に瀬戸内町を悩ませた「補助金を受けた宮古糖」の正体である。沖縄県としては補助金を節減するため、比較的大きな黒糖工場はなるべく分蜜糖工場に転換させる政策をとっている。

一九八〇（昭和五十五）年冬に宮古の黒糖が急減したのは、この地域が分蜜糖地域指定を受けたためである[331]。現在の宮古地域では多良間島だけが含蜜糖を作り続けている。

それでは瀬戸内町はどうすればよかったのか。答えはもう明らかだろう。群島の他地域と異なる地理的特性からして、大島南部には大型工場の立地は不可能と判断して、最初から沖縄の離島と同様に、黒糖に国と県が半分ずつ補助するように求めるべきだったのだ。

今となっては明らかなこの結論が､当時は見えなかった。拓南製糖を誘致する際の議会の議論でも、南部大島の特殊性をあげたものは見当たらない。小さな離島が多い沖縄と違って、奄美で大型工場の立地が困難なのは南部大島の瀬戸内・宇検・住用だけである。しかも当時は農工分離が叫ばれていて、大型工場が当然という雰囲気があった。地元の南海日日新聞もその雰囲気作りに一役買っていた。工場誘致にことのほか熱心だった川井町長には、大型工場を諦めるという発想はなかったし、町議会議員も同じだっただろう。それに実際に拓南製糖が八年間操業したことで分かるように、努力すれば何とかなりそうな生産規模があったことも結果的に不運であった。

それに、たとえ当時の瀬戸内町が大型工場は困難と判断しても、大島支庁や県がそれを受け入れたかどうかは分からない。今さら誰かを責めるわけにもいかない。しかし南部大島の地理的条件は独特だから、他で成功したものを持ってきても成功するとは限らないという教訓は今でも意味があるだろう。

九、幻に終わった有村グループによる製糖工場復活計画

有村治峯の工場再開提案

ここで、拓南製糖操業停止後に、工場を復活させる提案があったが、瀬戸内町が積極的でなかったこともあって実現しなかったことをとりあげておこう。

一九七四（昭和四十九）年六月十三日の町議会定例会における町長政務報告で、房弘久町長が、大島運輸（現在のマルエーフェリー）の社長有村治峯《ありむらはるみね》（一九〇〇（明治三十三）〜二〇〇〇（平成十二））が、閉鎖した拓南製糖に代わって操業する意向があることを伝えている。町長は、古仁屋港にあまみ丸が就航したお礼かたがた有村と会ったときに、有村から「瀬戸内町は何かめぼしい産業が必要ではないか、一つ砂糖をやってみようではないかという申し入れがありまして、拓南の後を私が買い取ってもよい、その場合瀬戸内町の生産の方々はキビの生産を果たしてするかどうか」と伝えられたという。房は即答を避けて議長、農協総代会、農業委員会などに、生産者がふたたびキビをつくるであろうか、という問題をなげかけた、と報告して

いる。そして議会の意見を求めている。

一九七三（昭和四十八）年は第一次石油ショックの年であり、物価が高騰し、長年トンあたり六〇〇〇円台だったキビ買い上げ価格も、七三／七四（昭和四十八／九）年度には奨励金込みで一万円ちょうどに引き上げられている。（さらに翌七四／七五（昭和四十九／五十）年度に一万五〇〇〇円に引き上げられた）。拓南製糖が失敗した瀬戸内での大型製糖工場経営に有村が関心を示したのはこのような背景もあってのことであろう。

否定的な議会の反応

この政務報告に対する質疑で、赤井忠憲は、町民が「あのような（=東燃のような公害が懸念される）企業でも本町に誘致しない限りは、現在の経済は救われないのではないか」と言うのに対してどうにも返事が出来なかったと述べている。さらに観光開発も思うように進んでおらず、町の産業将来の見通しが立たないことに、「私たちそのあせりさえ感じるのでございます」とまとめている。それに続けて赤井は製糖工場復活の提案に対して「有村社長は商売人でございます。このような商売人からお話を持ちかけられる前に瀬戸内町としての基本的な事を考えて軌道にのせるべきではないかと考えますが町長のお考えをお聞きしたいと思います」と町長に質問している。破綻した工場を買い取って操業してくれるというのは、願ってもない話のように思うが、赤井は明らかに警戒している。群島外の読者には理解しがたいところであろうが、一代で奄美を代表する企業グループを築いた有村に対する群島民の感覚としては、無理からぬところもある。[332]
房町長は「もしあの工場が稼働するとしたならば生産者が二度（ふたたび）キビをつくる意欲があるかという事を関係者にお尋ねしている段階でありまして、奨励をするという事は今のところ考えておりません」と答弁している。

町の検討と再度の申し入れ

この後、町は各集落の生産者、関係者の意見を聞き（多かった意見は、価格があえば作る、収穫・運搬・輸送の整備をすべき、というものであった）、大島支庁とも折衝している。米丸操支庁長は、「キビを二度やるとなれば農林省、或いは県との問題がむづかしくなるだろう、このような問題を解決するには地元の熱意が必要ではないか」と述べたという。これは、一九七一（昭和四十六）年にキビ作をやめるということで補償金を受け取っていることを指している。その後、町長、支庁長、登島瀬戸内町農林課長の三人で有村社長と会談している。これらの経過を半年後の一九七四（昭和四十九）年十二月定例会で房町長が政務報告で述べている。それによれば、有村はおよそ次のように述べたという（会議録から要約）。キビを将来三万トンから五万トンを作らなければいけない。集荷は加計呂麻に二カ所、大島本島側に一カ所のフェリー発着施設を設置してフェリー四隻を配置する、一〇億円くらい投入しなければ物にならないだろう、拓南については株を全部自分が買い取り、債務の肩代わりをしたい、地元で黒糖を作っている小型工場については、自分はノータッチ、小型工場で黒糖を作るならつくっていただきたい。そして有村はこう釘を刺したという。「自分は自分から進んで瀬戸内町に進出するのではない、瀬戸内町の現状をみるにみかねて何とか経済の立て直しをしたいと思ってくるので、生産者の方々にも十分理解をさせていただきたい」

もし瀬戸内町で拓南製糖の工場を再稼働させるなら、輸送態勢の整備は絶対に必要である。すでに与論島で大型製糖工場を経営していた有村社長の計画は現実的であり、ただの思いつきではなかった。

この一九七四（昭和四十九）年十二月の町長の報告に対しても議会では有村に対する警戒心が強かった。やはり赤井が質疑でこの問題を取り上げ、仮にキビ価格がトン一万八〇〇〇円になった場合キビを作る意欲があるか、と集落に聞いてみたが、難色を示されたという話を紹介している（すでに述べたように七四／七五（昭和四十九／五十）年度のキビ価格は一万五〇〇〇円）。「瀬戸内町の現状を見るに見かねて」という有村の態度に対して、赤井は「私たちからしてみれば、有り難いような、恩着せがましいような、複雑な印象を受けます」と述べる。「今の瀬戸内の農家の老齢人口、瀬戸内の農業背景からいたしまして、三万トンはおろか、想像もつかない数字になるのではないかと思いますが、この点等を考えあわせ、有村社長とはどのような話し合いがなされたのであるのか」と質問を結んでいる。製糖工場復活に消極的であったことが見てとれる。この同じ質問の前半で赤井は、公害反対運動から商工会が離れていっていることを指摘している。赤井の頭の中はすでに企業誘致に切り替わっていたのであろうか。

幻に終わった復活計画

房町長は「本町は過去において非常に苦い経験をもっておりますので、あくまでも慎重を期したいと考えております」と答弁している。これ以降どのような議論があったのか、筆者は資料を発見できていない。有村グループによる拓南製糖復活の計画が現実となることはなかった。

有村グループは瀬戸内町に製糖工場の復活をこのよ

うに提案した翌年の一九七五（昭和五十）年には大島北部の笠利町の富国製糖を買収している。富国製糖は二億五〇〇〇万円の累積赤字で債務超過に陥っていたが、有村グループは債務を肩代わりし、経営を軌道に乗せている。与論島の南島開発（現在は与論島製糖）、笠利の富国製糖とも現在に至るまで有村グループの企業として存続して工場が操業している。[333]有村の提案が実現して拓南製糖が復活していたら、瀬戸内町、とりわけ加計呂麻島や旧西方村の人口の落ち込みに、多少は歯止めがかかっていたかもしれない。

第五章　企業誘致をめぐる瀬戸内町の軌跡（下）

一、一貫して続く政争

瀬戸内町発足時の町長選挙

一九五六（昭和三十一）年九月の四町村合併によって瀬戸内町が発足してから四期十六年にわたって町長職にあった川井順英は、一九七二（昭和四十七）年の九月の町長選に出馬せず、町長選は町議の金子友蔵、房弘久、前町議の浜畑秀磨の三人で争われた。実質的には金子と房の争いであった。結果は、房が五〇九七票を獲得し、金子に一〇〇〇票以上の差をつけて初当選した。共産党の浜畑は、町を二分する対決の中では、基礎票を確保するにとどまり、得票は三八七票であった。

この一九七二（昭和四十七）年の町長選を理解するには十六年前の瀬戸内町発足時の町長選、そして合併前の町村長選まで戻らねばならない。

房は終戦直後に古仁屋青年団の団長を務め、一九五〇（昭和二十五）年に古仁屋町長に就任した蘇我清吉によって助役に抜擢され、瀬戸内町の発足まで六年間、蘇我のもとで助役を務めた。

瀬戸内町発足時の一九五六（昭和三十一）年十月の町長選は、川井順英と蘇我清吉の一騎打ちと思われたが、何と蘇我の参謀役であった磨島豊が出馬して三つどもえとなった（蘇我と磨島の妻は従姉妹どうしである）。年齢は川井五十二、蘇我五十九、磨島四十九であった。当時を知る富島甫《はじめ》が語るところによれば、川井の側が策を弄して磨島をたきつけて立候補させ、蘇我の票を割ることに成功したのだという。得票は川井五四二五票、蘇我四三四四票、磨島二七一九票で川井が当選した。川井の計画が見事に成功したことになる。房はその二カ月後の十二月の瀬戸内町最初の町議選で町議に転身した。

西方村西古見の金子友蔵（当時は金《かね》友蔵）[334]は一九五二（昭和二十七）年の西方村長選で、現村長だった昇喜一との激しい選挙戦の末、いったんは落選となったものの、裁判で無効票の再検討によって二票差で当選を果たした。「白黒選挙」として語り伝えられた選挙である。合併後は金子と昇が、房と同時に町議選で当選した。三人とも六八年まで連続四回当選している。この間、三人はそれぞれ一回ずつ町議を辞して県議選に出馬したが落選している。房と昇喜一は「盟友」と言われる密接な関係であり、川井町長のもとでは二人は「反町長派」、そして金子は「町長派」であった。なお、農協の昇清一も一九六〇（昭和三十五）年以来町議であった。

金子と房が争った一九七二（昭和四十七）年の町長選は、古仁屋の川井・蘇我の対立に、旧西方村の金子、昇の対立が重ねられたものであったのだ。[335] 富島によれば、房は当選証書を受け取るとまず蘇我家に行って仏壇にお参りしたそうである。

長期政権のよどみ

長らく続いた川井町政の継続を町民が拒否した背景には、本稿で扱った相次ぐ工場の失敗もあったが、種々の不祥事が影響した可能性がある。

金子友蔵が経営する瀬戸内印刷所の仕事の多くが町からの受注で、それが地方自治法九二条の二（議員がその自治体からの請負業務を行うことを禁止する条項）に抵触することが一九六八（昭和四十三）年に問題になった。このときは町議会で鎌田正己を委員長とする特別委員会が組織されて調査・報告を行っている。[336] 委員会の報告書は発見できなかったが、報告書をめぐる町議会本会議での議論は会議録が残っている。委員会は地方自治法九二条の二に抵触するという判断を下し、また会社の経営者の名義を変更するのでは駄目だと認定し、後は議会が決めるべきだとしている。この委員会報告は全会一致で承認された。

共産党の浜畑秀麿は本人に辞任の意志がないので、地方自治法一二七条の一によって議会が九二条の二に該当することを特別議決で認定すべきだと主張した。三分の二の賛成でこの議決がなされれば失職となる。これに対して昇清一議員が、次の九月議会まで猶予期間を与えることを提案し、これが賛成多数を得て金子は失職せずに済んだ。この本会議は非公開の協議会を間にはさむため、議論の全容は把握しにくいが、いくつかの発言を紹介しよう。本会議での発言者は多くない。町長派は沈黙を決め込んだようである。

浜畑は次のように述べる。「そもそもはじめからこれはなれあいでこうなっている。御承知のように金議員は町長派だ。そして金議員が無限責任社員になってから町からの注文も増えたということを金氏自身がいっている。そもそも最初からなれあいがあったからこういうことになったわけで、あとで監査をしてもらっても結構ですが、単価の問題をはじめ実害を町民に与えていることはまちがいない」。浜畑の提案には田中伊久友議員が賛成の発言をしている。

なお、昇清一も金子をひたすら擁護しているわけではない。「当然町においては、この問題が解決するまでは注文を一時ストップするんだということにもかかわらず、六月の町政だよりをしている」「浜畑議員が示しておるように事実なれあいがあったということははっきりしておる。単価の問題等町財政が無駄に使われていることは事実で、何人といえども否定出来ない」

浜畑はこの後一九六八（昭和四十三）年九月の町長選に立候補したので議員でなくなった。この町長選で川井町長は四選を果たした。金子は四カ月後の十一月の町議選で再選されている。浜畑はこの町議選に再度出馬することが出来たがそうせず、共産党からは久原梓と浜畑の妹の浜畑静香（一九二二（大正十一）〜二〇一六（平成二十八））が立候補し、最下位当選者二四六票、久原二二九票、浜畑静香一五〇票で、前回六四年の選挙の浜畑秀麿の得票数三二一票を合計で上回りはしたが、共倒れに終わった[337]。このとき浜畑が出馬しなかった理由は、自分ばかりが出ていても仕方がないというものであったという[338]。

翌一九六九（昭和四十四）年には収入役の交代時に公金一六三万円が不足していることが判明して、前任の収入役が個人で不足額を穴埋めしたことが発覚した。他にも問題のある仮払いなど町会計に関する問題が噴出し、「でため町会計」という見出しで報道された[339]。川井町長の長期政権で「よどみ」があったと議員であった久保成雄は語る。議会は特別委員会も設置してこの問題を追及し、三月二十四日からは連日、土日も議会が開会されている。予算が年度内に成立せず、三十一日には町始まって以来の暫定予算が提出された。当初三月十二日から二十九日までの予定であった第一回定例会は最終的に四月二十七日まで延長された。なお、当初予定された会期自体も他の町村に比べればかなり長い。瀬戸内町議会で激しい議論が通例であったことが分かる[340]。

こういった経緯もあって、一九七二（昭和四十七）年の町長選で、以前は町長に協力的であった久保成雄なども反川井派に加わって房弘久を推すことになったのである。町長候補としては昇喜一も有力であったが、それでは金子・昇が激しく争った旧西方村の「白黒選挙」に戻ってしまうということで、房が町長候補となったという。結果は最初に述べたように、房の勝利であった。

アイデアマンと基盤整備。二人の町長

川井町長はアイデアマンと呼ばれ、四期十六年の間に多くの事業を次々と手がけた。本稿で扱った三つの工場のように、多くは失敗に終わったが、蘇刈のクルマエビ養殖のように現在まで継続している事業もある。これに対して房町政は、堅実な基盤整備に注力した。房の親友で、船大工としての本職の傍ら、政策の調整役として活動した富島甫は、房町政は「文化生活の基盤をつくった」と語る。最大の業績として古仁屋の上水道の整備、さらに、し尿処理、

ゴミ焼却場の稼働、加計呂麻フェリーの就航をあげる。[341]

水道であるが、古仁屋の水道は「顔も洗われない」と酷評され、雨が降ると川海老が蛇口から出てくる有り様であったと富島は語る。当時の水道担当の職員であった喜村隆利は雨が降ると夜中でも薬剤の量を調節するために水源地に駆け付けた。房町長は「水を治めるものは国を治める」と職員を激励し、水道整備に力を入れたと喜村は回想する。し尿処理場は、稼働にあたって必要な漁協の同意を的場宮秀漁協長から得るのに町は非常に苦労している。ちょうど瀬戸内漁協が枝手久島石油基地反対運動を活発に行っている時期だったので、富島は、し尿処理場に漁協が同意してくれないと、海上パレードなど、石油基地反対運動に協力できない、と交渉したという。[342]

一九七八（昭和五十三）年に就航した加計呂麻フェリーについては後で触れるが、加計呂麻の人口が急減する中で、多額の予算を使うことに賛成する意見ばかりではなかったと富島は回想する。フェリーが建造中であった時期は、房町長の後援会でも企業誘致を求める声があがり、後援会長の加藤勝郎が房と袂を分かって次の一九八〇（昭和五十五）年九月の町長選で里肇を当選させることになった。これについては以下で述べるが、加藤と副会長の重村はともに加計呂麻の出身者であるが、「鳥も通わぬ加計呂麻島にフェリーを作って、無駄なことをしている。石油備蓄に賛成せよ」と房の自宅を訪ねて詰め寄ったという。その場に同席した富島は「あなた、それを加計呂麻の人に聞かせられますか」と反論した。房は笑って返事もしなかったという。[343]

房が実現した事業は、川井派に言わせれば、基本的な計画は川井町長時代に全部出来ていて、たまたまそれが実現したのが房町長の時であっただけだ、ということになり、房派に言わせれば、アイデアマンだがやることなすこと失敗していた川井町長と違って房町長には堅実な実績がある、ということになる。一貫して続く激しい政争のため、町長の個々の実績の評価も容易ではない。

開発をめぐって揺れる

房は一九八〇（昭和五十五）年まで二期八年にわたって町長を務めたが、就任後まもなく、宇検村枝手久島への東亜燃料の石油精製所建設計画が持ち上がり、町は大きく揺さぶられた。すでに述べたように、瀬戸内町は当初、町をあげてこの計画に激しく反対したが、一九七五（昭和五十）年から商工会や一部議員を中心に原子力船「むつ」や石油備蓄基地（精製でなく備蓄）の誘致の声が起こり、特に一九七六（昭和五十一）年十二月の議会選挙以降、議会は開発に傾斜して、一九七七（昭和五十二）年秋には「国策に沿った企業誘致」を決議する。長年の盟友の昇喜一議員や房の後援会長だった加藤勝郎も企業誘致を主張して房とたもとを分かつに至った。

しかし町内には反対意見も根強く、房町長は現状のまま町が企業誘致を決定すれば宇検村のように町が二分されるとして、誘致に関して慎重姿勢を崩さなかった。町長の翻意が見込めないと考えた誘致派は助役の里肇を説得し、里は一九八〇（昭和五十五）年の町長選で房を破って町長となる。

本書ではすでに宇検村の石油基地計画とそれに対する反対運動の一九七五（昭和五十）年頃までの展開を見てきたが、今度は瀬戸内町の側からその後の事態の展開を見ていくことにする。

二、瀬戸内町議会の変化：反対から積極誘致へ

県の環境調査を引き出した瀬戸内町

一九七三（昭和四十八）年はじめに東亜燃料が宇検村枝手久島に大規模な石油精製所を計画していることが明らかになったとき、宇検村以外の群島の市町村は反対の態度を表明した。とくに瀬戸内町は強硬で、町をあげて反対集会を行った。この態度が後に微妙に変化していき、商工会と町議会の多数が、逆に企業誘致に動き出す。その転換点はどうやら一九七四（昭和四十九）年の後半にあったようである。

一九七四（昭和四十九）年四月二十二、二十三日に、東燃進出反対を決議した群島市町村議会代表など一行三〇人が東燃本社を訪れ、進出計画の白紙撤回を求め、また各政党、省庁に陳情を行っている。瀬戸内町議会ももちろん参加している。[344]

一方金丸知事は、四月十九日に開かれた県政説明会で、県下全市町村長・議会代表二〇〇人を前に、石油精製は無公害と言明している。[345] 知事としては石油基地計画を推進したかったのである。

この直後の四月三十日に瀬戸内町の房町長と昇清一議会議長が金丸知事に呼ばれて懇談している。奄美群島国定公園指定の祝賀会で三月三十日に来島した知事が、昇議長に「いろいろな問題があるはずだから出て来た時には町長と一緒に来て話さんか」と懇談を要請したとのことである。房町長は瀬戸内の交通通信体系、産業基盤、社会基盤、農林水産業の問題を説明し、とくに加計呂麻フェリーを強く要望した。この席で昇議長が、東亜燃料による工場建設の

ための調査をとりあげた。六月の議会での房町長の報告を引用しよう。「特に議長から、進出を意図する会社に調査をさせる事はけしからん、即時やめさせろと強く要求しました。これに対し、すぐやめさせるという事は賛成者に対する刺激になるので、これはそのままにして町村長、議長会において一致して意見があるならば県としても住民がこんなにさわいでいるので一つ取上げて県が公平な立場で調査をしようという事になったわけでございます」[346]

すでに述べたように、この年の五月に開かれた群島市町村長・議長合同会が、公的機関が石油精製工場の公害の有無について調査することを県に陳情している（第二章五節）。実は知事自身の発案だったわけである。ところがこの陳情が県議会で採択された際に「すべての住民が納得できる調査方法であること」という付帯決議がつけられ、反対派が調査に同意しなかったので、調査は五年以上遅れることになった。これこそが枝手久島石油基地計画が頓挫した主要な原因だったと考える人もいる。知事のもくろみは裏目に出たことになる。

微妙な態度の変化

こういうわけで一九七四（昭和四十九）年の前半までは、瀬戸内町議会も明らかに石油基地反対の態度であった。それがこの後微妙に変わっていく。上に引用した町長の報告があった一九七四（昭和四十九）年六月の議会で赤井忠憲議員はこう発言している。

> 今日の本町の経済を考えた場合、いっそのことあのような企業でも本町に誘致しない限りは、現在の経済は救われないのではないかという方がおりましたが、これに対し私はどうにも返事が出来ないことになったのでありますが、（中略）それよりか公害のない、そのような企業を誘致した方がよいのではないか。[347]

この時点での赤井は相変わらず公害企業反対ではあるが、支持者の側から企業誘致がとにかく必要と突き上げられて戸惑っていることが伺える。それが半年後の一九七四（昭和四十九）年十二月の議会になると、次のように公害反対から距離を置く。

> この公害反対というものが政党、党派に左右されようとしております。今古仁屋の商店街あたりでは議会の公害反対運動に対して微妙な動きをしております。十月十三日の（公害反対瀬戸内町民会議の）第二回の総会には商店街からは二人しかみえない。[348]

この一九七四（昭和四十九）年十月の総会には一五〇〇人が参加し、昇清一議会議長、房町長もあいさつに立ち「東燃の政治献金などから見て、県の環境調査は東燃の肩代わりであることは明白だ。住民の納得のできない調査である以上、阻止すべき」と述べた[349]。新聞の報道では、瀬戸内町が相変わらず強硬に反対していたという印象を受けるが、そこに商店街からは二人しか来ていなかったとすれば、まず商店街、商工会が反対運動から離れ、議員が追随したということになる。

東燃の調査をやめさせよと知事に迫った昇清一は、全群島の公害反対郡民会議の副議長であったが、翌年一九七五（昭和五十）年一月に突如、「今後郡民会議から手を引きたい」と表明した。理由について、一九七四（昭和四十九）年十二月に行われた瀬戸内町議会議長選の際、「公害反対運動は積極的にやらない」と条件が示されたと説明した[350]。

少し説明しておくと、このときの議会議員の任期は一九七二（昭和四十七）年十二月の選挙からの四年間で、議長の任期も四年である。しかし二年経ったところで議長が交代して、一期四年の間に二人が二年間ずつ議長を務める慣例の議会が多い。当時の瀬戸内町もそうで、一九七四（昭和四十九）年十二月に議長は昇清一から鎌田正己に交代した。次に議長になるならともかく、議長を退く昇に「条件が示された」という事情はよく分からないが、誰が次の議長になるかの調整の席での話かもしれない。

こういうわけで瀬戸内町では、一九七四（昭和四十九）年の後半から、商店街・商工会を中心に公害反対よりも企業誘致という意見が強まり、議員がそれに追随したという構図が見えてくる。

筆者が生前の赤井にインタビューして聞いてみたところ、最初は石油基地などとんでもない、公害反対と思っていたが、東燃の社員が訪ねてきて説明を聞いて納得した、それに自然を守れと言っても、たしかにここの自然は美しいが、それを眺めていても食えない、と説明してくれた。赤井と仲良くなった東燃の社員は瀬戸内に来るたびに、「ここ（赤井家の応接間）でコーヒー飲んでいったよ」とのことであった[351]。

赤井は最後まで石油基地に反対した人々からはすこぶる評判が悪い。一九七三（昭和四十八）年春の議会で公害企業反対の緊急動議を提出したのが他ならぬ赤井であったのに、立場を一八〇度転換して企業誘致の最先鋒となったのは無節操だと批判される。しかし多くの議員が赤井と同様に、東燃絶対反対から石油備蓄基地などの誘致へ態度を変えたのであり、それを望む支持者も少なくなかったのである。後で見るように東燃そのものを瀬戸内に誘致するという考えさえあった。

根底にあったのは、やはり三つの工場の失敗に象徴される瀬戸内町の産業の衰退であった。もちろん、東燃などからの強い「働きかけ」もあった。

三、原子力船「むつ」と石油備蓄基地の誘致運動

「むつ」誘致運動表面化

一九七五（昭和五十）年から翌年にかけて宇検村の石油精製所計画に強く反対していた瀬戸内町に大きな変化が起こった。瀬戸内町自体に原子力船「むつ」や石油施設を誘致しようという動きが出てきたのである。

まず表面化したのは「むつ」の誘致運動である。青森県大湊港を母港とする「むつ」は一九七四（昭和四十九）年八月二十六日未明、出港に反対する漁船のバリケードがシケで崩れた隙をついて出港し、洋上で原子力による航行試験を行った。ところが放射能漏れが起こったために帰港を拒否され、一カ月半後の十月十五日まで「漂流」を余儀なくされた。

政府は新たな母港を探し、能登半島の珠洲、対馬などの名前があがった。[352] ニュースに刺激されたためであろう、佐世保や種子島では「むつ」母港を誘致する動きも起こった。そして瀬戸内町でも、有村商事出張所長の町《まち》忍、商工会理事で房町長の後援会長であった加藤勝郎、商工会副会長で後に町議・町長となる義永秀親《よしながひでちか》の三人が中心となって「むつ」母港の誘致運動をはじめた。南海日日新聞が一九七五（昭和五十）年六月二十二日の一面で大きく取り上げたときには、誘致運動はいわば周知の事実であった。[353]

新聞報道を受けて、開会中の町議会では町長の態度表明を求める質問が主に革新系の議員から出たが、房町長は「原子力については十分研究していないし、勉強不足で分からない」と答弁した。[354] こういう答弁は、誘致賛成を表明するタイミングを計っている場合が多いのだが、房は本当に思ったとおりに答弁をしたらしい。

誘致派は「瀬戸内町原子力船むつ母港誘致促進協議会」を組織し、田村鶴雄を会長として、四九名の署名を添えて九月議会に陳情を行っている。一方、反対の意見も強かった。反対の陳情は「原子力船「むつ」母港誘致反対期成同盟会」から議会に出されたが、なんと三四六六名の署名が添えられていた（当時の瀬戸内町の人口は約一万五〇〇〇人）。会長は森浩有（一九四八（昭和二十三）年生）。森の父は公明党の町議をしていた森猛敏（一九二三（大正

十二）～二〇一〇（平成二十二）である。[355]

反対派は、実際に放射能漏れの事故が起こったことから分かるように原子力の安全性が実証されていないことを、一方の誘致派は、放射能漏れといっても微量で、乗組員にも影響がなかったことを強調した。「むつ」を呼び水に、大島海峡にさまざまな投資を呼び込み、町経済を活性化させたいという誘致派、それに対して「むつ」自体への不安に加えて、風評被害を心配する反対派の間の隔たりは大きかった。

町議会は両方の陳情を「むつ」に関する特別委員会に付託した。特別委員会は一九七六（昭和五十一）年三月十一日に科学技術庁を訪問して説明を受け、資料を受け取っているが、[356]その後委員会は結論を出さず、結局一九七六（昭和五十一）年十二月の議員の任期切れで、両方の陳情とも審議未了となった。

誘致の先頭に立った義永秀親（一九二七（昭和二）～二〇一七（平成二十九））は筆者のインタビューに答えて、誰かに言われてやったのではない、「むつ」漂流のニュースを見て、それなら来てもらえば町のためにもなると思って運動を始めたのだと強調する。[357]国策の原子力船であったから、誰かのさしがねで運動しているのだろうという憶測が強かったことをうかがわせる。

「むつ」誘致問題は、町の将来について、施設誘致による開発・発展か、いまある豊かな自然を生かすのかという対立を浮き彫りにした。

伊須湾石油備蓄基地計画

「むつ」誘致問題に町が揺れる中、一九七六（昭和五十一）年一月に産業立地研究所という東京のコンサルタント会社が、瀬戸内町北東部の伊須《いす》湾にＣＴＳ（石油備蓄基地）、さらに将来は大規模な石油精製施設を作るという「伊須湾開発計画書」を発表し、阿木名《あぎな》で説明会を開いた。[358]地元で誘致の中心になったのは佐々木清志であった。

調査を依頼したわけではない町当局は大いに驚いた。さらに驚いたことに、産業立地研究所という会社は以前から存在するが、この報告書を出した会社は後発で、あえて実績のある会社と同じ社名を名乗っていることが、もとからある会社からの「迷惑している」という抗議で判明する。[359]ただの調査といってもかなりの経費がかかる。背後に石油会社がいた可能性があるが、それは明らかにならなかった。「むつ」の場合と同じく、誘致、反対の両派から町議会に陳情が行われた。

この計画について房弘久町長は町議会で次のように答弁している。

次に石油問題でございますけれども、なるほど伊須湾の石油問題の陳情がまいっております。これは建設関係の工事そのものは、やはり地元に金が落ちると思います。しかし将来のこの石油基地なるものが、瀬戸内の住民にどのようにプラスするかといったような問題は、これは大きな問題で、今後私達も真剣に取り組まなければいけない。部落の方々が運動しているからということで、これにまっ先に飛び込むわけには行きません。私達の町当局も、かつての枝手久問題につきましては、議会と腰をそろえながら、公害反対の運動をしてきた経緯もございますし、この件につきましては、すぐに取り組むという考えは持ってございません。真剣に考えてみたいと、このように考えております。[360]

議会は四月に全員協議会を開き、両派から意見を聞いた。[361]ここでは伊須湾に面する阿木名以外の地区からの代表が強硬な反対意見を述べている。各集落の反対の住民の割合は九〇から一〇〇%、阿木名でも八〇%は反対だという。これに対して佐々木が開発促進と、国策の石油備蓄に協力する立場から、税収、雇用の増加が見込める、石油基地は無公害で公園のようなものであるという主張を行った。傍聴席には反対派が詰めかけて緊迫した雰囲気であった。

筆者が阿木名の長野給油所で聞いたところでは、阿木名では賛成が多数であったという。ただし、阿木名・勝浦《かちうら》以外の集落で反対が強かったことは間違いない。

この計画が具体化することはなかったが、長野は、工場が出来たらタグボートが必要になると聞いて、鹿児島までタグボートの免許を取りに行ったと語ってくれた。計画は全くの絵空事ではなく、もし町が誘致に動いていれば具体化していたのかもしれない。なお、地元でタグボートの乗組員を募ることは、必要な人員の確保と、地元に賛成派を増やすという二つの目的があり、石油企業進出の定石である。

「むつ」の場合と同様、議会は両方の陳情に対して結論を出さなかった。房町長は六月の議会で屋崎一議員に見解を問われて、石油については議会が宇検村の石油精製所計画に反対決議をあげ、町民こぞって反対してきたことを強調し、「むつ」については勉強不足だからと答弁を避けた。[362]

この間、議員の欠員が五名に達したために、四月十一日に町議会補欠選挙が行われた。義永秀親はこのとき初当選し、また屋崎も議員に返り咲いた。[363]屋崎をはじめ、このとき当選した議員の多くが、石油と「むつ」について態度を明確にしていないことが目につく。義永はもちろん「むつ」は無公害であると強調している。ここにも町の雰囲気の変化が感じられる。

四、誘致に動く瀬戸内町議会

転換点となった町議選

原子力船「むつ」や、石油基地の誘致運動、そしてそれに反対する運動が起こる中で、房弘久町長の一期目四年間の成果を問う町長選が一九七七（昭和五十二）年九月に行われた。立候補者の顔ぶれは前回と同じで、現職の房に、金子友蔵と浜畑秀磨が挑むことになった。結果は現職の房が前回より票をのばして再選された。[364]金子は公約で、国会議員や国の各機関との密接な連携、つまり「国とのパイプ」を強調し、「総合的調和のとれた大開発」をなす、と述べている。「むつ」や石油に積極的であったことがうかがわれる。一方の房は、「町民の声をきく」ことを最初にあげ、産業振興では農林、水産、商工業の振興、そして生活環境の整備を強調する。金子とは対照的な地味な公約である。ただ、浜畑の公約にあったような「公害企業の進出に反対」「自然を守る」などの言葉は房の公約に見られない。[365]南海日日新聞は房の勝因を「誠実味と現職の強さを発揮する房氏が圧勝[366]」とまとめている。房が再選されたのだから、大型開発はいらないと町民は判断したのかというと、その後の事態の展開はそう単純ではない。

町長選の二カ月後の一九七六（昭和五十一）年十一月には任期満了に伴う町議選があった。開発・誘致が大きな争点になったわけでも、議員の顔ぶれに大きな入れ替わりがあったわけでもないが、選挙後の十二月の議会では、前の議会で設置されていた「枝手久島石油企業進出反対特別委員会」は自然消滅し、それとは対照的な「瀬戸内町総合開発促進対策調査特別委員会」が喜原朝栄議員を委員長として設置された（以下、「開発委員会」と呼ぶ）。沖縄出身の喜原（喜如嘉から一九六二（昭和三十七）年十月に改姓）については第六章五節で触れる。一二名の委員のうちには共産党の久原梓や公明党の泰村義男もいたので、開発派一辺倒ではなかったとはいえ、議会の大勢が公害企業反対から、大型開発に転換したわけである。[367]

議会委員会が「むつ」誘致を表明

この委員会は翌一九七七（昭和五十二）年一月から二月

にかけて本土に五名の調査団を派遣したが、その調査団が青森県むつ市と東京の科学技術庁を訪れ、「むつ」の誘致を表明した。町議会で決議したわけではないので、手続き的には勇み足であり、誘致反対派は強く反発した。[368]

この間、一九七六（昭和五十一）年九月には、徳之島の核燃料再処理工場計画が明るみに出て、徳之島では反対運動が盛り上がりつつあった。最初は宇検村の石油精製所への反対で組織された公害反対郡民会議もこの運動に取り組んでいた。その時期に瀬戸内町議会が「むつ」誘致に動いたことに、反対派は強く反発した。二月十九日に古仁屋の春日公園で反対派が開いた決起集会には一五〇〇人が参加し、デモ行進を行った。[369]

町と議会の調査報告

房町長は賛否を表明せず、町当局独自の調査団を派遣することを決めた。その報告書が、「昭和五二年九月町長提出　企業立地調査報告書」という表紙をつけて議会事務局に保存されている。

調査は町長、助役、収入役を代表とする三班に分かれて十カ所で行われている。調査先は三つに分けられる。まず四日市や和歌山県の有田のように、石油工業が立地している先進地、ＣＴＳ（石油備蓄基地）誘致中の市町村（高知県と長崎県）、そして原子力船「むつ」関連の佐世保市である。

先進地では、ひところの環境汚染が、規制強化などもあって緩和されていることを確認している。だから受け入れてよいということにはならなかった。

多くの工場が立地する和歌山県の海南市長は、「石油企業は市財政に大きくプラスしている」「公害は法規制と企業の努力でさほど影響はない」という一方で、「奄美は自然が美しいところだと聞いているが環境整備から見ると石油企業の立地は好ましくないと思う」とも述べている。また「企業を誘致するとすれば最初で公害防止協定を結ぶことが先決である。立地してからは話合いが進めにくい」という経験に基づく助言もあった。

ＣＴＳを誘致している市町村では、やはり漁協が反対していた。このとき調査した二カ所には結局ＣＴＳは立地していない。またこの調査で、単なる備蓄では石油精製所より財政効果は少ないことなどを確認している。

佐世保市では、「むつ」について、単に母港となるだけで、造船、研究所、核燃料保有設備などの関連設備がなければメリットは少ないという説明を受けている。

全体として町当局は、「むつ」母港やＣＴＳが実現したときの得失を、真面目に調べようとしていたようである。

はじめに結論ありきの調査ではなかった。その結果は、要するに危険性の少ないものは財政効果も少ないということであったといえる。

町の報告書の結論を簡単にまとめておこう。まず企業による環境破壊については、減っているが将来にわたって被害がないとは断言できないとしている。次に、もし企業誘致をすれば、枝手久島石油基地に対する激しい反対運動を行ってきた経緯から、町が二分される結果となろう、と述べ、慎重な検討と調査の継続が必要であるとしている。

房町長は結局、一九八〇（昭和五十五）年の町長二期目の任期満了まで、企業誘致については「慎重」という立場を変えなかった。賛成とも反対とも述べなかった。誘致しない理由は自分が反対だからではなく、反対の声も強く、誘致すれば町が二分される恐れがあるから、というものであった。「町民の声を聞く」という公約どおりともいえる。この態度には、推進派からはもちろん、反対派からも優柔不断という批判があった。しかしそのおかげで、宇検村のような、のっぴきならない対立を町内で起こさずに済んだという見方もできる。

また議会の開発委員会も一九七七（昭和五十二）年七月に改めて調査を行っている。この報告書は町当局の報告書と同じ冊子に綴じられている。宇検村に進出を計画していた東亜燃料の工場（有田市）と本社（東京）も訪問先に入っている。この「有田詣で」に石油反対派は特別な意味を感じたであろう。反対運動に手を焼いていた東亜燃料では、宇検村など地元関係者を有田の工場視察に招待していた。反対派は、招待に応じて見学しても都合の悪いことを見せるはずはない、として招待旅行に行かないように呼び掛けていたのである。

五、私は島を愛する人であります

東燃本社を訪問した議会調査団

議会の調査報告書で最も興味をそそられるのは、東京の東亜燃料本社を訪問して、「仮定の話しとして、東燃は枝手久以外の地にも進出する考えがあるかどうか」と質問した箇所である。これが「瀬戸内町はいかがですか」という意味であることは明らかであった。

応対したのは東亜燃料の田井副社長であった。田井は質問の真意をもちろん理解して、こう答えている。「瀬戸内町の受入体制が整えば進出したい」。ただし、四年前から折衝している枝手久島が先になると断っている。一方で、枝手久島の工場が着工すれば古仁屋港も資材の荷揚げに利用したい、雇用、協力会社も瀬戸内町をはじめ周辺市町村に期待していると述べ、枝手久島石油基地の波及効果を強調して、反対運動で暗礁に乗り上げている計画への協力を、暗に要請している。

田井副社長はまたCTS（石油備蓄基地）を誘致するなら早く名乗りをあげたほうがよいとも述べている。石油備蓄は日本全体での目標量が決まっているので、それが達成されれば作る必要がなくなることを念頭に置いていたのであろう。

国策に沿った企業誘致を決議

開発委員会の報告は町議会九月定例会の会期末に近い一九七七（昭和五十二）年十月二十四日付で提出された。その結論は「本町の産業経済浮揚策として国策に沿った企業及び事業等の立地促進を図るべきである」というものであった。議会最終日の二十六日の本会議で、報告書のこの結論部分に対する表決が行われ、十三対七でこれを議決した。同時に「公害は防止できるので、企業、事業の立地促進を図るべきである」という提案も議決された。こうして町議会は公式に誘致・開発に踏み出した[370]。

房町長は南海日日新聞の取材に答えて、何をするにしても今後は住民のコンセンサスが必要として、さらに「町経済の浮揚策といわれるが、たとえ、これらのモノが誘致できたとしても、末端の漁師や農家までうるおせるか疑問。こうした他力本願ではなく、地域性を生かした水産業振興以外にない」と開発派を批判している。しかし一方で「住民多数が賛成し、国から強い要請があれば『むつ』も『石油』も条件付きで考えざるを得ない」とも述べているところに、町の困難な経済状況が見える[371]。

「末端までうるおせるか」という発言は興味深い。過去に失敗したパイン、ハム、製糖工場と違って、石油や「むつ」は地元の産物を直接利用するわけではない。実際、最も誘致に熱心だったのは古仁屋の商工業者であり、古仁屋以外の旧三カ村では反対が強かった。誘致派も反対派も、誘致が何をもたらすかを理解していたともいえる。

議会で議決しても町当局が動き出さないので、開発派は開発推進町民協議会を組織して一九七八（昭和五十三）年二月十二日に古仁屋で総決起大会を開いた。会長は房町長の後援会長であった加藤勝郎。町長と後援会長との意見の違いが明確になりつつあった。反対派も同日に決起集会を開いている[372]。

一九七八（昭和五十三）年三月十日から開かれた町議会の定例会には、開発派、反対派それぞれの請願が出された。開発派の請願の紹介議員は一二名、反対派は九名。二二名の議員のうち、鎌田正己議長以外の全議員がどちらかの紹介議員だったことになる。[373]

伊子茂湾が適地という報告

また、同じ一九七八（昭和五十三）年三月十日の鹿児島県議会では、東京の調査会社が一九七二（昭和四十七）年から七三年にかけて行った石油備蓄基地立地調査の際に、鹿児島県企画部が笠利湾、諸鈍《しょどん》湾、伊子茂《いこも》湾を推薦し、調査の結果伊子茂湾が適地とされたという資料が明るみに出た。[374] 伊子茂湾地区（佐知克《さちゆき》、勢理《せり》、於斉《おさい》、伊子茂、花《け》富《どみ》の五集落）の反応は速かった。これに反対する請願書が二六七名の署名を添えて三月二十日に町議会に提出されている。[375] 紹介議員は花富の泰村義男（公明党）と於斉の斎藤赫《てらし》であり[376]、請願の文面は泰村が作成した。泰村によれば、出稼ぎなどで留守の人を除き、五集落全員の反対署名を集めたという。[377]

さらに町議会の会期末に近い四月五日には、「一切の公害に反対する旧実久村住民会議準備委員会」が、「むつ」「石油基地」に反対する陳情書を、五〇五名の署名を添えて提出している。加計呂麻島北西部の旧実久村では四月十六日に石油企業誘致に反対する総決起集会が行われ、約三〇〇人が参加している。[378] 報道によれば発起人五六人の趣意書は、石油企業誘致の動きは「町議会の町民不在の感情的派閥争いであり一部古仁屋市街地の石油企業促進派の私利私欲のためである」とし、旧実久村住民が「祖先から受け継いだ貴い遺産と島を守るため」立ち上がるよう訴えている。町が二分されるという房町長の懸念は杞憂でも言い訳でもなかったといえよう。[379]

この定例会では四月三日から五日まで一般質問が行われている。その中で「むつ」誘致運動の発起人であった義永秀親議員は「この運動（むつ誘致）に石油が便乗してきたように思えてならない」と述べている。義永は開発反対派の請願の紹介議員になっていて、石油備蓄基地には積極的でなかった。南海日日新聞は義永の質問を「誘致促進派も二分」という見出しで報じている。[380]

私は島を愛する人であります

次いで昇喜一議員が、「議会制民主主義に立っている以上、住民の意志は議会に集約されている」として、議会の決議を受けて誘致について町長が住民を啓蒙すべきだと質問した。これに対して房町長は「議会の意見を尊重していく姿勢に変わりはない」としながらも「頭を痛めていた賛否両派の対立は激化しつつあり、住民との話し合いも十分続けてコンセンサスを得るのでなければこの問題の解決はない」と従来の慎重論を繰り返した。昇議員は、我々より知識のある国や県の指導に従うべきではないかと迫るが、房町長は町村合併の事例などを出して「国、県の指導が必ずしも我々より優れているとは言えないと思う」と譲らない。かつて房が古仁屋町助役のときに県の指導ですすめた合併が、加計呂麻島などを衰退させたという苦い認識があったのだろう[381]。

最後に昇議員の「町長のこれまでの答弁は誠に残念にして遺憾」という発言に対し、房町長は「あなたが国を愛する人であれば、私は島を愛する人であります」と答えた。この言葉は南海日日新聞の特集記事「揺れる瀬戸内町」で報道され、多くの人の記憶に残ることになった[382]。宇検村で石油基地反対運動の中心的人物の一人であった新元博文は、隣町のこの議会を傍聴していてこの発言を聞いた。それに感動して、後日色紙を持って房町長を訪ね、「私は島を愛する」という言葉を書いてくれと頼み込んだ。房は「あれははずみで言ってしまった、議事録からは削除させる」といって応じなかったとのことである[383]。昇議員が質問で「国策」を強調したので、国と島を対比させる発言が出てしまったということである。その場のはずみで出てしまった言葉が一人歩きしたということなのかもしれない。しかし、言葉が一人歩きするということは、その言葉に人の心を動かす力があるということである。国の施策が本当に島のためになっているのだろうかという疑問がなくならない限り、この言葉は生き続けるのだろう。

宇検村の石油基地や、瀬戸内町への石油・「むつ」誘致に反対であった人々からしばしば聞いたのは、房町長は非常に気さくで、反対派の若者の話にも耳を傾けたということである。（筆者のインタビューは二〇一〇年代のものだから、インタビューできたのはほとんどが当時の若者である）。時には、ここ（役場）では話がしにくいから家に来てくれと町長が言うこともあったという。

なお、この時期の瀬戸内町を含む南部大島の状況については、南海日日新聞の大司誠記者による三十五回にわたる連載記事「地方政治の現状と課題・南部大島の開発を考える」に詳しく記述されている[384]。

第六章　枝手久島石油基地計画と瀬戸内町

一、県による環境容量調査の実施

再び動き出す環境容量調査

房町長の「島を愛する」発言のあった一九七八（昭和五十三）年の三月から四月にかけての瀬戸内町議会第一回定例会だが、実はこの時期の会議録は残っていない。議会事務局の日誌から、いつ本会議が開かれていたかが分かるだけである。会議録の作成はテープ起こしから始まる膨大な作業である。瀬戸内町議会は激しい政争を反映して、長い質疑と答弁が続き、会期延長もほとんど年中行事であったので、会議録の作成は遅れがちであった。そして会議が十月末まで大幅延長された一九七七（昭和五十二）年第三回定例会（九月二十日招集）の会議録は、途中から下書きしか残っておらず、それも十月十八日の途中で途切れている。次に会議録のある定例会は、翌一九七八（昭和五十三）年六月の定例議会になる。連日続く会議に会議録作成がどうにも間に合わなくなったのであろう。そのため、前回紹介した房町長の「私は島を愛する人であります」という発言は、新聞の報道でのみ記録に残っている。ただしこのとき傍聴席は満員だったようで、新元のように直接議場でそれを聞いた人は少なくない。

続く一九七八（昭和五十三）年六月、九月の議会の会議録を見ると、環境容量調査が再び問題となっている。前に述べたように、一九七四（昭和四十九）年七月に東亜燃料は、土地境界線の測量のため枝手久島に入った。この測量に抗議して反対派が現場に入り、そこに湯湾から賛成派も駆け付けてにらみ合いとなり、一触即発の事態となった。反対派だった方から、現場で東燃の測量隊から取り上げたという破れた地図の断片を見せてもらったことがある。当時の「青焼き」なのでもとの地図は薄れていたが、ボールペンの書き込みははっきり読み取れる。所有者名などが書き込まれていて、「何とか賛成に傾きそう」（××氏談）などという生々しい書き込みもあった。すでに述べたように、東燃の調査は中止され、県が「環境容量調査」をすることが一九七四（昭和四十九）年九月に県議会で決まったが、その付帯決議にあった「すべての住民が納得できる調査方法であること」という文言のために調査が実施できずに、一九七七（昭和五十二）年三月に調査はいったん断念された。

車座県政で地ならし

しかし県は調査を諦めていなかった。鎌田要人《かなめ》知事（一九二一（大正十）〜二〇〇五（平成十七）、在任一九七七（昭和五十二）〜一九八九（平成元））は一九七八（昭和五十三）年二月に、県内各地で順次開いていた「車座で知事と語る会」（いわゆる車座県政）で南部大島を訪問した。現職知事として初めて請島、与路島を訪問し、与路島で一泊したのである。小さな町村を訪れて住民と語り合う「車座県政」は鎌田知事の親しみやすい人柄を印象づけ、特に開始当初は各地で驚きと歓迎をもって迎えられていた。しかしこの時の知事の訪問には環境調査の実現という目的もあった。質問に答えて知事は、住民の意見を最優先するとしながらも、企業立地は必要であると述べ、一度は流れた環境調査は「企業誘致は別にしても必要」としている。また企業誘致についても前向きの姿勢を示している[385]。

房町長にも知事は直接意向を伝えたに違いない。房は「私は島を愛する」と答弁した同じ一九七八（昭和五十三）年四月四日に、赤井議員の質問に対して「環境調査は必要」と答えている。石油に限らず、産業政策全般に必要な調査と説明されれば、町長として、いつまでも反対するわけにはいかなかったのだろう。

あとは漁協である。環境調査は石油基地建設に道を開くものとして反対していた漁協にはさまざまな働きかけがなされたようである。議会の会議録などからその一端が知られるが、ともかく、九月になって、瀬戸内漁協（茂野忠昭理事長）の理事会が環境調査容認の方針を打ち出した[386]。この方針転換に漁協は賛成・反対で二分され、翌一九七九（昭和五十四）年二月の漁協理事選挙後に大波乱が起こるが、今は環境調査の方を見ていこう。

漁協長の調査容認を受けて、「大島本島南部地域振興開発推進協議会」（会長は房瀬戸内町長）は一九七八（昭和五十三）年十月に環境調査の要望をとりまとめた。この協議会は瀬戸内町、宇検村、住用村、大和村の南部大島四町村から成る。このとき宇検村は、この調査は石油企業誘致を前提とすべきだと主張したが、他の三町村は、地域振興や産業振興のための基礎調査として受け入れるという考えであった。結局「特定企業の進出を対象とせず南部大島の総合的振興のため」ということで何とか合意した。ただしこの協議会は非公開だったので、詳しいことは分からない。しかしこの要望を受けた鎌田知事はなお慎重で、地元の情勢を十分分析して決めたいという態度であった。公害反対郡民会議からの反対陳情もあった。結局、県は「地元関係機関の完全協力体制」を求めてきた。具体的には、南部大島四町村の町村長、議会議長、漁協長のあわせて一二人連名の陳情と、調査への協力の約束である。

この陳情書は最終的に一九七九（昭和五十四）年一月

二十九日に提出された。[387] そこには「本調査がスムーズに実施できるよう地元関係機関が責任をもって協力する」と書かれている。瀬戸内町議会事務局には一月十二日に作られた陳情書の文案も保存されている。そこには上の文面の代わりに「本調査の実施に当たっては、全面的に協力する」とあり、そこに下線が引かれてバツ印が書かれている。書き換えの経過は分からないが、陳情書の文案がまず県に届けられ、書き換えを求められたというのは、想像が過ぎるだろうか。

　もちろん公害反対郡民会議は、この調査に反対の立場を改めて表明し、一九七九（昭和五十四）年二月に古仁屋と名瀬で相次いで決起集会を開いた。[388] このような反対運動の動向もあって、予算案提出まで時間がないことを理由に環境調査は一九七九（昭和五十四）年度当初予算には計上されなかった。[389] 八月になって県は、水質調査に限定して群島全体で調査を行うことを決めて説明会を開いた。[390] 実際に調査団が来島したのは十一月である。鎌田知事が「車座県政」で瀬戸内町を訪れてから、二年近くが経過していた。

　一連の経過では県の慎重な態度が印象に残る。まるで調査に乗り気でなく、引き伸ばしを計っていたようにさえ見える。少なくとも、早く調査をすることよりも、調査による混乱や衝突を避けることが県にとって重要だったようである。焦点となる宇検村の焼内湾の水質調査では、反対派の村民会議が、調査船に立会人を乗せることを条件に調査を容認した。強硬な反対派をここまで妥協させた県の手腕も大したものである。そして焼内湾の水質調査は一九七九（昭和五十四）年十一月十三日に行われることになった。しかし、思いがけない事件で調査は予想外の展開をたどる。

二、橋口の事故死と東京での四〇人逮捕

橋口の事故死と調査阻止

環境容量調査の実施のため、県は万全と思える根回しを済ませ、石油基地反対派も、調査への立ち会いを条件に調査を容認していた。反対の村民会議からは久志の橋口富秀と名柄の森谷次夫が調査船に乗ることになっていた。

　ところが、調査直前に橋口が事故死した。橋口は一九七三（昭和四十八）年に枝手久島の計画が持ち上がった時に、関西久志会から宇検村に来て、急遽村長選に立候補して、大方の予想を超える得票で善戦し、反対派の結束が固いことを示した。その後橋口は久志に定住して反対運動の中心の一人となり、一九七六（昭和五十一）年八月の

村議選では共産党公認で村議会議員に当選した。

十一月十日、橋口は四人の釣り客を枝手久島の二カ所に瀬渡ししたが、午後になって天候が急変した。急いで釣り客を迎えに行き、一人を船に乗せ、二カ所目の接岸の準備をしているときに高波で船が転覆した。乗船していた釣り客は枝手久島に泳ぎ着いて翌日救助され、取り残された三人も無事だったが、橋口は遺体で発見された。[391]

この季節に前線の通過のために突然強風が吹いて海が荒れることは珍しくない。島唄にも枝手久島に椎の実を取りに行って遭難した阿室の長松姉が歌われている。橋口は久志で育っていないので、それを知らなかったのだ。橋口とともに反対運動をしていた平田の新元博文はそのことを悔やむ。橋口については、賛成派だった元山三郎も紳士的な人物であったと評する。惜しい人物を失ったものである。

村民会議議長の吉久文吉は、橋口の代わりの立会人を独断で決めてもよいかと切り出し、新元博文を指名した。[392] 新元は反対運動の若手で、その活動は、文章でも行動でも、かなり激しいものであった。その新元をあえて指名した吉久の胸中にはどのような考えがあったのだろうか。

十一月十三日、調査に立ち会った新元は、まず取水する場所をめぐって猛然と抗議した。焼内湾は細かな入り江に分かれるが、その入り江の中央の水を検査するのが手順であった。パルプ工場の近くなど水質汚染が疑われる箇所で取水しないのはおかしいと新元は主張した。そのうちに無我利道場の船もやってきて（もちろん示し合わせていたのである）、調査ができる状況でなくなった。こうして調査は中止された。なお、県は三カ月後の一九八〇（昭和五十五）年二月になって、早朝誰もいないうちに焼内湾の水を採取して調査を終えた。[393]

後から見れば、一九七九（昭和五十四）年末には第二次石油ショックによる二度目の原油価格の高騰、省エネの進展で、枝手久島石油基地の必要性そのものが消滅しつつあった。実際、一九八〇年代を通じて石油需要は低迷した。しかしこれは後になって分かることであり、その時点では、新元は水質調査を許せば石油基地建設が現実化すると見ていた。

東燃本社での四〇人逮捕

新元は調査の妨害を理由に自身が逮捕される可能性を考え、急遽東京に出向いて、反対運動の関係者と今後の方針を協議したという。ところが帰島してまもなく、予想外の事件が起こった。

「東燃本社四〇人逮捕」である。本書ではすでに、樫本喜一が担当した第三章で取り上げた。一九七九（昭和五十四）年十一月二十九日の朝八時過ぎに、交渉を求めて東亜燃料本社に反対派一行が出向いたところ、普段と違って本社の入口が開けられていたので、一行はそのまま中に入って八階の会議室に陣取って、交渉を要求した。会社側は退去するように求めたが、そのまま居座っていたところ、十時二十分頃に警察がやってきた。そこで退去しようとしたら、会議室に押し戻されて四〇名全員が逮捕された。座り込んで抵抗したわけではない。逮捕者の多くは数日のうちに釈放されたが、十二月末まで拘留されていた三名だけが起訴された。罪状は建造物侵入である。[394]

当時の関係者数人から話を聞いたが、逮捕・拘留されることのショックは大きく、人によっては後々までトラウマになりかねないことを実感した。結果的には二、三日の拘留でも、逮捕された時には何日になるか分からない。しかも暴れ回って逮捕されたのなら覚悟の上だが、ここで述べたような予想外の状況だったのだからなおさらである。

この裁判では、東京で反対運動を最初に組織したのが瀬戸内町出身の元田弥三郎弁護士だったこともあり、すぐに元田を代表とする弁護団が結成され、若手弁護士たちが力のこもった長文の弁論を書いている。その一人に芝田稔秋がいる。奄美復帰の十二月に中学三年生であった芝田は、復帰後すぐに大叔父の元田弁護士を頼って加計呂麻島の芝から上京して東京の高校に入学し、その後弁護士となって活動していた。[395] この事件では勝手に会社の会議室に居座った以上、建造物侵入の事実をめぐって争う余地はない。そこで弁護団はそうせざるを得なかった正当理由を主張した。もし石油精製工場が稼働すれば環境が激変する可能性があるのだから、地元住民には説明・交渉を求める権利がある。それは憲法第二五条の生存権に基づくものである、という壮大な議論である。当時最高裁で係争中だった大阪空港訴訟も弁護団の念頭にあったのだろう。不法侵入の裁判の弁論としてはまことに異例である。環境権にかかわる議論の一つとして、この弁論は今後長く記憶されてよいと思う。

裁判の支援は、石油基地反対の組織が「東燃を裁く会」の名前で活動を行い、「裁く会ニュース」などを作成している。弁護団の要求によって一九八〇（昭和五十五）年七月二十九、三十日の両日、弁護側証人に対する出張尋問が名瀬で行われている。[396]

判決は弁護側の主張を退け、一九七三（昭和四十八）年十一月の本社交渉で反対運動側の行動が乱暴だったのでその後一切の交渉を拒否したという東亜燃料側の主張は正当であると認めて、三人に懲役四月、執行猶予二年の有罪判決を言い渡した。[397] 一方で判決文は「本件宇検石油基地建設計画は、反対運動等により、用地の確保はもとより、建設予定地の立地調査すら殆ど行うことができないまま停滞していた」とも述べている。だから本社に押しかけて面談を求める緊急性はなかったという論理なのだが、反対運動が成功していたことを裁判所が認定したわけである[398]。

反対運動の関係者は、この逮捕を徳之島の核燃料再処理工場建設計画と関連した反対運動の弾圧であると解釈した。逮捕の直後の十二月上旬に、再処理を行う原燃サービス社の社長に九州電力の後藤清副社長が内定したことは、この解釈を確信に変えた[399]。結果としてこの逮捕・裁判は反対運動にいわば活を入れ、活発化させることになったとも言える。

三、漁協の切り崩し

理事選挙で反対派がいったんは多数

一九七九（昭和五十四）年末から八〇年初めに鹿児島県が行った水質調査をめぐる宇検村での経過と、東燃本社四〇人逮捕事件の経緯を見て来たが、瀬戸内町に戻ってその間の出来事を見ていこう。水質調査が可能になったのは、調査が石油基地立地につながるとして強く反対していた瀬戸内漁協の茂野漁協長が一九七八（昭和五十三）年九月に調査容認に転じたためであった。しかし漁協内では反対も根強く、翌一九七九（昭和五十四）年二月二十七日の漁協理事選挙では、候補者数が定数を上回って久々に選挙が行われた。九人の理事のうち五人が環境調査反対派で占められた。三月七日の新理事会では理事長（漁協長）の人選をめぐって意見がまとまらず、結論が先送りされた[400]。

番号つきの投票用紙

ところが賛成派は、理事選挙の際に投票用紙一枚ごとに番号がつけられていたのでこの選挙は不正であるとして、理事全員のリコールを申し立てた。番号は投票前に削除されたと報道されているが[401]、後に瀬戸内漁協長となった叶良久によれば、投票用紙の隅に番号がつけられていたことには皆気付いていたが、そのまま投票したということである。そして選挙が終わった後で何げなく番号の話をしていたら、それはおかしいという人がいて、夜の八時半ころ漁協にとって返してみると、まさに投票用紙から番号を切り離しているところであったという。叶の話では番号は反対派の仕業であったということである。番号をつけたのが誰であるにせよ、その目的は、一人一人が賛成派・反対派のどちらに投票したかを確認することだったはずだ。漁協理事会が一九七八（昭和五十三）年九月に環境調査容認を打ち出してから、賛成・反対両派の間に激しい対立があったことは間違いない。

決まったばかりの漁協全理事のリコール請求は四月二日に投票にかけられ、一三一対八一で可決された。この票差から賛成派が大きく巻き返したことが分かる。やり直しの選挙で立候補者の顔ぶれはかなり入れ替わり、さらに投票前の四月二十四日に反対派候補から辞退者が出て、結局無投票で賛成派七人、反対派二人が当選した[402]。

環境調査絶対反対だった漁協で、まず一九七八（昭和五十三）年九月に理事長と理事が、一九七九（昭和五十四）年三月に組合員の大半が、調査容認に転換した背後には猛烈な説得工作があった。「漁協の〝転向〟は東燃の現地駐在員をはじめ商工会、町村議員を中心に進められた説得工作が『功を奏して世論工作はかなり進んだ現れだ』」という推進派議員の言葉が報道されている[403]。

町政では、川井町長時代から引き続いて長年助役を務めた里肇が一九七八（昭和五十三）年九月十日に任期満了で退任している。里はこの二年後、一九八〇（昭和五十五）年九月の町長選に開発派の支援を受けて立候補し、三選を目指す房を破って町長に就任する。筆者が聞いたところでは、開発派が房の幼馴染みでもあった里に白羽の矢を立てたのは、もともとの反房派から候補を立てても町長選を制するのは難しいという判断もあったという。富島甫は、川井前町長が里の自宅に日参して説得したと語る。

反対派も産業振興を模索

さて、一九七六（昭和五十一）年の町議選以降、瀬戸内町では開発派が勢力を広げていった経過を見てきたが、反対（慎重）派もただ反対と言っていたのではなく、産業振興を模索していた。一九七八（昭和五十三）年の八月から九月にかけて、ちょうど漁協理事会が環境調査への態度を転換した頃、町議会の農林水産振興開発促進調査特別委員会は十七回にわたって閉会中審査を行い、十月の本会議で久保成雄委員長が報告を行っている[404]。この時期の久保は石油基地などの誘致による開発計画を批判し、一次産業の振興を重視している。

委員会はまず加計呂麻の黒糖の問題で、県当局や奄美選出の県議に働きかけている。前にも触れたように、瀬戸内町では拓南製糖が一九七一（昭和四十六）年に操業を中止したが、他に有力な農産物や産業の乏しい加計呂麻島では黒糖生産が復活していた。それが補助を受けた沖縄産黒糖に押されていて、瀬戸内町は一九七七（昭和五十二）年から町独自の補助金を出していた。このような状況で、加計呂麻のキビを奄美大島北部の笠利町にある富国製糖に搬入できないか、などさまざまな解決策を委員会は模索している。

委員会は伊須湾におけるモズク養殖の可能性、久根津でのハマチの養殖の失敗などの問題も取り上げて検討を行っている。

結論として委員会は、農業では基盤整備事業、水産業では漁船の大型化とあわせて、漁具や装備品の近代化、さらに技術の向上も必要であると述べている。要するに、当時の瀬戸内町の農業や水産業は、産業として成立するための基盤が不十分だったのだ。このことはこの報告に対する赤井忠憲議員の質問で、ムロアジが大漁だったのに保存できずに腐らせてしまった話が出てくることからも分かる。なお、赤井議員の質問は非常に具体的で、町の農業・水産業の実情を久保委員長に劣らず把握していることが分かる。企業誘致に対する態度を一八〇度変えた赤井に対する評価は分かれるが、議員としてはきわめて熱心に調査・勉強して議会で発言していた。この点は全国の地方議員に見習ってほしいものである。

四、県とのパイプ

反対運動でパイプが詰まっている

開発（企業誘致）か、自然保護と一次産業の振興かをめぐって揺れた一九七〇年代の瀬戸内町の動きを追ってきたが、ここで個々の事件から少し離れて、この時期に常に問題とされたテーマを追ってみよう。キーワードは「パイプ」である。

一九七五（昭和五十）年の補欠選挙で当選して議員に返り咲いた与路島出身の屋崎一議員は、一九七六（昭和五十一）年六月議会の一般質問でこう述べている。

「ある県職員から瀬戸内町はパイプがつまっていると、最近少しパイプがあいてきたようであるという事を聞かされた。（中略）今の行政というのは、すべて県の指導と県の計画にのっかっていかなければ、町の色んな施策も事業も行われない。（中略）どうして、そのパイプがつまっているという事を外部の人が、しかも県職の人が言わなければならない（か）という問題であります」[405]

瀬戸内町と県とのパイプが詰まっていたとするなら、それは一九七三（昭和四十八）年春以降、町議会が先頭に立って宇検村の枝手久島石油基地計画に激しい反対運動をしていた影響であろう。一九七三（昭和四十八）年九月下旬には、議員全員が県議会開会にあわせて上鹿し、各方面に反対の申し入れを行っている。第五章二節で述べたように、一九七四（昭和四十九）年春には、金丸知事が房町長、昇清一議長を呼んで懇談したが、その席で昇は環境調査をやめさせよと知事に迫っている。知事は「公害は防止できる」と述べ、立地に賛成であったから、県と町との関係に影響があったとしても不思議はない。「パイプが詰まっている」ことを追及されても、それは議会が積極的に行った反対運動の結果ではないか、と房町長は感じたかもしれない。

　議会の反対運動が尻すぼみになった背景には、この「パイプ論」があった。本稿で何度か登場した赤井忠憲は南海日日新聞の取材に答えて、反対運動から手を引いた理由の一つとしてこう述べている。「公害反対郡民会議のメンバーとして知事交渉に臨んだ時など社会党の面々が知事を君呼ばわりするのを見てこの人たちと一緒にやっていたのでは瀬戸内町のためにならないのではないか、条件も厳しく自主振興の意識も低くなっている瀬戸内町の経済振興は国にすがるしかないのではないか、と思うようになった」[406]

　財源がきわめて乏しく、必要な事業が多い奄美では、さまざまなルートで国や県に働きかけることになる。いきおい有力な人物とのつながり、いわゆる「パイプ」が重視される。議員や首長の選挙でも、「パイプ」を持つことが重要な要素になる。鹿児島県自体も、国との関係ではお願いする立場である。歴代の知事の多くが中央官庁出身であることは、県本土でも選挙において「パイプ」が重視されていることの反映であろう。一九七七（昭和五十二）年から八九年まで在職した鎌田知事は、新幹線建設などで陳情に奔走し、「コメツキバッタ」を自称した。

大臣を袖にした房町長

　ところが房弘久町長はそれと正反対であった。一九七四（昭和四十九）年九月に亀岡高夫建設大臣が来島した際、房は名瀬で他市町村の首長とともに陳情を行っている。その翌日、大臣は南部大島を視察した。赤井忠憲の話では、宇検村では沿道の各集落で人を動員して日の丸の小旗を振って大臣を出迎えたが、瀬戸内町ではそのような準備をしていなかった。そして房町長は大島中学の同窓会に出席するために町を留守にして、応対を里助役に任せていた。赤井は当日それを知り、あわてて大臣が最初に通る久慈集落で人を集めて出迎えの手配をしたそうである。[407]町議会で赤井はこのことを取り上げて、「やはり政治というものは県、国こうしたものの心証を害したら何らかの影響があると考えます。この点どのようにお考えであるのかお聞きしたいと思います」と質問している。議会の質問だから言葉遣いは丁寧だが、それからほとんど四十年を経て筆者が赤井にインタビューした際には、大臣が来るのに町長不在とはとんでもないと怒っていた。房町長は「私達同窓会は半年前で日時もきまっておりました。（中略）そこで助役にお願いをして陳情その他をしてございます。もしそのような批判があるとすれば甘んじて受けることにいたします」と答弁している[408]。答弁は低姿勢ではあるが、次にまた同窓会と大臣来町が重なったら同窓会に行きそうである。

　しかし地元でこの話をすると、房町長の肩を持つ人も少なくない。奄美に限らず、国に「お願い」をする地方は、そうせざるを得ないのであって、お願いしなければならない現状に満足しているわけではない。同窓会に行ってしまった房の行動は、見る人によっては痛快なエピソードでもある。

　国や県の予算は、「パイプ」があって熱心に陳情に来る所にではなく、本当に必要なところに配分されるのが理想である。そもそも国民に主権があって、国も地方も国民の一人一人の生活の向上が目的のはずなのに、地方が国に「お願い」すること自体が奇妙とも言える。主権在民である以上、国と地方のどちらの権限も同じ国民に由来するはずだからである。これは理想論に過ぎないのだろうが、少なくとも、「パイプがあるところに多く配分することこそ正義である」と、正面きって主張できる人はいないだろう。

　しかし現実はそうではない。もし筆者が町長だったら（その器でないことは分かっているので仮定の話だが）、大臣にペコペコすることで予算が左右されるべきではないと思ってはいても、房町長と同じ立場に置かれたら、あらゆる先約をキャンセルして大臣を出迎えて歓待するだろう。そうしないことで町民が不利益をこうむる可能性が万に一つでもあれば、それは町民に対する義務でもある。

　こうして首長は中央とのパイプを確保し、頭を下げる。首長や議会はそうせざるを得ない。奄振そのものが常に時限立法で、五年ごと、十年ごとに国は打ち切りをちらつかせ、地元は延長のための陳情に奔走する。過去の新聞記事をずっと調べていると、奄振延長の記事だけは、いったいいつの新聞を読んでいるのか分からなくなるほどに、同じような記事が五年ごとに現れる。復帰から六十五年、この構図に変化はない。しかしそれが良いことであり、国と地方のあり方がこうあるべきだ、こうあるのが正しいというわけではなかろう。言葉に出さなくても、割り切れない思いは渦巻いている。大臣を袖にして同窓会に行ってしまった房に喝采を送る気持ちも分からないではない。

なお、この背景には房弘久町長と、田中派の保岡興治代議士との関係がそれほど親密でなかったことがある、という見方もある（亀岡建設相も田中派である）。実際、同じ町議会で公明党の森猛敏は「公害反対など革新の立場を取れ」と述べる一方で（房町長は保守革新を問わず連携すると答弁している）、「房町長は一人いる国会議員（自民党の保岡興治）をあまり利用していない」と批判している。これに対して房町長は「瀬戸内から県議を出さなくてはいけない」と切り返している。[409] これは公明党の固い組織票が結果として瀬戸内からの県議候補の当選を阻んでいるのではないか、という皮肉であったかもしれない。

房と親密だったのは、龍郷出身で日教組委員長から参議院議員となった社会党の宮之原貞光であった。宮之原は房にとって大島中学の先輩でもある。このこともあって、房は革新系に近いと見られていた。一九八〇（昭和五十五）年六月の議会で屋崎議員は「町長のイデオロギーについて」質問している。房は「主義主張を話せと言われましたところで、どうしても、ここで答弁するわけにはまいりません。今までの私の言動、議会における行動、その他社会におけるところの私の行動をもってひとつご理解いただきたい」と答弁する。屋崎はさらに、保守系無所属か革新系無所属かを明らかにせよと問う。房は「無所属の保守系、革新がいかなるものであるのか、よく私に解釈できませんので、私の行動によってご判断いただきたい」と、質問をかわす。[410] 質問はなおも続くが、これは実質的にこの年九月の町長選の前哨戦であった。前にも述べたように、議会で多数の開発派は、元助役の里肇を応援して当選させたのだった。

五、反対から賛成へ：二人の町議の軌跡

盟友から対決へ：昇喜一

瀬戸内町議会は一九七三（昭和四十八）年の枝手久島石油精製工場絶対反対から、一九七七（昭和五十二）年十月に決議した「国策に沿った企業誘致」すなわちＣＴＳ（石油備蓄基地）や原子力船「むつ」誘致に転換した。今回は反対から賛成に態度を変えた多くの議員のうち、二人に焦点をあてて見ていこう。

二十五歳で合併前の西方村長を経験した昇喜一は、長らく瀬戸内町議を務めたが、一九六七（昭和四十二）年、七一（昭和四十六）年、七五（昭和五十）年の県議選に立候補して落選している（農協の昇清一は別人である）。

瀬戸内町は鹿児島県議選では、名瀬市以外の奄美群島を選挙区とする大島郡区に属する。一九五九（昭和三十四）年四月の県議選には瀬戸内町から房弘久が立候補して六六九九票を獲得したが、次々点に終わっている（最下位当選者の得票は七七四六票）。四年後の六三年の県議選には金（金子）友蔵が立候補し、七三六〇票で次々点（最下位当選者は八六九四票）。さらに次回の六七年から昇喜一が三回連続で立候補している。一九六七（昭和四十二）年は七六二〇票で次々点となった（最下位当選者は八五八八票）。一九七一（昭和四十六）年の県議選では大島郡区は定数が五から四に減らされた。トップ当選の肥後吉次が一万三五七票、河野喬次、重村一郎と続き、最下位当選の笠井純一は九八一四票、次点に泣いた昇は九二三〇票という大激戦であった。

七一年の県議選の公約で昇は、復帰以来の復興・振興事業がすでに十八年目を迎え、すでに三〇〇億円を超える国費が投入されたのに、奄美の郡民所得が国民所得の四六・九％にすぎないことをとりあげ、「奄美の空白は、軍政下の八年といった浅いものではなく、薩藩統治以来三百五十年もの永い深い空白であるので、埋めても埋めても埋めつくし得ず、国の伸びについてゆけないのである」と述べ、薩摩の搾取、キビ作の強制を指摘し、さらに「明治・大正・昭和の八十年間も軍の施設以外は開発されていない。軍は奄美を名もなきものにし、世人の目を覆う（ママ）ことに努めたのである」と続ける（一九七一（昭和四十六）年四月三日付南海日日新聞）。薩摩の支配は繰り返し語られることであるが、昇は戦前の古仁屋に設置された要塞司令部を肯定的に見ていない。軍事施設には大量の資金が投下されるので、町が賑わったことは事実であり、当時の古仁屋ではその記憶が受け継がれていた。昇が村長を務めた旧西方村でも、大島海峡の西側の入口にあたる西古見に軍が駐屯していた。ここで昇が指摘しているのは、国策で軍事施設がつくられても、地域の産業基盤は整備されなかったということであろう。

この翌年、一九七二（昭和四十七）年に盟友の房弘久が瀬戸内町長となった。房は七五年の県議選の半年前に結成された昇喜一後援会の会長となり、副会長には消防団、漁協、商工会、農業委員会、森林組合、農協、連合婦人会の会長が就任し、瀬戸内町から「今度こそ我々の代表を」（後援会のスローガン）出すために町をあげて昇を支援する形となった。[411]

四年後の一九七五（昭和五十）年四月の県議選で昇は三度目の挑戦をする。前年十月に房弘久町長を会長とする昇喜一後援会が結成され、副会長に伊藤重成消防団長、的場宮秀漁協長、田村鶴雄商工会会長など町の諸団体の代表が名前を連ねた。しかし大島郡区の当選者の顔ぶれは前回と同じで、昇は一万一五六票を獲得したがまたも次点に泣いた。このときは一九七一（昭和四十六）年にトップ当選した肥後吉次が最下位当選の一万一〇五三票であり、九〇〇票足らずの票差であった。やや細かい話になるが、一九六七（昭和四十二）年に当選、七一年に落選した社会党の有川菫允《とういん》が七五年の選挙には出馬せず、出身地の沖永良部島の票は他候補に分散した。昇はここで当選した候補に差をつけられた、さらに一九七一（昭和四十六）年に候補を出さなかった共産党が瀬戸内町の浜畑秀麿を擁立し（通称の浜畑マロの名で立候補）、町内で八七八票を獲得したことも昇にとって痛手であった。なお、公明党の河野は全郡で満遍なく得票していて、公明党の集票力が昇だけに不利に働いたわけではなかったようである。

この後、第五章五節で見たように昇は企業誘致賛成に態度を変え、一九七八（昭和五十三）年四月には議会で房町長に「国策に沿った企業誘致」を迫り、はからずも「あなたが島を愛するならば私は島を愛する」という房の言葉を引き出すことになる。この日、傍聴していた富島甫は「昇議員、自己反省せよ」と傍聴席から叫んだという。三年前の県議選で房町長の全面的な支援を受けた昇が開発推進に回って、慎重論を崩さない房を追及することに富島は憤ったのである。

なお、一九九五（平成七）年に里肇町長辞任を受けた町長選では昇は義永秀親に敗れた。選挙運に恵まれない、悲運の政治家であった。

「琉球人」の喜如加（喜原）朝栄

もう一人、石油基地反対から企業誘致へと態度を転換した町議会議員を紹介しよう。両親が沖縄出身の喜如加《きじょか》朝栄である。旧古仁屋町町議であり、合併した瀬戸内町では、一九六四（昭和三十九）年に二票差で次点となった以外はこの時期まで連続して当選している。一九六二（昭和三十七）年に喜原に改姓しているので以下では喜原の名で呼ぶ。沖縄では、奄美に先駆けて沖縄本島東側の平安座島に石油企業（米国ガルフ社）が進出していた。沖縄本島との間に橋を架けてくれることが島民にとって魅力的だったが、進出後は環境破壊など負の側面が目立っていた。さらに平安座島の先の宮城島との間が三菱系の石油会社によって埋め立てられ、激しい反対運動が起こっていた。[412] 枝手久島製油所の計画に対して喜原はこう述べたという。「沖縄のことについては心を痛めているのですが、私はそれだけに奄美に沖縄の二の舞いをさせたくないのです。そのために頑張ることが〝琉球人〟の私を受け入れてくれた奄美大島への私のご奉公だと思うのです」「私はだれにでもこの奄美の瀬戸内の住みよさを自慢します。だれが何といおうと日本一ですよ、日本一の所を、でなくすることには耐えられませんよ」[413]

しかし、喜原は一九七六（昭和五十一）年の町議会選挙後の十二月に町議会に設置された総合開発促進対策調査特別委員会の委員長となり、翌年二月に議会の他のメンバーとともに科学技術庁を訪れて原子力船「むつ」の誘致を表明している。喜原は石油備蓄基地には積極的でなかったから、それなりに筋が通っているという見方もできるが、「むつ派」と「石油派」は基本的には共同で行動している。一九七八（昭和五十三）年春に議会を二分した開発派と反対派の請願でも、喜原は開発派の紹介議員となっている。

公害反対から開発促進へと転換した昇と喜原の軌跡を紹介した。この二人を批判しているのではない。経験豊かなベテラン議員が次々と開発派に転向したことは事実である。それだけ当時の瀬戸内町の産業衰退が深刻だったと言えよう。

六、反対貫いた「うすえ姉」

母子寮・保育所建設運動

議員に限らず、瀬戸内町では少なからぬ人々が石油基地反対から開発推進へと転換した。そこにはそれなりの事情があったわけだが、頑として転換しなかった人物もいた。筆者のインタビューに繰り返し応じてくれた船大工の富島甫もそうであるが、富島のさらに先輩にあたる女性がいた。現在五十代以上の古仁屋の人は産婆の（今は助産師と呼ぶべきだが）備《そなえ》スエ（旧姓村井。一九一三（大正二）～二〇〇五（平成十七））を記憶しているだろう。

伊須の生まれで古仁屋で育ち、戦前に本土で助産婦の資格をとり、戦後の一九四八年に古仁屋に引き揚げてきた。本土復帰後は母子会長に任命され、まず古仁屋の母子寮・保育所建設運動を行った。運動は実を結んで、復興予算で一九五八（昭和三十三）年に建設が実現した。保育所は古仁屋大火の後、役場の臨時庁舎として使われた。大火直後の臨時町議会もここで開かれている。大火の後の区画整理の委員会では春日区の代表となり、自宅の土地を提供して換地に移り、カトリック教会と幼稚園の敷地を現在のようにまとめた。幼稚園からは大変感謝されたという。家はいつも集まってくる人で一杯で、皆からは「うすえ姉」と呼ばれていた。[414]

母子健康センター

一九七〇年代に島を離れたが、町内でお産が難しくなったことに対処して房町長が一九七七（昭和五十二）年四月に開設した母子健康センターの嘱託として古仁屋に戻ってきた。島から出ていた期間はそれほど長くなかったが、ちょうど議会の大勢が企業誘致、開発に転換した時期だった。備は石油にも「むつ」にも反対であった。三月三日に貝拾いに行った折に、賛成派の人から賛成に回ってくれと言われ（お金の話もあった）、ひどく怒ったということである。[415]

旧実久村で反対運動を展開した森徳久は、議員などに会いたいときに備が連れて行ってくれるので大変助かったと回想する。古仁屋の人は、身内の出産や、若い人なら自分が生まれるときに、備の世話になっていた。だから議員さんでも頭が上がらなかったと森は回想する。駄目なことは駄目と、かちっと言う人だったという。[416]

歯に衣着せぬ発言

備の言動には率直すぎるところがあった。一九七八（昭和五十三）年には、石油備蓄立地推進特別委員会が反対派の請願書に関して、代表者を呼んで話を聞こうとしたところ、他に十数名の請願者がやってきて、その中に備もいた。当惑した内田東三委員長が代表者を呼んで交渉していると、備は「自分は妊産婦をそのまま置いてここにきているんだよ」「早く会を開きなさい」と廊下で言う（町議会での赤井忠憲議員の発言による）。[417]赤井はまた「議会において傍聴席からのあのヤジ、発言、そのような備女史の一流のそういう言動」とも発言している。開発推進派にとっては目の上のたんこぶである。

一方で赤井は、議会を傍聴に来た備が、赤井を含めて頻繁に発言する議員四人の議席が隣り合って田の字型になっていることを、「一坪議会」と言ってからかったことを語ってくれた（他の三人は金子万寿夫、原田四郎、盛満秀）。[418]四人分の議席ならたしかに一坪程度の広さである。これは一九七二（昭和四十七）年から一九七六（昭和五十一）年の議会のことと思われる。赤井にとっては、企業誘致の是非をめぐって対立した備は「憎らしいが懐かしい」存在であったようだ。なお、この時期の議会では多くの議員が頻繁に発言していて、この四人以外が沈黙していたわけではないことを付け加えておこう。

筆者が色々な方から伺った話からは、貫禄のある体格、こう思ったら引かない意志の強さ、面倒見のよさ、産婆としての確かな技術といった備の姿が浮かび上がる。

瀬戸内町の連合婦人会は開発反対の立場であり[419]、一九八〇（昭和五十五）年に町長が開発派の里肇に代わった後も態度を変えなかった。そこには備の影響力があった。備の遠縁でもある浜畑静香は「備さんが言えば女の人たちは右向け右でしたからね」と語る。赤井は一九八一（昭和五十六）年に、連合婦人会の役員人事に異議を唱えて町議会の一般質問で問題にしている[420]。赤井は、連合婦人会総会の後に会員二人が町の教委社教課長に会って婦人会の規定や総会の運営を問題にしたこと、さらにその際に、課長が「誰が猫の首に鈴かけに行けますか」と言ったことを本会議で暴露し、こう続けている。「そのネコはあなたにかみつくからですか、そのネコは。そういう粗暴性のあるような婦人がおるんですか。あなたが差し出すところのその親指の一本と、そのネコに表現したところのこれは一体だれであるのか、はっきりしなさい」。赤井の発言も、本会議ではどうかと思うほど率直であるが、おかげで町の歴史の一コマが生き生きと伝わってくる。

選挙の怪文書

富島甫からはこんな話を聞いた。備は房弘久の強力な支持者であった。一九六八（昭和四十三）年の町議選のとき、備、富島、的場などの房の支持者がそれぞれ、「房があなたの悪口を言っている」という文書を受け取った。いわゆる怪文書である。富島は冷静であったが、備はこの選挙で房を応援しなかった。しかし選挙の最終日の朝、房の選挙カーが備の家の前を通ると、はだしで髪もバラバラのまま備が駆け出してきて、「ヒロ、悪かった」。直情径行、情熱の有り余る人物像が浮かび上がる逸話である。

房町長が一九八〇（昭和五十五）年の町長選で敗れたあと、備は母子健康センターを辞し、加計呂麻島瀬相の徳洲会病院（現在は診療所）の建設運動に奔走した。姿が見えない、行方不明だと思ったら向かい島に行っていた、と長女の鹿島輝志子は回想する。復帰直後の母子寮・保育所建設運動から、備の活動は一貫している。島の政治はその時々の補助金や、有望そうに見える事業に引きずられがちだが、出産・育児・医療という生活の基盤を支え続けた人がいたのである。

七、「本土並み」に異議：師玉登元住用村長

開発路線の推進

ここまで何人かの人物にスポットをあててきたが、もう一人、こんどは徹底的な開発派から意見を変えた人物を取り上げよう。

それは住用村長の師玉《しだま》登（一九二〇（大正九）～一九九一（平成三））である。師玉は一九四六年に神戸から引き揚げてきて、名瀬のアザマゴ（今の末広町）で師玉商店を開いた。卸、小売の二店舗を持ち、一七人の店員がいた繁盛ぶりであった[421]。「どろぼー」という声を聞いて、通りを逃げる泥棒を二階から飛び降りて捕まえたという逸話もある。一九五六（昭和三十一）年に名瀬市議に当選し、二期目途中の一九六三（昭和三十八）年七月に住用村長の辞職を受けて行われた村長選に立候補して当選、村長在任三期目の一九七三（昭和四十八）年に宇検村枝手久島の石油精製所計画が持ち上がった。

宇検村の松元村長と宇検村議会の多数は石油賛成であったが、奄美の他の市町村は公害を懸念して皆反対であった。その中で師玉は、宇検村以外で計画に好意的だった唯一の首長であった。このことからも想像できるように、師玉は奄振による開発路線を強力に推し進めた。筆者が会った村外の革新系の元議員は、師玉を「土建屋さんのお使いみたいな人」と評した。しかし仮に本人がこれを聞いたとしても歯牙にもかけなかっただろう。一方で師玉が住用中学校の相撲部の活動にポンとポケットマネーを出してくれたことを教員だった山元真琴は記憶している。豪快な人柄と強引な手法に対しては評価がくっきりと分かれる。

中央とのケンカも辞さず

とはいえ師玉はただの「お使い」ではなかった。今と違って道路が整備されていない当時、住用村から名瀬の高校に通学することは不可能であった。師玉は名瀬に住用村の高校生のための寮を作ったが、これは奄振でなく一般事業であり、これが大変なことであったらしい。師玉は南海日日新聞が主催した復帰二十五年記念のシンポジウムでこう語っている。「国の次官級の中での申し合わせ事項として奄美大島はこれまでの特別事業だけをさせろ、一般事業は認めるなという口約束があったということで、私は文部省と大ゲンカしてやっと認めさせた」[422]

そこまでして寮を作った理由は「田舎で生活を苦しめるのは進学費だ。だから寮と、親たちが働きやすいように保

育所や託児所をつくれば十分田舎でもやっていける」。これは今でも変わらない問題である。奄美へのUターン、Iターンを考えても踏み切れない理由の一つに子供の教育費があると聞く。

一九七五（昭和五十）年の村長選で師玉は落選した。このときは宇検村の石油基地反対派が対立候補の前田公正を応援した。首長選にはさまざまな要因がからむので、落選の原因が「石油賛成」であったと断言することはできないが、これを契機に師玉は奄美の開発を考え直すことになった。

本土並みに異議

シンポジウムでは上の発言に続けて師玉は「野に立って私が一番感じることは、産業基盤整備が非常に遅れていた、ということだ。自由経済、自由貿易という時代の波に押しやられて、私たち奄美の人々がそういう目先のことだけにとらわれて行政を担当してきたと、はっきり言えるのではないか」「私落選してから考えたことは、本土並みの所得ということにまやかされているのではないか、ということだ。本土というものはそもそも工業や自由貿易で成り立っているわけだが、本土並みと言っていると、われわれも周囲が本土並みに侵されたものになっていくのを当然視していたのではないか。（中略）右も左も考えずにただ収入を上げることだけを考えすぎていたように思う。とくに遠隔地である奄美の場合、自給自足の体制をある程度とりながら〝換金行政〟、商品に向かった考え方を持つようにすべきだとしみじみ考える」[423]。これは今でもあてはまる指摘と言えよう。

奄美は本土とは同じでなく、独自の政策が必要であるという師玉の意識は商店経営の中でつちかわれたようである。復帰前のある日を回想して師玉はこう書いている。「運賃が高いので物価は高く、ある日私は店の前で一枚のムギワラボウシとこれを入れて送った竹カゴを持出し、戸にハリ紙で説明書をして、このままでゆくと出す金は多く入る金は少なく、将来はジリ貧になり占領軍の思うように引廻されるだけだという街頭演説をやりだした。奇異な目で私の説明を聞く人々がいつの間にか道路を埋め尽くした」。それを交通違反だととがめる警官とやり合いになり、そこに通りかかった大山光二（後に共産党の名瀬市議）も「この争いを横から買ってくれた」とのことである。この後、重成格鹿児島県知事が来島したときも、出迎えに麦わら帽子と竹かごを下げていき、名瀬小学校校庭での運賃値下げ演説会でも知事に差し出したという[424]。

一九七八（昭和五十三）年のシンポジウムでの発言に戻

ろう。奄振への批判は今でこそ珍しくないが、一九七〇年代に、しかも首長経験者がこれだけはっきりと奄振の根底にある「本土並み」という考え方の問題点を指摘したことは特筆に値する。一九七五（昭和五十）年の村長選落選の後、宇検村の石油反対派に「自分は天狗になっていた。君らのおかげで目が覚めた」と語ったという話も聞いた。本当にそう言ったのか、今となっては本人に確かめようもないが、落選を機にそれまでの行政のあり方を真剣に考え直したことは、シンポジウムの発言から分かる。

その後、一九八七（昭和六十二）年に師玉は奄美でも珍しい激しい選挙戦の末、わずか二票差で村長に返り咲いた。当選した師玉は農林水産業振興、観光振興を村政の柱に掲げる。ところが落選した用稲松男陣営が、代理投票が一〇〇人近くもいたことなどを理由に選挙無効を申し立て、一九九〇（平成二）年四月に選挙無効が確定した[425]。このため、一九八七（昭和六十二）年から二年余にわたる師玉の二回目の村長在任期間は公式には存在しない。まことに波瀾万丈の人生であった。

八、里町政での企業誘致

議会議決後、「両輪」回らず進展せず

瀬戸内町の動きに戻ろう。一九七七（昭和五十二）年十月に議会が「国策に沿った企業誘致」を決議したが、反対意見も町内に根強く、房町長は誘致をめぐって町が二分されかねないとして、慎重姿勢を崩さなかった。

首長の権限はかなり大きい。何かをしたいと思っても議会が反対すれば予算が通らず、出来ることは限られている。しかし何かをしないと決めたら、議会がいかにがんばってもそれは絶対にできない。当時反対派だった久保成雄議員の言葉を借りれば、議会と町当局という「車の両輪」が回っておらず[426]、誘致はまったく進展しなかった。

この状況で、房の後援会長であった商工会の加藤勝郎もついに房と決裂した。開発促進に転換するように何度も房に申し入れたが、房は頑として意見を変えない。最後に加藤は後援会の主だった人々とともに房の自宅を訪ね、さまざまな議論の末、最後に「あんたは賛成ね、反対ね」と問い詰めるが、房は黙りこくって返事をしない。ついに加藤は、「わかりました。もうこれであんたは支持しません。

自分たちは里を支持する」と宣言したという。

　こうして一九八〇（昭和五十五）年九月の町長選は、三選を目指す房と、一九七八（昭和五十三）年九月に助役を辞任した里との一騎打ちとなった。争点は言うまでもなく企業誘致の是非である。共産党は候補擁立を見送って房を支援した。激しい選挙戦の結果は里が五四二九票、房が四二〇二票で、里が当選した。房の後援会長だった加藤が、商工会の主要メンバーとともに里を支持したことを考えれば、房は意外なほど善戦したと言えよう。このときは激しい選挙戦となり、あちこちに見張りが立って、おちおち外も歩けない状況だったという[427]。

里町政でも進展なし

　里は選挙戦で「調和のとれた開発、企業誘致を強調し、国と県との密接なパイプ役をはたしたい」と訴えた。房の「地方自治は一部住民のものではない。全住民のためのもの。生活環境を悪化させる企業誘致は考えられない」という主張との違いは明確であった（一九八〇（昭和五十五）年九月九日付南海日日新聞）。

　しかし里が町長になっても企業誘致は実現しなかった。まず石油備蓄基地は、県本土の志布志などで先に計画が進んでいた。町長就任の翌年六月の町議会で、里町長は久保成雄議員の質問にこう答弁している[428]。

「この問題（石油備蓄）につきまして（鎌田）知事や総務部長等と面談した感触でございますが、「現時点では国家備蓄は満杯の状態である（中略）」といったように話されております。（中略）志布志湾の問題、種子島、甑《こしき》島、馬毛島などの候補地も上げられていると。

　それと瀬戸内の場合、申し入れいわゆる陳情が時間的におくれているのではないかという問題。（中略）総務部長からは、せめてこの問題が去年の八月か九月ごろまでに持ち上がっておればと、いうこと等も（後略）」

　ここでいう去年の九月とは、まさに里と房が争った町長選が行われた月である。里町長は、同じ答弁の中で原子力船「むつ」について、「町民の一部には原子力船「むつ」の停繫港をここにもってきたらどうかと、いうような意向もあるようでございまして、私たちはこの問題を真正面に取り上げたことは、まだありません。ただ私が接触したその話によりますと、原子力船「むつ」の停繫港とあわせて核燃料処理施設も同時に抱き込ませなければならないんじゃないかと、いうようなことなどを聞かされております。このような非常にむずかしい問題などもありますので、私はこれを正面的に取り上げるというような気持ちは、現在もっておりません」と、誘致しないことを早々に明言している。

この答弁の背景には、鎌田知事が原子力施設に消極的だったことがあると思われる。実際、鎌田の前任者の金丸三郎は、後に青森県の東奥日報の取材に答えて、知事から参議院議員に転身した後、核燃料再処理工場を加計呂麻島か馬毛島に立地するという計画の打診があり、金丸自身は乗り気であったが、後任の鎌田知事が「原子力についての考え方が私と百八十度違っていた」ためにこの計画は実現しなかったと語っている[429]。

核燃料再処理工場は本書第三章で取り上げたように、徳之島への計画が地元の大反対で実現できず、青森県六ヶ所村に建設された。ところが加計呂麻島への立地計画もあったというのである。実際、町議であった赤井忠憲は、下見に来た通産省の人に同行して、船で加計呂麻島の周囲を回ったことがあると筆者に語ってくれた。赤井の記憶では、阿多地のあたりでその人が「ああ、ここはいいねえ」と言ったという。

石油備蓄基地や核燃料再処理工場は、町長選の時期が少しずれていれば、あるいは金丸三郎がもう少し知事を続けていれば、瀬戸内町で計画が現実化していたかもしれない。そのときは反対派も黙っていなかったはずだから、町を二分する激しい争いが起こっただろう。

産業廃棄物処理場計画

里町長の十五年間の在任期間中の企業進出計画と言えば、産業廃棄物処理場があった。一九八五（昭和六十）年秋に加計呂麻島秋徳への計画があった。その一年前から地元に協力者を得て計画を進めていた企業が、九月二十日頃から里肇町長や秋徳の区長に計画を説明した。共産党奄美地区委員会が入手した資料を二十七日に公開して、核燃料廃棄物の処分場ではないかとしたことで、計画が明るみに出た[430]。資料によれば、ドラム缶に封入された産業廃棄物一〇二万本を収容する施設で一四〇億余円の事業費をかけるという。ドラム缶一本に一万円以上をかけても処分したい産業廃棄物とは何であろうか。県当局は県議会で核廃棄物処分場なら県として拒否する意向であると答弁した[431]。里肇町長はこの答弁と同じ十月一日に県庁を訪ね、計画については白紙であると伝え、十月九日の町議会では、町民四〇人が傍聴席を一杯にする中、計画中の企業の社長が説明を行った。廃棄物は乾電池とＰＣＢであるという説明であり、里町長は前向きと報道されている[432]。反対運動の立ち上がりは速かった。すでに十月八日に瀬戸内町民主団体協議会（吉田豊二議長）が対策会議を開き、反対闘争計画を決めている[433]。素早い対応は枝手久島石油基地計画に始まる七十年代の種々の反対運動の経験によるものであろう。十五日夜に秋徳集落が常会で断固反対を決議し、里町長も「地元の意志を尊重する」と表明してこの計画は立ち消えとなった。[434]

　ところが阿木名集落がこの話に関心を持った。秋徳集落の反対決議のわずか数日後、十月二十三日に集落から企業誘致書がこの会社に出され、翌八六年六月に集落の東、西両区長連名の、そして八七年二月に町商工会の誘致要望書が提出された。八七年三月には同社の子会社が伊須土白の土地、九二五六平米を買収している。以上の経過は一九八八（昭和六十三）年七月十五日の南海日日新聞ではじめて報道され、解説には「本島に舞台移し、潜行」と見出しが打たれている。今度の会社側の計画はPCBを含む製品の再資源化などを打ち出していた。この問題に関して現地調査はできなかったが、一九七六（昭和五十一）年に伊須湾CTS（石油備蓄基地）計画が持ち上がったときに阿木名集落は誘致で動いていた。その十年後のことであるから、同じ人々が関わっていたのかもしれない。しかし里町長は県が難色を示していると述べ、今回の施設も中身が前と同じなら難しいのではないか、とそっけなかった。阿木名集落自体が役員会で反対決議をあげ、阿木名以外の伊須湾岸四集落も全住民の署名を添えた反対陳情書を提出した（一九八八（昭和六十三）年八月十三日付南海日日新聞）。こうしてこの計画は具体化しなかった。

　とはいえ、一九八〇（昭和五十五）年代前半には議会は企業誘致のために精力的に視察を行っている。その動きを見ていこう。

九、魅力的に見えた福島原発：八〇年代前半の誘致活動

町議会の視察

　里肇が房弘久を破って町長に当選した一九八〇（昭和五十五）年秋に戻ろう。十月に里肇町長が就任した直後の十一月に町議会選挙があり、十二月の最初の定例議会で総合開発推進調査特別委員会が組織された。この委員会は一九八三（昭和五十八）年末まで数回の報告を行っている。発足直後の一九八一（昭和五十六）年二月には二班に分かれておよそ考えられる限りの視察・陳情を行っている。佐世保で原子力船「むつ」を視察（修理中の「むつ」に乗船）、和歌山県有田市の東亜燃料の製油所を訪問（この時はまだ宇検村の枝手久島石油基地計画があった）、石油国家備蓄に関して石油公団を訪問、茨城県東海村で原子力関係各種施設を訪問（核燃料再処理工場の説明も受けている）、さ

らに国際避難港、海洋牧場、水陸両用機、大島南部ローカル空港についても情報を集め、また同時期に町長・議長が海上自衛隊増強を陳情した防衛庁も訪問している。この報告に出てこない誘致・開発案件としては加計呂麻架橋くらいしか思いつかない（後の報告書には現れる）。開発派の意気込みが感じられる。

同じ一九八一（昭和五十六）年の十一月、やはり石油・原子力船の調査を行っているが、目立った進展はない。本稿で前にも述べたように、石油備蓄はすでに国全体で計画が達成されていて、見込みは乏しかったし、原子力船は里町長が誘致しないと八一年六月議会で明言していた。なお、このとき委員会は「新産業立地研究所」を訪問して助言を受けている。これは一九七六（昭和五十一）年に伊須湾の石油基地計画を持ち込んだ「産業立地研究所」である。以前からあった同名の会社からの苦情を受けて改名し、名前に「新」をつけて活動していた。瀬戸内町の開発派と親密な関係を維持していたことが分かる。

この特別委員会は一九八三（昭和五十八）年十二月の議会で最終報告を出しているが、具体的な成果はあげられなかった。もともと奄美は離島という不利な条件がある。議会が調査や陳情に行っても施設の誘致が出来るわけではない。久保成雄議員は一九八二（昭和五十七）年三月議会での中間報告に対して「国家的企業の誘致ということをみなさんは何年か前から今日に至ってやっておりますけれども、なかなかラチがあかない。もうやめられなくてやめられないというような状態です。あまりにも真剣味がない。それともうひとつは、町当局の考え方というものが、分らない。（中略）そして報告はひとつも内容がない。ひとつも具体性がない。一歩も前進していない」と手厳しく批判している。[435] なお石油などの誘致に反対していた久保は、今になってみると賛成しておけばよかったと考えている。[436] しかし当時の議会の誘致に具体性がなかったことは事実であろう。

福島原発の視察報告書

これとは別に、議会の各種常任委員会が一九八一（昭和五十六）年十一月に合同で先例地視察を行っている。東京で奄美群島区選出の保岡興治代議士を訪問した後、福島第一原発の立地する大熊町と双葉町を視察している。最後に完成した六号機が一九七九（昭和五十四）年三月に営業運転を始めてからそれほど経っておらず、固定資産税などの税収、その他の補助金が非常に潤沢な時期であった。

報告書はたとえば双葉町について「産業らしい産業もなく」「福島県で最も開発がおくれていると言われていた」が、

原発によって人口増加に転じ、「財政の好転によって環境整備が着々と進み、町勢も活況を呈している」ことを述べている。報告書全体から「うらやましくて仕方がない」という気持ちが伝わってくる。瀬戸内町は、農林水産業の衰退、誘致した工場の相次ぐ失敗、その結果としての人口減に悩まされ続けていたのだから、そう感じたのもよく分かる。報告書の最後の所見にはこうある。「核アレルギーから脱却するよう住民の合意を図りながら、時期を失することなく関係機関に立地調査を依頼することが急務であると思料される」とある。原子力関係施設を誘致したいという結論である。この報告書は調査委員長の稲田静男議員の名前で出されている[437]。

稲田議員はもともと開発派でなかった。一九七七（昭和五十二）年に議会が「国策に沿った企業誘致」を決議したときには反対し、その後の開発賛成・反対両派の請願では、反対派の請願の紹介議員となっている。さらに一九七八（昭和五十三）年に総務委員長であったとき、議員として開発反対の立場の議会報告を作って配布した際に総務委員長の名前を使ったことから、十二月の議会で開発派のつるし上げにあって謝罪させられている[438]。議員個人が少数派の意見を表明するのは自由であるし、そのとき総務委員長であったことは事実なのだから、開発派の主張には少々無理があるようにも思われる。当時の開発派には、一九七七（昭和五十二）年十月の企業誘致の議決から一年を経ても誘致が具体的に進まないことへの焦りがあったのかもしれない。

その稲田議員が、福島第一原発を視察して原子力施設誘致の報告書を書いたのである。原発を建てても奄美ではその電力を使い切れないから、可能性があるのは核燃料再処理工場であることは分かっていたはずである。徳之島の反対運動の直後だから、再処理工場は原発より危険という反対派の議論も耳にしていただろう。逆に言えば、それでも誘致したいと思うほど、原発で財政豊かな大熊・双葉両町は魅力的に見えたようである。

三十年後の事故の後

我々は、その三十年後に福島原発事故が起こったことを知っているだけに、この報告書に戸惑ってしまう。大熊町、双葉町の両町とも、二〇一一（平成二十三）年の原発事故で町内全域が避難の対象となり、二〇一五（平成二十七）年の国勢調査での人口は依然ゼロであった。国勢調査は、住民票の所在でなく実際の居住地で調査するからである。両町の大半は帰還困難区域、つまり放射線量が高すぎて当分戻れない場所である。こういう言い方は心苦しいが、両町はもとあった場所からは、実質的に消滅したのである。せめて人のつながりを維持するしかない。住民の苦悩は想像するだけで辛くなる。

三十五年前に二つの町が原発によって瀬戸内町の議員にとても魅力的に見えたことも、福島原発事故のためにその人口がゼロになったことも、どちらも事実である。将来を見通すことは実に難しい。

今後も、魅力的な事業が奄美に持ちかけられることがあるかもしれない。しかしこの世にタダのものなどない。そのときは、事故前の福島原発がどれほど魅力的であったかを思い出すことは無駄ではないだろう。

十、東燃、ついに進出を断念

石油情勢の変化

瀬戸内町が里町長のもと、企業誘致の可能性を探っていた一九八〇年代前半、東亜燃料工業による宇検村枝手久島の石油基地計画はどうなっていたのだろうか。一言でまとめてしまえば、一九八〇年代に入ると目立った動きはなく、東燃は一九八四（昭和五十九）年十月に進出断念を発表する。[439]

その原因は二度の石油ショックを経て石油消費量が頭打ちになったことだった。そもそも奄美に石油基地が計画された背景には、一九六〇年代に燃料が石炭から石油に転換し、同時に石油化学工業が発展して、グラフに見るように石油の消費量が急激に伸びたことがあった。[440]枝手久島石油基地計画が発表された直後の一九七三（昭和四十八）年度の石油供給量は一九六五（昭和四十）年度の約三・五倍である。そして公害問題で新たな石油精製工場を本土に作るのは困難だったから、奄美が浮上したのだった。

ところがこの一九七三（昭和四十八）年の十月に起こった第四次中東戦争が第一次石油ショックの引き金になった。原油が三倍以上に値上がりして狂乱物価と呼ばれた急激な物価上昇が起こり、また十分な量の石油が確保できないという不安から、トイレットペーパーの買い占めなどの経済の混乱が起こった。グラフに見るように、この後石油供給量は一九八〇（昭和五十五）年までほぼ横ばいで推移し、その後第二次石油ショックで減少したので、枝手久島石油基地計画に進展がなくとも、東燃はそれほど困っていなかったと思われる。

この経験から政府は石油備蓄量を増やす政策を打ち出し、全国各地に石油備蓄基地が作られた。鹿児島県では、すでに原油中継基地として作られていた日本石油（当時）

の喜入基地の他に、志布志と串木野に国家備蓄基地が作られた。一九七〇（昭和四十五）年代後半に瀬戸内町で議論されたのが、この備蓄基地の誘致であった。東燃が計画中であった枝手久島石油基地についても、製油所でなく備蓄基地になるのではないかという観測もあった。

　このような中で一九七九（昭和五十四）年二月のイラン革命をきっかけに第二次石油ショックが起こり、ドル建てで三倍になっていた原油価格はさらに三倍になった。第一次石油ショックの教訓もあって経済の大きな混乱はなかったが、省エネがさらに徹底して一九八〇（昭和五十五）年度から石油消費量は減少していく。グラフに見るように、東燃が奄美進出断念を発表した一九八四（昭和五十九）年度の石油供給量は、五年前の一九七九（昭和五十四）年度より二割近く減っている。新工場の必要がなくなったわけだ。

資源エネルギー庁　エネルギーバランス表から作成

　もし反対運動がなく、すんなりと枝手久島石油基地が出来ていたら、過剰設備となって会社が困っていただろう。東燃幹部は後で「反対運動のおかげで大損せずに済んだ」と言っていたと反対運動関係者から聞いた。

　なお、グラフの右端はさらに下がっている。直近の二〇一六（平成二十八）年度の石油供給量は枝手久問題の起こった一九七三（昭和四十八）年度の七〇%でしかない。近年、製油所が再編統合を繰り返しているのはこのためである。この間、総人口は一億九〇〇万人から一億二七〇〇万人へと増加しているので、人口一人あたりの石油供給量は一九七三（昭和四十八）年度の六〇%ということになる。省エネと同時に、火力発電が石油から天然ガスや石炭に転換したことが大きい。

　石油基地（精製、備蓄）の計画は一九七〇（昭和四十五）年代から八〇年代にかけての奄美を大きく揺さぶったが、その背景には石炭から石油へのエネルギー転換、石油ショックを受けての省エネ、石油備蓄推進といった目まぐるしい国策の転換があり、国策は国際情勢に大きく影響される。島で生きる人こそ、国際情勢について受け売りでない見識が必要である。

県からの呼び出し

当時の話に戻ろう。一九八〇年代に入ると東燃は宇検村湯湾の駐在員を引き揚げ、気象観測塔も撤去された[441]。宇検村漁協は東燃が本当に進出するのか調査する特別委員会を作ったが、東燃に面会を断られて委員会は解散している（南海日日一九八一（昭和五十六）年二月二日、四月二十八日、九月二十六日）。こうして村では「東燃はもう来ない」とささやかれ、一九八四（昭和五十九）年十月、東燃はついに進出断念を発表した。

東燃が宇検村に「迷惑料」として三億円を寄付し、村はこれを原資に高校生・大学生への奨学金貸与などを行う財団を設立した。この三億円の寄付がどのような経緯で決まったのか、まさか村から要求したわけでもあるまい、と筆者はかねがね不思議に思っていたが、当時促進村民会議の代表で、その後村長を務めた元山三郎から事情を聞くことができた。

一九八四（昭和五十九）年のある日、鹿児島県から、村長（松元辰巳）、村議会議長（福山清光）、そして促進村民会議代表（元山三郎）の三名に、県庁企画部を訪問するように依頼があった。それも人の少ない夕方遅い時間に来てほしいとのことであった。その通りに三名が夕方八時頃に出向くと、東燃は進出を断念して三億円を村に寄付するという話を聞かされた。村としては、進出断念と三億円の話を後から同時に知らされたことになる。県当局が計らったことを批判するわけではないが、小さな町村と県との関係を象徴するような話である。松元辰巳村長はその場で、「（進出賛成は）金のためにやったのでないから、三億円などいらない。俺は村長を辞める」と言ったそうである。後日東燃本社からも呼び出しがあり、三名は同じ話を東京でも聞き、松元村長もそれを了承した[442]。

ここに復帰後奄美の最大の運動は幕を閉じた。本書もここで区切りをつけることにし、これ以降の主な問題や運動、また本書で扱った時期の他の運動について、次章で補足することにしたい。筆者の怠慢と力不足のため、復帰後奄美の住民運動について、網羅的に扱うことができなかった事をお詫びしたい。

十一、消えずに残った風景と暮らし

財政効果は疑問

枝手久島石油基地について一つだけ補足しておきたい。もし東燃の工場が出来ていたらどうなっていたのだろうか。その方が今より良かったのだろうか、それとも出来なくて良かったのだろうか。当時は反対運動をした方でも、当時よりさらに人口の減った村の現状を見て、東燃が来ていたほうがよかった、反対運動をしなければよかったという方は少なくない。工場のない現状と、もし工場があったらという架空の状況を比較するのはとても難しい。しかし、来ていたらよかったという意見には、逃した魚が大きく見える効果が入っているように思われる。

枝手久島製油所が建設されれば、工事中は雇用も増え、村は賑やかになっただろう。ただし大規模な埋め立てに伴う焼内湾の水質汚染が問題になった可能性もある。後で述べるように村の税収はそれほど増えないが、公共施設は早く整備されたと思われる。ただし、ハコモノの維持が後で財政上の負担になった可能性はある。漁業は埋め立て工事と操業後の排水で実質的に消滅しただろう。

村の財政は、東燃の寄付や従業員の住民税などで豊かになったであろうが、財源が何倍にもなったとは考えられない。東燃は、固定資産税が初年度一四億円、二年度目一〇・五億円になると説明していた。当時の宇検村の年間予算は五・五億円だったから、その通りなら大変な金額である。固定資産税の税率は一・四%だから初年度の課税対象額が一〇〇〇億円ということである。しかし、東燃が一四億円の固定資産税を払っても、これが全部、宇検村に入るわけではない。固定資産税は土地、建物、設備（償却資産）にかかるが、東燃の工場ではほとんど全部が最後の償却資産である。

ところが償却資産は市町村の人口に応じて課税限度があり、限度額を超えた税収は県のものである。東京の「反対する会」の趣意書では、宇検村が得る固定資産税は六〇〇〇万円程度、多めに見積もっても一億円にはならないとしている。[443] 推進派の村議会議員有志がこの趣意書に反論広告を出したことは前に述べたが、反論はこの固定資産税の問題には触れていない。

しかも税収が増えると地方交付税は減らされる。宇検村の一九七二（昭和四十七）年度の地方交付税は二億円を少し超える。たとえ一億円の税収増があっても地方交付税の減少で相殺されたはずである。タンカーなどの出入港に伴う特別トン税など他の税収があっても同様である。

さて、実際に操業が始まれば、工場の規模から見て、多少の大気汚染や小規模な流出事故があった可能性は否定できない。大規模な事故の可能性も皆無ではない。公害被害の可能性のある農業から工場関連の仕事に移る人が増え、農業は急激に衰退しただろう。人口減少ペースは鈍ったとしても、多くの人が東燃関係の仕事をする企業城下町になった可能性が高い。

平安座島の場合

しかもこの城下町は長くは続かなかったと思われる。ここで沖縄本島の東岸にある平安座島の例が参考になる。平安座島は干潮時のみ沖縄本島まで歩いて渡れた。戦後、島民は共同作業で本島との間に道路を造ったが台風のたびに流されていた。ここに恒久的な道路を作るという条件で米国ガルフ社が進出し、石油備蓄・精製施設を造った。

その後、平安座島と、その沖にある宮城島との間を埋め立てて別の石油備蓄施設が作られた。この間、複雑な経過や強い反対運動もあったがここでは割愛する[444]。しかし、二〇〇三（平成十五）年に製油所は操業を停止し、翌年閉鎖された。現在は二つの備蓄基地が残る。最終消費地に近い本土の製油所の方が有利なのである。枝手久島製油所が出来ていても、どこかの時点で操業中止になったことはほぼ確実である。

筆者は喜入、志布志、串木野の石油備蓄基地を見学したが、従業員は少ない。喜入は小さなタンカーに石油を積み替える基地なので常時タンカーの出入りがあり、従業員は関連会社を含めて四〇〇人ほどであるがこれは例外である[445]。志布志は年に数回タンカーが出入りするだけなので、人員は消防隊やタンクの手入れが主で、関連会社を含めて二〇〇人に満たない（一年を通して働く人の数はもっと少ないと思われる）。地下のトンネルに原油を入れっぱなしにしていて、タンクさえもない串木野は五九人である。枝手久の場合は、石油備蓄基地に一〇〇人ほどの雇用は残っただろうが、原油を預かっているだけだから、他の産業への波及はない。沖縄の平安座自治会のホームページには「現在、島には主な産業はなく、島外での職に就いている住民が多い」とある[446]。

枝手久島でも石油精製を中止した時点で、従業員の多くは今さら農業や漁業をするわけにもいかず、別の工場に移って離村し、村の人口が一気に減少した可能性が高い。これは危険である。人口が減っても公共施設の維持費はそれほど減らないし、村債（村の借金）は残る。炭鉱を失った夕張市が財政破綻に至った道である（夕張の場合はその後の観光開発の失敗で傷口を広げたことも大きい）。

　平安座島を含む与那城町は、製油所閉鎖の翌年の二〇〇五（平成十七）年に石川市などと合併して「うるま市」の一部になった。宇検村が財政難から奄美市に合併された可能性も否定できない。

【工場完成予想図】① 焼内湾側より見た工場完成予想図矢印は枝手久島

【工場完成予想図】② 太平洋側より見た工場完成予想図矢印は枝手久島

石油基地の完成予想図。矢印の方向が枝手久島（東燃が 1974（昭和 49）年 5 月に地元二紙に掲載した広告「奄美製油所建設計画の概要について」より）。

明るいシナリオ描けたか

東燃が来ていた場合の他のメリットも検討しておこう。宇検村と名瀬を結ぶ道路はもっと早く整備されていただろう。しかし道路が整備されれば、名瀬から通う人が増えたとも考えられる。

　ガソリンや軽油が安くなっていただろうという声も聞く。しかし奄美のガソリンが高い理由は輸送費だけではない。スタンドが小規模で経費が高いことや、掛け売りが多いことも原因である[447]。だからガソリンが本土並みの値段になったとは限らない。そして製油所が操業をやめた時点でこの恩恵もなくなる。

　逆に、製油所ができていれば、現在宇検村の主要産業の一つである養殖は、ほとんど存在しなかったはずである。

　まとめれば、枝手久島製油所によって村は賑わっただろうが、農業は衰退、漁業は消滅して、宇検村は、多くの村民の雇用が製油所に直接間接に依存したと思われる。その後、製油所は備蓄基地に転換した可能性が高く、村は急激な人口減と財政難に見舞われた公算が大きい。公害や大事故がなかったとしても、あまり明るいシナリオではない。

これと比べれば、現実の宇検村の状況はそう悪くはない[448]。賛成だった方々、反対したことを後悔しておられる方々には、東燃が来ていたとしても、別の深刻な問題が生じただろうから、それほど残念がる必要はないようだ、と申し上げたい。

ともかく、宇検村に石油タンクが立ち並ぶことはなかった。一時期の税収や雇用を得るチャンスは失ったが、その代わりに枝手久島と焼内湾はそのまま残り、養殖漁業がある。宇検村は東燃の「迷惑料」を原資とした財団の予算で一九九四（平成六）年に焼内湾の自然を讃える『なぎ物語』という冊子を刊行している。東燃が来ていれば消え去っていたはずの風景と暮らしがそこで紹介されている。

十二、石油基地反対運動の後日譚

奄美群島区と保徳戦争

奄美群島は復帰時に、衆議院議員選挙では定数一の奄美群島区となった。他の選挙区がすべて定数三から五の中選挙区であった時代である。最初の選挙は多数の候補による混戦となり、法定得票数（有効投票数を定数で割ったそのまた四分の一）を得た候補者がなく、再選挙となった。その後の選挙でも、複数の保守系候補者の激しい争いが繰り返され、三回連続当選を果たした候補者は出なかった[449]。一九七二（昭和四十七）年に初当選した保岡興治（父は奄美群島区の代議士であった保岡武久）がその後一九七六（昭和五十一）、一九七九（昭和五十四）、一九八〇（昭和五十五）年の総選挙で連続して当選した。

その次の一九八三（昭和五十八）年の総選挙で、医療法人徳洲会の創設者の徳田虎雄が保岡興治に挑戦し、奄美全体を二分する非常に激しい選挙戦となった。一九八六（昭和六十一）年、一九八九（平成元）年の総選挙でもこの争いが繰り返され、徳田は一九八九年の三回目の挑戦でついに当選を果たした。いわゆる保徳戦争である[450]。この時期の奄美の多くの首長選も保岡派と徳田派の候補の一騎打ちとなり、いわば保徳代理戦争となった。

石油反対派は徳田派へ

石油基地反対運動を行った人の多くは徳田派となり、選挙運動にも積極的に関わった。もちろん例外もある。宇検村の村民会議議長の吉久文吉は、保岡の親戚であり、村民会議の他のメンバーに断ったうえで、保岡を支持したという。[451]また、郡民会議の大津幸夫は、長らく名瀬市長を務めた大津鐵治の従兄弟の子であり、徳田派の豊永光《ゆたかえいこう》が一九八六（昭和六十一）年に市長に当選した後、小宿埋め立て地で大津が経営を始めたばかりの保育園への市の融資などをめぐって嫌がらせとも言える扱いを受けたため、次の市長選挙で保岡派の成田広男の後援会長となった。このとき大津は社会党を離党している。[452]このような例外を除けば、石油反対派は徳田を支持したと言ってよい。瀬戸内町では一九八〇（昭和五十五）年の選挙で里肇に敗れた房弘久が　徳田後援会の会長となっている。[453]

もともと大島南部は宇検村出身の保岡武久、その子の保岡興治の強力な地盤である。一九七二（昭和四十七）年に保岡興治が初当選した際は宇検村で一八二四票中一六五一票を獲得している。他の三名の候補の得票は合計しても一七三票に過ぎなかった。[454]しかし徳田虎雄が最初に保岡に挑戦した一九八三（昭和五十八）年の総選挙では、宇検村の一九〇九票中、保岡は一五五三票しか得票できず、徳田が三四二票を獲得している（他に共産党の島長が一四票）。石油基地反対派の票が徳田に流れたのである。[455]単なる投票だけでなく、運動の経験のある若手が選挙運動を行い、また反対運動関係者で、徳洲会に入ってその急速な拡大に寄与した人も少なくない。反対運動がなかったら、保徳戦争の帰趨も違っていたのかもしれない。

無我利道場追放運動

宇検村の石油基地反対運動を扱うなら、反対運動のために一九七五（昭和五十）年八月に宇検村久志に入植した無我利道場のその後に触れないわけにはいかない。後日譚としてしまうにはあまりに重大な出来事があった。

無我利道場の入植については第二章で触れたが、一九八四（昭和五十九）年に東燃が進出断念を表明した後も、メンバーの入れ替わりはあったが、久志に三家族が住みついて、農業や養鶏を行っていた。その無我利道場を追放しようという運動が一九八〇年代後半に起こった。詳細な経過は『宇検村誌　自然・通史編』の拙稿をご覧いただきたい。ここでは事件の大枠の記述にとどめる。

無我利の子供の登校拒否（一九八六（昭和六十一）年）で噴き出した「ヒッピー」に対する反感は、日本赤軍との立ち回り先になるかもしれないという瀬戸内警察署の示唆や、日本赤軍の旅券偽造事件の関連で行われた全国二十数カ所の家宅捜索（一九八八（昭和六十三）年一月）の対象に無我利道場が含まれたことから大きくふくれあがり、そこに右翼団体がやってきて（一九八八（昭和六十三）年四月）、宇検村民のための義挙であるとして追放運動を始め、追放派の村民や村議の大半が、それに同調して追放運動を行った。無我利の住んでいた家で不審火があり、その半月後に右翼がトラックで突入して家を壊そうとし、とめようとした無我利のメンバーがトラックに轢かれて重傷を負う襲撃事件も起きた（一九八八（昭和六十三）年十月）。その翌年には数十世帯しかない久志で連日大音量の街宣が続き、追放に反対する住民までが自宅前に街宣車を横付けされて大音量で罵倒されるという異様な事態が三カ月以上続いた（一九八九（平成元）年十二月に機器が押収されて街宣はやんだ）。その後激しい動きは見えなくなったが、無我利道場（途中からこの名称の使用を中止したが、ここではこの名前で呼ぶ）と、追放派住民が互いに相手に損害賠償を求める民事訴訟を起こし、これが一九九三（平成五）年十一月に和解してようやく表面的には事態は決着した。

　起こった事件を並べると、とんでもない人権侵害事件という印象を与えるし、それはたしかに事実の一面であるが、事件の背景と村民の心情について理解する必要がある。追放反対派は、折からのバブル経済の中での枝手久島の開発計画に、無我利道場の存在が邪魔であり、追い出しを右翼が請け負ったのだと主張した。襲撃事件の刑事裁判でも、検察側は「地上げと同様の行為」と主張している。このような見方を支持する証言を筆者も多く聞いた。一九七三（昭和四十八）年に枝手久島の阿室共有地を買収した城山観光の保直次社長は、一九八七（昭和六十二）年十二月に枝手久島の観光開発に関する陳情を宇検村に提出しているから、開発計画を持っていたことは事実である。追放運動にやってきた右翼団体のトップは保社長と同じ徳之島の出身であることなど、憶測を呼ぶ事情はあった。

　一方で、村民の無我利道場に対する反感があったことは事実である。まず子供の登校拒否を容認する無我利の大人たちの態度は強い反感を呼んだ。本書第一章の同盟休校で説明したように、奄美の人にとって学校は集落のよりどころであり、その学校に子供を通わせないというのは理解不能な事態であった。無我利の子供が登校拒否をしていると聞いて、無我利を宇検村に招いた当事者であった新元博文は、これはまずい、追放運動が起こるかもしれないと感じたそうである[456]。また、集落のカミミチ（神が通るとされている道）に小便をするなど、住民の心性を無視するような行動もあったと新元は語る。このような反感があるところに、彼らは過激派を支援していると警察から聞かされたのである。こうした住民の気持ちが、開発による利益を目指す側に（それが城山観光そのものであったのか、工事の受注などに関係する側だったのかは別として）利用された、という構図で事件全体を見ることもできよう。

なお、久志集落、あるいは宇検村の全員が追放派だったわけではない。無我利は入植当初から久志集落の高齢者の生活の面倒を見てきていた。ただ、村内の有力者が追放を是認する中で反対の声を上げる人は限られていた。

さらに無視できないのは、住民が本土から来た人々に対して持つ複雑な感情である。新元博文は追放運動が起こるずっと前の一九八一（昭和五十六）年に、まるで追放運動を予見するかのようなことを書いている。

　宇検村の〔石油基地〕賛成派も彼等を一番いやがっている。それも「ヒッピーに村全体を乗っ取られる」という恐怖心にかられているからだ。最も恐ろしい石油企業を誘致して村を売り渡そうとしている賛成派がヒッピーを恐れているのは、「彼らは学問があり、世の中のあらゆることを知っており、あまり学問のない賛成派は太刀打ちできない」というのだ。東燃進出の白紙撤回を主張したところ、賛成派青年部の一人はヒッピー追放の交換条件をつけてきたのである[457]。

また、追放運動前に無我利道場にやってきて、途中からは無我利とは別に久志で生活していた伊藤貴子は、追放運動の最中に、こう書いている。

　追放派の一人のおじさんから、こんな話をされた。〝PTA総会の時（無我利の子どもの登校拒否を受けて開かれたPTA総会。無我利の親たちが住民から激しく批判された）、あんたがニヤニヤしながら話したことにみんな怒ってる。みんなあんたにバカにされたと思ってる〟と言うのである。

　私はビックリした。私はPTA総会に参加した大勢の地元の人たちをバカにしたつもりなど毛頭なかった。ただ学校教育の場で、子どもたちの立場に立って子どもたちを大事にする教育をしてほしい、ということを話したかったのだ。しかし子どもが大事とにこやかに語る私の姿は、子どもの将来にとって学校が何よりも大事とする人々にとって、学校大事をバカにする、ヤマトンチューの余裕とうつったのである[458]。

住民には、本土（奄美の言葉でいう「ヤマト」）の人間に対する反感と同時に一種の劣等感があった。警察に対する態度にもこのような複雑な心性が現れている。奄美の人は警察官と教師、特に鹿児島から赴任して鹿児島弁を話す連中が好きではない。しかし警察から無我利が過激派と関係あると囁かれると、これは大変だ、追放せねばならないということになる。鹿児島弁を話す教師は嫌いでも、学校は大事であり、登校拒否などとんでもない。これを矛盾と片付けるわけにはいかない。この両方の思考・感情が奄美の人の一人一人の中にあるのだ。かつて甲東《きのえ》哲はボーヴォワールを真似て「奄美人は、奄美人でなければ耐えられないほどの複雑な心を持っている」と書いた[459]。このような複雑な心性が奄美の人には確かにある。

本書では細部に立ち入ることができないが、無我利追放運動を、人権感覚に乏しい閉鎖的な田舎の特殊な事件と片付けては大事なことを見失う。関心のある方は『宇検村誌自然・通史編』の拙稿・資料も利用して考察を深めていただければと思う[460]。

第七章　奄美群島の現代史をどう捉えるか

一、落ち穂拾い：扱えなかった運動

枝手久島石油基地計画が持ち上がったのは復帰後二十年目の一九七三（昭和四十八）年であった。それ以前の運動のうち本書で取り上げたのは同盟休校だけであるが、少なくとも二つ、重要な運動があった。一つは沖永良部島知名町の米軍基地拡張反対運動であり、もう一つは与論空港反対運動である。

さらに本書で扱った枝手久島石油基地・徳之島再処理工場以降には、喜界島レーダー基地（象のオリ）反対運動、与論島百合が浜港建設反対運動、ＬＬ牛乳廃止運動、アマミノクロウサギ訴訟などの運動があった。また、住民運動というよりは、行政が深く関わった問題として、電力の本土復帰、三隻日発問題がある。そして奄美の政治社会全体に視野を広げれば、いわゆる保徳戦争に代表される独特の激しい選挙があり、一時は群島の経済の大きな柱であった大島紬をめぐる種々の問題がある。

こうして考えると本書が扱ったのは、復帰後の奄美群島の住民運動の一部にすぎず、奄美の現代史全体から見れば、ごく局限された部分に過ぎない。以下で、本書で扱えなかった主要な問題についてごく簡単に記述したい。多少なりとも読者の役に立てば幸いである。

知名町米軍基地拡張反対運動

沖永良部島知名町は、そのほぼ中央の島内で最も標高の高い大山（標高二四〇メートル）の山頂付近、五万八〇〇〇坪が米軍施政下で米軍のレーダー基地となっていた。復帰後も米軍基地は存続していたが（現在は自衛隊基地）、一九五六（昭和三十一）年一月に、島の南西側の田皆地区に滑走路を含む約十万坪の基地を作る計画を米軍が申し入れた。これは限られた島の耕地を取られることを意味し、地元として許容できるものでなかった。一月上旬に開かれた町議会協議会は絶対反対の態度を確認し、岡本経良町長も協議会で「町全体として反対運動をすべきじゃないかと思います」と述べ、新納窪亮議員は「ここを取られたら餓死する依り外はないと思はれます」と発言している。[461]

町長・町議会議長が福岡調達局に出向いて反対を申し入れた。[462] 当局は強硬で交渉は難航し、一月二十一日に再び開かれた町議会協議会で、二十五日に飛行場建設反対町民大会を開くことを決定している。[463] 通常は会議録が残らない協議会の記録が残っていることで、町が強い危機感を持ち、一丸となって反対運動を立ち上げたことが分かる。

米軍側はそれほど強い反対を予想していなかったらしく、反対運動は当局、米軍を驚かせたらしい（鹿児島県選出の佐多忠隆参議院議員談）。[464] 四月二十一日には鹿児島県議会の田中茂穂議長から衆議院内閣委員会宛に反対請願が出されている。[465] 五月十七日に来島した福岡調達局永淵不動産部長も、現地の強い反対を受けて、調達局としても飛行場建設を中止するよう米軍と交渉を行うことを確認した。[466] こうして米軍飛行場建設計画は消滅した。[467]

同時期の沖縄での米軍の基地拡張計画は「島ぐるみ闘争」を引き起こし、とりわけ伊江島では阿波根昌鴻をリーダーとした乞食デモ（一九五五（昭和三十）年）が行われている。[468] 沖永良部島の基地拡張計画がそこまでの闘争にならなかったのは、沖縄と違って奄美がすでに日本に復帰していたからであろう。伊江島で行ったように米軍が土地を取り上げることは不可能であった。

なお、知名町では、酔って地域の有力者に怪我を負わせた米兵の逮捕を求めて七〇〇人の群集が知名交番を取り囲むという、後のコザ暴動を想起させる事件が一九六〇（昭和三十五）年七月に起こっている。[469]

与論空港建設反対運動

奄美群島で最初に空港が作られたのは喜界島であった。旧陸軍の飛行場を復興予算も利用して整備し、一九五九（昭和三十四）年八月十日に鹿児島からの定期航空路が開設された。[470] 奄美大島の奄美空港は一九六四（昭和三十九）年七月一日に開港し、定期航路は同年八月一日開設であった。徳之島にはそれより早く一九六二（昭和三十七）年に東亜国内航空の私設空港が開設され、七〇年に県が買い上げて県営の空港となった。[471] 沖永良部島には一九六九（昭和四十四）年五月に空港が開設されている。[472]

群島で最後となった与論空港は一九六九（昭和四十四）年度に調査費が計上された。[473] 現在空港のある兼母地区への建設を決定して一九七〇（昭和四十五）年一月に測量を開始したが、一部の地主が強硬に反対し、[474] 一九七一（昭和四十六）年十一月に鹿児島県が測量に乗り出すことになった。この間の経過を新聞は「町長に強い不信感」「対話不足　情勢判断に狂い」という見出しで報道している。[475] 反対期成同盟の代表の喜村政森らを取材した杉岡碩夫（一九二三（大正十五）～二〇一一（平成二十三））が伝えるところによれば、予定地の決定も測量も住民に断りなしに進められ、地主は土地の測量が勝手に始められて、はじめて自分の土地が空港予定地になったことを知ったという。

狭いシマのなかで、ともかく先祖から受け継いできた田畑に、いきなり鹿児島県庁の役人がクイを打ちはじめたのである。

そのとき私たちは、いったい何が起こったのかと驚いて畑に飛び出していったら、飛行場をつくるという。お前らのためにつくってやるんだから、勝手にクイを打ってもよい、場合によっては収用法を適用するということもありうるのだとほのめかされたとき、おとなしいヨロンの島民もまだ島津藩が生きていたのかと思ったという。[476]

新聞に与論空港問題の詳しい報道が現れるのは、一九七二（昭和四十七）年度の事業費を要求するためのタイムリミットが迫った七一年末からである。[477] 鹿児島県（実際には大島支庁）は反対派の説得・懐柔に努めたが、一九七二（昭和四十七）年二月三日に土地収用法の適用を告示した。[478] 土地収用法による強制測量は二月九日から開始されたが、反対派の地主らは実力阻止に出て、空き缶を叩くなどして測量を妨害し、まったく測量が進まなかったため、県は二月二十三日に測量の中断を決定した。[479] 測量が終わらないと空港設置認可申請が出来ない。いったん中断された測量は五月に再開され、警官隊も動員して一九七二（昭和四十七）年六月四日に終了した。[480] この間、反対派説得のための交渉も行われ、大島支庁の川畑範雄次長がたびたび現地を訪れ、黒田支庁長も五月六日、十六日の少なくとも二回、与論島を訪れて反対派と交渉している。

測量に基づいて一九七二（昭和四十七）年七月に空港設置認可申請がなされ、翌七三年一月に認可が下り、買収できた土地の整地作業が三月から始まった。この年七月十九日に土地買収代金にかかわる租税特別措置が期限切れになることもあり、大島支庁の川畑次長が再び現地を訪れて反対派地主の説得を試みたが不調に終わり、県は土地の強制収容に傾いていく。[481]

なお、空港建設そのものは島内の一致した希望であり、反対派地主もそのことは承知していた。賛成派は一九七三（昭和四十八）年九月八日に総決起集会を開いている。[482] 早期完工を求める陳情が九月県議会で採択されたのを受け、十月に県副知事が与論を訪れ、反対派と話し合いを行っている。[483]

結局反対派の説得はすべて不調に終わり、県は一九七三（昭和四十八）年十月十三日に土地の強制収容の方針を決め、翌七四年二月十五日に強制収容の前提となる空港建設の事業認定が下りて、三月八日から測量が開始されたが、再び反対派の妨害にあった。[484] 反対派はこの事業は土地収用法に違反するとして、民事訴訟も起こしている。[485] 土地収用委員会は現地でも一九七四（昭和四十九）年九月二十二日、十一月十九日に開かれたが、反対派の態度は変わらず、円満解決は絶望的と報じられている。[486]

しかし土地収用委員会は和解を勧告し、年が明けて一九七五（昭和五十）年一月に反対派から和解に向けた条件が提示され、一月十七日、ついに和解が成立した。和解条件には代替地のあっせんが含まれるが、土地の限られた島では代替地の手当ては容易でなく、この問題は後々尾を引くことになる。[487] 新聞報道は「結局、地権者側にとっては特に有利な結論はひき出せず、いたずらに歳月を費やした印象は否めない」としている。[488]

その後、代替地を巡る交渉が難航し、五月にはやはり代執行による強制収容かという場面もあったが、五月三十日に土地売買契約が締結された。[489] こうして与論空港は一九七六（昭和五十一）年五月一日に開港した。[490]

与論空港の土地買収がここまでこじれた最大の原因は、当初の町の高圧的な事業の進め方にあったと言えよう。与論に限らず、奄美群島では、自治体当局が住民の意見を聞かずに勝手に事業を進めることは珍しくなく、あのときに勝手に県道の線を引かれて土地を取られたといった話はよく聞かされる。自治体の側に、政策立案や具体化の際に地元の意見・要望を聞くという意識が乏しいのである。有力者や土建業者との密室の話し合いでことが決まってしまうからであろうか。もっとも日本全体でも、与論空港問題をはるかに大規模にした深刻な紛争が成田空港建設で起こっているのだから、地元住民の意見を聞かないのは奄美に限ったことではないのかもしれない。

全面積わずか二〇平方キロ（二〇〇〇ヘクタール）の島では代替地の手当てが容易でなかったことも問題の解決を困難にした。一方で、島に空港は必要であり、反対派といえども空港そのものに反対していたわけではない。その意味では反対運動は最初から条件闘争であることを運命づけられていたとも言える。[491] 賛成派と反対派の軋轢がなかったわけではなく、茶花で民宿を営む有村悦弘は、反対派の親戚から「お前が民宿なんかやるから空港が来るんだ」と言って鎌を振り上げられたこともあると語る。しかし宇検村のような激しい対立はなかったようである。それは与論の人々の穏やかな気質の故でもあり、賛成派にも土地を取られる地主の苦悩はよく分かり、反対派も空港の必要性は理解していたという事情もあった。

新奄美空港、サンゴは死んだか

　与論空港反対運動はその後の奄美・沖縄の空港建設に大きな影響を与えた。与論空港建設と並行して奄美空港（奄美大島北部・笠利町）の拡張計画が進められていた。一九六四（昭和三十九）年に開港した奄美空港は現空港の南約二キロの陸上にあった。現在は奄美パークとなっている。この空港の滑走路長は一二四〇メートルに過ぎず、ジェット機が就航できなかった。鹿児島県は一九七二（昭和四十七）年に空港拡張の予算を計上したが、地元和野《わの》地区での土地買収に失敗し、海上の空港建設へと方針を変更した。買収失敗の原因として、当初の空港建設の際に地元和野集落との約束が守られなかったために、地元の行政不信が強かったことがあげられているが[492]、旧空港の拡張から海上空港建設への方針変更に、与論空港での土地買収が困難をきわめたことも影響したと考えてよいだろう。

　計画は変更したが、予定地はほぼ同じ地域であり、和野集落では反対が強く、測量やボーリング調査の同意を得るのに時間がかかっている[493]。それでも用地買収がない海上空港は実施が比較的容易で、空港直近の和野集落だけでなく、かなり広い範囲に補償金を支払い、反対運動を封じる形で一九八八（昭和六十三）年七月に新奄美空港（現在の奄美空港）が開港した。

　奄美空港が海上に作られたことは（前例として大分空港があった）、新石垣空港の建設計画に影響したようである。二〇一三年に開港した新石垣空港は、当初海上埋め立てによって建設する構想であった。空港反対の立場から石垣市長選の応援に行った新元博文は、「奄美方式」という言葉を聞いたという。海上空港に反対した白保《しらほ》集落は、島内はおろか県内でほとんど孤立したが、全国、さらに全世界から、サンゴを守れという意見が起こり、長い紆余曲折を経て、結局新石垣空港は陸上に作られた。

　海上に作られた奄美空港の工事によってサンゴが死滅したのかどうかが、新石垣空港の計画と関連して開港直後に問題となった。沖縄の新空港推進派、沖縄の共産党、環境庁、沖縄県が一九八八（昭和六十三）年半ば以降に相次いで奄美空港の調査に訪れた。九月九日には環境庁長官が新奄美空港建設のアセスメントは失敗であったと発言した。行政側の都合とも見える不可解な動きもあった。鹿児島県は空港建設の際の環境アセスメントの公表を拒否し、沖縄県の調査申し入れを当初は拒絶した。また環境庁は調査は新石垣空港計画の一環であるとして、調査結果を公表しなかった[494]。

　行政側は先例をよく研究している。一つの住民運動は、その帰結にかかわらず次の開発・建設計画に影響を及ぼすのである。[495]

与論島百合が浜港建設反対運動

一九八六（昭和六十一）年九月に、与論町議会で大金久《おおがねく》海岸に漁船やグラスボートの港を作る計画が承認された。ダイビングなどの観光業に携わっていた喜山康三（一九五〇(昭和二十五)年生）は、港の建設で潮流が変わり、大潮の干潮時のみ海面から顔を出す百合が浜が消えるのではないかと、建設反対運動を開始した。「百合が浜の自然を守る会」は一九八七（昭和六十二）年一月に結成されたが、当初は大金久海岸のモクマオウを伐採して土産品店を建てる計画に反対するためであった。土産品店を経営しているIターン者が、工事の推進派から店を壊されるなどのいやがらせを受け、喜山に応援を依頼したのが始まりであるという。この計画は中止されたが、その過程でたまたま百合が浜港の計画を知ったのであった。[496]

反対運動は、喜山一人の運動というのは極端にしても、活動の中心となった人の数は非常に少なかった。かつて奄美に招かれて講演を行った宇井純がいみじくも述べたように、少数の熱心な人物が行っている運動は意外に強いということの実例とも言える。[497]

喜山は、八七年三月には一三二二人分の署名を集め、計画の撤廃を求める陳情を行った。[498]その年九月の町長選で、喜山は建設中止を約束した新人の福《ふく》富雄を応援し、福は現職の川畑浩一を破って当選し、直後に「手順を踏み、住民とともに考えていく」と述べた。[499]しかし就任後の福町長は、この年度に十分の九の国庫補助がついて予算化されていた浚渫工事の入札を一九八八（昭和六十三）年二月十二日に実施し、契約は二月二十日の臨時町議会で一四人中九人の賛成で可決された。なおこの間、町長選前に依頼されていたアセスメントの結果が一九八七（昭和六十二）年十二月発表され、それは「港の建設が百合が浜の存続に及ぼす影響はほとんどない」というものであったが、喜山らは調査の不十分さを指摘していた。[500]漁協の出した同意書は総会の議決に基づいておらず、その正当性も問題になった。[501]

入札の直後の二月十八日に喜山は鹿児島県選出の社会党代議士らとともに運輸省港湾局長と面談して百合が浜港建設中止を求め、局長は県との協議を約束した。[502]喜山は毎日新聞の取材に答えて「福町長に裏切られたと思った」と語り、「本当は島のことは島民だけでなんとかしたかったが」社会党や共産党にも呼び掛けることにしたという。[503]

浚渫工事は年度内に行われた。喜山は二月二十三日の起工式で工事関係者に腕をねじ上げられたと警察に届けている。[504] 翌一九八八（昭和六十三）年度は五〇〇〇万円の浚渫工事予算が議決されていた。五月に町内各地で開かれた町政報告会では、工事の中止や慎重さを求める意見が相次いだ。喜山の運動の結果、町民の関心が高まったということであろう。[505] そもそも頻繁に台風に襲われる与論島で浚渫工事を行っても、すぐに砂で埋まってしまう。[506]

喜山は問題を島内や関係機関だけでなく、広く全国に訴える戦略をとった。「百合が浜港建設反対！」と印刷した絵はがきを作って販売し、これが県紙や全国紙で紹介されている。[507] 多くの旅行者と日常的に接している観光業者ならではの感覚であろう。

事態は一九八八（昭和六十三）年九月四日の町議会議員選挙で転換した。工事慎重派が大きく議席を伸ばし、十六議席のちょうど半分の八議席を占めたのである。[508] 対立が明確な問題があって、議会がちょうど半々に割れると、議長をとった側が議決において一票少なくなって不利になる。そのため、どちらも相手方に議長を譲ろうとする。選挙後に招集された与論町議会ではまさにこれが起こり、九月十九日に開会された議会で議長が決まらず、会期最終日の三十日に、抽選によって推進派から林寿雄が議長に選ばれ、慎重派は議会で多数を得た。[509] 一九八九（昭和六十四・平成元）年に入り、福町長は一九八九（平成元）年度の予算計上を見送り、工事を休止して町独自の環境調査を実施することを表明した。いったん開始された奄振事業が、地元からの異議申し立てで一年以上中断したことは一九五四（昭和二十九）年からの奄振の歴史で初めてのことであったと報じられた。[510] しかし福町長の方針はあくまで「休止」であり、この年度末の一九九〇（平成二）年三月の議会答弁でも、予算返納の考えはないと述べている。[511] しかし五月になって福富雄町長は建設断念を表明する。[512] さらに翌一九九一（平成三）年九月の町長選挙で現職の福町長を破って当選した平田敏秀は、かつて漁協長もつとめ、町議として工事推進派であったが、町長就任後に町議会で野口靖夫議員から一般質問で建設の意思を問われて、建設する考えはないと答弁し、さらにかつて議員として推進派であったことを問われて、

その時点においては是非ともグラスボートの方々や地域の住民の方々が必要であるということでございまして、また私も御指摘のとおり、その地区の代表という形でございました。（中略）現在のところは休止以降は、住民の方々からの作れという要望もございませんし、今の現在のところはそのように私は考えております。[513]

と答弁している。実は、喜山が選挙前に、工事をしないという約束を平田から取り付けたうえで（林寿雄が証人になったという）、選挙で応援したのである。[514] こうして百合が浜港の計画は阻止された。

海岸の砂の堆積は潮流に依存するわけであるが、非常に微妙であり、堤防や港の建設で思わぬところの砂浜が消えることは珍しくない。与論島でも茶花港が作られた後、周辺の海岸、浜がすっかり変わったという指摘が当時の報道にも見られる。[515] 百合が浜自体が、以前はもっと砂の量が多く、干潮時にはよじ登らねばならないほどの高さがあったと喜山は語る。一九八八（昭和六十三）年の浚渫工事の後、それを批判する投書の中で喜村政吉は、かつて百合が浜はもっと多く浮上していたと述べる。

古老の話によれば、かつて百合が浜は七～八個も浮上したという。そしてその浮上する砂浜の数によって豊作や不作等、一年の運命を占ったとも聞く。

近年、開発という名の自然破壊が進むにつれ、その数は減少を続け今では一個しか出ない。しかも昨年までは大潮時四～五時間も浮上していた砂浜が、しゅんせつ工事後の今では一～二時間がやっとであり、砂のもり上がりも少なく海面すれすれである。[516]

リーフの内側に百合が浜を望む大金久海岸は、与論島で最も広い砂浜であり、与論観光の目玉と言ってよい。その景観を危険にさらすような事業は絶対に阻止せねばならないと、喜山は文字通り私財を投げ打って反対運動を展開した。しかし本当の問題は、工事によって百合が浜が消えるかどうかではない、と喜山は言う。運動を展開していた当時、新聞の取材を受けて喜山はこう語っている。

あんなもん無くったって現にいま、浜の人らは暮らしとるでしょう。国が九割出してくれるからて、もの欲しそうにするなちゅうんですよ。振興法ができてからずっと、島は本土におんぶにだっこ。開発するなとはいわんが、何もかも金持ち（国）に甘えるなよ。一時の金のために自然を捨てるなよ。なんで与論に都会の人が来てくれるのか、田舎の良さがあるからでしょう。余計なことするなら、ほっておいた方が子孫のためなんですよ。[517]

喜山が問題としたのは、開発や予算の獲得を無条件に是とする意識そのものであった。そして最大九割に達する奄振の補助率がその意識を後押しする。すると、必要な工事を奄振によって行うのではなく、奄振がつきそうな工事を探して予算化することになる。百合ヶ浜港は作られなかったが、この構図は変わらず、必要性と自然保護のバランスから見て適切と思われない工事が続けられている。

なお、喜山がこの反対運動を行う決意を固めた背景には、本書で後述する三隻日発反対運動の経験がある。この運動で署名運動等は意外に行政に対して効果があることを学んだという。

護岸堤・離岸堤建設反対運動

百合ヶ浜港に関連して、海岸を守るための護岸堤や、波を弱める目的で沖合に設置される離岸堤の建設計画が、地元集落の意思と関係なく進められて、後から計画や工事の中止を求められた事例を二つ紹介しておきたい。「奄振」が本来の目的とかけ離れた工事を呼び込む構図の一端が伺える例である[518]。

笠利町用安には一九八四（昭和五十九）年度に県単独事業で小さな離岸堤が建設され、その後八六年度から大規模な離岸堤が建設されていた。八九年度も工事が継続されていたが、区長ら六名の申し入れにより、計画の一部は大きすぎるということで、一部は場所を移して建設することになった。ところが、そもそも計画そのものを知らされていない、という住民も続出し、集落住民二五三人の九割にあたる二二九人の署名のある、工事中止を求める請願が一九八九（平成元）年十月に提出された。住民に同行した山本勇太郎町議を含め一三人が大島支庁を訪れ、世話人代表の奥篤次が「離岸堤の設置で潮流、海岸線に変化が生じている」と述べ、工事の即時中止を求めた[519]。翌年二月末に大島支庁は、離岸堤は建設途中のものだけを作り、別に階段式の護岸堤を作る計画を地元に説明したが、砂浜がなくなるとして集落の常会で反対が相次いだ。県（大島支庁）は住民からの要望書に沿っての設計をしたつもりであったが、階段が長すぎて、二三メートルある浜が一〇メートルになってしまうことが問題になった[520]。結局、護岸は階段ではなく、五〇センチの柱で補強することで決着した[521]。

支庁は地元の要望に基づいて事業を計画したはずなのに、それが九割の住民の反対署名で中止を求められるとは不思議である。地元住民の九割が望まない土木事業に地元の意思として予算がつき、実行されかけたのである。しかしこれは決して珍しいことではなかった。計画の決着を伝える新聞報道は奥篤次の言葉を紹介している。「私たちが最初に要望した通りの計画になった。欲を言えばこれ以上海岸をいじってほしくないが、建設業者や集落全体のことを考えるとやむを得ない」

ここに真相の鍵がある。建設業者は工事を発注してほしい。極端に言えば海岸の景観の変化や、砂浜がなくなることなど、どうでもいいのである。それに対して集落の常会などで直接反対意見が言える人は少ない。こうして、九割の人が実は反対でも、工事の要望が常会で承認されてしまうのである。用安ではたまたま、兄弟でホテル「ばしゃ山村」を立ち上げて経営していた奥篤次がいた。[522]奥にとっては砂浜や景観は死活問題であっただろう。また用安出身の教員で環境保護運動に熱心であった薗《その》博明（一九三四（昭和九）年生）がいた。薗は家系を誇ることとは程遠い人柄であるが、用安集落を見下ろすなだらかな丘の上の薗家住宅（国指定登録有形文化財）を見れば、有形無形の圧力をものともしない薗の性格にも納得がいく。そして正義感の強い町議会議員山本勇太郎が紹介議員となった。[523]用安ではこういう偶然が重なった。

用安の離岸堤が問題になってまもなく、大和村のヒエン浜で護岸堤建設工事の計画が持ち上がった。ヒエン浜のほぼ全体にあたる長さ八八一メートルという大規模な工事である。ヒエン浜は戸円集落の南にあり、老人ホームとわずかな農地（五アール）以外には施設のない無人地帯である。本書の第一章五節の根瀬部分校のところで登場した中川正勇はこの時期、出身集落の戸円の中学校に勤務していた。護岸堤計画を承認した一九九〇（平成二）年四月の集落総会には欠席していて後から計画を聞いて驚いた。ヒエン浜で波が上がって困ったという話は聞いたことがなく、護岸堤など不要だと思われた。

形式上は集落の同意は得られていたが、五月に開かれた「大和村長と語る会」では護岸堤建設への反対意見も出た。他にもさまざまな形で反対意見が届いたからであろう、大島支庁は八月三日に現地で説明会を開いた。当日出席した中川の話によれば集会の様子は次のようなものであった。

新聞記者もたくさん来ている中、説明会は始まる前から険悪な雰囲気であった。地元の土建業者が、新聞記者に向かって、「一老人が必要ないと言ったという記事があったが誰か分かった」と名前をあげ、あんなことを書かれては戸円集落が反対だと受け取られる、と言う。記者に対する恫喝である。二週間前に出た記事は住民の次のような声を紹介していた。

護岸堤が造られたら子々孫々に禍根を残すことになる。ヒエン浜は戸円や大和村だけでなく奄美全体の大事な財産だ。今まで津波などでやられたこともないし、造る必要はない[524]。

記事に七十七歳という年齢があったのでそれが誰であったか分かってしまったのである。その住民は土建業者に何か言われたのであろう。集会に来ていなかった。

集会では司会者の役場職員そっちのけでこの土建業者が「誰も反対者はいない。一〇〇%賛成だ」「反対者は手をあげろ」と言う。中川はこわごわ半分手をあげて「私は反対だ。護岸堤を作れば自然は戻らない。ヒエン浜で波が上がったとは聞いたこともない。貴重な自然のあるところを大事にしてもらいたい」と発言した。そして、地元からの要望がどこから出たのかを尋ねた。「工事をやってくれと言ったのは、誰がお願いしたのですか」。土建業者が答える。「それは俺がした」。なるほど土建業者も地元住民である。建設の根拠となる「地元の要望」が、住民のあずかり知らないところで出されていることは実は珍しくなかった。

翌日の新聞は「護岸堤建設推進へ」という見出しで住民が建設計画を支持したと報道したが、さすがに異様な集会の状況から大島支庁も実態を理解したのであろう。そのまた翌日の続報では「住民意向は確認したが・・・事業着工に慎重な構え」という見出しになっている[525]。

八月二十日にはこの年三月に結成された「奄美の海辺を守る会[526]」が大島支庁に計画の中止を申し入れる。支庁の返答は「するかしないかは〝白紙〟の状態」と、計画推進から一歩引いたものになった。「海辺を守る会」によれば「地元では物が言えない。そちら（海辺を守る会）で取り上げてほしい」といった相談もあったという[527]。同月二十六日には「奄美の自然を考える会」の総会があり、天然記念物のオオヤドカリなど、ヒエン浜の動植物調査をすることを決定する[528]。この調査の結果は、砂利やアダン林などの自然の地形、植生が防風、防潮機能を備えているので、護岸堤は必要ないというものであった[529]。

ヒエン浜はがぜん注目を集め、全郡区長会の役員会の視察、環境庁の調査官による調査も行われた[530]。

十一月になって、「海辺を守る会」は八月の申し入れの結果を質すために大島支庁を訪れ、担当課長から、十月中旬に今年度着工の中止が決まったことを知らされる。このとき「守る会」の幹事として担当課長と折衝したのは薗博明で、思いがけない「成果」に次のようにコメントしている。「このような回答が出るとは思わなかった。地元で反対の声を上げていくのが大事だと思う[531]」

中川の証言からも分かるように、地元では声をあげるのは容易なことでない。薗博明も、用安の離岸堤建設問題をめぐって、地元の意思が役場や大島支庁に伝わらない問題を支庁長の入佐一俊との対談で指摘している。支庁の側から見ると、本当の地元の意思を知るのが困難という問題でもある[532]。

用安やヒエン浜ではたまたま工事が中止されたが、他の多くの集落で、奄振によって事業のための事業、本当は不要な事業が行われたことは容易に想像できる。現在の奄美大島で自然海岸が残っているのはヒエン浜と瀬戸内町の嘉徳だけであると言われている。嘉徳の海岸は近年浸食が激しく、護岸の建設も検討されているので、ヒエン浜が唯一の自然海岸になってしまうかもしれない。ただ、大量の砂の採取でヒエン浜の砂浜はやせてしまい、往時の面影はないと中川は嘆く。砂の採取に対して裁判も起こしたが勝てなかったという。

この時期には護岸堤や離岸堤の建設に対する反対があちこちで起こった。南海日日新聞は『検証　奄美の渚』という十五回にわたる連載記事を掲載している[533]。アダンを切って護岸堤を作ったら塩害がひどくなり、離岸堤を作らざるをえなくなったなど、多くの問題を紹介している。

喜山康三は与論島の経験からこう述べる。

海岸にごくごく小さな構築物を作るのが始まり。その構築物は周辺浸食の要因となり、年数が過ぎると周辺一帯に大きな浸食が起き、それを口実にどでかい海浜土木工事を行う。今日の与論の海岸線はこの繰り返しの結果だ[534]。

用安とヒエン浜という二つの実例だけを簡単に紹介したが、奄美が海岸をコンクリートで囲まれた島になっていった基本的な経緯は理解できるのではないかと思う。

なお一九九〇（平成二）年頃にはリゾート開発計画も奄美群島に多数持ち込まれ、各地で土建業者と自然保護運動の対立が生じた。その多くは反対運動が奏功したか、少なくとも、反対運動で計画が停滞しているうちに、バブル崩壊とともに計画そのものが消え去った。もっとも有名なものに「アマミノクロウサギ」を原告としたアマミノクロウサギ訴訟がある。本書では紙幅の関係もあって扱えないことをお許しいただきたい[535]。

喜界島レーダー基地（象のオリ）反対運動

喜界島の、いわゆる「象のオリ」と呼ばれる無線傍受施設は二〇〇六（平成十八）年に完成した。この建設をめぐる動きは一九八五（昭和六十）年に遡る。この問題については二〇〇五年までの事態の動きを丸山邦明がまとめているが[536]、ここでは重複を厭わず、初期の動きを中心に紹介する。

喜界島には自衛隊の無線傍受施設の喜界島通信所があったが、短波を利用して三〇〇〇キロ先までの地域を監視できる自衛隊のOTHレーダー（超地平線レーダー）基地の候補地として喜界島が有力であることが一九八五（昭和六十）年に報道された。[537] OTHはover the horizonの頭文字である。

翌八六年九月になって、喜界島通信所を大規模改修し、大規模な短波傍受施設である、いわゆる「象のオリ」を建設するという計画が喜界町に申し入れられた。[538] このために赤連地区の三〇ヘクタールの用地を取得することを見込んでいた。

野村良二町長はこの計画に対して、九月議会で「老朽化した現有施設を整備、拡充するものでOTHとは何ら関係ない」として建設受け入れの姿勢を示し、十二月議会でも同様の見解を繰り返した。[539]

共産党、教組、労働組合などは反対の姿勢を示し、名瀬市議会は六月にOTHに、九月に象のオリに反対する陳情を採択している。[540] 反対の大きな理由は、有事の際に真っ先に攻撃目標になるということであった。

現地喜界島では、何よりも農地を（つまり生活の基盤を）取られることになる地主が強く反対していた。十一月に「喜界島の豊かな自然と平和を守る町民会議」が結成され、日本基督教団喜界教会の丸山邦明牧師（一九三五（昭和十）～二〇一四（平成二十六））が議長となった。[541] 丸山牧師と、赤連の地主の一人であった得本《とくもと》拓からの聞き取りがDVDに収録されている。[542]

枝手久島石油基地の反対運動の経験から、群島全体の超党派の反対組織「奄美の美しい自然と平和を守る郡民会議」が一九八六（昭和六十一）年十二月に結成された。議長は龍郷町の医師肥後源市、副議長に地区労の花井恒三、町民会議の丸山邦明、事務局長は石油基地反対の郡民会議の事務局長であった大津幸夫であった。[543]

赤連地区住民の六割を超える六六九名が署名した請願が一九八六（昭和六十一）年十二月に喜界町議会に提出された。この反対請願は総務委員会で継続審議という結論であったが、本会議で緊急動議が出され、一転して全会一致で採択され、野村町長も「議会が満場一致で採択したのだから、これは住民の意思だと理解している。今後はこのことを踏まえて対処していきたい」と述べた。[544]

その二年後の一九八八（昭和六十三）年九月の町長選では、象のオリについてはノーコメントの野村町長に対して、反対の立場の元町議美代清が挑戦したが、大差で敗れた。[545] 同年十月の町議選では反対派議員は全員当選し、議会内の勢力分布に変化はなかった。[546] しかしこの年十二月の町議会では、地元の自衛隊協力会などが提出した「象のオリ」賛成の請願が賛成多数で採択された（賛成十三、反対五、離席一）。[547]

しかし予定地の赤連地区の土地の取得が進まず、計画は進まなかった。

その三年後、一九九一（平成三）年八月に、川嶺地区に誘致の動きがあることが報道された。[548] その後一九九四（平成六）年に防衛施設庁福岡防衛施設局が川嶺地区への建設に方針を変え、[549] 最終的に二〇〇六（平成十八）年に施設は運用を開始した。すでに組織されていた反対運動側も手をこまねいていたわけではなく、積極的に運動を展開した。とりわけ喜界島の大型製糖工場（生和糖業）の組合の支援は大きかったという。枝手久島で行ったように、反対地主の土地の仮登記などの手段もとったが、最終的には売却を決断した地主の依頼で仮登記を抹消したという。[550]

この運動全体に関して詳細な調査は行えなかったが、枝手久島石油基地反対運動との共通点が少なくないことはすぐに分かる。一九八六（昭和六十一）年時点で反対であった町議会が、議員が大きく入れ替わったわけでもないのに、二年後に反対から容認・推進に立場を変えたことは、一九七〇年代半ばの瀬戸内町議会の「転身」を思い出させる。反対運動をしている集落と別の集落が誘致に動いたことは、瀬戸内町の阿木名集落に前例がある。反対運動側も、地元と全郡の組織を超党派で立ち上げるなど、石油基地反対運動の経験を生かして運動を展開している。運動に関わった人も重複している。

石油基地反対運動は成功し、「象のオリ」では設置計画が実現して反対運動は挫折ということになった。その最大の原因は、石油基地は二回のオイルショックを経て必要性が薄れて、建設の意味がなくなったのに対し、「象のオリ」は防衛庁（当時）が長期にわたって一貫して計画を推進したという相違に求められよう。

全体的構図を考えれば、推進側は、国家や自治体であれ、企業であれ、予算を持ち、業務として計画をすすめる。反対運動側は多くは手弁当であり、せいぜいで労働組合の支援、地域の小さな自治体の運動である。もともと力の差が大きい。そのため、反対運動によって計画を遅らせたり、他の場所に追いやったりすることはできても、運動の力だけで計画そのものが消滅することはまずないのである。

二、行政主導の運動

電力の本土復帰

奄美群島は九州電力の電力供給地域であり、離島であるためにコスト高ではあるが、九州と同じ電気料金が適用されている。しかし復帰当初はそうでなかった。かつて大島電力という会社が存在し、電気料金は九州電力のほぼ二倍であった。さらに喜界・大和・瀬戸内（加計呂麻地区）・与論は大島電力のエリアではなく、それぞれの町村営の電力事業が存在した。これらがすべて九州電力に吸収されて、本土と同じ電気料金が適用になったのは復帰から二十年近くを経た一九七三（昭和四十八）年三月一日のことであった。これを「電力の本土復帰」という。（手続き的には各公営電気事業が大島電力に吸収され、その後に大島電力が九州電力に吸収された。）

電力の本土復帰のための運動は、住民運動というよりは行政主導の運動であり、ここで詳しく取り上げないが、電気料金が約二倍という、生活を苦しめ、あらゆる経済活動に不利に働く状況が二十年間も放置されたことには驚かざるを得ない。「日本一低い郡民所得のうえに日本一高い電気料金がのしかかる」[551]状況が二十年間続いたのであった。

この二十年間の状況と、電力の本土復帰に向けた動きを詳述することはできないが、復帰後奄美の電力事情の一端を紹介しよう。

発電所の不足のために十分な電力が供給できず、電圧降下で十分な照明が得られないのはいつものことであった。この時期の電力事情は一九五六（昭和三十一）年二月十四日に大島電力が発表した「電力白書」に報告されている[552]。この時点で電灯の点灯戸数が一万九四三八戸、未点灯戸数が一万六六四〇戸で、普及率はわずか五三％、未点灯集落は非常に多かった。電力計がなく、電灯一つのみ（最低は十ワット）の契約が多く、電力需要もわずかであったが、発電所の出力総計はわずか八六四キロワットで、常に電力不足の状況であった。

また、電気料金の未払いが多いという記事、契約より大きい電球に差し換えたり、二股ソケットで別の器具を使ったりする不正使用が四分の一に上るという記事もあり、群島民の生活の苦しさが思わぬところで浮き彫りになる[553]。電圧降下により暗くなった電灯はローソク電灯などと呼ばれた。

この年、徳之島では干ばつで水力発電の電力が不足し、「ローソク電灯はまだしもこの分ではホタル電灯から線香電灯だ」と報道されている。地域を分けての隔日送電も実施されている。[554]

　このような状況の原因の一つは資金不足のために発電所建設が思うにまかせないことであった。こういう事情もあって、一九五六（昭和三十一）年に九州電力が大島電力に経営参加し、十二月には九電社長が大電社長を兼ねる人事が決定した。[555]

　電力需給が落ち着いたのは、一九五九（昭和三十四）年五月に出力二四〇〇キロワットの住用川発電所が完成し、九月に送電を開始してからである。[556]一方でこの時期、大島電力は最も安価な契約である一〇ワット電球の契約約五〇〇〇件の廃止を打ち出し、この問題が新聞を賑わした。契約の多くは街灯だったようで、月一〇〇円の電気代が二〇ワット契約になると七一円高くなるということが大問題であった。結局一〇ワットの廃止は認可され、一九五九（昭和三十四）年十一月から実施されたが、当時の経済事情が伺える。[557]

　未点灯集落の解消は進められていたが、工事費の三分の一が地元負担であり、戸数が少ない不便な場所にある集落では、地元負担が一戸あたり三万円にものぼり、とうてい負担できないという問題も生じていた。さらに、計画がすべて達成されても点灯戸数の割合はようやく八〇％に過ぎないと報じられている。当時の全国平均は八七％であった。[558]

　復帰後五年を経てこれだけの未点灯地区が残っていたことは驚きである。発電所がまったく足りないことは復帰時にわかっていたことである。まず国家事業として発電所の建設と全集落への給電を行うべきだったのではないだろうか。電力供給を資金力も十分でない民間会社に任せたこと自体が奄美の復興を遅らせたように思われる。

「電力の本土復帰」運動に関する詳細を紹介することはできないが、大津鐵治名瀬市長が、沖縄復帰の一年前に石垣島を訪れた際に語った言葉を紹介しておこう。石垣島では八重山電力が電力供給を行っていたが、電気料金が県内他地域より高かったため、復帰前に八重山電力を琉球電力公社に移管するための交渉を行っていた。石垣市長室で大津はこう述べたという。

　いま電気問題が持ち上がっているが、これは復帰前に解決すべきである。復帰後は県や、国に働きかけても行政の分野でないといって積極的に解決してくれない。私たち名瀬の例からしてはっきりしている。奄美の電力料金は現在九州電力が一キロワット当たり一二円であるが、その二倍以上の二七円である。電力の完全復帰をめざして運動を始めたのが昭和三十八年で、来年度の四十七年には完全復帰となる。つまり現在の公営電力を大島電力が引き取りその後に九電に移管しようというものである。[559]

大津市長の助言の甲斐もあってか、この後八月に八重山電力の公社移管が決定した。[560]

三隻日発問題

外海離島である奄美群島にとって、港湾の整備と航路は最重要問題である。復帰後、港湾の整備によって就航船舶は徐々に大型化し、岸壁への接岸が可能な（ハシケによる乗降が不要な）港が増えていった。

かつては関西航路が花形で複数の会社が就航していた。一九六〇（昭和三十五）年に知名町で群集が交番を取り囲んだ事件でも、多くの人が集まっていたのは関西航路の船が入港する日であったためという（本章一節）。しかし二〇一七（平成二十九）年にマルエーフェリーが関西航路の最後の旅客船を廃止し、貨物船（RORO船）に置き換え、旅客航路は消滅した。東京航路はこれより早く、二〇一四（平成二十六）年に貨物船だけになっている。

かつての航路は陸上交通が不便だったこともあり、奄美大島では名瀬の他に古仁屋に寄港していた。沖永良部島でも和泊・知名の両方に寄港する船もあった。古仁屋への寄港が減ったのは一九七〇（昭和四十五）年頃からである。最初は観光客の輸送のために寄港する港を減らして便数を増やす臨時ダイヤとして提案されたのが、徐々に古仁屋抜港が普通になっていった。[561]このとき、有村治峯が経営する大島運輸（現在のマルエーフェリー）が喜界航路を延長して古仁屋港へ寄港したことの御礼に房町長が有村治峯に挨拶に行ったときに、瀬戸内町の製糖工場復活の話が出たことは第四章九節で扱った。この喜界航路（いわゆる裏航路）は現在、鹿児島から喜界、名瀬、古仁屋、平土野（徳之島）に週五回運航し、そのうち二回はさらに沖永良部島の知名まで就航する。[562]七〇年代に古仁屋港がメインの航路から外れたことは、瀬戸内町の衰退を象徴する出来事と受け取られた。

現在は鹿児島－沖縄航路に六〇〇〇トンクラスのフェリーが毎日就航している。運賃は現在でも同距離の主要航路（たとえば首都圏・関西と北海道間）と比べてかなり割高で、船の速度も二〇ノットほどであり、他の主要航路に比べて見劣りする。[563]航路の乗客数は大きく減った。しかし旅客輸送の重要性が減じたとはいえ、生活に必要な物資も、群島の生産物も船によって運ばれる。その意味で航路の重要性はいささかも減じていない。

現在のメイン航路である鹿児島〜奄美〜那覇航路は奄美主要五島のうち喜界島以外の四島に寄港し、約二十五時間を要する（現在は沖縄本島北部の本部にも寄港する）。鹿児島を夕方出た船は翌日夕方に那覇港に着いて一晩停泊し、三日目の朝に那覇を出て、四日目の朝に鹿児島に入港する。この船が同日の夕方に出航すれば、三隻の船で日発（毎日船が出る）運航ができる。しかし沖縄復帰以来、四隻の船が使われている（鹿児島に朝入港した船は翌日夕方の出港となる）。これは船会社が鹿児島（マリックスライン）、奄美大島（マルエーフェリー）の二つあって交互に運航すること、また荷役の遅れ、悪天候時のダイヤ回復、船のドック入りなどに備えてのことである。

これを三隻に減らそうと、大島運輸（現マルエーフェリー）の創業者で当時社長だった有村治峯が提案した。一九七五（昭和五十）年に会社更生法適用を申請し[564]、再建途上にあったライバルの照国郵船（現マリックスライン）が一九八〇（昭和五十五）年に貨物積載量の大きな新造船ニュークイーンコーラルを計画した際に、奄美航路全体での貨物輸送能力が過剰になるという理由で、有村がこの提案を持ち出した[565]。その内容は、大島運輸二隻、照国海運一隻の三隻で奄美航路を日発（毎日運航）し、一カ月三十運航のうち、五回は大島運輸の船を照国海運がチャーターして利用するというものである。新造船の代わりに現在ある船を二隻とも手放せ、と要求していることになる。鹿児島〜奄美〜沖縄航路の両社は、新造船を作るときは、九州海運局の許可とともに、その相手の会社の合意を取る慣例であったとはいえ、ここまでの要求はかなり強引な話であるが、有村は九州海運局にも相当食い込んでいたようで、この案はほとんど実現間際までいった。照国郵船が明らかに自社に不利な提案に合意したのは不思議に見えるが、会社更生法による再建中で、海運局の行政指導に逆らえなかったのである。

一九八一（昭和五十六）年二月には両社がひそかに覚書を交わしたが、これが表面化してから、地元での反対が起こった[566]。一九八二（昭和五十七）年七月二十九日には名瀬市航路対策協議会が運輸省に陳情して、住民の意思を尊重して見切り発車はしないと確約を得たが[567]、それを反故にする形で地元の頭越しに話は進み、この年の十月には翌年六月から三隻日発の予定との報道がなされた[568]。地元でも危機意識が高まり、名瀬市議会では大山光二を委員長とする航路対策等特別委員会が九州海運局に抗議を行った[569]。年が明けて一九八三（昭和五十八）年一月になると新聞にもたびたび記事が登場する。

三隻日発は理屈の上で可能でも、貨物の多い時期には荷役のための大幅な遅れが常態化していたことを考えれば、不可能な話であった。[570]鹿児島港では、当然のことだがすべての荷を下ろし、すべての荷を積まねばならない。定時に朝八時半に入港できても同日の夕方六時出港は時間的に厳しい。今でも子牛のセリの翌日や、春先のバレイショの出荷期に上りの船の鹿児島入港が大幅に遅れることは珍しくない。三隻日発になれば物流が混乱することは明らかであり、産業界が危機感を持って自治体や議会の尻を叩いたらしい。

一月二十一日に共産党の四ッ谷光子代議士が来島し、四隻日発は必要で郡民もそれを望んでいるので、九州海運局や運輸省当局の姿勢をただしていく、と中央での政治折衝を約束した。[571]

二月四日に奄美群島区選出の保岡興治代議士が運輸省と協議し、三隻日発で見切り発車しないという回答を得て、十八日には保岡代議士に伴われた群島市町村の四隻日発存続推進会議の一行が運輸省で三隻日発の断念を確認した。これで三隻日発は消滅した。[572]南海日日新聞は「出直し航路行政」と題した連載記事で、海運局と大島運輸の癒着を手厳しく批判した。[573]地元選出の保岡代議士は最後の段階で運輸省に申し入れを行ったわけだが、それ以前の動きが見えない。三隻日発を容認していたのが、共産党の四ッ谷代議士が動き出したのを見て、あわてて形を作ったのではないかという印象はぬぐえない。[574]

有村治峯は一代で奄美を代表する企業グループを築いた立志伝中の人物である。綺麗事と紳士的な振る舞いばかりではそれは不可能であったことは想像に難くない。一九五五（昭和三十）年には有村商事が名瀬市から借りていた倉庫の土地を、新設の金久中の校庭とするために明け渡すように市から求められたがなかなか応ぜず、ＰＴＡが市内でデモを行い、名瀬市との間で裁判にまでなっている。[575]有村グループの会社で労働組合を作ろうとして、激しい妨害に遭ったという話も筆者は聞いた。いずれにせよ有村治峯は実に強烈な人物であった。実島による評伝は百歳を迎える本人に読んでもらうために書かれたものであり（結果として間に合わなかったが）[576]、生誕百二十年も近い現在、戦後の奄美の経済史に大きな地位を占める有村の、客観的な評伝が求められる。

三隻日発に対する反対運動は、市町村当局や議会の陳情や申し入れという形が主で、住民運動といえる形をとったものは見られない。一般住民には三隻日発がどういう結果をもたらすか、実感がわかなかったということもあろう。

以上が新聞報道などから再構成した経過であるが、当時、与論島で照国郵船系の代理店に勤めていた喜山康三から話を聞くことができた。この問題で最も危機感を持っていたのは、奄美大島で照国郵船の荷役を行っていた里見海運であった。名瀬では照国の二隻の船を里見海運と叶運輸が一隻ずつ担当していた。三隻日発で照国の船が一隻に減らされれば、里見海運が外される見込みと分かり、社長は会社の存続をかけて死に物狂いで運動を行ったという。一九八二（昭和五十七）年八月の南海日日新聞の連載記事にも、里見海運の働きかけや情報提供が反映されているとのことである。共産党の四ッ谷代議士が来島してくれたのも、里見の働きかけだったらしい（名瀬市議会の大山光二など、島内の共産党組織を通してのものであろう）。

代理店が懸命なのに照国郵船の本社はどうしていたのかというと、会社更生法で再建中の照国郵船の管財人は大蔵省から天下った迫水久正（一九三二（昭和七）～二〇〇四（平成十六）、父は元衆議院・参議院議員の迫水久常）で、危機感がなかったという。[577] 喜山は照国郵船の実務者会議で、年に数回鹿児島本社に行っていた。三隻日発も当然議題になった。激高して灰皿を社長に投げつけようとして、他の参加者に腕をつかまれて止められたことがあったと喜山は語る。

喜山自身は与論島で署名活動を行った。与論は有村社長の出身地である。そこから反対の狼煙を上げることに意味があると考えたのである。最初は有村に遠慮して皆が尻込みしていたが、商工会役員の高井正志が理解を示し、商工会で会合を持ち、危機感を共有して何かしないといけないと意見を集約したという。直接影響を受けるのは荷役業者であるが、安定した航路の確保は奄美の産業全体にとって死活的な問題であった。

明らかに無理のある三隻日発を提案した有村の狙いは何だったのだろうか。喜山は、三隻日発が破綻したときにすかさず大島運輸がもう一隻船を投入して、奄美沖縄航路の船を三対一にして、一隻だけの照国はいずれ消滅する、と目論んでいたのではないかと見る。二対二で運航していた航路なのだから強欲といえば強欲だが、鹿児島の会社から島の航路を取り返す遠大な計画と見ることもできる。もし三隻日発の提案にそういう狙いがあったのなら、照国郵船が会社更生法下にあり、九州海運局の指導に従わねばならなかったこの時期は、有村の眼にはまたとないチャンスに映ったのだろう。

なお、四隻日発は現在も維持され、船会社の経営が危機に陥ることもなかった。沖縄の人口増に伴い貨物が増えたためであろうか。

本章ですでに見たように、喜山は後に百合ヶ浜港反対運動に乗り出す。それに先立つ三隻日発反対運動から喜山は、署名運動はマスコミを動かす格好のアイテムであり、運動で重要なのは、住民や関係者が問題点を理解し納得させるための行動であることを学んだという。この経験は百合ヶ浜港反対運動に生かされることになる。

三、二十一世紀の運動

徳之島米軍普天間飛行場移設問題

本書執筆時点においてなお展望が見通せず、長期間にわたり沖縄の人々を苦しめ続けている在日米軍普天間飛行場移設問題。この問題が、二〇一〇（平成二十二）年に奄美群島徳之島へ飛び火し、地域に大きな騒動を生じたことがあった。しかし、現時点でその騒動を記憶している本土都市部住民はどれくらいの割合で存在しているだろうか。

現代史と言うにはあまりに生々しく、現地の沖縄では今後どのように展開するか見通せない現在進行形の出来事ではあるが、本書の第三章で述べた再処理工場反対運動との深い関係もあるので、ここに一節を割いて徳之島米軍普天間飛行場移設問題の顛末について述べる。なお、この箇所に関しては分担筆者の樫本が担当する。

事の発端は、公約の一つに沖縄県宜野湾市の普天間飛行場（在日米軍海兵隊の航空部隊基地）の県外移設を掲げ、その前年に誕生した旧民主党鳩山政権が、移設候補地として徳之島に白羽の矢を立てたことから始まった。以後、現地徳之島をはじめ奄美群島、出身者のいる本土各地などで米軍基地徳之島移設反対運動が生じたのである。

問題がどのような経緯を辿ったか、以下、大まかな時系列に沿って説明する。

徳之島への普天間飛行場移設の可能性が全国紙で報道されて、基地移設問題が一気に拡大したのは、二〇一〇（平成二十二）年一月下旬のことである。一月二十五日に旧民主党の牧野聖修衆議院議員（肩書は当時のもの、以下同様）が徳之島を訪れ、高岡秀規徳之島町長、大久幸助天城町長、大久保明伊仙町長に対し、米軍基地移設問題について平野博文官房長官と会談してもらいたい旨、要請した。その翌々日の一月二十七日、徳之島移設案の存在が朝日新聞で報道され、基地移設先としての徳之島の名が一気に知られるようになった。一方、この要請に対し、徳之島三町長は、平野官房長官との会談を拒否すると発表している。報道があった当日の二十七日には、「徳之島の自然と平和を考える会」（以下「考える会」、会長椛山幸栄）が急遽立ち上がり、「米軍普天間飛行場徳之島移設に反対するアピール」を出した。以後、この「考える会」が、徳之島現地の基地移設反対住民運動の中核を担うことになる。椛山によれば、「考える会」は思想信条を問わない、年齢・性別もまちまちな、間口の広い自然発生的な集まりである。なお、前年の段階で、牧野議員ら政権関係者から現地徳之島に対する水面下での接触は始まっていた模様である。その動きを、過去にMA－T計画反対運動を体験した人々が察知しつつあったことで、反対運動の素早い立ち上がりにつながった。

この後の展開は一気に進んだ。それはまるでMA－T計画反対運動の再現をみるようである。二月二日に「考える会」は米軍普天間飛行場移設反対を求める要望書を徳之島の三町長に提出する。それを受け、二月十五日に徳之島三町長は移設反対の決議書を作成した。翌月になると、徳之島三町の各議会が次々と移設反対を決議していった。ちなみに、徳之島三町の中では伊仙町が先頭を切って移設反対を決議しているが、これも再処理工場建設反対の時と同じである。奄美群島の各自治体も続いて反対の意思を示し、そして地元の熱気に突き上げられるように、三月二十四日の段階で鹿児島県議会も移設反対を決議した。同じ日に伊藤祐一郎知事も反対の意思表明を行っている。この時点で、徳之島三町と鹿児島県の議会と行政の双方が、移設反対の意思を示したことになる（全奄美群島の自治体で反対決議が出そろったのは翌二十五日）。

一方、政権側は、徳之島へ米軍海兵隊ヘリ部隊（オスプレイ配備予定部隊）の移設を構想していた模様だが、地元の強烈な反発をみた米国側が、距離のある場所に部隊を分割配置する場合の運用上の困難さもあり、徳之島移設案に難色を示し始めていた。

地元の反対運動は、意思表示のための具体的な示威行動も開始する。三町長および「考える会」などの民間団体で実行委員会をつくり、三月二十八日に天城町の総合運動公園で移設に反対する郡民大会を催行したのである。この大会には約四二〇〇名が参加した。一般参加者も、自作のプラカードなどを持ち寄り「基地反対」の意思を示した。しかし、この大会が催行された後の時点でもなお、政府はヘリ部隊移設の考えを維持していたのだった。

「考える会」の椛山によると、徳之島の状況が正確に伝わらないよう官邸の一部で情報がゆがめられている可能性がある、それならば現地の民意を徹底的に知らしめるため、三月二十八日の集会を上回る規模の大集会を決行すべきだ、となったとのことである。これが移設問題の転機となる四月十八日開催の一万人集会に結実する。三町長と椛山が共同代表となって、官民一体の「徳之島への米軍基地移設反対協議会」が立ち上がり、小さな島では無謀とも思える規模の大集会の開催を決行することとなった。[578]

一万人集会に先立つ四月上旬、鳩山由紀夫首相は、オバマ米国大統領との非公式会談の場で、基地移設問題は五月中に解決の目途をつけたいと述べたとされる。現地の状況と乖離した首相の楽観的な認識をみると、正確な現地情勢が伝わっていなかったという指摘も頷ける。結局、この発言が政権の命取りとなった。首相が五月末までの解決を口にした直後、徳之島町亀津新漁港を会場にして行われた一万人集会は、主催者の予想を上回る一万五〇〇〇人の参加者を集めることになった。徳之島全島民二万六〇〇〇人中、半数をはるかに上回る人々が参加した大集会は、報道でも大きく取り上げられ、それを目の当たりにして、政権の思い込みは打ち砕かれたのであった。

こうした圧倒的民意を背景に、徳之島三町長が、官房長官ではなく首相に直談判することを決め、五月七日に首相官邸での会談が実現した。その場で三町長が、徳之島への米軍基地移設はたとえ部分的なものであっても認められない、と全面拒否の意思を伝えたのである。

この後、基地移設問題を巡って鳩山政権は迷走を始める。彼らは名護市辺野古の県内移設現行案へ回帰し、一部訓練のみを徳之島へ移転するという、中途半端な妥協策を追求することになった。五月二十八日の日米共同声明にもその内容を盛り込むが、当然ながら沖縄県と徳之島の双方から強く拒絶される。沖縄でも徳之島の一万人集会の直後、四月二十五日に大規模な県民大会が催行されており、県内移設は認めないという民意が示されていた。解決の目途をつけるつもりだったはずの五月末の段階で、逆に米軍基地移設問題に関して完全に手詰まり状態に陥った鳩山首相は、六月二日に退陣を表明せざるを得なくなったのである。

日米共同声明に訓練移設候補地として徳之島が明記され、次の菅直人政権も共同声明を踏襲する方針を示したため、徳之島現地ではこの後も反対運動を継続する必要があった。一九七〇年代末から一九八〇年代中頃にかけて、再処理工場問題で徳之島が大騒ぎになった時の状況を思わせる。当時、青森県六ケ所村への再処理工場立地が確定した後でも、政府は、徳之島に再処理工場を建設しないとは明言しなかったのである。ちなみに、鳩山首相退陣後も継続して実施された基地移設反対のための行動では、八月七〜八日にかけて行われた、徳之島島内を一周する「命のタスキリレー」が最大規模のものである。このリレーの発着点は、伊仙町義名山にある戦後祖国復帰運動の象徴、泉芳朗頌徳記念像であった（第三章三節に写真を掲載）。こうして示され続けた徳之島の強固な反対に懲りたか、後に政権が交代して普天間基地移設問題が議論されても、再び徳之島の名が取り沙汰されることはなかった。

　筆者（樫本）が、ＭＡ－Ｔ計画反対運動の調査のため、徳之島現地に初めて入ったのはこの年の六月半ばだった。島内はまだ騒然としており、そこかしこの家屋の庭先などに、思い思いに書かれた基地反対のための手作りの看板が立てかけられていた。本格的な聞き取り調査を開始したのは八月の「命のタスキリレー」直前だったが、調査を続ける中で、ＭＡ－Ｔ計画反対運動に携わった聞き取り対象の人々が、今回の基地移設反対運動にも積極的に関わっていることを知った。今回の運動は、若い世代に島の伝統を守る精神と、島ぐるみ運動のノウハウを継承する、またとない機会だったのである。これが、本書第三章の最後の部分で触れた、死の灰から生命を守る町民会議の吉岡良憲議長から、徳之島の自然と平和を考える会の椛山幸栄会長への、活動資金譲渡のエピソードの背景である。

　一方で、ＭＡ－Ｔ計画反対運動時とは違った側面も存在する。特に大きな違いは、沖縄の人々との連携の有無である。ＭＡ－Ｔ計画反対運動の後半戦、一九七九（昭和五十四）年以降の段階で、両者の運動的な交流はほとんどなかった。というのも、第三章十節でも触れたように、当時の沖縄県知事の発案によって、徳之島近海の硫黄鳥島へ沖縄県伊江島の米軍射爆場を移転させるという問題が持ち上がっていたからである。問題が生じた経緯からみて、米軍施設移転という同じ出来事であっても、この時には、沖縄の人々と徳之島の人々が連携できるはずはなかった。一方、問題が生じた経緯が全く違うという理由もあって、今回の徳之島の基地移設反対運動は、沖縄県内で基地問題と闘う人々と連携することが可能となった。沖縄の立場からの視点を獲得したため、徳之島の住民運動もそれを反映し、単に移設反対だけではなく、国内に新たな米軍基地をつくり移転させることそのものを疑問視するメッセージも発信した。運動期間中の両者の交流は密接である。今回の運動で徳之島の人々は、基地移転に伴う僅かな利益誘導よりも、米軍基地の存在が地域に与える負担の方がはるかに大きいことを、普天間飛行場のある沖縄県宜野湾市現地の声から直接学んでいるのである。ＭＡ－Ｔ計画反対運動の聞き取り調査対象者で伊仙町の町会議員だった上木勲は、徳之島の基地移設反対運動にも積極的に関わり、宜野湾市の現地視察にも参加した。そして、沖縄県内の移設候補地である名護市辺野古にも出向き、現地の話し合いの場において、「全国のどこにも基地を受け入れる所はない」として、沖縄と連帯しつつ在日米軍基地の国外移転を促すべしと主張している[579]。

　このように改めて普天間飛行場移設問題を俯瞰してみる

と、今なお続く沖縄の反対運動と、奄美群島徳之島であった移設反対運動には共通する部分がある。各々の反対運動は、最終的に、他の可能性を顧みず一部地域に過度な負担を集中させ続ける日本の現状、日本の国家として在り様、そうしたものに対する疑問に行き着くということである。今回の基地移設反対と同様、四十年前に徳之島で発生した商業再処理工場立地反対運動にも、こうした点は共通している。

第三章の末尾でも述べたように、国民一人一人の内なる権力的発想、すなわち一部地域に負担を集中させることを安易に認めてしまう傾向と直接対峙することなく、今の状況を根本的に変えることはできないだろう。少なくとも奄美現代史の中の一部の住民運動の主張には、多くの人がそれを理解し解決しようと動くことで、閉塞した状況を超えて日本社会を変える契機となる、重要な問いかけが含まれているのである。

四、奄美群島の現代史：特殊で普遍

復帰後の奄美群島の歴史について十分な記述ができたとはとうてい言えないが、個々の事件の記述はここで切り上げ、以下では結論に代えて奄美群島の現代史をどう捉えるべきか（少なくとも筆者はどう捉えたか）を述べたい。

復帰から六十五年を経て、生活水準は劇的に向上した。しかしそれは日本中で起こったことであるから、このことだけで復帰後の奄美の歩みが成功であったと即断するわけにはいかない。

奄美群島の復帰後ほどなく、本土では高度経済成長が始まり、地方から大都市への人口と産業の大移動が起こる。それは全国的な現象であったが、奄美ではそれが極端な形で起こった。復帰後の奄美の歴史をつらぬくライトモティーフは本土への人口と産業の流出であったと言ってもよい。それに抗してさまざまな産業の育成が試みられ、多くの人が努力を重ねた。その中には本書では扱わなかった大島紬のように、ある時期にかなりの成功を収めたものもあったし、すぐれた能力、たゆまぬ勤勉と少々の幸運に助けられて大きな成功を収めた人々も少なくない。奄美大島の人ならば、たとえばホテル経営、タンカン栽培、養鶏での成功者の名前をすぐにあげることができるはずである。成功事例や成功者の存在はしかし、奄美の産業が順調に発展したことを証明するわけではない。ツバメ一羽で春が来るわけではない。復帰後の奄美群島は、いきなり高度経済成長（すなわち地方から都会への人材と産業の移動）に巻き込まれ、それ以降ずっと衰退をくい止めるための努力を続けざるを得なかったように見える。その状況は今も変わっていない。

本書で扱ったさまざまな計画と、それに対する賛成・反対の運動は、基本的には日本中で繰り返された出来事である。産業立地に不利で人口が流出する地域に「迷惑施設」の計画が持ち込まれ、それでもよい（やむを得ない）という人と、それにあくまで反対する人が対立するという構図である。そして奄美は不利な立地という点でも、反対運動の強さという点でも、群を抜いていた。まず外洋離島であり、しかも薩摩藩支配にも遡る社会資本の不足が戦後の分離期でさらに深刻化したために、現在まで六十年以上継続されている奄振事業にもかかわらず、産業立地の不利は解消していない。亜熱帯気候を生かした工場誘致でさえも、瀬戸内町の例に見てきたように簡単には成功しない。その一方で独自の文化と薩摩藩支配の集団的記憶は、しばしば他の地方に類を見ない強力な反対運動を支えた。

このどちらも他の地方にない奄美の特殊性であるが、別の言い方をすれば、奄美は日本の地方が抱える深刻な問題と、それにもかかわらず持ち続ける強さとしぶとさの両方を濃縮した形で体現しているのである。その意味で奄美群島の現代史は普遍的な意味を持つ。

その奄美の出来事から学ぶべきことは、群島外の人にとっても少なくないはずである。そして群島内と出身者の読者が復帰後に起こったことを知り、悲観も楽観も退けて将来への指針を得るために、本書が多少なりとも役に立てば幸いである。

あとがき

このあとがきは、著者を代表して斎藤が執筆している。まずお断りせねばならないのは、著者は奄美研究の専門家ではないということである。本書の大半を担当した私（斎藤）は古代ギリシャ数学史の研究者であり、地域研究や戦後史の専門家ですらない（共著者の樫本は大学で日本史を専攻し、現代日本の原子力開発史を研究しているので著者としての資格は十分である）。奄美群島という島々があること、その島々が戦後米国の施政下にあり、沖縄より先に復帰したことは知っていたが、それはサンフランシスコ講和条約と同時であったと誤解していた程度の知識しかなかった。奄美群島を見たのは、一九九九（平成十一）年に初めて沖縄を訪れて辺戸岬から与論島を見たときが最初であった（初めて沖縄を訪れて辺戸岬まで行くのは普通の観光客のすることでないかもしれないが）。実際に群島に足を踏み入れたのはその十年後、薩摩侵攻四百年の機会に企画された種々のシンポジウムの一つを聴講するために、沖永良部島を訪れたときであった。それまで奄美は関心の外であった。

知名町役場職員の前利《まえとし》潔氏が準備したシンポジウムは大変興味深かったが、懇親会で二人の人物に出会ったことが、筆者をその後何十回も奄美に通って本書を上梓するに至ったきっかけとなった。一人は懇親会で焼酎を飲みながら建物中に響き渡るような声で話し、しばらくするとその場で大の字になって眠ってしまった初老の、しかし精悍な人物である。これが枝手久島石油基地反対運動をはじめ、多くの運動にかかわった新元博文氏であった。次に、地元紙の記者と名乗る男性は、自己紹介の挨拶で「沖永良部島について飛行機や船の便はどうなっていますか、などと聞く奴がいる。そんなことは調べて来いよ」と怒り出す。怖いけれど島を愛する気魄に満ちている。南海日日新聞記者の久岡学氏である。

新元氏は「奄美の住民運動の全部に関わって、ほとんど勝利した」と語っていた。筆者は半信半疑だったが、翌二〇一〇（平成二十二）年の正月に新元氏を訪ねてみようと考えた。本書の共著者となった樫本喜一にその話をすると、彼も是非行きたいという。樫本は以前から徳之島にMA－T計画という意味深なコードネームをもつ核燃料再処理工場の計画があったことを知っていた。しかし研究者の間でもその詳細は知られておらず、この計画が断念に至った経過について知りたいと気にかかっていたのであった。

こうして正月早々、樫本と私は奄美大島を訪れることになった。名瀬新港からレンタカーで宇検村に向かうのに、国道経由のほうがずっと速いことを知らずに大和村を縦断し、海沿いを走るのにどうしてこんなにアップダウンがあるのかと不思議に思ったほどに島の地理に無知だったことは、この際、白状しよう。

本書第三章の記述のように、新元が徳之島の反対運動のいわば火付け役であったことが分かったが、運動自体は三十年以上前のことである。どうやって調べようかと案じているうちに、徳之島への普天間基地移設計画が一月半ばに明らかになり、反対運動が一気に盛り上がる。三十年以上前の運動が現在の運動と重なって思い起こされることになった。歴史とは過去と現在の対話である、というE・H・カーの言葉を実感した。この年の六月に樫本と私は徳之島を駆け足で訪れ、それから樫本の調査が本格化した。

新元氏は、筆者への手紙で房弘久瀬戸内町長の議会での発言について知らせてくれた。「私は島を愛する人であります」と発言したが、議事録からは削除されたのことであった。これが筆者(斎藤)が調査にのめりこむきっかけとなった。その前後の議論はどのようなものであったのか、それを知りたくて瀬戸内町議会事務局を訪問した。本文第六章一節に書いたように、一九七八(昭和五十三)年四月のその発言だけでなく、その時期の半年ほどの議事録が存在しないことが分かったのだが、それ以外の時期の議事録はよく保存されていて、それは厳しい政争を反映してきわめて興味深いものであった。一般には、ほとんど議論らしい議論のない町村議会も珍しくなく、その点で瀬戸内町は例外的であった。結局、何度も議会事務局に通ってかなり長期間の議事録を閲覧することになった。

半分は個人的な興味で始めた調査であったが、幸いにも南海日日新聞の久岡学氏から、紙面への連載の依頼を頂き、無謀にも月二回の連載をすることになった。本書の大半はその連載原稿に基づくのだから、この連載がなかったら本書は存在しなかったことになる。また本書の小見出しの多くは、久岡氏が連載時につけてくれたものである。写真も久岡氏が撮影したものや、見つけてきて下さったものが少なくない。改めて久岡氏に御礼申し上げたい。

連載をするうちに、唐突だが、歴史の父として知られるヘロドトスの著作の冒頭がしきりに思い起こされるようになった。

これはハリカルナッソスのヘロドトスの研究成果(ヒストリエー)を記述したものである。その目的は人々の成したことが時とともに消え去り、ギリシャ人や異邦人（バルバロイ）によって成し遂げられた偉大で驚嘆すべき事柄が忘れ去られることのないようにすることである。[580]

奄美の出来事を、ヘロドトスのおかげで今なお世界中に知られるペルシャ戦争と並べるのは大げさなようだが、古代地中海世界の人口は恐らく数百万、個々の都市国家《ポリス》の人口は最も大きいアテネが奄美と大差ない。奄美と古代ギリシャを比べていけないという法はない。

奄美の人々が成し遂げた偉大で驚嘆すべき事柄といえば、誰でも復帰運動をあげる。しかし復帰以降に起こったことは、それに劣らず驚嘆すべきだと筆者には思われる。しかもそれらは復帰運動と違って、研究する人もなく、まさに忘却の淵に沈みつつあるところであった。

これが忘れられてよいはずはない、起こったことを調査記録し、将来へ記憶をつながなくてはならない。筆者は頼まれたわけでもない使命感を感じてしまった。記述のあり方は、ギリシャの歴史で忘れてはならないもう一人の人物、トゥキュディデスを見習うべきであると考えた。ヘロドトスが、調べたことを、あまり厳しい吟味をせずに、こういう話がある、ああいう話もあると書いたのに対し、トゥキュディデスは個々の出来事の原因、当事者の思惑、経過、結果などを徹底的に考察して、自分が正しいと考えた、いわば「解釈された歴史」を記述する。筆者も可能な限りトゥキュディデスのひそみに倣って、筆者なりの解釈と意味を与えた記述をしたいと考えた。そう考えたわりには、あまり重要とも思えないヘロドトス風の逸話の紹介に紙幅を費やした感もあるが、ともかく、復帰後の奄美の驚くべき出来事を、多少なりとも後世に伝えることができていれば幸いである。

村山家國の『奄美復帰史』の後の時代を扱って復帰後の奄美の歴史全般をまとめた書物は見当たらない。『奄美戦後史』は問題の当事者が執筆している箇所が多く、貴重な記録であるが、資料についての詳しい記述は多くない。さまざまな事件や運動について知りたいとなると、個々に文献か当時の新聞を調べないと分からないことが多い。奄美についてほとんど何も知らなかった筆者は、議会の会議録の他に、当時の南海日日新聞や大島新聞（現在の奄美新聞）を国会図書館や奄美図書館で閲覧した。[581] その後引き受けた『宇検村誌』のための調査も含めて、復帰からほぼ四十年分の新聞を駆け足で眺めて、自分なりの一次史料を作る作業を行った。[582]

そして記事に登場する事件や人物を手がかりに、当時のことをご存じと思われる方を訪問してお話を伺う。多くの方が突然の訪問者を快く迎えて下さり、貴重なお話を伺うことができた。この場を借りて、奄美で出会ったすべての方々に心から御礼申し上げたい。

これは時間と労力を必要とする仕事であり、数年間奄美に通っただけでは十分な資料を得たとはとても言えなかったが、楽しい作業でもあった。何かの事件や運動に関わった人はたいてい二度や三度は新聞に登場していて、そういう人びとに紙面で再会できるのだった。

筆者は弓削政己（一九四八（昭和二十三）～二〇一六（平成二十八））とはついに面識を得る機会がなかった。一度だけ弓削の姿を見る機会があったのは、琉球大学で弓削が、「系図差出焼棄論」を否定する発表を行ったときであった。ご存じの読者も少なくないと思うが、系図差出焼棄論とは薩摩藩が奄美の系図を取り上げて焼いてしまったという俗説であり、弓削の指摘は、実は奄美の有力者たちが、由緒ある系図を持つ自分たちを特別扱いしてくれと、自発的に系図を差し出したのであり、焼けたのは事故であったというものである。

その後過去の新聞を調べるうちに若き日の「弓削君」に出会うことができた。村山の『奄美復帰史』が刊行されたとき、立命館大学の学生だった弓削は奄美図書館に通いつめてこの大著を読破する。そこで弓削が驚いたのは、昇曙夢ら復帰運動の立役者が、奄美と琉球を区別する議論を展開していたことだった。南海日日新聞は若き日の弓削の写真入りで、「復帰運動を知らない子供たち」の一人である弓削のコメントを紹介している。

　だってぼくら、感覚として沖縄と奄美は同一圏内の住民であって、つまり同胞だと思っているわけですよ。（奄美復帰史）を読んだのもこれを手がかりにして、沖縄の復帰運動や民俗問題について考えたい、ということでしたからね。ところが奄美の人びとは、こっちは琉球人ではないんだ、と強調しているわけでしょ。面くらっちまう[583]。

この記事は歴史的資料としても重要なものになろう[584]。奄美群島で、復帰以前から日刊紙が存在したことは貴重である。南海日日新聞がなかったら、多くの出来事が時の流れとともに永遠に忘れ去られたのではないかと思われる。さらに一九五九（昭和三十四）年からは大島新聞が刊行され、人口二〇万人足らずの地域が二つの日刊紙を持つことになった。この意義はきわめて大きい。

とはいえ、繰り返しになるが、奄美の歴史に関する資料と研究は十分でない。島唄や民俗行事や動植物に関してなら多くの研究がなされている。科学研究費補助金（いわゆる科研費）のデータベースで「奄美」をキーワードに検索すれば、一千件を超える研究が該当する。しかし奄美の歴史、とりわけ復帰以降の現代史に関する研究は多いとはいえない。近代・近世史でも資料は限られ、同じ話があちこちで引用、孫引きされて語られることもある。

真摯な研究者がいないわけではない。弓削政己が薩摩藩支配時代の古文書を丹念に調査して、通説を批判的に検討したのをはじめ、資料を掘り起こし、さまざまな角度から歴史研究を進めている方々がおられる。しかし奄美には大学がないために、歴史研究に専念できる人は少なく、研究者のよりどころとなる機関が十分でない。これについては、七期二十八年にわたって名瀬市長をつとめた大津鐵治が短大誘致にそれほど熱心でなかったことを指摘せざるをえない。一方でゴルフ場誘致には、新聞の見出しに「ゴルフ場に執着」と書かれるほどの熱意を見せたのに、[585] 短大・大学の設置には積極的でなかったように思われる。[586] 大津市長の時代に短大が出来ていれば、その後四年制大学に改組され、奄美の歴史の研究や資料収集も進んだことと思われる。群島からの人口流出を多少は押しとどめる効果もあっただろう。

今から大学を設置できるかどうかはともかく、少なくとも、『奄美百科事典』、すなわち『沖縄大百科事典』の奄美版のような事典は是非とも必要である。奄振の予算はこういうことにも振り向けてほしい。奄美が自らの姿と、その歴史を知ることは未来のために是非とも必要である。

注

1 清水書院発行『高等学校日本史B』のコラム「近世の琉球と奄美」。南海日日新聞二〇一八（平成三十）年六月七日付記事による。
2 学校では、現在は教員の大半が鹿児島県本土出身ということもあり、カリキュラム外の奄美の近世史が扱われることはほとんどない。
3 このとき、口之島以南のトカラ列島（現在の十島村）も米軍施政下に入り、屋久島が日本の最南端となった。トカラ列島は奄美群島より早く、一九五二（昭和二十七）年二月に日本に返還されている。詳しくは杉原洋「『北緯三十度』とは何だったのか―奄美の分離と復帰を考える―」（『奄美戦後史』六五～九六頁）を参照。
4 沖縄が返還されたのは、この十八年あまり後の一九七二（昭和四十七）年五月十五日であった。
5 政治学上の術語を使って荒っぽくまとめれば、「日本」はステート（state）であり、「ヤマト」はネーション（nation）であるということになろう。
6 この法律は五年間の時限立法で現在まで延長を重ねている。名称は一九六四（昭和三十九）年から奄美群島振興特別措置法、一九七四（昭和四十九）年から奄美群島振興開発特別措置法と変えられている。公共事業などでの国からの補助率がかさ上げされていることが最も重要である。以下で扱う学校の校舎建築では九割が国の補助で地元負担は一割であった。「奄振」に関する全般的な記述、評価は大きなテーマであり、本書の範疇を大きく超える。一九九八（平成十）年の元日から十二月二十四日まで南海日日新聞に六十六回にわたって連載された「転機の奄振：検証と今後の方向性」はこの時期までの奄振の役割と問題点を明らかにした重要な資料である。
7 一九五五（昭和三十）年四月八日付南海日日新聞。
8 総務省ウェブページ http://www.soumu.go.jp/gapei/gapei2.html（二〇一八（平成三十）年八月十一日閲覧）
9 ［実島 一九九六］（三〇～五三頁）、久岡学「昭和の大合併」『宇検村誌：自然・通史編』通史編Ⅳ現代、第四章第四節（八七三～八八三頁）を参照。
10 ［久岡 二〇〇二］を参照。
11 ［久岡 二〇〇二］（一四頁）。
12 しかも名瀬市と笠利町の間にある龍郷町は合併に加わらず、飛び地合併となった。
13 一九五五（昭和三十）年六月二十三日付南海日日新聞。
14 一九五五（昭和三十）年十一月八日付南海日日新聞。
15 一九五七（昭和三十二）年九月四、十一日付南海日日新聞。
16 ［自治行政史編さん委員会 一九八五］を参照。
17 三方村は名瀬市の周辺部にあたる地域で、一九五五（昭和三十）年二月に昭和の大合併の中で名瀬市に合併された。名瀬の中心市街地から周辺部に向かうと、どちらに向かってもトンネルに出会うが、おおむね、最初のトンネルまでが一九五五（昭和三十）年以前の旧名瀬市の地域であり、トンネルの先は同じ名瀬市でも旧三方村となる。本書では、一九五五（昭和三十）年の合併前の時期を旧名瀬市、その後二〇〇六（平成十八）年に笠利町、住用村を合併して奄美市となるまでの時期を名瀬市と呼ぶことにする。

三方村はその名の通り三つの方角に広がっている。名瀬市街地から古見本通り（現在は国道58号）を南に向かうと朝戸トンネル（以前の旧道は名瀬トンネル）を越えるが、その先が三方村の古見方である。北から南に海が入りこんでいる名瀬港の東側の海岸に沿って北上して東に向かうと山羊島のトンネルがあるが、その先の地区が三方村の上方、逆に西岸を北上して長浜からトンネルを越えると三方村の下方となる。もちろんこれらのトンネルは三方村が合併された後に出来たものである。名瀬市街地を通らずに三方村内の三地区間を移動するのは容易でないので、村役場は旧名瀬市内にあった。現在の「みかた公園」がその場所であるが、名前の他に三方村のことを伝える記念物などは置かれていない。

18 喜瀬小学校についての和田昭穂への聞き取り、および『根瀬部誌』（二九一頁）による。他の校区でも事情は同様であったと思われる。

19 一九五九（昭和三十四）年七月二十五、二十六日付南海日日新聞。

20 一九五九（昭和三十四）年七月十二日付南海日日新聞。

21 一九五九（昭和三十四）年九月一日、十月二日、二十日付南海日日新聞。

22 一九六〇（昭和三十五）年三月十五日、二十九日付南海日日新聞。

23 大津は七期二十八年にわたって名瀬市長を務めることになる。大津市政について語るには本書をはるかに超える分量が必要であろう。

24 一九五九（昭和三十四）年七月十四日付南海日日新聞。

25 一九五九（昭和三十四）年十一月十三、二十五、二十七日付南海日日新聞。

26 一九五九（昭和三十四）年十二月四、十一、十三、二十四日付南海日日新聞。

27 一九六〇（昭和三十五）年一月六、十五、十九、二十三、二十九日、二月三、五、六日付南海日日新聞。

28 一九六〇（昭和三十五）年二月二十三日付南海日日新聞。

29 一九六〇（昭和三十五）年三月一、五、十六、二十日付南海日日新聞。

30 一九六〇（昭和三十五）年五月十三日、二十三日付南海日日新聞。

31 一九六〇（昭和三十五）年五月二、十一、十三、十五、十六、二十、二十四日付南海日日新聞。名瀬市の財政再建問題を職員組合側からまとめた資料に［吉田 一九九〇］がある。

32 一九六〇（昭和三十五）年五月二十五日付南海日日新聞。

33 一九六〇（昭和三十五）年五月二十七日付南海日日新聞。

34 一九六〇（昭和三十五）年十一月十四日付南海日日新聞。
35 一九六〇（昭和三十五）年十月十、二十二日、十一月五日付南海日日新聞。
36 一九六〇（昭和三十五）年十一月九日、十四日付南海日日新聞。
37 一九六〇（昭和三十五）年十二月二十日付南海日日新聞。
38 一九六一（昭和三十六）年四月二十三、二十八、二十九日付南海日日新聞。
39 一九六一（昭和三十六）年五月十日付南海日日新聞。
40 一九六一（昭和三十六）年五月十二日付南海日日新聞。この日ほとんどの児童が欠席し教室に入った児童は一〇人余りであった。小湊中学校でも小湊の生徒九四人のうち登校したのは二人だけであった。なお、小湊を含む古見方から市役所のある名瀬市街地への道路は、朝戸トンネル（一九九三（平成五）年開通、一七二五メートル）はおろか、現在は旧道の名瀬隧道（一九五七（昭和三十二）年開通、一八〇メートル）さえも未開通であった。多くの人は朝戸峠を越えて市役所まで三時間の道のりを歩いたという。
41 一九六一（昭和三十六）年五月十八、十九、二十三日付南海日日新聞。
42 一九六一（昭和三十六）年七月八、十一、十二、十三日付南海日日新聞。
43 一九六一（昭和三十六）年七月十五、二十二、二十三日付南海日日新聞。
44 交渉の経緯は、一九六一（昭和三十六）年八月二十三日付南海日日新聞に掲載された小湊校区民の声明書にまとめられている。
45 一九六一（昭和三十六）年九月二日付南海日日新聞。この後同盟休校が継続し、南海日日新聞には九月十五日まで頻繁に続報が掲載されている。
46 一九六一（昭和三十六）年十月四日〜九日付（連日）南海日日新聞。
47 一九六一（昭和三十六）年十月十二、十三、十五、十七日付南海日日新聞。建設業者は十月二十九日に決定した（三十一日付南海日日新聞）。
48 一九六一（昭和三十六）年十月二十九日、十一月十日付南海日日新聞。
49 一九六二（昭和三十七）年三月十五、二十一日付南海日日新聞。市当局が小湊校区民に出した誓約書がどこから洩れたのかは憶測を呼んだ。共産党が配布したとの報道に、市議会共産党議員団は我々も配布を受けた側であると主張した（三月二十二日付南海日日新聞）。なお『名瀬市議会五十年史』は九〇〜九三ページでこの学校統合問題を扱い、誓約書全文も収録している。
50 一九六二（昭和三十七）年三月二十三、二十四日付南海日日新聞。
51 一九六二（昭和三十七）年三月二十七、二十八日、四月三日付南海日日新聞。

52 一九六二（昭和三十七）年六月八、十六日付南海日日新聞。
53 一九六二（昭和三十七）年七月三、六、十、十一日付南海日日新聞。その後の状況が一九六三（昭和三十八）年三月三日付南海日日新聞に報じられている。
54 本書で詳述する余裕はないが、大山は奄美復帰前の軍政下で逮捕され、巨額の罰金刑を課せられている。奄美共産党に対する弾圧を象徴する事件の当事者である［村山一九七二］（一九八頁）。
55 一九六二（昭和三十七）年九月二十一日付南海日日新聞。
56 本節で記述する知名瀬・根瀬部の学校の沿革について『根瀬部誌』（二八四～二九七頁）も参照されたい。
57 一九五七（昭和三十二）年二月九、十二、十五、十九日付南海日日新聞。
58 一九五七（昭和三十二）年二月十六、十七、二十六日、四月十二日付南海日日新聞。
59 一九五七（昭和三十二）年五月七日付南海日日新聞。
60『根瀬部誌』（二九一頁）には戦前の根瀬部から知名瀬への通学について「裸足が当り前のその頃、石ころ道を半道も歩き、特に冬期アトゼで巻き上がる波しぶきに打たれながらの通学は筆舌に尽くしがたい苦痛であった」とある。

61『根瀬部誌』による（二四八～二五〇頁）。一九五五（昭和三十）年十月四日付南海日日新聞も参照。
62 一九五七（昭和三十二）年五月八、九、二十九日付南海日日新聞。
63 一九五七（昭和三十二）年七月三、四、十三日付南海日日新聞。
64 一九五七（昭和三十二）年九月十三、二十二日、十月三日、二十四日付南海日日新聞。
65 この日の南海日日新聞に校舎落成を祝う広告が掲載され、名瀬在根瀬部会、大島刑務支所長の恵原義盛、名瀬税関支署長の鶴信義などの根瀬部出身者が名を連ねている。統合校は根瀬部には歓迎されたと思われる。
66 一九六二（昭和三十七）年一月三十一日付南海日日新聞。
67 一九八三（昭和五十八）年七月十二日付南海日日新聞。
68 一九六二（昭和三十七）年七月十一日付南海日日新聞。
69 一九六二（昭和三十七）年七月十五、二十六日、一九六三（昭和三十八）年三月十二日付南海日日新聞。
70 一九六二（昭和三十七）年九月十九日付南海日日新聞。
71 一九六三（昭和三十八）年三月十三、十五日付南海日日新聞。根瀬部町民の声明が三月十六日付南海日日新聞に掲載されている。
72 一九六三（昭和三十八）年六月十八日、七月十日、九月九日付南海日日新聞。
73 一九六二（昭和三十七）年七月二十七日付南海日日新聞。
74 恵原実成は文芸活動も行っている。一九七七（昭和五十二）年七月に創作作品『後生の世の花』を南海日日新聞に連載している。五十九歳で早期退職して自ら雑誌を刊行したとご家族から伺った。

75 一九六九（昭和四十四）年六月三十日、八月八日、一九七〇（昭和四十五）年三月二十二日、十一月二十二日、十二月二十三日、十二月二十八日、一九七一（昭和四十六）年一月十九日付南海日日新聞。なお『根瀬部誌』二九二頁には九月一日に廃校とあるが、一九七一（昭和四十六）年三月二十六日付南海日日新聞に前日の廃校式の報道がある。

76 一九六三（昭和三十八）年三月十五日付南海日日新聞。

77 一九五五（昭和三十）年八月六日付南海日日新聞。

78 一九五五（昭和三十）年十一月八日付南海日日新聞。

79 一九五七（昭和三十二）年九月二十五日、十一月七日付南海日日新聞。

80 一九五五（昭和三十）年八月十六日付南海日日新聞。

81『与論町誌』八〇二頁。

82 一九五七（昭和三十二）年十一月十九日付南海日日新聞。

83 一九五五（昭和三十）年九月八日付南海日日新聞。

84 喜瀬の同盟休校については実島隆三の記述［実島一九九六］（一二九～一四四頁）がある。当時を直接知る人の記述として重要である。

85『笠利町誌』三〇〇頁。

86 一九六三（昭和三十八）年三月二十九日付南海日日新聞。

87 一九五七（昭和三十二）年九月三十日の笠利村議会本会議で、倒壊した校舎を払い下げる議案（四十八号）が提案されている（以下、村議会会議録による）。その資材で小使室と便所を作りたいという地元喜瀬の要望による。議長であった喜瀬の佐藤常正議員は副議長に議事を交代してもらい、次のように述べている。「喜瀬小学校の旧校舎が倒壊したのでありますが、これは災害復旧と言ふ事でこれを原形にもどして戴きたいと思ふのであります。現在の喜瀬小学校は小使室も調理室もないのでありまして（中略）又二ヶ所の青年学舎を借りて分散教育をやつているのでありますがここには便所もないので、この小使室なり便所を建てるためにはなんと言ふても校区民の切なる要望でありますのでこの要望を御聞き取り下さいまして無償で拂い下げてもらいたいと思います」

この議案は承認されたが、討論の中で朝山玄蔵村長は、建て替え予算がないことを次のように説明している。「分散教育は現在喜瀬の二学舎を利用していますが、これに対する予算は今のところ財源の見通がありませんので出来ません。喜瀬と用安は統合の線に計畫されていますので支庁の教育事務局でも地元の財源があれば復旧校舎を作つてもよいだろうと申していますので私も以前に御話を申し上げましたように当分財源の見通がないから出来ないものと考へています」

88 一九五八（昭和三十三）年二月十九日付南海日日新聞。

89 一九五八（昭和三十三）年六月三日付南海日日新聞。ここでは候補地は上袋、摺木田、この両地区の中間付近があげられている。前にあがった川内を含めて、互いにそれほど離れた場所ではないと思われる。

90 一九五八（昭和三十三）年八月十九日付南海日日新聞。

同月二十三日付では学校統合は来年度へ持ち越しか、と報道されている。
91　一九五八（昭和三十三）年九月十九日付南海日日新聞。
92　一九五八（昭和三十三）年九月二十四日の笠利村議会本会議で教育委員の辞任が承認された（会議録による）。この九月の定例会（十二、十三、二十四日の三日間）では学校統合問題が激しく議論された。
93　笠利村議会会議録による。
94　笠利村議会会議録一九五七（昭和三十二）年五月十四日、七月六日。
95　一九六二（昭和三十七）年七月十五、二十一、二十四日付南海日日新聞。
96　以下の記述は笠利村議会の会議録による。
97　一九六二（昭和三十七）年九月二日付南海日日新聞。九月十一日には喜瀬地区民が役場に押しかけ、教育長を現地に連れだそうとしてもみ合い、教育長に怪我をさせるという事件もあった。九月十三、二十一日付南海日日新聞を参照。
98　一九六二（昭和三十七）年十月一日付南海日日新聞。
99　一九六二（昭和三十七）年十月二十六日、十一月十二、二十日付南海日日新聞。
100　一九六三（昭和三十八）年六月十二日付南海日日新聞。
101　一九六二（昭和三十七）年十一月十七、二十五日付南海日日新聞。
102　一九六三（昭和三十八）年二月十四日付南海日日新聞。
103　一九六三（昭和三十八）年三月二十六日付南海日日新聞。
104　一九六三（昭和三十八）年三月二十九日付南海日日新聞。
105　一九六三（昭和三十八）年三月五、九、十二、十三日、四月六、七日、五月十三日付南海日日新聞。
106　一九六三（昭和三十八）年七月十五、十九日付南海日日新聞。
107　一九六三（昭和三十八）年八月三十一日、九月一、二日付南海日日新聞。
108　一九六四（昭和三十九）年三月二十四、二十五、二十六日付南海日日新聞。
109　一九六四（昭和三十九）年四月七、八、十、十一、十三、十四、十六、二十一日付南海日日新聞。四月十一日付には教育委員会の声明書が掲載されている。旧喜瀬小学校に教員を配置することに用安側が反対したことも合意を困難にした。
110　一九六四（昭和三十九）年五月十四、十九日付南海日日新聞。
111　一九六四（昭和三十九）年五月二十四日、六月二、十六、十八日付南海日日新聞。
112　一九六四（昭和三十九）年六月二十四日付南海日日新聞。前年の勧告は一九六三（昭和三十八）年六月六日付南海日日新聞。
113　一九六四（昭和三十九）年六月二十五、二十六日付南海日日新聞。

114 [実島 一九九六] 一四三〜一四四頁。なお染教頭については教育長就任時の南海日日新聞の記事(一九八六(昭和六十一)年六月二十七日付)も参照。
115 和田の回想録[和田 一九九八]にも記述がある。
116 鶴丸高校ホームページの「歴代校長」による。http://www.edu.pref.kagoshima.jp/sh/tsurumaru/docs/2016090900227/(二〇一八(平成三十)年八月二十三日閲覧)
117 昭和三十七年度笠利町予算書による。
118 以下の統計数値は鹿児島県地方課作成の『市町村財政関係資料:昭和三十四年度』『市町村財政状況資料:昭和三十五年度』(鹿児島県県政情報センター所蔵)による。これらは合本して一冊に綴じられている。
119 一九六七(昭和四十二)年三月二十三日付南海日日新聞。
120 『宇検村誌:自然・通史編』七七二〜七七四頁に詳しい記述がある。
121 宇検村の名柄・屋鈍間の道路開通は一九六九(昭和四十四)年三月、バス乗り入れは、その後の土砂崩れなどで遅れて、その翌年の十二月であった(一九七〇(昭和四十五)年十二月十六日付南海日日新聞)。
122 一九七三(昭和四十八)年三月十二日の宇検村議会会議録による。この村長の発言から、鹿児島県が遅くともこの段階で計画を承知していたことが分かる。保岡興治衆院議員は東燃が県を飛び越えて村に話を持って行ったとしているが(一九七三(昭和四十八)年十一月二十一日付南海日日新聞)、大企業が重要な計画を準備するにあたって、そのような不用意な行動をとったとは考えにくい。
そもそも東燃がなぜ宇検村に着目したかは明らかではないが、石油会社は公害問題などで本土での工場立地が困難を増してきた段階で、南西諸島全体について、石油精製工場や備蓄基地の立地可能性について調査をしてきたと考えられる。宇検村とのパイプ役になったのは、迫水久常参議院議員(一九〇二(明治三十五)〜一九七七(昭和五十二))の私設秘書であった宇検村芦検出身者であったと[新元・山田 一九八一](八四頁)は指摘している。
123 好美教授の経歴紹介が一九八〇(昭和五十五)年十二月七日付南海日日新聞にある。
124 資源エネルギー庁の総合エネルギー統計に基づく。一九七二(昭和四十七)年度の原油、石油製品の供給量はそれぞれ九六四三PJ(ペタジュール)、一三二五PJである。この合計量を一PJ=二万五八〇〇キロリットルで換算すると、約二億八三〇〇万キロリットルとなる。(原油と製品では体積あたりのエネルギー量が異なるので、これは大まかな概算である)。日産五〇万バレルで年に三百日操業すると一年間の生産量は、一バレル=一五九リットルで換算して二三〇〇万キロリットル強となる。
125 一九七四(昭和四十九)年五月九日付南海日日新聞。広告は三回(五月七、九、十一日)にわたる。同月の大島新聞にも広告が掲載された。
126 一九七三（昭和四十八）年三月二十七日付南海日日新聞。
127 一九七三（昭和四十八）年五月五日付南海日日新聞。
128 二回目の「夏の祭典」、八回目の「枝手久祭」について、一九八〇（昭和五十五）年七月二十九日付南海日日新聞は対照的な両者の内容を伝えている。
129 一九七三（昭和四十八）年四月十四日付南海日日新聞。正式名称は「公害から奄美の自然を守る郡民会議」（後に変更される）であるが、本書では「郡民会議」と呼ぶ。
130 松原は一九六八（昭和四十三）年と一九七六（昭和五十一）年に名瀬市議に当選し、計二期を務めている。松原の経歴と人物については［杉山 二〇〇九］（二〇五～二一一頁）、［宮下 一九九九］（三七五～三八一頁）を参照。
131 一九七三（昭和四十八）年五月二十八日付南海日日新聞。この直後に宮本と塚谷による論考が同紙に掲載されている。宮本は「地域開発と公害」（六月二、三日の二回）、塚谷の「石油精製と公害」（五月二十九日～六月一日の四回）を執筆した。宮本は一九七五（昭和五十）年十一月にも郡民会議の招きで来島して講演を行っている（一九七五（昭和五十）年十二月二日付南海日日新聞）。
132 一九七四（昭和四十九）年八月十七日付南海日日新聞。宇井は「公害、住民でしめ出せ」という連載記事を同紙に執筆した（八月二十一、二十五、二十八、二十九、三十一日、九月一、三、四、五、六、八、十日の十回）。
133 一九七四（昭和四十九）年一月十二日付南海日日新聞。
134 一九七三（昭和四十八）年二月二十三日、三月二十五日、四月四日、六月二十八日付南海日日新聞。
135 一九七三（昭和四十八）年六月十四日、七月六日付南海日日新聞。
136 一九七三（昭和四十八）年五月十五日付南海日日新聞。
137 一九七三（昭和四十八）年五月十四日付南海日日新聞。
138 一九七三（昭和四十八）年五月八日付南海日日新聞。
139 一九七三（昭和四十八）年八月十六日付南海日日新聞。反対派が提案した学識経験者招聘は四月十六日に否決されている（四月十七日付南海日日新聞）。
140 一九七三（昭和四十八）年五月二十二日付南海日日新聞。
141 一九七三（昭和四十八）年九月十六日付南海日日新聞。
142 元山名瀬市議会議長は宇検村議会藤野議長に話し合いを呼び掛け、いったんは懇談会の開催が決まったが、賛成派村議の拒否にあって懇談会は中止された（一九七三（昭和四十八）年八月八、十二日付南海日日新聞）。
143 一九七一（昭和四十六）年一月二十四、二十五日付南海日日新聞。引用は二十五日付から。
144 一九七五（昭和五十）年八月十五日付南海日日新聞。その後の一九八〇（昭和五十五）年十月二十四日、一九八一（昭和五十六）年二月七日付南海日日新聞でも奄美大島へのスラッジ漂着が報道されている。一九八一年には奄美・沖縄スラッジ汚染写真展が開かれている（一九八一（昭和五十六）

年一月二十日付南海日日新聞）。
145 一九七〇（昭和四十五）年代までは周辺部の人口が減って、各地方の中心都市の人口が増え、その後地方都市の人口も減少するという傾向は全国に共通のものである。［山下祐介二〇一二］を参照。
146 一九七六（昭和五十一）年一月一日付南海日日新聞。
147 一九七三（昭和四十八）年五月二十七〜二十九日、六月一日、五日付南海日日新聞。
148 一九七三（昭和四十八）年六月五日、七日付南海日日新聞。
149 一九七三（昭和四十八）年五月九、十一日付南海日日新聞。
150 一九七三（昭和四十八）年六月二十七、二十九日付南海日日新聞。なお給水を止めたのは大雨のためで石油問題とは無関係と釈明している。
151 一九七三（昭和四十八）年九月十九日付南海日日新聞。
152 一九七三（昭和四十八）年十月八日付南海日日新聞。
153 一九七八（昭和五十三）年二月二十四日付南海日日新聞。
154 一九七三（昭和四十八）年十月十一日付南海日日新聞。なお、的場は瀬戸内漁協長として石油基地に対する漁協の反対運動を指揮していた。漁場を守るという的場の意識は非常に強く、的場は房町長の支持者であったにもかかわらず、し尿処理場の建設に漁協の（つまり的場の）同意を取り付けるのに町は非常に苦労したという（富島甫への聞き取りによる）。新聞報道によれば、一九七三（昭和四十八）年七月に漁協が建設反対を表明している。一九七三（昭和四十八）年八月二十二日、一九七五（昭和五十）年四月四日付南海日日新聞を参照。
155 一九七四（昭和四十九）年十二月十八、十九、二十、二十四日付南海日日新聞。
156 一九七五（昭和五十）年一月二十三〜二十六日付南海日日新聞。
157 翌年二月には第二次の趣意書を出している。［すいれん舎二〇一五］第八巻五五〜八六頁に両方の趣意書が収録されている。
158「趣意書」二頁（前注参照）。
159「趣意書（第二次）」二頁。
160 一九七三（昭和四十八）年九月二十八日付南海日日新聞。
161「趣意書」一〜二頁。
162 一九七三（昭和四十八）年六月十五日付南海日日新聞。
163 一九七三（昭和四十八）年三月二十八日、四月十日付南海日日新聞。
164 一九九一（平成三）年十一月三日付南海日日新聞。黒田が七十歳で叙勲を受けた際の紹介記事による。
165 一九七三（昭和四十八）年十月十六日付南海日日新聞。
166 一九七三（昭和四十八）年九月二十九日付南海日日新聞。反対派集会に来て、金がもらえないことを知って「日当がもらえないのなら」と帰った人がいたことも報道されている。

１６７ 有田製油所は現在、ＪＸＴＧホールディングズ和歌山製油所として稼働している。二〇一七（平成二十九）年一月二十二日に起きた火災では三〇〇〇人近くに避難指示が出され、鎮火まで四十時間近くを要した。
１６８ 一九七四（昭和四十九）年五月十五日付南海日日新聞。「この工場見学に名を借りた招待旅行は無公害を宣伝するための企業の買収行為であり、賛成世論をひろげるための陰謀であります」と述べている。
１６９ 一九七三（昭和四十八）年九月四日付南海日日新聞。
１７０ 一九七三（昭和四十八）年十一月七日付南海日日新聞。
１７１ 一九七三（昭和四十八）年十一月二十五日付大島新聞。記事にはさらに生々しい発言や状況が活写されている。
１７２ 一九七三（昭和四十八）年十月五日付南海日日新聞。
１７３ 賛成派の石油先例地視察報告は一九七三（昭和四十八）年十月六日付南海日日新聞、反対派の視察報告は十月二十三日付同紙。
１７４ 一九七三（昭和四十八）年十一月十日付南海日日新聞、大島に社告を掲載。
１７５ 一九七四（昭和四十九）年七月十一日付南海日日新聞、大島。この時の緊迫した状況は反対村民会議の森谷次夫の日誌に詳しく書かれている。［すいれん舎 二〇一五］第四巻六二〜六四頁。
１７６ 一九七四（昭和四十九）年七月十四日付南海日日新聞。
１７７ 一九七四（昭和四十九）年五月三日付南海日日新聞。
１７８ 一九七四（昭和四十九）年七月二十日付南海日日新聞。
１７９ 一九七四（昭和四十九）年七月十七、十八、二十一、二十三日付南海日日新聞。
１８０ 一九七四（昭和四十九）年九月十五、十九日、十月三日付南海日日新聞。
１８１ 一九七四（昭和四十九）年九月二十四、二十五、二十八日、十月十一日付南海日日新聞。郡民会議は九月二十九日付南海日日新聞に「枝手久島周辺の環境容量調査中止について」と題する声明を出し、「東燃進出の足固めをする金丸県政」という批判を展開している。
１８２ 一九七六（昭和五十一）年四月十三日、一九七七（昭和五十二）年一月九日、三月二日付南海日日新聞。
１８３ 第一報は一九七五（昭和五十）年二月八日付南海日日新聞。二月中に多くの続報がある。沈没船の引き揚げができなかったことは同紙三月二十五日付、九月二十五日、一九七六（昭和五十一）年二月二十二日、四月十三日付を参照。瀬戸内町議会会議録には一九七五（昭和五十）年三月十日の町長政務報告およびそれに対する質疑が記録されている。
　積載していた重油全量の抜き取り作業については一九八二（昭和五十七）年十二月一日、一九八三（昭和五十八）年二月十一日、三月十、二十七日付南海日日新聞を参照。
１８４ 一九七五（昭和五十）年二月十一日付南海日日新聞。
１８５ 前平への筆者の聞き取りによる。［新元・山田 一九八一］（九四頁）、［すいれん舎 二〇一五］所収「森谷日誌」（第四巻九〇～九一頁）も参照。

186 松原の発言については前平彰信からの聞き取りによる。弁償については森谷次夫の日誌に記録がある（[すいれん舎 二〇一五] 第四巻一〇一頁）。

187 一九七五（昭和五十）年二月二十六、二十八日、三月一、二日付南海日日新聞。

188 一九七五年（昭和五十）年三月四、十一日付南海日日新聞。

189 一九七五（昭和五十）年三月五、六、十五日付南海日日新聞。西日本新聞は「世にも不思議な指名手配」という見出しで報道している（三月六日付）。[新元・山田 一九八一]（九二頁以下）も参照。

190 [新元・山田 一九八一] 九三頁。

191 一九七五（昭和五十）年六月十一～十四日付南海日日新聞。

192 一九七五（昭和五十）年二月二十一日付南海日日新聞。

193 一九七二（昭和四十七）年五月五日付八重山毎日新聞。

194 当時南海日日新聞記者であった原井は後にこう書いている。

　連日、現地取材に追われる中、開発促進派の集団に包囲されたことがあった。偏向報道と批判され、「村山が反対と書かせてるんだろう」とつるし上げられた。反論したが納得してもらえなかった。

　しかし実際、村山が石油基地問題で編集現場に容喙したことは一度もなかった。基地は是か非か。編集局内で討議したこともなかった。にもかかわらずおのおのの記者が、開発が急速に進む奄美の現状に危機感を抱き、かけがえのない自然を守りたいという思いを共有していた。そのことが誤解を招く一因だったのだろう。（二〇一六（平成二十八）年十月三十一日付南海日日新聞新聞創刊70周年記念特集号（六面））。

195 一九七三（昭和四十八）年十一月二十四日付大島新聞。

196 新元博文からの聞き取りによる。

197 一九七六（昭和五十一）年四月十七日付南海日日新聞。[新元・山田 一九八一]（九六頁）も参照。

198 一九七四（昭和四十九）年七月十三日付南海日日新聞。

199 一九七四（昭和四十九）年四月二十五日付南海日日新聞。

200 一九七八（昭和五十三）年一月十一日付南海日日新聞。

201 一九七五（昭和五十）年一月十二日付南海日日新聞。

202 以下の記述は南海日日新聞に掲載された連載記事「どこへ行く宇検漁業：現地からの報告」による。（一九七八（昭和五十三）年五月十一、十二、十四、十六、十七、十八日。全六回）

203 その後東燃進出計画の停滞に伴い、定置網漁業は衰退し、漁協内の対立も収束した（一九八二（昭和五十七）年二月二十、二十一、二十四日付南海日日新聞）。

204 一九七三（昭和四十八）年八月十七日、十月二十日付南海日日新聞。

205 一九七八（昭和五十三）年二月二十四日付南海日日新聞。

206 [山田 二〇一三] 一四五頁。
207 一九七七（昭和五十二）年一月十二日付南海日日新聞。この記事にあるように、網主としてアブリ漁復活を支えたのは平田の山下春英であった（記事に「春秀」とあるが「春英」が正しい）。山下は新元と並んで平田における石油基地反対運動の中心的人物であった。山田塊也は次のように山下を激賞している。
枝手久闘争の主戦力は「山下水産アブリ漁組合」である。長年途絶えていた伝統を石油基地闘争勃発後、平田部落に復活させたのは山下春英（四四歳）という一介の漁師の犠牲的精神と全面的資金負担によるものだ。（[新元・山田 一九八二] 二七四頁）
一九七九（昭和五十四）年十一月に新元が上京した際には（本書第六章参照）、山下がカンパしている（[新元 一九八七] 三二頁）。
新元は、後になって山下が「新元君にだまされて反対運動をやった」と語ったというが、そこには新元と平田集落との関係が影を落としているのかもしれない。東燃が計画断念を正式に発表する直前の一九八四（昭和五十九）年八月の村議選では、平田集落からは集落の常会が推した候補と新元の二人が立候補して共倒れに終わった（八月二十二、二十七日付南海日日新聞）。新元は「当然のこととして、私に対する村人の目は憎悪そのものであった」（[新元 一九八七] 九〇頁）と書いている。
山下としては環境や開発に対する態度を変えたつもりはなかったと思われる。一九九二（平成四）年以来村議であった山下は、二〇一一（平成二十三）年一月に元田信有が村長に初当選した後の三月と六月の村議会定例会の一般質問で、「放射性廃棄物等の持込拒否に関する条例」についての村長の見解を質している（三月二十三日および六月二十二日）。その文脈を簡単に説明する。二〇〇六（平成十八）年に当時の元山三郎村長が高レベル核廃棄物最終処分場の誘致に積極的な姿勢を見せた（本書第三章十四節）。翌年一月の村長選で元山は國場和範に敗れた。國場の公約の一つは最終処分場を将来にわたって設置しない条例の制定であり、國場の村長就任後に制定されたのがこの持込拒否条例であった。その四年後の選挙で國場を破って当選した元田を元村長の元山も支援していた。山下の質問は、村がふたたび最終処分場誘致に動くことを警戒してのものであったと思われる（折しも福島原発事故の直後であった）。山下はこの年の九月に急逝したのでインタビューすることができなかった。筆者は三月の一般質問を傍聴しただけに悔いが残る。
208 一九七八（昭和五十三）年五月十、十七日付南海日日新聞。
209 『えだてく』十五号に準備書面が引用されている。（[すいれん舎 二〇一五] 第五巻収録）
210 [新元・山田 一九八二] 二七四〜七六頁による。
211 以下の記述は主に [枝手久島開発委員会 一九九一] に

よる。

212 [枝手久島開発委員会 一九九一] 二四頁。

213 山畑の記録からは、山畑等ら集落役員が、対等な立場で土地取引をしたというよりは、城山観光の指示によって売却を実現するために奔走していた印象を受ける(山畑自身は熟慮を重ねてやむにやまれず売却を決断したのであろうが)。この後、売却反対派がきわめて強硬な態度をとった背景にはこのような印象もあったのかもしれない。

214 新元博文からの聞き取りによる。

215 山畑馨(一九二二(大正十一年)生)は音楽家でNHK交響楽団のファゴット奏者であった。「ベルスーズ奄美」「宇検村民歌」の作曲者でもある。

216 もう一つの争点は、在住者の一人が売却に同意していないと裁判で主張したことであったが、判決は売買契約の時点で全員が同意していたと判断した。裁判上の争点については高裁判決後に現地調査を行った[徳永 一九八七]を参照。

217 一九八六(昭和六十一)年五月四日、一九八九(平成元)年六月二日付南海日日新聞。すぐ隣の平田集落で石油基地反対運動を行っていた新元によるこの問題に関する考察が[新元・山田 1981](一一七～一三三頁)にある。

218 新元博文は一九七八(昭和五十三)年十二月二十七日に開催された「復帰二十五年の奄美を考えるシンポジウム」で次のように発言している。「もし今、阿室部落の言うように、出ていった人間に権利がないというならば、五、六軒残った人々が全て売っていいと言うことになる。こういう思想を奄美に定着させたら奄美は全部大和にずたずたに引き裂かれてしまう、大資本に引き裂かれてしまう。これは絶対にくい止めなければならない」(南海日日新聞一九七九(昭和五十四)年一月十九日)

219 [すいれん舎 二〇一五] 第四巻一五三～二五八頁に「団結日誌」として収録されている。阿室集落では大正時代に大火に見舞われた後、火の見やぐらを作り、交代で火番を行っていた。タエン崎からの見張りも自然な発想であったのだろう。山畑らは上記趣意書では、人口減少で年に二回の火番が四十日に一回になっていると負担の増大を訴えている([枝手久島開発委員会 一九九二] 一一頁)。その負担を増やすタエン浜の見張りを行ったのだから、石油基地反対が真剣なものであったことが分かる。

220 一九七六(昭和五十一)年九月二十八日付の『南海日日新聞』のスクープ記事は[すいれん舎 二〇一五]第一巻二七〇頁に収録。

221 『MA－T計画調査』(一頁)。当該報告書の内容は南海日日新聞一九七六(昭和五十二)年十一月二日から十八日までの全十二回分の特集記事に掲載されている。[すいれん舎 二〇一五] 第一巻と第二巻に収録。

222 『逆流・緊急特集号』(七頁)。この資料は[すいれん舎 二〇一五] 第三巻一〇頁に収録。

223 [すいれん舎 二〇一五] 第一巻二八八～九頁に収録。

224『鹿教組奄美支部三十年史』（五四～五頁）。

225『徳州新聞』の一九七七（昭和五十二）年二月二十八日付記事に全文掲載。［すいれん舎 二〇一五］第二巻三一四頁に収録。なお、『徳州新聞』のＭＡ－Ｔ計画関連記事は同第二巻に収録。
226 この詳細は、鹿児島県県政情報センター所蔵の『総務警察委員会会議録』昭和五十二年三月第一回二号の一～三八頁を参照。
227 国会会議録検索システムの該当ページを参照。
228［すいれん舎 二〇一五］第二巻三一七頁に収録。
229 福島原発事故が発生するまで、放射性物質による環境汚染は、定義上、基本的に公害規制法体系の例外扱いであった。
230［すいれん舎 二〇一五］第一巻二七二頁に収録。
231『資料・新全国総合開発計画』の五五三頁。
232［西藤 一九六八］（四三～八頁）
233 核兵器開発に転用できる原子力関連技術を機微核技術と呼ぶ。
234『新地平』一九七九年八月五十号記念特大号の一六六頁を参照。
235 この時点で、日本はまだ核拡散防止条約に国会承認が下りていなかったので、オブザーバー参加となる。
236［友次 二〇〇九］（一一〇頁）。
237 このことが明るみに出たのは一九八九（平成元）年五月であった。同年五月九日付南海日日新聞。
238［友次 二〇〇九］（一一三頁）。
239［Imai & Rowen 一九八〇］（一二一～四頁）。核不拡散政策に熱心に取り組んでいた時期の米国側論者との論争の場で、首相特使も務めた今井隆吉が日本側の主張を述べたものである。
240［すいれん舎 二〇一五］第二巻一〇七頁に収録。
241 一九七九（昭和五十四）年十二月十八日付南海日日新聞。なお同紙一九八〇（昭和五十五）年二月一日から七日まで（四日除く）六回にわたって掲載された連載記事「米軍射爆場：伊江島の現状と硫黄鳥島」が当時の状況をよく伝えている。
242［すいれん舎 二〇一五］第三巻の二六二頁に全文掲載。
243［伊原 一九八四］（二六九頁）。
244 平戸市の第二再処理工場問題の経緯については、［山下弘文 一九八二］（五四～九頁）を参照。
245 一九八二（昭和五十七）年十月一日発行の全五〇頁の冊子体であり、編集発行は平戸地区労・長崎県労評・長崎県原水禁である。全文を［すいれん舎 二〇一五］第三巻の三九四～四一九頁に収録。
246［伊原 一九八四］（二六九頁）。
247『鹿教組奄美支部三十年史』（五四～五頁）。
248 この件については『宇検村誌 自然・通史編』（八六八頁）を参照。
249『自由民主党政務調査会、資源・エネルギー戦略調査会、放射性廃棄物処分に関する小委員会最終取り纏め』
250 この『南海日日新聞』の記事のみ［すいれん舎 二〇一五］第三巻の三頁（冒頭部分）に収録。
251 本章での記述は「奄美大島の南北問題」と題した［杉岡 一九八〇］（三五〜四八頁）の扱ったテーマを掘り下げたものと言える。一九七〇年代に現地を訪れた杉岡に及ばない点はあるが、杉岡の簡略な記述に対して、資料による裏付けや訂正を与えることができたのではないかと思う。
252 ［渡辺 一九六一］（一五九〜一七七頁）
253 個々の価格の典拠などについては［斎藤 二〇一六］（一二四頁）を参照。
254 一九六二（昭和三十七）年九月十六日、十月二十六日付南海日日新聞。
255 一九六一（昭和三十六）年三月十七日付八重山毎日新聞。
256 一九六〇（昭和三十五）年二月四日付南海日日新聞。
257 一ケースは三号缶（高さ約一一センチ、直径八センチ強）三六個である。この三六個の缶詰に四〇キロから五〇キロのパインが必要ということになる。
258 富島甫からの聞き取りによる。
259 一九七七（昭和五十二）年一月一日付南海日日新聞（十八面）など。
260 一九六一（昭和三十六）年十月十七日付八重山毎日新聞。
261 一九六二（昭和三十七）年六月十三日付八重山毎日新聞。
262 ［新井・永田 二〇一三］第二部第四章「パインアップル生産の危機と再生」（一一三〜一三四頁）。他の参考資料については拙稿［斎藤 二〇一六］を参照。
263 一九六二（昭和三十七）年九月十六日付南海日日新聞。詳細は拙稿［斎藤 二〇一六］を参照されたい。
264 一九八八（昭和六十三）年十一月十五日付大島新聞（天城町松原）、一九九五（平成七）年九月八日付南海日日新聞（徳之島町山《さん》）。
265 一九六一（昭和三十六）年十二月二十七日、一九六二（昭和三十七）年一月一日（九面）付南海日日新聞。
266 瀬戸内町議会会議録一九六二（昭和三十七）年二月五日。
267 一九六二（昭和三十七）年七月二十七日付南海日日新聞。以下に記述するこのハム工場については［実島 一九九六］（九六〜一〇五頁）、［杉岡 一九八〇］（四二〜四五頁）の記述も参照。
268 一九六二（昭和三十七）年一月二十七日付南海日日新聞。
269 『幕別町史』五一二頁。なお、『幕別町百年史』七六六頁にもこの記事に基づく同様の記述がある。
270 一九六三（昭和三十八）年六月八日付南海日日新聞。瀬戸内町議会一九六三（昭和三十八）年第二回定例会会議録、議決書。
271 ［実島 一九九六］（一〇一〜一〇二頁）。実島は房弘久の備忘録を引用している。
272 一九六六（昭和四十一）年十月十一日付南海日日新聞。
273 一九六八（昭和四十三）年十月三十一日付南海日日新聞。

『瀬戸内町政だより』昭和四十四（一九六九）年二月号に解散に至る経過が記述されている。
274　一九七一（昭和四十六）年八月三十日付南海日日新聞。和解契約は九月五日の臨時町議会で承認された。和解契約書の全文は町議会の議決書に保存されている。
275　一九六〇（昭和三十五）年一月十七日付南海日日新聞。
276　一九六一（昭和三十六）年九月二十八日付南海日日新聞。
277　一九七八（昭和五十三）年二月十二日付南海日日新聞記事（地方政治の現状と課題：第十八回）も当時の小規模な養豚経営を工場失敗の原因の一つであると指摘している。
278　浜畑秀麿については［斎藤二〇一五］で詳しく扱った。この論文は自由にダウンロードできるので参照いただければ幸いである。
279　一九六〇（昭和三十五）年十二月二十四日付南海日日新聞。
280　［実島一九九六］（一〇二～一〇三頁）。実島は「五人の議員が最後まで反対したのである」と書いているが、以前より反対の議員が増えて五人になったのである。
281　『瀬戸内町政だより』昭和四十二年十月号
282　養豚の大型化と同時に豚の品種も従来の島豚からランドレースなどに切り替えられた。その功罪について［杉岡一九八〇］（七九～八九頁）が論じている。
283　以下、瀬戸内町議会会議録による。
284　一九九一（平成三）年十一月三日付南海日日新聞（八十一歳で叙勲を受けた的場の紹介記事）、および加計呂麻島での筆者の聞き取りによる。
285　農林水産省統計部『作物統計』による。
286　一九六一（昭和三十六）年十二月七日の委員会会議録による。
287　一九六一（昭和三十六）年十二月十日付南海日日新聞。
288　委員会会議録および一九六一（昭和三十六）年十二月十一日付南海日日新聞。
289　一九六一（昭和三十六）年十二月十一日付南海日日新聞。
290　瀬戸内町議会会議録による。
291　この日の本会議での議論の一部を会議録から紹介しよう。以下は本文で引用した福祉課長の報告に続く部分である。
鎌田正己議員「瀬久井の人はほとんど生活保護者であることが分かりますが、今までにも関係者の努力の結果五十四世帯に縮めたと思いますが、この人達にもう一度話し合ふ期会（ママ）はないものか。例を申しますと立ち退きたいのにまもる会（浜畑の組織した「生活と健康をまもる会」。引用者注）の圧力により仕方なく居座つている人も中にはいると思います。そう云ふ人々と話し合ふ余ゆうはないものか」
田中伊久友委員長「町当局が今まで文書又は直接交渉により移転費等をもつて移転を促進につとめたのですが、向ふの云ふように移転に要する経費全額、七、八万円程度の補償の要求に応じてすることは特別委員会は議会の又町の決定がない限り出来ません。もしこの例があるときは今まで町に協力して移転した人々にどのような影響を及ぼすかも考へる必要があります」

鎌田正己議員「私が申しますのはこの人々の要求でなく、町の方で土地のあつ旋移転等をやる方法を云ふのでありま す。今の移転地（三角地帯）はハブの産地のために住民は恐れて希望しないと、これは現地の人の声で有ります。このようでは永久に解決はつかぬと思います」

この後に本文で引用した「ほんとに涙の出るほどでした」という発言がある。

292 町議会議員で特別委員会の委員であった磨島豊は一九六二（昭和三十七）年二月十四日の委員会で「今更話し合によつて彼等の意見を入れることは日本共産党を増長させるようなものだ」と発言している。

293 瀬戸内町議会一九六二（昭和三十七）年十月三十日（第五回臨時会）の本会議会議録による。

294『奄美大島の概況』昭和四十年度版（一三六頁）、『奄美群島の概況』昭和四十一年度版（一四三頁）。

295 一九六五（昭和四十）年四月二十三日付南海日日新聞。

296 一九六二（昭和三十七）年一月一日（九面）、二月十五日、一九六三（昭和三十八）年一月一日（九面）。

297 一九六一（昭和三十六）年九月一日付南海日日新聞。

298『奄美大島の概況』『奄美群島の概況』各年版による。

299 一九六六（昭和四十一）年五月一日付南海日日新聞。

300 現在のキビの収穫面積はやや減少して二〇一四／一五（平成二十六／七）年度で四六一ヘクタール（他に夏植えの一年目が五一ヘクタール）である（『奄美群島の概況』平成二十八年度版一一〇頁による）。

301 一九六五（昭和四十）年二月十二日付南海日日新聞。

302 小型製糖工場の廃業に対する補償も大きな問題であった。［実島 一九九六］七四〜九二頁に記述がある。

303［実島 一九九六］七四〜九二頁。なお同書八三頁以下の記述で、トン当たりとされている価格（会社側提示額二八五〇円、生産者側要求額三六〇〇円、最終決定額三三五〇円など）は、実際にはすべて六〇〇キロ（一〇〇〇斤）当たりの価格である。一九五九（昭和三十四）年十二月五日、十五日付南海日日新聞を参照。キビ価格がトン当たりで表記されるのは一九六三／四（昭和三十八／九）年製糖期からである（一九六三年十一月三十日付南海日日新聞を参照）。

304 一九六五（昭和四十）年の『瀬戸内町政だより』五月号には、基準量が四万四〇〇〇トンに引き上げられたとあるので、この年までは基準量が徐々に引き上げられていたことが分かる。

政府は工場で処理するキビの基準量を年々引き上げて八万トンとすることを目指していたが、キビの生産量が目標に達せず、計画の見直しを迫られた。一九六六／七（昭和四十一／二）製糖期は五万四〇〇〇トン、その次の一九六七／八（昭和四十二／三）製糖期は五万二〇〇〇トンと基準量は減らされた（一九六七年十二月二十八日付南海日日新聞）。

305 この年は四月から砂糖の市価に応じて補助金がわずかに増額されたことが、支庁長の価格決定を報じる南海日日新聞の記事（次注参照）に見える。
306 一九六六（昭和四十一）年四月九日付南海日日新聞
307 一九六三（昭和三十八）年四月二十四日付南海日日新聞。
308 拓南製糖の資料には、新鮮なキビの糖度一三・二％、歩留一二・九二％、三日以上古いキビは糖度一一・七％、歩留一〇・六八％とある（『瀬戸内町政だより』昭和四十三（一九六八）年三月号）。
309 嘉入は拓南製糖操業の二年度目から出荷を始め、四年度目の一九六六／六七年度の出荷量は一〇三トンであった（『瀬戸内町政便り』昭和四十二（一九六七）年四月号による）。
310 一九八一（昭和五十六）年八月二十八日付南海日日新聞。
311 一九八一（昭和五十六）年七月二十九日から九月十七日まで三十四回にわたって掲載された。
312『奄美大島の概況』『奄美群島の概況』各年度版による。ただし、一九六四／六五（昭和三十九／四十）年度製糖期までは、拓南製糖の原料処理量が掲載されていないので、『瀬戸内町政だより』（昭和四十年五月号）の数値を用いた。中小型工場の処理量は、一九六五／六六（昭和四十／四十一）年度までは合計量からの差引計算による。
313 一九七〇（昭和四十五）年八月十六、二十日付南海日日新聞。
314 一九七一（昭和四十六）年二月二日付南海日日新聞。
315 一九七一（昭和四十六）年八月二十六日付南海日日新聞。
316 一九七一（昭和四十六）年八月二十八日付南海日日新聞。
317 一九七一（昭和四十六）年九月一日付南海日日新聞。
318 一九七一（昭和四十六）年九月一、十六日付南海日日新聞。
319 補償金の詳細は『広報せとうち』昭和四十六（一九七一）年十一月号に掲載されている。
320 一九七一（昭和四十六）年八月二十六日付南海日日新聞。
321 一九七一（昭和四十六）年九月一日付南海日日新聞。
322 一方的な批判は筆者の意図ではない。川井の見方が伺える資料としては、後に里肇町長（一九八〇（昭和五十五）年就任）の諮問機関「自興促進審議会」会長としてインタビューに答えた記事がある（一九八二（昭和五十七）年三月十日付南海日日新聞）。
323 一九七二（昭和四十七）年五月六日付八重山毎日新聞。
324 一九七二（昭和四十七）年十一月三日付八重山毎日新聞。
325 一九七一（昭和四十六）年九月二十五日付八重山毎日新聞。
326 一九七二（昭和四十七）年九月十九日付八重山毎日新聞。
327 一九八〇（昭和五十五）年三月四日、四月三日付南海日日新聞。加計呂麻分村論は一九七八（昭和五十三）年二月五日付南海日日新聞にすでに現れ、その後一九八二（昭和五十七）年三月二十七日付南海日日新聞でも取り上げられている。

328 一九七一（昭和四十六）年二月七日付南海日日新聞。
329 町によるフェリーの発注については一九七七（昭和五十二）年一月十二日付、就航については一九七八（昭和五十三）年十二月二日付の南海日日新聞に報道がある。
330 一九七八（昭和五十三）年二月十六日付南海日日新聞。さらに翌年には宮古糖の価格は四九〇〇円と報道されている（一九七九（昭和五十四）年六月十六日付南海日日新聞）。
331 一九八〇（昭和五十五）年十月二十四日付南海日日新聞。
332 有村治峯の伝記［実島 二〇〇一］を参照。
333 一九七五（昭和五十）年八月三十一日付南海日日新聞。
334 議会会議録では、一九六八（昭和四十三）年十月の臨時議会まで「金友蔵」、同年十二月の定例会から「金子友蔵」と記されている。本書では引用文以外では時期にかかわらず「金子」とする。
335 後述するように四年後の一九七六（昭和五十一）年の町長選も同じ顔ぶれで争われた。この選挙戦は過熱し、数十台の車を連ねた両派のパレード、歩行者の尾行、夜間の車の追跡合戦などが展開された（一九七六（昭和五十一）年九月十七日付南海日日新聞）。新聞記事はこう解説する。「過熱選挙の底を流れるのは瀬戸内町合併以前の旧西方村長選挙における派閥抗争がある。同地域に二つあった派閥がそのまま合併後の瀬戸内町に持ち込まれ、血縁関係を巻き込んだ二派抗争が首長選のたびに顔を出す」
336 以下の記述は一九六八（昭和四十三）年七月九日の瀬戸内町議会会議録による。
337 浜畑秀麿・浜畑静香については［斎藤 二〇一五］を参照。
338 浜畑静香への聞き取りによる。
339 一九六九（昭和四十四）年三月二十一日付南海日日新聞。
340 瀬戸内町議会会議録による。
341 請・与路航路の「せとなみ」（四一トン）も一九七四（昭和四十九）年六月に就航している（『広報せとうち』昭和四十九年六月号）。
342 し尿処理場に漁協が反対していた問題については南海日日新聞一九七三（昭和四十八）年八月二十二日付を参照。同紙十月十七日付で漁協が建設に同意したことが報じられている。
343 富島への聞き取りによる。加藤らが房と最終的に決裂するまでには何度か同様のやりとりがあったはずで、具体的な発言は別の機会のものかもしれないが、大筋で富島の記憶は信頼できよう。
344 一九七四（昭和四十九）年四月二十五日付南海日日新聞。
345 一九七四（昭和四十九）年四月二十一日付南海日日新聞。
346 瀬戸内町議会会議録。第二回定例会冒頭の町長政務報告（一九七四（昭和四十九）年六月十三日）。
347 瀬戸内町議会会議録（一九七四（昭和四十九）年六月十三日）。
348 瀬戸内町議会会議録（一九七四（昭和四十九）年十二月十一日）。

349 一九七四（昭和四十九）年十月十五日付南海日日新聞。このあいさつが議長、町長のどちらかは記事からは不明。

350 一九七五（昭和五十）年一月十日付南海日日新聞。

351 赤井が公害企業反対から、積極的な企業誘致に態度を変えたことについては、南海日日新聞一九七八（昭和五十三）年一月十八日付「地方政治の現状と課題」（第二回）に詳しい。

352 珠洲については一九七四（昭和四十九）年十月十九日付南海日日新聞、対馬については一九七五（昭和五十）年五月十一、十六、二十四日付南海日日新聞に報道がある。

353 この記事に佐世保、種子島の誘致の動きも言及されている。他に候補地として甑島もあげられている。

354 一九七五（昭和五十）年七月一日付南海日日新聞。瀬戸内町議会会議録（一九七五（昭和五十）年六月三十日）。

355 瀬戸内町議会事務局に保存されている陳情請願書綴による。誘致側の陳情は九月十三日、反対側の陳情は九月二十三日になされている。

356 瀬戸内町議会会議録（一九七六（昭和五十一）年四月三日）。

357 義永秀親へのインタビューによる。

358 一九七六（昭和五十一）年一月二十八日、二月三日付南海日日新聞。

359 一九七六（昭和五十一）年二月十四日付南海日日新聞。

360 瀬戸内町議会会議録（一九七六（昭和五十一）年三月十七日）。

361 一九七六（昭和五十一）年四月二十三日付南海日日新聞。

362 瀬戸内町議会会議録（一九七六（昭和五十一）年六月二十二日）。

363 一九七六（昭和五十一）年四月十三日付南海日日新聞。

364 町長選挙は一九七六（昭和五十一）年九月十二日投票予定であったが、台風のため投票日が繰り延べられ十六日に全地域で一斉に投票が行われた。結果は房弘久 五二三三票、金子友蔵 三九二六票、浜畑秀麿 二八七票、無効票四六票であった（一九七六（昭和五十一）年九月十七、十八日付南海日日新聞）。

365 一九七六（昭和五十一）年九月八日付南海日日新聞。

366 一九七六（昭和五十一）年九月十八日付南海日日新聞。

367 一九七六（昭和五十一）年十二月十六日付南海日日新聞。瀬戸内町議会会議録（一九七六（昭和五十一）年十二月十五日）。

368 一九七七（昭和五十二）年二月三、五日付南海日日新聞。

369 一九七七（昭和五十二）年二月十八、十九、二十日付南海日日新聞。

370 一九七七（昭和五十二）年十月二十七日付南海日日新聞。

371 一九七七（昭和五十二）年十一月十八日付南海日日新聞。

372 一九七八（昭和五十三）年二月十四日付南海日日新聞。

373 瀬戸内町議会事務局に保存されている「昭和五十三年陳情請願書綴」による。賛成派の請願は瀬戸内町開発推進町民協議会、会長加藤勝郎によるもので三月十三日付、紹介議員は内田東三、原田四郎、屋崎一、渡辺幸男、盛満秀、喜原朝栄、昇喜一、緑原寛、赤井忠憲、昇信、伊藤茂光、徳沢富良の一二名。反対派の請願は公害進出反対瀬戸内町民会議によるもので、請願者として名前を連ねているのは、瀬戸内漁業組合組合長茂野忠昭、瀬戸内町労評議長嘉本照雄、瀬戸内町連合婦人会会長中村キヱ、伊須湾ＣＴＳ誘致反対協会長信原重利、南大島保険生活協同組合代表福島善衛、公明党代表原梅熊、日本共産党代表内山忍、瀬戸内町民生員会代表三浦武一、川井豊子、瀬戸内町区長会代表佳島学二、瀬戸内町母市会代表積タケ子である。紹介議員は斎藤赫、稲田静男、泰村義男、福沢亨、森猛敏、久原梓、義永秀親、久保成雄、森徹の九名であった。反対派の請願には三三九一名という大量の署名が添えられている。

374　一九七八（昭和五十三）年三月十一日付南海日日新聞。

375「昭和五十三年陳情請願書綴」による。

376　斎藤赫は一九一四（大正三）年生まれ。復帰前は鎮西村職員で、復帰運動では米軍の弾圧を恐れてなり手のなかった復帰協議会鎮西村支部長を引き受けた（一九八八（昭和六十三）年十二月二十四、二十五日付南海日日新聞）。その後鹿児島県職員を定年まで勤めた後、町議会議員となった。一九八〇（昭和五十五）年一月一日付南海日日新聞二十七面「座談会：加計呂麻からの訴え」の発言を参照。［津波二〇〇六］に一九九九（平成十一）年に行った斎藤への聞き取りが収められている。

377　泰村義男への聞き取りによる。

378　一九七八（昭和五十三）年四月十八日付南海日日新聞。

379　実久村の運動の中心となったのは森徳久であり、この集会には公害反対郡民会議の松原議長、大津事務局長、宇検村の村民会議の新元博文も参加している。森はこの後合成洗剤追放運動などに取り組んでいる（一九八〇（昭和五十五）年三月十八日付南海日日新聞）。

380　一九七八（昭和五十三）年四月四日付南海日日新聞。義永は上で述べた開発賛成、反対の両派の請願の、反対派の九名の紹介議員の一人である。賛成派の請願書には、紹介議員として義永の名前が書かれているが、押印はなく、二本線で名前が抹消されている。ここからも「むつ」誘致を本命と考える義永と、他の誘致派議員との意見の相違がうかがわれる。このことについて、筆者はインタビューで義永に尋ねたが、何分昔のことで記憶がはっきりしないとのことであった。なお、福沢亨議員も同様に、賛成派請願書に名前があるが抹消され（福沢の場合は押印もある）、反対派請願の紹介議員となっている。

381　一九五六（昭和三十一）年に四町村が合併して瀬戸内町が成立した際には、道路整備、四町村の財政赤字に対する補填、合併後の交付金の増額が約束されたが、これらはすべて県の担当者の口約束に過ぎず、実際には実行されなかった［実島　一九九六］（四八〜四九頁）。

382　一九七八（昭和五十三）年四月七、九、十二日付南海日日新聞。
383　新元博文への聞き取りによる。実はこの時期の会議録は存在しない。第六章一節を参照。
384　連載の期間は一九七八（昭和五十三）年一月十七日から三月十一日まで（毎日ではない）。その後、三月十六、十七、二十一日に瀬戸内、宇検、住用の役場課長による座談会が掲載されている。
385　南海日日新聞一九七八（昭和五十三）年二月八日、九日付。
386　一九七八（昭和五十三）年九月十五日付南海日日新聞。茂野漁協長は現在の漁協長の茂野拓真の父である。茂野現漁協長は当時東京の大学に在学していたが、時折仕事などで訪ねてくる父の、この問題に対する態度がある時点で変わったことに気付いたという（筆者による聞き取り）。
387　一九七九（昭和五十四）年一月三十日付南海日日新聞。
388　一九七九（昭和五十四）年二月十三、十五日付南海日日新聞。
389　一九七九（昭和五十四）年二月十一、二十日付南海日日新聞。
390　一九七九（昭和五十四）年八月十、十一日付南海日日新聞。
391　一九七九（昭和五十四）年十一月十三日付南海日日新聞。なお、橋口の死去に伴って一九七六（昭和五十一）年の村議会議員選挙の落選者から福山清光が繰り上げ当選となった。これには説明が必要である（この日の新聞にも説明がある）。議員の欠員による繰り上げ当選は選挙から三カ月以内に限られているが、橋口が当選した一九七六（昭和五十一）年の村議選では、得票数が同じ候補者の間でのくじ引きで最下位当選者が決まっていた。このような場合は任期中に欠員が生じれば繰り上げ当選となる。一九七六（昭和五十一）年の選挙で橋口は九〇票で当選。その次の得票八九票の候補者が森谷忠男（須古、賛成派）、福山清光（宇検、賛成派）、静輝二（長柄、反対派）の三名で、くじ引きの結果、森谷が当選していた。橋口の死去に伴って福山と静の間のくじ引きとなり、福山が繰り上げ当選となった。
392　新元博文への聞き取りによる。
393　一九八〇（昭和五十五）年二月二十九日付南海日日新聞。
394　[新元・山田　一九八一]（九七頁以下）。
395　芝田からの筆者の聞き取りによる。
396　一九八〇（昭和五十五）年七月三十日付南海日日新聞。
397　一九八一（昭和五十六）年一月十三日付南海日日新聞。
398　この裁判に関係する資料は［すいれん舎　二〇一五］第六巻に収録されている。
399　一九七九（昭和五十四）年十二月四日付南海日日新聞。
400　一九七九（昭和五十四）年二月二十八日、三月八日付南海日日新聞。
401　一九七九（昭和五十四）年三月八日付南海日日新聞。

402 一九七九（昭和五十四）年四月二十五日付南海日日新聞。
403 一九七八（昭和五十三）年九月十六日付南海日日新聞。
404 以下、瀬戸内町議会会議録（一九七八（昭和五十三）年十月十九日）による。
405 瀬戸内町議会会議録（一九七八（昭和五十三）年六月二十二日）。
406 一九七八（昭和五十三）年一月十八日付南海日日新聞。
407 赤井からの筆者の聞き取りによる。
408 瀬戸内町議会会議録（一九七四（昭和四十九）年九月十八日）。
409 瀬戸内町議会会議録（一九七四（昭和四十九）年九月十五日）。
410 なお、房弘久は歴代瀬戸内町長のうちで、自衛隊誘致を積極的に言わなかった唯一の町長でもある。
411 一九七四（昭和四十九）年十月二十六日付南海日日新聞掲載の後援会の広告。
412 金武湾闘争と呼ばれる一連の運動については［上原二〇一三］、［上原 二〇一三‐一四］を参照。
413 一九七四（昭和四十九）年七月十日付南海日日新聞。原田為喜の投稿で喜原の言葉が引用されている。
414「うすえ」の「う」は標準語の「お」に相当するので、「おスエ姉さん」という意味になる。
415 備の長女、鹿島輝志子からの聞き取りによる。
416 森へのインタビューは［すいれん舎 二〇一五］の付録DVDに収録されている。
417 瀬戸内町議会会議録（一九七八（昭和五十三）年十二月二十三日）。
418 赤井からの聞き取りによる。
419 一九七九（昭和五十四）年六月十七日付南海日日新聞には連合婦人会長に就任した峯田露子のインタビューが掲載されていて、峯田は活動の柱の一つとして公害反対をあげている。
420 瀬戸内町議会会議録（一九八一（昭和五十六）年六月二十九日および三十日）。
421 一九五五（昭和三十）年八月二十日付南海日日新聞。
422 一九七九（昭和五十四）年一月十二日付南海日日新聞。
423 一九七九（昭和五十四）年一月十三日付南海日日新聞。
424 一九六一（昭和三十六）年二月十二日付南海日日新聞。
425 一九九〇（平成二）年四月十三日付南海日日新聞。
426 瀬戸内町議会会議録（一九七八（昭和五十三）年十二月二十三日）。
427 選挙後に日本共産党瀬戸内町委員会は、買収や脅迫、日常生活などへの侵害などの具体的な事例を指摘した公開質問状を里肇新町長に提出している（一九八〇（昭和五十五）年十月十日付南海日日新聞）。
428 瀬戸内町議会会議録（一九八一（昭和五十六）年六月二十九日）
429 二〇〇〇（平成十二）年三月五日付東奥日報。

430　一九八五（昭和六十）年九月二十八日付南海日日新聞。
431　一九八五（昭和六十）年十月二日付南海日日新聞。なお、県企画部長は、「徳之島核燃料再処理工場問題に対する一九七七（昭和五十二）年十二月の県議会の反対決議、鎌田知事の立地拒否の答弁の経過を踏まえて態度決定する」と答弁している。つまり放射性廃棄物は拒否ということである。議会での決議や答弁は思わぬところで意味を持つことがある。
432　一九八五（昭和六十）年十月十日付南海日日新聞。
433　一九八五（昭和六十）年十月十一日付南海日日新聞。翌月、この協議会を中心に十一月十六日に「産業廃棄物貯蔵処理施設の設置に反対する瀬戸内町連絡会議」が結成されている（十一月十九日付南海日日新聞）。
434　一九八五（昭和六十）年十月十七日付南海日日新聞。
435　瀬戸内町議会会議録（一九八二（昭和五十七）年三月十五日）。
436　久保成雄への聞き取りによる。
437　瀬戸内町議会常任委員会書簡事務合同調査委員会の報告書として委員長の稲田静男の名で一九八一（昭和五十六）年十二月二十二日付で提出され、瀬戸内町議会事務局に保存されている（昭和）五十七年委員長報告の冊子に綴じられている。
438　瀬戸内町議会会議録（一九七八（昭和五十三）年十二月十六日）。
439　一九八四（昭和五十九）年十月二十三日、二十七日付南海日日新聞。
440　資源エネルギー庁ウェブサイト（二〇一八（平成三十）年八月閲覧）http://www.enecho.meti.go.jp/statistics/total_energy/results.html　からダウンロードした一九六〇年から二〇一六年までの各年の総合エネルギー統計のエクセルファイルから、一九九〇年以降については原油（NGL・コンデンセートを含む）、石油製品の国内供給量（エネルギー単位）の合計を、一九八九年以前については原油・NGL・石油製品の国内供給量（エネルギー単位）の合計を計算し、一ペタジュール＝二万五八〇〇キロリットルで原油量に換算した。NGL（液化天然ガス）や石油製品は体積あたりの発熱量が異なるので、得られた数値に多少の誤差はあるが、石油消費量の動向をつかむために支障はないと思われる。
　これは供給量の統計であるが、在庫変動は調整済みであるので、消費量と大きな違いはないと思われる。
441　一九八一（昭和五十六）年八月二十三日付南海日日新聞。
442　元山三郎からの聞き取りによる。
443　「趣意書」一〇頁（『すいれん舎　二〇一五』第八巻六五頁所収）。翌一九七四（昭和四十九）年二月の「趣意書（第二次）」一二頁（第八巻八一頁）では、「新設大規模償却資産に対する固定資産税の課税標準の特例」（地方税法三四九条の五）を考慮に入れても税収は年間数億円どまりで、他方で年間三億円前後の地方交付税は停止されると指摘している。

444［上原 二〇一三－一四］を参照。

445 喜入町はこの石油基地のおかげで税収や補助金などで有利な立場にあったが、平成の大合併で鹿児島市との合併を選んだ。石油基地の恩恵はその程度のものでしかなかったとも言えよう。

446 http://www.henza.jp/gaiyou.html（二〇一八（平成三十）年八月二十三日閲覧）。

447 山本一哉「奄美の物流と流通コスト」［山田誠 二〇〇五］第六章（八五～一一一頁）所収。一〇一～一〇三頁。

448 宇検村の現状については『宇検村誌自然・通史編』通史編Ⅳ現代第五章「平成の宇検村」を参照。

449 この時期の奄美群島区の状況については［実島 一九九六］（五三～六五頁）にまとめられている。

450［実島 一九九六］（六五～七三頁）。このうち一回目の衆院選までの動きは［加藤 一九八五］に詳しく描かれている。

451 新元博文からの聞き取りによる。

452 大津幸夫からの聞き取りによる。

453 この後、房らの運動もあって、徳洲会は加計呂麻島瀬相に診療所を開設した（一九八八（昭和六十三）年十月落成、翌年四月診療開始、一九九一（平成三）年十月病院昇格）。保岡派であった里町長はこの動きに対して終始冷淡で、町によって認可が妨害され遅らされたと関係者は感じていた［田畑 一九九四］。里町長は診療所の着工、落成などの祝賀会には課長を出席させて祝辞を代読させ、自身は出席していない。なお、町議会議長であった赤井忠憲は保岡派であったが、祝賀会に出席して祝辞を述べたところ、その写真を撮られて「赤井は徳田派だ」と宣伝されたという。赤井が筆者に語ったところでは、一九九六（平成八）年十一月二十四日の町議選でついに落選したのもそれが原因であったという。赤井は一九八六（昭和六十一）年十二月十一日から二年間、町議会議長を務めている（同年十二月十五日付南海日日新聞にインタビュー記事あり）。赤井が出席したのは一九八八（昭和六十三）年十月二十三日の加計呂麻徳洲会診療所の落成祝賀会である（翌日付南海日日新聞）。たしかにこの直後の十一月二十七日の町議選で赤井の得票は前回の四四〇票から二七四票に減っている（前回の町議選は一九八四（昭和五十九）年十一月十八日）。赤井の得票はその四年後の一九九二（平成四）年十一月二十九日の町議選では三二九票に回復したが、さらに四年後の一九九六（平成八）年に一七五票で落選している。

二〇一二（平成二十四）年から翌年にかけて、何度も筆者のインタビューに応じてくれた赤井忠憲について、ここで少々個人的な感慨を交えて述べておきたい。赤井は石油基地絶対反対から企業誘致へと態度を百八十度変えたため、最後まで反対運動にかかわった人々から、無節操として批判されていることを第五章二節で述べた。その批判はもっともである。しかし多くの町議会議員が赤井と同じように態度を変えている。赤井だけが特に非難されるとしたら、それは、赤井があまりに正直で立ち回りが巧くなかったためのように思われる。

ここで述べたように、加計呂麻島の徳洲会診療所は保徳戦争のさなかに建設され、町長の里肇は保岡派であったため、祝賀会に出席さえしていない。町議会議長だった赤井は、加計呂麻に診療所が出来ることは良いことだからと出かけていく。狡猾になり切れないのである。

赤井は戦中に加計呂麻島瀬相の大島防備隊にいた。筆者のインタビューでは、出撃した特攻機が時折、横当島などに「不時着」するので救援に行ったこと（本当かどうか知らないが、と赤井は述べて、乗員が故障をよそおって意図的に特攻＝戦死を避けたという見方を示唆した）、その乗員から「原子爆弾というのが出来るから日本は勝ちますよ」という話を聞いたとも語ってくれた。

一九四五（昭和二十）年四月に加計呂麻島瀬相で第十七号一等輸送艦が米軍機の空襲で沈没したときの話もあった。二十一隻建造された一等輸送艦のほとんどが沈んでいることから、「あと一年早く戦争が終わっていれば百万人くらいは死なずにすんだのではないですか」と問うと赤井は力をこめて「そうですよ」と応じた。実際に戦争を体験した世代の、政治的立場を超えた反戦意識を実感した。町議会議員になってから、かつての部下が古仁屋に赤井を訪ねてきたこともある。赤井が良い上官であったことが伺える。

戦後の赤井は、社会主義者の古田清のところに出入りし、同じく古田を慕っていた浜畑秀麿を支持していた時期がある。一九四七（昭和二十二）年の米軍軍政を批判するビラが電柱に貼付けられていた事件（古仁屋軍政批判文書事件）では、捜査にあたった浜田光則（後に龍郷町長）が赤井を犯人と決めつけたため、赤井は一週間にわたって厳しい取り調べを受け、そのうち三日間は留置された。この事件では赤井の後に取り調べられた二人が、その後健康を害して亡くなっている。結局犯人は不明であった。この事件の詳細と赤井の証言は［斎藤 二〇一五］に記述した。

この事件に関して二〇一三（平成二十五）年八月に話を聞いたのが、十月に亡くなった赤井への最後のインタビューとなった。このときは次のような話も聞いた。

古仁屋高校に水産科があった時代に、教員が普通科の生徒と差別していたことに怒った水産科の生徒が五〇名ほど集まって、薪で実習室のガラスを割り、こんどは職員室へ向かおうとしたところに、話を聞いた赤井が駆け付けた。まってくれー、と生徒たちを呼び止めているうちに、パトカーがサイレンを鳴らしてやってきた。赤井は署長と顔見知りだったので、「あんたが来たらこの連中はなおいきりたつから、ここんとこ私に任してくれ」と警察に引き揚げてもらい、職員室に向かっていた生徒たちを講堂に連れて行き、「あんたらがこういう行動に出た理由はよく分からない。だから今からゆっくり話を聞かしてくれんか」と呼び掛けた。教員による水産科の差別の話は赤井も聞いて知っていたので見当はついていた。話を聞くと案の定そういうことだった。生徒たちが落ち着いたところで赤井は校長・教頭を呼んで話をさせたという。赤井は、後日の事態の収拾までかかわったという。

当時の報道を見ると一九六六（昭和四十一）年十月三十一日午後八時過ぎに水産科二年生の生徒三一人が木刀や棒切れを持って学校に乱入して窓ガラス五六八枚を割ったとある。この事件で五人が逮捕されて自主退学している（同年十一月九、十九日付南海日日新聞）。事件の原因は無断、無免許で他人のオートバイを乗り回した生徒三人が無期停学になった処分が厳しすぎるというものであったと報道されているが、赤井はその背後に水産科生徒への差別的扱いを見ている。たまたま水産科の三年生に息子が在学していて学校の状況をよく知っていたのである。

この事件の収拾の過程で、赤井に、二年後の町議選に出てくれという話が出てきて（その二年前の一九六四（昭和三十九）年十一月三十日の町議選に初出馬して落選している）、一九六八（昭和四十三）年十一月二十四日の町議選で初当選した（翌日付南海日日新聞）。上述のようにその後七期二十八年にわたって町議、五期目の後半二年間は議長を務めている。

二期目に入って数カ月後の一九七三（昭和四十八）年四月には、枝手久島石油基地計画に対して公害企業反対決議を提案している（本書第二章一節）が、一九七四（昭和四十九）年から反対運動から距離を置き、企業誘致へと態度を変える（本書第五章二節）。この「変節」をめぐって赤井が槍玉に上がるのは、議会での発言が多く、新聞の取材にも率直に（無防備に）本音を語ったからでもある。南海日日新聞の記者であった大司誠も、赤井さんは取材しやすかったと語っている。

赤井の人生は個人の物語であると同時に、戦後の奄美が描いた軌跡を代表するもののように思われる。聖人君子でないにせよ、理想も正義感も持ち合わせていた人物が、故郷の自然を守る側から、企業誘致へと立場を変えたことを（その「企業」のうちには核燃料再処理工場も入っていたかもしれない）、島を売り渡そうとするとは情けない、といった言葉だけで批判しても本当に島を守る方法は見えてこない。それはいわば奄美全体が辿った道であり、それに最後まで抵抗した人々もいたにせよ、多くの人は、急激な人口と産業の流出によってそこに追い込まれていったのである。

454 一九七二（昭和四十七）年十二月十一日付南海日日新聞。なお、記事中の得票数の表中、宇検村における豊永光の得票数一一〇〇票は、一桁少ない一一〇票が正しいと思われるので訂正した。

455 一九九〇（平成二）年二月十九日付南海日日新聞。ここに一九八三（昭和五十八）、八六（昭和六十一）年も合わせて、三回の総選挙の奄美群島区の市町村別得票がまとめられている。

456 新元博文への聞き取りによる。

457 [新元・山田 一九八二]（一三六頁）。

458『アマンデー』No.6（一九九一（平成三）年七月三十日）一〇頁。
459［甲 二〇〇九］（一四九頁）。初出は『新沖縄文学』第四十一号（一九七九）（八三頁）。
460 追放運動の当時に出版された資料としては［旧無我利道場 一九九〇］、［横田 一九九一］が重要である。
461 知名町議会協議会会議録（一九五六（昭和三十一）年一月六、七、十、十二日）。引用した発言は十日の会議録による。
462 一九五六（昭和三十一）年一月十八、十九、二十一日付南海日日新聞。
463 知名町議会協議会会議録（一九五六（昭和三十一）年一月二十一日）。一九五六（昭和三十一）年一月二十四、二十五、二十七日付南海日日新聞。
464 一九五六（昭和三十一）年二月十六日付南海日日新聞。
465 一九五六（昭和三十一）年四月二十四日付南海日日新聞。
466 一九五六（昭和三十一）年五月十八、二十三日付南海日日新聞。知名町議会協議会会議録（一九五六（昭和三十一）年五月十八日）。
467 以上の経過に関しては［前利 二〇〇八］、および同じ前利潔の論説（二〇一〇（平成二十二）年四月五日付南海日日新聞）、久岡学記者による記事（二〇一〇（平成二十二）年四月十五、十六、十七日付南海日日新聞）も参照。
なお、永淵部長は二年後の一九五八（昭和三十三）年六月に知名町を訪ね、こんどは米軍基地のある大山の近くに沖縄との連絡・輸送などを目的とする滑走路を作り、将来は民間航空が使用するという提案を行い、知名町議会は民間飛行場兼用ならば土地を提供してもよいという議決を行っている（一九五八（昭和三十三）年六月三、四、六、十二日付南海日日新聞、知名町議会協議会会議録（同年六月四日）、知名町議会会議録（同年六月十八日））。しかしこの計画は実現しなかった。
468 伊江島に関しては、ここにあった米軍射爆場を徳之島西方六三キロの硫黄鳥島に移転する計画が持ち上がったとき、南海日日新聞が二回にわたって特集記事を連載している。「米軍射爆場：伊江島の現状と硫黄鳥島」全六回（一九八〇（昭和五十五）年二月一～七日、ただし二月四日を除く）、および「離島 第一部 琉球弧の闘い」全十四回（一九八〇（昭和五十五）年四月十三、十五～二十、二十二～二十五、二十九日、五月四、七、八日）。
469 二〇〇二（平成十四）年四月二十八日付琉球新報。
470 一九五九（昭和三十四）年四月二十六日、八月十一日付南海日日新聞。『喜界町誌』（六九三～六九五頁）。
471 一九七〇（昭和四十五）年二月二十七日付南海日日新聞。
472 一九六九（昭和四十四）年五月二日付南海日日新聞。
473 一九六九（昭和四十四）年一月二十一日付南海日日新聞。以下で記述する与論空港反対運動については、［実島一九九六］（一二一～一二九頁）、［杉岡 一九八〇］（五七～六〇頁）を参照。

474　一九七一（昭和四十六）年一月二十三日付南海日日新聞。
475　一九七二（昭和四十七）年二月十二日付南海日日新聞。
476　［杉岡　一九八〇］（五八頁）。
477　一九七一（昭和四十六）年十月二十五日、十二月十五、十六日付南海日日新聞。
478　一九七二（昭和四十七）年一月二十六、三十日、二月一、四日付南海日日新聞。
479　一九七二（昭和四十七）年二月五日から二十六日までの南海日日新聞に頻繁に報道されている。
480　この間の経過は一九七二（昭和四十七）年六月四日付南海日日新聞にまとめられている。同年五月の南海日日新聞にはほぼ連日、与論空港予定地の強制測量に関する記事が見られる。
481　一九七三（昭和四十八）年七月十八、二十、二十四日付南海日日新聞。
482　一九七三（昭和四十八）年九月七、九日付南海日日新聞。
483　一九七三（昭和四十八）年十月二、四日付南海日日新聞。
484　一九七四（昭和四十九）年二月二十二日、三月九日付南海日日新聞。
485　一九七四（昭和四十九）年五月十七日、七月十七日付南海日日新聞。
486　一九七四（昭和四十九）年九月二十四日、十一月二十日付南海日日新聞。
487　一九八〇（昭和五十五）年三月十四日付南海日日新聞。
488　一九七五（昭和五十）年一月十二、十五、十八日付南海日日新聞。
489　一九七五（昭和五十）年一月二十八日、二月二十七日、五月二十、二十八日、六月一日付南海日日新聞。
490　一九七六（昭和五十一）年五月一、二日南海日日新聞。
　一九九五（平成七）年に滑走路長が一二〇〇メートルしかない群島の三空港（喜界、沖永良部、与論）の滑走路延長を鹿児島県が計画した際に、与論空港だけは調査への地権者の同意取り付けが難航していることが報道されている（一九九五（平成七）年十一月十二日付南海日日新聞）。実際に滑走路延長が実現したのは沖永良部空港だけである（二〇〇五（平成十七）年に一三五〇メートルに延長された）。与論空港は滑走路が短いために、鹿児島空港との間に就航しているボンバルディアDHC8－Q400が、離陸時には満席まで乗客を乗せることができない。なお、二〇一八（平成三十）年十二月からはこの路線にATR72－600が就航する。
491　もっとも、技術的には海上に空港を建設することも可能であった。鹿児島県側は畑を買収したほうが安く作れると考えたのである。結果的には安くつかなかったと［杉岡　一九八〇］（五九頁）は指摘する。
492　一九七五（昭和五十）年八月二七日、一九七七（昭和五十二）年六月十二日付南海日日新聞。
493　一九七七（昭和五十二）年六月二十二日、一九八〇

（昭和五十五）年一月一日（十九面）、一月八、十一日、四月二十四日付南海日日新聞。
494 一九八八（昭和六十三）年六月二日、九月十四、二十九日、十月十二、十六、三十一日、十一月三日、十二月十九、二十一日付南海日日新聞。
495 新石垣空港は本書の扱う範囲を越えるので、参考資料として［杉岡 一九八九］、［上地 二〇一三］をあげるにとどめる。
496 一九八七（昭和六十二）年二月二十六日付南日本新聞、一九八七（昭和六十二）年七月四日付南海日日新聞にこの時点までの経過がまとめられている。
497 宇井は次のように述べている。「加盟団体が何十団体で、組織人員が何千人とか何万人とかいう答えが返ってくる運動は余り強くないのです」「一年くらいたってあれはどうなったかと聞くと『いやー、あれは雲散霧消しまして……』という返事が返ってくる」「私が何人で運動をやっていますかと聞いた時に『本気で食うのも忘れてやっている人は五、六人ですなあ。しかしいざとなると二、三百集まります』という頼りない返事の返ってくる運動の方が実は強い」（一九七四（昭和四十九）年九月一日付南海日日新聞）。
　百合ヶ浜港建設反対運動は、まさにこの宇井の言葉を裏付けるものであった。寝食を忘れ、私財を投げ打つ覚悟で運動していたのは喜山ただ一人、喜村政吉のような支援者もあったが、それほどの人数ではなかった。
498 一九八八（昭和六十三）年三月四日付赤旗。
499 一九八七（昭和六十二）年九月十四日付南海日日新聞。
500 一九八七（昭和六十二）年十二月十八日付南海日日新聞。
501 一九八八（昭和六十三）年一月二十八日付南海日日新聞。
502 一九八八（昭和六十三）年二月十三、十九日付南海日日新聞。
503 一九八八（昭和六十三）年三月十五日付毎日新聞西部本社版朝刊一七頁。ここで喜山はもう運動費用で一〇〇万円以上使ったと言っている。まさに私財を投げ打つ覚悟の運動であった。なお、全国紙では朝日新聞大島支局の記者がこの問題に関心を持ち、早くから報道している（一九八七（昭和六十二）年四月二十一日、十月二日、十二月十八日（夕刊九頁、いずれも西部本社版）。
504 一九八八（昭和六十三）年二月二十四日付南海日日新聞。
505 一九八八（昭和六十三）年五月十日付南海日日新聞。
506 町政報告会で町長自身が浚渫工事を疑問視する発言をしたと南日本新聞は報じている（一九八八（昭和六十三）年五月十日付）。七月になって、二メートルの浚渫を三月に行ったはずが、七〇センチから一メートルは埋まっていると喜山らは指摘し、町はこれを否定した（一九八八（昭和六十三）年七月二十、二十二日付南日本新聞）。
507 一九八八（昭和六十三）年三月二日付南日本新聞、四月九日付朝日新聞。
508 一九八八（昭和六十三）年九月五日付南海日日新聞。

ただし落選した現職議員はいなかった。五名の落選者のうち三名は新人、二名は元議員であった。それにもかかわらず、推進派が減少したのは一見不思議であるが、徳田虎雄が慎重派に与したためであるという（喜山康三からの聞き取りによる）。保徳戦争はここにも影を落としているのである。
509　一九八八（昭和六十三）年九月二十七日、十月一日付南海日日新聞。
510　一九八九（平成元）年二月二日付南海日日新聞。
511　一九九〇（平成二）年三月十六日付南海日日新聞。
512　一九九〇（平成二）年五月二十四日、六月二十日付南海日日新聞。
513　与論町議会会議録（一九九一（平成三）年第三回定例会）。
514　喜山康三からの聞き取りによる。
515　一九八八（昭和六十三）年五月十日付南日本新聞。
516　一九八八（昭和六十三）年八月十八日付南海日日新聞。
517　一九八八（昭和六十三）年三月十五日付毎日新聞。
518　薗博明「復帰後の奄美の変容」（『奄美戦後史』二七四〜三〇七頁所収）に記述（二八〇〜二八三頁）がある。ここでは当時の新聞記事や聞き取りによって、やや詳しい記述を目指した。
519　一九八九（平成元）年十月三、四日付南海日日新聞。
520　一九九〇（平成二）年三月二日付南海日日新聞。
521　一九九一（平成三）年一月十一日付南海日日新聞。
522　奥兄弟と「ばしゃ山村」については［加藤　一九八五］および一九八二（昭和五十七）年二月十三日、三月二十一日付南海日日新聞を参照。
523　山本議員は一九八八（昭和六十三）年十二月に笠利町議会総務委員長として、無我利道場支援連絡会から出された陳情の採択に関わった。群島内の全市町村のうちこの陳情を採択したのは名瀬市、瀬戸内町、笠利町のみであった。笠利町議会がこの陳情の採択に至ったのは山本の働きがあったためと思われる。なお山本は一九九〇（平成二）年六月に脳出血で四十六歳で急逝した（一九九〇（平成二）年六月十八、二十五日付南海日日新聞）。
524　一九九〇（平成二）年七月十八日付南海日日新聞。
525　一九九〇（平成二）年八月四、五日付南海日日新聞。
526　一九九〇（平成二）年三月十九日付南海日日新聞。用安の薗博明、石油基地反対運動をした新元博文も参加している。会長の岩切忠蔵は龍郷町円《えん》在住で、離岸堤で砕け散る波のために集落内の塩害がひどいことを訴えている（一九九〇（平成二）年四月四日付南海日日新聞）。
527　一九九〇（平成二）年八月二十一日付南海日日新聞。
528　一九九〇（平成二）年八月二十七日付南海日日新聞。
529　一九九〇（平成二）年九月五日付南海日日新聞。
530　一九九〇（平成二）年八月二十八日付南海日日新聞。また十一月十日付に事態の推移がまとめられている。
531　一九九〇（平成二）年十一月十日付南海日日新聞。
532　［入佐　一九九三］（二八一〜三四七頁）所収の入佐と薗

の対談を参照。

５３３ 一九九〇（平成二）年三月三十日から四月二十三日。

５３４ 筆者宛のメールの一部を許可を得て引用した。

５３５ [すいれん舎 二〇一五] 付録聞き取りＤＶＤに薗博明からの聞き取りが収録されている。また南海日日新聞に十回にわたって連載された薗博明「奄美の明日を考える：なぜ「自然の権利」訴訟か」（一九九五（平成七）年九月二十七日から十月十九日）、および裁判終了後に執筆した『奄美戦後史』の記述（二八六〜二九〇頁）を参照。

５３６ 丸山邦明「軍事基地問題と奄美」『奄美戦後史』二四七〜二七三頁所収。

５３７ 一九八五（昭和六十）年十一月九日付南海日日新聞。

５３８ 一九八六（昭和六十一）年九月三日付南海日日新聞。

５３９ 一九八六（昭和六十一）年九月二十五日、十二月十六日の町議会での発言（それぞれ翌日付南海日日新聞による）。

５４０ 一九八六（昭和六十一）年六月二十日、十月一日付南海日日新聞。

５４１ 一九八六（昭和六十一）年十一月五、九日付南海日日新聞。

５４２ [すいれん舎 二〇一五] 付録聞き取りＤＶＤ。運動関係の資料もこの資料集に収録されている。

５４３ 一九八六（昭和六十一）年十二月五、六、十三日付南海日日新聞。

５４４ 一九八六（昭和六十一）年十二月九、二十六日付南海日日新聞。この時点での状況は大野純一記者による「喜界の基地問題」（十二月二十二日付南海日日新聞）にまとめられている。

５４５ 一九八八（昭和六十三）年九月十九日付南海日日新聞。得票は五一三二票対一七〇三票であった。

５４６ 一九八八（昭和六十三）年十月十七日付南海日日新聞。

５４７ 一九八八（昭和六十三）年十二月六、二十四日付南海日日新聞。

５４８ 一九九一（平成三）年八月八日付南海日日新聞。この背景については『奄美戦後史』（二六二頁）を参照。

５４９ 一九九四（平成六）年五月二十五日付南海日日新聞。

５５０ 得本拓からの聞き取りによる。

５５１ 一九五九（昭和三十四）年十月二十一日付南海日日新聞。

５５２ 一九五六（昭和三十一）年二月十五日付南海日日新聞。

５５３ 一九五六（昭和三十一）年三月四日、五月九日付南海日日新聞。

５５４ 一九五六（昭和三十一）年十二月二十六日付南海日日新聞。

５５５ 一九五六（昭和三十一）年十一月から十二月の南海日日新聞に多数の記事が掲載されている。九州電力と大島電力の関係については[新元・山田 一九八二]（一〇一頁以下）も参照。

５５６ 一九五九（昭和三十四）年六月十二日、七月二十三日、八月二十七日付南海日日新聞。

557　一九五九（昭和三十四）年七月三十一日、十月二十日付南海日日新聞。なお一〇ワット契約が月一〇〇円というのはかなり割高である。一〇ワットの電力を毎日二十四時間、三十日間使えば七・二キロワット時となり、一キロワット時あたり約一四円である。これは当時の全国の電力料金（約一二円）より多少高い程度であるが、一〇ワットの電灯は昼間は何の役にもたたないから、需要家から見た実質的な料金は二倍以上になる。

558　一九五九（昭和三十四）年十月六、二十三日付南海日日新聞。

559　一九七一（昭和四十六）年五月十六日付八重山毎日新聞。

560　一九七一（昭和四十六）年八月三十一日付八重山毎日新聞。

561　一九七一（昭和四十六）年五月五日付南海日日新聞。

この後多くの続報がある。

562　この二回の帰途は知名から名瀬に直航し、平土野と古仁屋は抜港する。鹿児島発は月曜から金曜、鹿児島行きは火曜から土曜の運航で、週末二日間、喜界島に船が着かないことは長らく解決されていない問題である。

563　三〇ノットの高速フェリーが就航している関西〜北海道航路との比較についての拙稿は二〇一六年十月十二、十九日付南海日日新聞を参照。

564　一九七五（昭和五十）年十二月九日付南海日日新聞。同社および関連会社の照国海運の経営悪化に関する記事は同年一月二十九日、四月二十六日付南海日日新聞。更生手続きが終結したのは一九九〇（平成二）年一月十日であった（一九九〇（平成二）年一月十二日付南海日日新聞）。

565　一九八一（昭和五十六）年一月二十五日付南海日日新聞が最初の報道である。

566　ここまでの経緯は、ニュークイーンコーラルの進水を報じる一九八二（昭和五十七）年八月五日付南海日日新聞にまとめられている。

567　次に述べる十二月末の九州海運局との折衝中の大津幸夫の発言による（一九八二（昭和五十七）年十二月二十九日付南海日日新聞）。

568　一九八二（昭和五十七）年十月八日付南海日日新聞。なお、この問題に関する南海日日新聞の記事は［すいれん舎二〇一五］にも収録されている。

ここに至る経過と、三隻日発の具体的運用とその問題点については、南海日日新聞の連載記事「揺れる奄美航路」が詳しく解説している（一九八二（昭和五十七）年八月五日から一九八二（昭和五十七）年八月二十一日まで十五回）。

569　この抗議の際の折衝内容は直後に南海日日新聞の連載記事「航路をめぐる折衝」で報道された（一九八二（昭和五十七）年十二月二十六日から三十日まで四回）。

570　委員会から状況を聞かれた照国郵船系の代理店は揃って三隻日発は無理と答えた（一九八三（昭和五十八）年一月十五日付南海日日新聞）。

571 一九八三（昭和五十八）年一月二十二日付南海日日新聞。記事には「実際に船に乗ってみて、航路の重要性がわかった」という発言も紹介されている。わざわざ船で来島したらしい。
572 一九八三（昭和五十八）年二月六日付南海日日新聞。
573 一九八三（昭和五十八）年二月二十日から二十五日まで六回連載。ここでは、三隻日発を前提とする行政指導の内容も紹介されている。貨物室が大きく、冷蔵室もあるニュークイーンコーラルを導入する代わりに、既存のクイーンコーラル2をドロップする（航路から外す）こと、それまではニュークイーンコーラルの貨物室の一部を使わせないことなど、照国郵船にかなり不利な条項が記されている。実際、就航したニュークイーンの車載デッキの半分近くが丸太棒でオリのように仕切られていて、人も車も入れないようになっているのを喜山康三は見たという。このための積み残しも発生している（一九八二（昭和五十七）年十二月二十六日付南海日日新聞）。
574 [加藤 一九八五]（一八九頁）の記述を参照。
575 一九五五（昭和三十）年九月四日、一九五六（昭和三十一）年二月十二、二十九日、三月三、四、七、十日、四月四日付南海日日新聞。他にもこの時期に多数の記事がある。
576 [実島 二〇〇一]
577 喜山は本社の社員から、社長室の引き出しはウイスキーの瓶だらけという話も聞いたという。
578 椛山の説明は、六月二十日に沖縄県名護市民会館で行われた「緊急シンポジウム—名護・徳之島から五・二八日米共同声明を問う」の発言原稿中のもの。この節の椛山の発言は、主としてこの原稿中のものだが、筆者が直接聞いた内容もある。なお、当該原稿は［すいれん舎二〇一五］第三巻一三一頁に収録。
579 この経緯については、米軍普天間飛行場移設問題に関する南海日日新聞の関連記事をまとめた冊子『徳之島の闘い』の五六頁を参照。
580 ヘロドトス『歴史』冒頭。岩波文庫（松平千秋訳）の訳文を、原文を参照して一部変更した。
581 南海日日新聞は一九六八（昭和四十三）年頃より前になると一部の時期を除いて鹿児島県立奄美図書館のみの所蔵である。国会図書館に奄美図書館所蔵のマイクロフィルムを複製して所蔵するように希望を出したが予算がないとのことであった。大島新聞（二〇〇八（平成二十）年に奄美新聞に改称）はさらに状況が悪く、筆者の知る限り、奄美図書館以外の所蔵で最も古いのは鹿児島県立図書館（本館）の二〇〇〇（平成十二）年四月からである。万一奄美図書館で事故があったら、これらの新聞の閲覧は困難になり、最悪の場合、貴重な記録が永遠に失われかねない。マイクロフィルムの複製を急ぐべきである。
582 本書が注で新聞記事などの出典をやたらに詳しくあげているのは、関心を持って調査される方の労力を少しでも軽減できればという思いからである。

583　一九七二（昭和四十七）年五月九日付南海日日新聞。

584　奄美の復帰運動に関して、序文で述べた筆者の私見を本書を終えるにあたって少々展開することをお許しいただきたい。復帰後の奄美の困難の一つは、奄美が鹿児島県の一部であり、独立した県でないことにあったように思われる。それ以外の選択がなかったのなら仕方がないが、実は鹿児島と袂を分かって独立した一県となる可能性もあった。

喜界島出身の笠井純一（一九〇五（明治三十八）～一九九〇（平成二））は一九五〇（昭和二十五）年二月に琉球の副知事として、日琉貿易使節団を率いて東京を訪問している。公式に復帰運動関係の陳情ができない立場であったが、高松宮の私邸に招かれた折に、笠井が挨拶をするより前に、高松宮が次のように話し始めたという。

君たちは日本に復帰したいということだが、鹿児島県は貧乏県だし、東京都につきたいのか、それとも一県をつくりたいのか（[笠井 一九八四] 七五頁）。

これに対して笠井は「いいえ、そうしたことでなく、一日も早く復帰を願っているしだいです」と答えた。

一九四七（昭和二十二）年五月三日に日本国憲法が施行された後は、法律上は皇室に政策決定に関する権限はない。しかし日本国憲法の施行の日を境にして皇室が政策決定と無縁となったわけではなさそうである。沖縄問題に関してしばしば言及される、いわゆる「天皇メッセージ」、すなわち昭和天皇が「沖縄その他の琉球諸島の軍事占領を継続するよう」希望する覚書をマッカーサーに送ったのは日本国憲法施行後の一九四七（昭和二十二）年九月であった［進藤 二〇〇二］。つまり日本国憲法施行後も、皇室は何らかの政治的機能を保持していたと考えられる。

それならば一九五〇（昭和二十五）年二月の高松宮の笠井への下問も、復帰後の奄美の所属をめぐる奄美側の希望を問うものであり、笠井の返答は何らかのルートを経て、その後の政策に反映された可能性がある。乱暴な言い方をすれば、笠井のこの控えめな返答は、奄美が復帰時に一県をなして薩摩＝鹿児島の三百四十年にわたる支配から脱するまたとない機会を失わせたのかもしれない。

筆者はこの一節を読んだとき、ああ何てもったいない、と天を仰いで嘆息したのだが、さらに筆者の嘆息を深めたのは、たまたま笠井の回想録でこの一節に出会うまで、奄美の誰からもこのことを聞いたことがなかったことであった。笠井は長らく県会議員を務めた、奄美の重要な政治家の一人であったから、その回想録は私的な出版物であったとはいえ、かなりの数の人の眼にふれたはずである。

つまり、これを読んだ奄美の人は、誰も鹿児島県に復帰したことを問題や失敗であるとは考えなかったということである。何よりも、笠井自身がこのエピソードを回想録に書いたという事実は、そのことで非難を受ける心配がなかったことを意味する。

現在、警察官や教員の鹿児島弁を聞くたびに複雑な気分になり、奄美が独立した一県でないことを嘆く人々も、鹿児島復帰を当然のことととらえていて、それを復帰運動の失策とは見ていない。もちろん、笠井をはじめとする復帰運動の関係者を批判するつもりは全くない。復帰運動はアメリカと日本政府という奄美とは比較にならない巨大な存在を相手にした運動で、戦略や成算があっての闘いではなかった。復帰後の所属について、鹿児島県の他に宮崎県、東京都という主張があったことは知られているが、それが復帰運動の中で大きな議論になった様子はない。運動に身を投じた人々は皆必死であって、それどころではなかったのだろう。核心そのものを突く高松宮の下問を挨拶も済まないうちに投げかけられた笠井が、自分の返答が復帰後の奄美に及ぼす影響にまで思い至らなかったとしても、批判するのは酷というものである。

この状況は筆者にもよく分かるのだが、それでもなお、この高松宮の下問は、薩摩侵攻以来の奄美の歴史を踏まえた上で、返還後の奄美の進むべき道を尋ねたものであったように思われ、笠井の応答には、やはり悔いが残る。

筆者は、半ば冗談だが、戦後に奄美がなしとげた最高の成果は復帰であり、最悪の失敗は鹿児島県に復帰したことではないかと思うことがある。大島県が一九五三（昭和二十八）年に成立していれば、現在の奄美には大学があり、名瀬測候所もとっくに気象台に昇格していたはずである。

気象台昇格はしばしば陳情されてきたが実現していない。過去の新聞を読むとほとんど定期的に気象台昇格問題が現れる。ここでは一九七八（昭和五十三）年二月十日と二〇一一（平成二十三）年三月十八日の南海日日新聞の記事をあげておく。なお気象台以外の測候所はほとんど廃止されて現在は全国でも名瀬と帯広の二箇所のみであるので、測候所が存続しているだけましなのかもしれない。

他にも、一県に必ず一つある施設は少なくない。それは一定の雇用の確保を意味するから、奄美の人口も今ほどに減少していなかったはずである。もちろんその恩恵は名瀬に集中し、奄美大島と他の島の格差が問題になったことも想像されるが、群島全体の産業流出と人口減少は、今よりはゆるやかであっただろう。

そして何よりも、独立した一県であれば、自然環境をはじめとする群島特有の状況を前提とした政策を打ち出すことができる。鹿児島の出先の大島支庁とは大きな違いがあっただろう。

一八七四（明治七）年に大隈重信が大島県設置を提案したことは［高江洲 二〇〇九］（一九二頁）で触れられている。奄美が県となるチャンスが何度かあったと思うとまことに残念だと筆者は思うのだが、奄美の人々はもっと現実的で、今さらそんなことを残念がってはいないようである。

585 一九八〇（昭和五十五）年十月八日付南海日日新聞。

586 大津市長が何もしなかったわけではない。東京で奄美出身の大学教授や奄美群島に関する著作のある杉岡碩夫（後に千葉大学、獨協大学教授）ら一五名を招いて市長の諮問機関として「奄美の大学を考える会」を発足させている（一九七九（昭和五十四）年七月十二、二十四日付南海日日新聞）。しかし全体として大学（短大）誘致に対して、ゴルフ場誘致ほどの熱意は感じられないというのが筆者の印象である。

参考文献

参考文献は
・公文書（議会会議録など）
・定期刊行物
・書籍および論文
に分類した。

公文書は主に会議録を中心とする町村議会の記録である。定期刊行物では、全国紙の記述は省略した。

「書籍および論文」は、二種類の見出しが混在して五十音順に並べられている。(1)単著あるいは少人数の著編者のものは、第一著編者の五十音順に並べ、本文中では［村山　一九七一］のように指示した。なお、欧文文献は和文文献の後に第一著編者のアルファベット順に並べた。(2)町村誌など、多数の著者のある書籍はこの原則によらず、著編者名の代わりに書名の五十音によって配列し、本文中でも『笠利町誌』のように指示している。

このような配列は書誌の原則には反するが、読者がいちいち書誌を参照しなくとも、指示している文献の性格を判断できることを考えた。

公文書

『天城町議会定例会会議録』天城町議会事務局所蔵。

『伊仙町議会定例議会会議録』伊仙町議会事務局所蔵。

『宇検村議会会議録』宇検村議会事務局所蔵。

『（鹿児島県議会）総務警察委員会会議録』鹿児島県県政情報センター所蔵。

『自由民主党政務調査会、資源・エネルギー戦略調査会、放射性廃棄物処分に関する小委員会最終取り纏め』二〇一四（平成二十六）年六月二十六日。

『瀬戸内町議会会議録、議決書』他に委員会会議録、報告書、陳情請願文書表など。瀬戸内町議会事務局所蔵。

『知名町議会協議会会議録』知名町議会事務局所蔵。（協議会の記録が現存する珍しい例）

『徳之島町議会定例会会議禄』徳之島町議会事務局所蔵。

定期刊行物

『アマンデー』焼内の自然を守る会。無我利道場追い出し運動の時期に、運動に批判的な宇検村平田の新元博文が中心になって刊行した。伊藤貴子氏の所蔵する第1号（一九八九（平成元）年十一月十日）から第9号（一九九二（平成四）年十一月十三日）までの刊行を確認している。各号五～二四頁。

『大島新聞』鹿児島県立奄美図書館所蔵。

『南海日日新聞』鹿児島県立奄美図書館所蔵。なお国立国会図書館東京本館では一九六九年十一月以降およびそれ以前の一部の日付のマイクロフィルムが閲覧できる。『奄美群島住民運動資料』第一・二巻に一部分が収録されている。

『徳州新聞』徳之島町郷土資料館所蔵（『奄美群島住民運動資料』第二巻）。

『原通』国立国会図書館東京本館所蔵。

『長崎新聞』長崎県立図書館所蔵。

『南日本新聞』国立国会図書館東京本館所蔵。

『八重山毎日新聞』沖縄県立図書館所蔵。

『琉球新報』沖縄県立図書館所蔵。

書籍、雑誌論文

『天城町自治行政史』自治行政史編さん委員会、一九八五。
『奄美戦後史』鹿児島県地方自治研究所編、南方新社、二〇〇五。
［新井・永田 二〇一三］新井祥穂／永田淳嗣『復帰後の沖縄農業』農林統計協会。
［伊原 一九八四］伊原辰郎『原子力王国の黄昏』日本評論社。
［入佐 一九九三］入佐一俊『清ら心の島 再生の祈り』（個人出版）。
［上地 二〇一三］上地義男『新石垣空港物語―八重山郡民30年余の苦悩と闘いの軌跡―』八重山毎日新聞社。
［上原 二〇一三］上原こずえ「民衆の「生存」思想から「権利」を問う：―施政権返還後の金武湾・反CTS裁判をめぐって―」『沖縄文化研究』三十九号：一二七～一五八頁。
［上原 二〇一三－一四］上原こずえ「沖縄・分断にあらがう」（全五回）『季刊ピープルズ・プラン』六十一号（二〇一三）～六十五号（二〇一四）に連載。
『宇検村誌：自然・通史編』宇検村誌編纂委員会編、二〇一七。
『枝手久紛争の記録』枝手久島開発委員会、一九九一（実質的な著者は山畑直三）。
［大山 二〇〇一］大山英信編著『阿鉄集落の伝承を訪ねて』
『笠利町誌』笠利町誌執筆委員会編、一九七三。
［笠井 一九八四］笠井純一『わが一期一会』名瀬、笠井純一後援会「絆笠会」発行。
［加藤 一九八五］加藤邦彦『ヘキ地の自民党殿』情報センター出版局。
［関東奄美青年部 一九七九］「奄美巨大エネルギー基地化計画を撃つ！」『新地平（第五十記念特大号）』新地平社、（一六二～一六八頁）。
『喜界町誌』喜界町誌編纂委員会編集、二〇〇〇。
［甲 二〇〇九］甲東哲『わが奄美考―奄美の心・方言・島唄』あさんてさーな。
［旧無我利道場 一九九〇］『島に生きる：追放運動三年目の報告』インパクト出版会。
［斎藤 二〇一五］斎藤憲「奄美大島瀬戸内地域の近現代史資料とその検討（1）：社会運動関係資料」『人間科学：大阪府立大学紀要』第一〇号、三一～六五頁。

［斎藤 二〇一六］斎藤憲「奄美大島瀬戸内地域の近現代史資料とその検討（2）：パインアップル缶詰工場の失敗」『人間科学：大阪府立大学紀要』第一一号、一〇三〜一三八頁。
［実島 一九九六］実島隆三『あの日あの時』南海日日新聞社。
［実島 二〇〇一］実島隆三『南海の海運王有村治峯の足跡』南海日日新聞社。
『資料・新全国総合開発計画』下河辺淳編、至誠堂、一九七一。
［進藤 二〇〇二］進藤榮一『分割された領土：もうひとつの戦後史』岩波書店。
［すいれん舎 二〇一五］『奄美群島住民運動資料』全9巻＋別冊＋DVD、「戦後日本住民運動資料集成9」すいれん舎。
［杉岡 一九八〇］杉岡碩夫『地域主義の源流を求めて：奄美大島からの発想』東洋経済新報社。
［杉岡 一九八九］杉岡碩夫『新石垣空港：オルターナティブの選択』技術と人間。
［杉山 二〇〇九］杉山博昭『キリスト教ハンセン病救済運動の軌跡』大学教育出版。
［高江洲 二〇〇九］高江洲昌哉『近代日本の地方統治と「島嶼」』ゆまに書房。
［田畑 一九九四］田畑福栄監修、加計呂麻徳洲会病院健康友の会著『加計呂麻島：無医地区からの脱却』加計呂麻徳洲会病院健康友の会。
［津波 二〇〇六］津波高志「加計呂麻島於斉の調査ノートから」『沖縄民俗研究』第二四号、六七〜七九頁。
『徳之島の闘い―米軍普天間飛行場移設―』南海日日新聞社、二〇一〇。
［友次 二〇〇九］友次晋介「一九七〇年代の米国核不拡散政策と核燃料サイクル政策」『人間環境学研究（第七巻二号）』名古屋大学二〇〇九（一〇七〜一二七頁）。
『なぎ物語：焼内湾 奄美大島』宇検村振興育英財団、一九九四。
『名瀬市議会五十年史』名瀬市議会五十年史編さん委員会編集、一九九七。
［新元 一九八七］新元博文『アマシンダ』海風社。
［新元・山田 一九八一］新元博文・山田塊也『奄美独立革命論』三一書房。
［西藤 一九六八］西藤冲「環境保全のための計画」『地域開発（通巻五十一号）』日本地域開発センター（四三〜四八頁）
『根瀬部誌』根瀬部誌編纂委員会編集、根瀬部町内会発行、二〇〇六。
［間 二〇〇三］間弘志『全記録 分離期・軍政下時代の奄美復帰運動、文化運動』南方新社。
［久岡 二〇〇二］久岡学他著『「田舎の町村を消せ！」市町村合併に抗うムラの論理』南方新社。
『幕別町史』幕別町史編纂委員会編、一九六七。
『幕別町百年史』幕別町編、一九九六。
［宮下 一九九九］宮下正昭『聖堂の日の丸―奄美カトリック迫害と天皇教』南方新社。
［村山 一九七一］村山家國『奄美復帰史』南海日日新聞社（新

訂版二〇〇六)。
[山下弘文 一九八二]「長崎県内大型開発と反対運動の現状(九)」『月刊総評』(第三〇〇号)日本労働組合総評議会、(五四~五九頁)。
[山下祐介 二〇一二] 山下祐介『限界集落の真実―過疎の村は消えるか?』筑摩書房。
[山田塊也 二〇一三] 山田塊也『アイ・アム・ヒッピー:日本のヒッピームーブメント史'60-90』改訂増補版、松山市:森と出版。
[山田誠 二〇〇五] 山田誠編著『奄美の多島圏域と離島政策―島嶼圏域市町村分析のフレームワーク』九州大学出版会。
[吉岡 一九八四] 吉岡良憲「反核徳之島の闘いを終えて」『鹿教組奄美支部三十年史』鹿児島県教職員組合奄美地区支部。五四~五五頁。
[横田 一九九二] 横田一『漂流者たちの楽園』朝日新聞社。
[和田 一九九八] 和田昭穂『教師が、地域に根ざして』(個人出版)。
[渡辺 一九六二] 渡辺正一『パインアップルの栽培と加工』琉球輸出パインアップル缶詰組合。
[Gale 一九七七] Roger. W. Gale "Energy Islands in the Pacific," Micronesia Support Committee Bulletin, Vol.2, No.9, October.1977, Micronesia Support Committee, p3
[Imai & Rowen 一九八〇] Imai Ryukichi & Henry S.Rowen Nuclear Energy and Nuclear Proliferation, Westview Press, Inc. 1980

■著者プロフィール

斎藤　憲（さいとう けん）

1958年生まれ。大阪府立大学名誉教授。理学博士。東京大学大学院理学系研究科博士課程修了。千葉大学助教授、大阪府立大学助教授、准教授、教授を経る。合併、改組、また合併と組織変更が絶えない大学の状況に見切りをつけ、2018年3月に定年を繰り上げて退職。専門はギリシャ数学史であるが、2009年の奄美・琉球への薩摩侵攻400年を機に奄美群島に関心を持ち、復帰後の現代史、とりわけ大規模な開発計画に対する推進・反対運動を調査してきた。

樫本喜一（かしもと よしかず）

1964年生まれ。大阪府立大学客員研究員。博士（人間科学）。大阪府立大学大学院人間社会学研究科博士課程修了。関西大学社会学部卒業後、10年余りの団体職員勤務を経て、歴史研究の道に入る。専門は日本近現代史、特に戦後日本の核・原子力問題の歴史の解明に取り組む。

奄美　日本を求め、ヤマトに抗う島
―復帰後奄美の住民運動史―

二〇一九年四月三日　第一刷発行

著者　斎藤　憲・樫本喜一
発行者　向原祥隆
発行所　株式会社 南方新社
〒八九二―〇八七三　鹿児島市下田町二九二―一
電話　〇九九―二四八―五四五五
振替口座　〇二〇七〇―三―二七九二九
URL　http://www.nanpou.com/
e-mail info@nanpou.com

印刷・製本　株式会社 イースト朝日
定価はカバーに表示しています　落丁・乱丁はお取り替えします
ISBN978-4-86124-388-2　C0021